SCRIPTORVM CLASSICORVM

BIBLIOTHECA OXONIENSIS

OXONII

E TYPOGRAPHEO CLARENDONIANO

C. PLINI CAECILI SECVNDI

EPISTVLARVM LIBRI DECEM

RECOGNOVIT BREVIQUE ADNOTATIONE
CRITICA INSTRVXIT

R. A. B. MYNORS

OXONII

E TYPOGRAPHEO CLARENDONIANO

OXFORD
UNIVERSITY PRESS

Great Clarendon Street, Oxford OX2 6DP
United Kingdom

Oxford University Press is a department of the University of Oxford.
It furthers the University's objective of excellence in research, scholarship,
and education by publishing worldwide. Oxford is a registered trade mark of
Oxford University Press in the UK and in certain other countries

British Library Cataloguing in Publication Data
Data available

Library of Congress Cataloging in Publication Data
Data available

ISBN 978-0-19-814643-8

PRAEFATIO

1. AD Epistularum libros edendos si quis se hodie accinxerit, is magna ex parte aliorum laboribus sibi iam munitam uiam inueniet. Fundamenta textus Pliniani primus admirabili tam industria quam sagacitate posuit Henricus Keil, editione Lipsiae anno 1870 promulgata. Codicum paene omnium laterculum composuit Dora Johnson;[1] quattuor antiquissimorum plenam notitiam editioni suae Lipsiensi anni 1922 subiecit E. T. Merrill. Rationem criticam post Mauritium Schuster, Gunnarum Carlsson non sine fructu nuper retractauit S. E. Stout.[2] Post tot hominum messem aegrum spicilegium superest; id potius agitur, ut hic illic zizanium aliquod euellatur e segete. Quod si argumentum satis tritum denuo tractare audeo, illud in animo habui, ut reiectis tandem quisquiliis eos tantum testes recuperem exhibeam, quibus uere uniuscuiusque epistulae textus innititur. Tantum, ne obscurus fiam, ferme necesse erit ut per ambages et longa exorsa, lector beneuole, te· teneam. 'Atque haec', ut cum nostro loquar, 'ego sic accipi uolo, non tamquam adsecutum esse me credam, sed tamquam adsequi laborauerim; fortasse non frustra.'

2. Decem libros Epistularum sub finem medii quod uocamus aeui in Gallia exstitisse testis est codex uenerabilis Sancti Victoris Parisiensis, quem his uerbis Claudius de Grandrue, Π illius abbatiae insignis bibliothecarius, suo more descripsit:

Gaii Plinii Manti (?) in antiquissima littera epistolarum libri decem. Primus I (primus scilicet liber folio primo). Sextus 131. Nonus 201. huius noni deficiunt ultima tria folia. Decimus 239. A. (sc.

[1] 'The MSS of Pliny's Letters', *Classical Philology*, vii (1912), 66–75.
[2] *Scribe and Critic at work in Pliny's Letters*, Indiana University Press, (Bloomington, 1954). Iam plagulas corrigebam cum in manus uenit textus anno 1962 ab eodem editus.

prima secundi folii uerba) 'commendant uale.' B. (ultima paenultimi) 'quamuis uixerint.' C. (numerus foliorum textus et uoluminis totius) 280 et 281.[1]

Huius codicis sex supersunt folia, manu quae ipsius Claudii creditur numeris 48–53 insignita, quae post diuturnum in Italia exsilium nunc Noui Eboraci inter bibliothecae Morganensis thesauros adseruantur sub numero M 462; exarata litteris quas unciales dicimus, uix anno p. C. n. 500 recentioribus, continent ii 20. 13 -*cessit ut ipse*—iii 5. 4 *uiginti quibus*, necnon indiculum tertii libri, nomina eorum ad quos scribuntur epistulae continentem una cum uniuscuiusque initialibus uerbis.[2] Vnde apud Sanctum Victorem deuenerit, nescimus adhuc;[3] hoc saltem dubitari uix potest, inde (quod ad Epistulas attinet) originem ducere, uno saltem apographo

B interposito, uolumen magnum hodie Florentinum, olim ecclesiae sancti Petri siue cathedralis Beluacensis. Continebat praeter decem Epistularum libros (praetermissa iv 26, cuius tamen in libri quarti indice fit mentio) cum suo quemque, ut credere licet, indiculo, Historiam Naturalem, cuius ante saeculum quartum decimum unus atque idem cum nostro auctor putabatur; noni est saeculi exeuntis, forma Historiae non Epistulis apta, minuta manu paginis magnis. Hic nescio quomodo Florentiam migrauit in Bibliothecam Riccardianam, ubi sub numero 488 hodie quoque adseruatur Historia. Sed pro Fortunae inuidia! Non diu post conscriptum codicem,

[1] Cod. Paris. lat. 14767, ineuntis saeculi sexti decimi, folio 245ᵛ inter 'Tabulas librorum perditorum ex antiquis inuentariis exceptas' (quare inter perditos, postea uidebimus). Claudium iure laudat bibliothecariorum Parisiensium princeps alter Leopoldus Delisle, *Le Cabinet des MSS de la Bibl. Nat.* ii (1874), 228–31.

[2] Phototypice edendum curauerunt uu. dd. E. A. Lowe et E. K. Rand, *A Sixth-century Fragment of the Letters of Pliny the Younger* (Washington (D.C.), 1922).

[3] Circa annos 1378–95—ita L. C. Barré ap. *Bibl. de l'École des chartes* xciv (1933) 420-2—eum in regione Meldensi fuisse ueri simile est.

si recte refectos quaternionum numeros interpretor, perierunt secundi quaternionis bifolia duo externa, perierunt quaterniones quattuor, in quibus omnia post mediam ep. v 6 stetisse debebant.[1] Supersunt ex Epistulis folia octodecim tantum, in quibus i 1–iv 25, iv 27–v 6. 22 *pererrat* cum indiculis libb. i–v, deperditis ii 4. 2 *exstiterim*—12. 3 *monstrandumque* et iii 5. 20 *quae te*—11. 9 *pluris*. Haec postquam anno 1729 in usum Cortii a Gorio collata erant,—cuius laboris apographum Oxonii adhuc exstat in bibliothecae Bodleianae codice D'Orville 16 (16894),—in obliuionem lapsa, centum post annos mala fide ab Historia diuulsa sunt et in Angliam abscondita, unde felici quodam postliminio Florentiam redierunt; sunt enim hodie codex Mediceo-Laurentianus Ashburnham 98.

3. Longe alia debebat esse Epistularum in Gallia fortuna. Superest enim, ex eodem quo Beluacensis fonte deriuatum F (hoc est, e codicis Victorini aliquo apographo) corpusculum centum epistularum, scilicet i 1–iv 25, iv 27–v 6 demptis indiculis. Casu an de industria centenarium numerum habeamus, dubitari potest; non enim, ut in Beluacensi, mutila foliis deperditis est ep. v 6, sed integra. Textum uir doctus nescio quis (saeculi libenter crediderim undecimi, quo tempore reflorebat in Gallia studium bonarum litterarum) multis in locis interpolauit suo Marte, notas usum uerborum enucleantes marginibus addidit. Huius corporis testis est antiquissimus codex Florentinus Mediceo-Laurentianus S. Marci 284, saeculi exeuntis undecimi potius quam

---

[1] Beluacensem numquam quidquam ultra finem ep. v 6 praebuisse quare argumentis nullis adlatis pro certo adfirmet Th. Stangl, *Philologus*, xlv (1886), 643–5, quem secuti sunt ceteri, prorsus nescio; equidem quomodo diserto codicis minime gregarii testimonio (et LIBRI NVMERO DECEM litteris magnis et integri libri quinti indicem profert) fidem denegem, nondum uideo. De hoc codice egit etiam F. E. Robbins apud *Classical Philology*, v (1910), 467–87.

duodecimi ineuntis; Epistulas centum praecedunt Apulei Madaurensis opuscula philosophica.

Sunt et alii in Gallia scripti: Bernensis 136 s. xii; Rothomagensis O.9 (IIII) et Leidensis bibl. pub. lat. 199 s. xiii ex.; inter recentissimos Paris. lat 8558, qui se an. 1483 in uniuersitate Bituricensi uenumdatum esse testatur. Ad textum tamen redintegrandum fere nulllus sunt pretii, utpote qui uel a codice S. Marci originem ducant uel saltem cum eo arctissime cognati sint. Ab his etiam stetisse crediderim eos quorum notitiam bibliothecarum catalogis debemus uelut Andegauensem Beccensem,[1] necnon excerpta florilegiorum s. xii et xiii, quae in codd. Florentino Laur. Strozzi 75, Parisino bibl. Armamentarii 1116, Romano bibl. Angelicae 720, Vaticanis Vat. lat. 3087 et Reginensi lat. 1575 exstare dicuntur.

Atque ecce, dum Victorinus et Beluacensis in tenebris frigent, noster codex in Italiam deuenit, ibi luculenta fruiturus fortuna. Eundem enim esse suspicor atque illud 'Appolegium de deo Socratis cum epistolis Plinii in uno uolumine', quod an. 1338 fratribus Praedicatoribus Arretii commorantibus moriens legauit magister Simon Arretinus; is autem antea in Gallia, atque adeo in curia Auinionensi inter familiares Nicolai Pratensis s. R. e. cardinalis, uiris doctis usus erat.[2] Ceterum liber non diu Arretii moratus migrauit Florentiam in bibliothecam uiri doctissimi doctorumque amicissimi Colucii Salutati, Florentinae r. p. cancellarii (obiit an. 1406); unde factum est ut a saeculo quinto decimo ineunte plurima apographa in Italia genuerit, e quibus plus quam uiginti supersunt (quorum maior pars chartacea), neque ullius ad textum edendum sunt pretii.[3]

[1] M. Manitius, *Handschriften antiker Autoren in mittelalterlichen Bibliothekskatalogen* (Lipsiae, 1935), p. 140.

[2] *Archivio Storico Italiano*, series 5, iv (1889), 253; Ruth J. Dean apud *Studies in Philology*, xlv (1948), 562–4.

[3] In his Reatinam etiam familiam agnoscere possumus, cuius sunt Neapolitanus iv. B. 38, Parisinus lat. 8607, Vaticanus Chisianus J. iv. 124; Manitius op. laud. p. 141 'Epistole Phalaris et Plinii in papiro'.

Est etiam familia quaedam non centum epistularum sed centum unius semis; finem enim faciunt non cum ep. v 6 sed in v 8. 4 *curiosi* Florentini bibl. Laur. 47. 37, bibl. Nat. Magl. viii 1418, Vaticanus Ottobonianus lat. 3305 (scripsit Sozomenus ille Pistoriensis) et nisi fallor cod. S. Danielis Foroiuliensis 123. Alii in eodem uerbo *curiosi* olim finem fecerunt et nescio qua de causa epp. iii 11 et iv 20–25, 27 (deest adhuc iv 26) inter ii 1 et 2 posuerunt: exemplar dico Londinensis Burneiani 231, de quo mox dicendum, et ipsum Laur. 47. 34. Laurentiano 47. 34 postea adiecit manus quaedam, qualis inter primitias Romanae quam dicimus litterae numeranda est, et ep. iv 26 et reliquas epistulas (praeter lib. viii et ix 16); unde pendent et Caesenas Malatestianus S. xx. 2 et Londinenses duo Harleiani 2780 Senis scriptus anno 1463 et 5288 Senis emptus anno 1574, qui errore facili (si paginae formam in Laurentiano spectas) ep. iv 26 non suo loco inter 25 et 27 sed post ii 22 addiderunt. Sed in his omnibus nihil noui. Eos progenuit codex Sancti Marci, postquam ep. v 7–8. 4 *curiosi* ex alieno fonte (qui Veronensis fuisse potest) adiecit ad calcem manus alia ineuntis s. xv, quam ipsius Colucii credit esse uir harum rerum peritissimus B. L. Ullman, *Origin and Development of Humanistic Script*, Romae 1960, 16–18.

Sicubi igitur et Beluacensem (B) ad manum habemus et Marcianum (F), communem eorum parentem (β) nobis β repraesentare possumus, codicis Victorini (Π), ut uidetur, apographum satis accurate scriptum, nec recentius saeculo nono.

4. Dum illa Florentiae geruntur, latebat adhuc in bibliotheca ecclesiae Veronensis codex hodie deperditus librorum γ non decem uerum octo, qui saeculo decimo notus erat Ratherio illius ecclesiae episcopo, deinde ineunte saeculo quarto decimo inter homines antiquitatis studiosos parumper innotuerat, ex. gr. apud Iohannem de Matociis mansionarium Veronensem (eundem qui *Breuem Adnotationem* scripsit *de duobus Pliniis*, ut noster ab auunculo distingueretur), necnon auctorem anonymum libri cui titulus *Flores Moralium*

Auctorum aliumque qui florilegium illud cod. Vaticani lat. 5114 concinnauit; tandem circa annum 1419 in lucem protraxit Guarinus Veronensis eiusue amici.[1] Continebat libros Epistularum i–vii et ix numeris insignitos i–viii; librorum v et ix epistulas peculiari quodam ordine exhibebat;[2] epp. i 8, 12, 23, 24 et ix 16 uidetur praetermisisse, habuisse iv 26. Codex erat uel antiquissimus uel ex antiquissimo fideliter descriptus; ternas enim eius in paginis columnas Guarinus fuisse commemorat. Quam diu Veronae manserit, quomodo deperditus sit, non traditur.

Columnam angustissimam deprehendere uidemur in ep. v 19. 2, ubi pro uerbis *nunc illa magis eget* exhibent Veronensis apographa *nunc utilior humanitas iam agi se et.* Scriptum in exemplari ita fuisse suspicor: IMICVITANTOMA / IORHVMANITAS / EXHIBENDAEST / QVANTON-VNCIL / LAMAGISEGETHO scribam finita quarta linea retrorsum aberrasse ad secundam, deinde a secunda ad quintam, sic ut scriberet *nunc ilior humanitas Iam agi seget*; ex illo *ilior* correctorem aliquem *utilior* inuenisse, litteram *g* superuacaneam expunxisse (eiusmodi aliquid fortasse habes in ep. v 17. 4). Simili ratione in ep. ix 13. 5 uerba omissa *exilio redibant consule te consule illas an ueli-* tres lineas quattuordecim fere litterarum composuisse possunt, in ix 13. 22 *senatum non remi-* unam, fortasse in ii 3. 1 *est summa est facultas copia ubertas* duas. Sed si his coniecturis ulla subest ueritas (quod in medio relinquo), haec ita scripta fuisse in Veronensis exemplari potius quam ipso in Veronensi suspicor: inter apographorum errores omnium communes sunt qui suadeant ut ipsum minusculis litteris exaratum credamus, ex. gr. i 14. 9 *imaginosum os* scriptum ubi scribi debuerat *imaginor uos*, v 7. 5 *fieri de* ubi *perinde*, ix 10. 2 *feruntur* ubi *seruntur*, et fortasse i 13. 2 *recitat quia* ubi *recitator* (una ligatis

---

[1] E. T. Merrill, 'On the Eight-book tradition of Pliny's Letters in Verona', *Classical Philology*, v (1910), 175–88; R. Sabbadini, *Storia e Critica di Testi latini*, (Cataniae, 1914), pp. 355–65.

[2] v 1–8. 21. 15. 10–14. 16–20. 9; ix 1. 2. 6. 7. 9. 12. 17. 21. 24. 25. 30–32. 3–5. 8. 10. 11. 13–15. 18–20. 22. 23. 26–29. 33–40.

o et *r* litteris). Vtinam nos, qui nunc uidemus per speculum in aenigmate, Veronensis quoque sex folia recuperare possemus!

5. Reperto autem Veronensi, quid fit? (*a*) De epistulis ccxviii quae iam tandem Italis praesto sunt, florilegium clxvii confecit quidam adhuc ignotus, peculiari usus ordine cuius ratio nondum liquet. (*b*) E ceteris uiris doctis qui centum epistularum (i 1–iv 25, iv 27–v 6) corpus illud uulgare possidebant, erat hic illic qui nuper repertas tantum sibi exscribendas curaret, unde ex. gr. codex Mediolanensis bibl. Ambrosianae H. 54 sup., qui v 7–vii fin. et ix (omissa ix 16) continet.[1] (*c*) Plerique textum suum usitatum uel intactum conseruabant, uel ad Veronensis apographum aliquod plus minusue accurate correxerunt, sicut tamquam ante oculos fieri uidemus in marginibus cod. Paris. lat. inter nuper adquisitos 379; nouas deinde epistulas subiunxerunt secundum textum aut florilegii supra memorati (unde quattuor e superstitibus) aut integri Veronensis (unde fere quinquaginta). Veronensem dico; sed memoria tenendum est uiros doctos saeculi quinti decimi textum antiquum et perperam legere potuisse et lectum corruptelis atque coniecturis fere ab initio, et paene dixerim inscios, deprauare. (*d*) Perpaucis tantum operae pretium esse uisum est centum epistularum iamdudum usitatarum textum Veronensem integrum uel paene integrum exscribere. Inde fit ut longe alia in ceteris atque in illis centum sit Veronensis recuperandi ratio. In epp. enim iv 26 (quae adhuc ignota fuerat), v 7–vii fin. et ix (deest ix 16), id tantum agitur ut quam integerrimos inter eius apographa testes deligamus. Quibus autem usus sum, hi sunt:

Florilegii epistularum clxvii codex, quod sciam, unicus[2] Holk-

---

[1] Accedit apud Doram Johnson codex 'Genauensis', quem penes se non exstare benigne me monuerunt bibliothecae Genauensis praefecti.

[2] Oxonium meum in usum humanissime misit u. cl. Comes de Leicestria.

hamicus 396, una cum eis qui post epistulas illas centum unam semis florilegium compilauerunt: Florentini Laurentiani 47. 31 et 47. 32, Mediolanensis bibl. Triuultianae 644 (K. 44) et Londinensis Burneianus 231. Testi grauissimo desunt epp. v 7. 13. 19. 20; vi 2. 5. 6. 8. 13. 15. 19. 22. 23. 25. 29. 31. 33; vii 4. 6. 9–11. 17. 18. 22. 29. 33; ix 13. 26. 28. 37. 39, necnon epistularum tituli. Anglicos totos contuli, Italicos pluribus in locis inspexi.

Parisinus lat. 8621, accurate scriptus, qui in ep. ix 26. 8 *notissima* desinit; hunc fide dignum esse primus detexit Stout (p. 25), cui in his rebus multum debeo. Totum contuli.

Sodalitas quaedam (ut ita dicam) codicum: Dresdensis D 166, Londinensis Burneianus 229, Oxoniensis Bodleianus Auct. F. 2. 22 (27865), Parisini lat. 8556 et 8622. Dresdensem Merrillii in usum contulit Dora Johnson, ceteros contuli.

Inter huiusmodi codices qui plus minusue editoris siue interpolatoris curam passi sunt (quam curam iam ante annum 1429 incepisse nos docet Casinensis P529, teste Stoutio), tres temere elegit Merrill: Vaticanos Ottobonianum lat. 1965 et Vrbinatem lat. 1153, Vindobonensem lat. 148 anni 1468 (cuius similis sed aliquot annis uetustior mihi uisus est Vindob. lat. 141). Hos hic illic inspexi; ipse addidi Londinenses inter additicios 16424 anni 1450 et 12007 anni 1455, neque multum inde lucratus sum.[1]

[1] Adnotant hi duo una cum Parmensi 2659 in margine ad ep. iii 7. 1, ubi de Silio Italico mentio fit: 'Hic eximium edidit de bello Punico secundo uolumen quod Constantiae Pogius hac aetate conperuit'; simile aliquid habes in Londinensibus Burneiano 230 et Harleiano 4868 anni 1467, Mutinensi bibl. Estensis Q. 8. 13, Oxoniensi bibl. Bodl. D'Orville 144 (17022), Vaticanis Regin. lat. 1472 anni 1453 (unde descriptus est Vat. lat. 5881) et Vrbinate lat. 1152, aliis. Idem quae ep. iii 11. 6 de Artemidoro dicuntur philosopho, hi de Manuele Chrysolora ('Guarino teste' addunt Burneianus, D'Oruilleanus) uera esse adfirmant, illi de Victorino; quae vii 25. 4 de Terentio Iuniore hi de utroque posse dici Chrysolora, Ambros. H. 64 sup. de Nicolao Secundino (silent Additicii et Parmensis). Alibi similia fortasse inueniet, si quis bonarum litterarum in Italia studiis inuestigandis incubuerit; ad codicum necessitudines inueniendas huiusmodi indicia caute adhibenda esse suspicor.

Horum testimonio (et in primis florilegii) fretis fere ubique constat quid praebuerit Veronensis (*γ*), uel saltem quid in Veronensi sibi legere uisi sint Guarinus eiusue aequales.

In centum illis epistulis longe aliter res se habet, cum omnes fere codices textum iam diu uulgatum offerant,[1] pauci sint qui noua et genuina praebendo, et quae coniectura minime inueniri poterant (uelut i 1. 1 *curatius* uerbum Tacito usitatum, i 16. 5 *meus aut Caluus, re uera quales Catullus,* iii 9. 32 *edi crimina*), originem tamquam nobiliorem profiteantur. Contuli, praeter Dresdensem a Dora Johnson collatum (ipse loca dubia inspexi), qui sequuntur:

Holkhamicus 396, in quo desunt (praeter i 8. 12. 23. 24) ii 11. 12. 14. 15. 17. 19. 20; iii 4. 5. 9. 11. 18. 20; iv 9. 11. 13–15; v 1.

Dresdensis D 166;[2] Venetus Marcianus lat. xi. 37 (3928), qui continet ff. 95 et seqq. solum librum primum cum indice secundi;[3] Londinensis Harleianus 2570 (olim 'Lelii Capilupi codex') hic illic interpolatus, qui in ep. iv 3. 1 finem facit. His omnibus desunt epp. i 8. 12. 23. 24, unde colligi potest eas et in Veronensi defuisse.

Parisini lat. 8621 et 8622, quos, licet e textu uulgato et quattuor illas epistulas et alia permulta uel retineant uel adsciuerint, hic illic tamen Veronensem redolere agnouit Stout.

Inde fit ut in libro primo, ubi adest Marcianus, quid in

---

[1] Instar omnium sit scriba codicis Oxoniensis bibl. Bodl. Duke Humfrey d. 1 (2934), qui ante annum 1444 ad calcem ep. v 6 adnotat: 'Hucusque exemplar fuit satis emendatum'; at textum exscripserat mixtum et interpolatum, nobis nullius fere pretii. Cautius in Vaticano lat. 3405 Nicolaus Perottus ad v 6: 'Hactenus habent codices qui uulgo circumferuntur', ad calcem lib. ix: 'Indigent lima non parum.'

[2] Dresdensis ab exemplari descriptus uidetur quod duplicem habuerat originem, in centum epistulis optimae notae, in ceteris plebeiam. Ne quis igitur id mihi uitio uertat, si permultos eius errores Veronensi non attribuam, neque illis in apparatu qui et breuis et criticus esse uelit locum faciam.

[3] Hoc primus usus est E. T. Merrill, apud *Classical Philology*, xii (1917), 259–70.

Veronensi suo legerit Guarinus scire uideamur; in libb. ii–v 6, praesertim ubi silet florilegium, saepius fere haereamus.

6. Transcurso itaque medio saeculo quinto decimo, adhuc ignoti erant Epistularum libri viii et x cum ep. ix 16, adhuc trecentis in locis textus uel mendis uel lacunis laborabat, quibus sanandis iam operam nauabant uiri docti, cum in θ lucem parumper prodiit codex nouus aetatis incertae, hodie deperditus, qui non solum his medelam adhiberet, sed etiam libri duo frusta noui inter septimum et eum qui nobis nonus, illis octauus, offerret; perierant enim aliquot folia, in quibus viii 8. 3 *quas obuias*—18. 11 *hortos*.[1] Hunc codicem, sicut iam antea Veronensem, nemo quoad scimus descripsit integrum; textum suum, qualis tum diuulgabatur, correxerunt unus et alter, unde fit ut ibi demum codicis noui testimonium nos tenere confidamus, si qua in recentiore aliquo apographo uel manu scripto uel etiam typis excuso lectiones et nouas et ueras inuenimus, quas homo quamuis doctus coniectura adsequi uix potuisset. Codicis Medicei (de quo in sequentibus) erat adfinis; ipse Mediceus non erat neque ex eo deriuatus, utpote qui extremum librum nonum, qui in Mediceo numquam exstabat, contineret. Apographa autem unde eius testimonium, coniecturis ingeniosissimis hic illic mixtum, haurire possumus, hi sunt:

> Vaticanus Vat. lat. 11460; hic solus fragmenta libri octaui, cum septimo continuata, proprio loco seruat.

> Taurinensis D. ii. 24, liber splendidus olim Ferdinandi regis Neapolitani (stemma gentilicium hodie prae se fert familiae cui

[1] De 'traditione Germanica' loquitur Merrill, editionis p. xvii; an recte, non habeo quomodo definiam. Quam acute de hac re breuiter disseruerit abhinc iam fere annos centum Keil, editionis pp. xvii–xviii, admirari satis nequeo.

a Sancto Seuerino nomen), quocum plerumque stat editio Romana a Iohanne Schurener de Bopardia circa an. 1473 typis mandata. Hi librum octauum ad calcem noni addiderunt.

Parisinus lat. 8620 (olim Antonelli Petrucci Neapolitani, qui obiit an. 1487), quocum plerumque editio an. 1476 Neapolitana a Iuniano Maio curata. Parisinus librum octauum non habet; non habuisset editio, nisi textum Romanum repetisset ad uerbum, neque ullius in hoc est auctoritatis.

Minoris momenti Londinensis inter additicios 20054, Parisinus bibl. Sanctae Genouefae 1143,[1] Vaticanus Chisianus H. v. 154 quem ante an. 1460 scriptum esse credit Stout (p. 41). His deest omnino liber octauus; in Chisiano ad calcem secundis curis e fonte optimo adiecta fragmenta.

Textus eiusdem indolis ad manum erat et scribae codicis Londinensis inter additicios 23777 et Rudolpho Agricolae Frisio, dum Plinium suum Ferrariae anno 1478 recognoscit (usus sum apographo Leidensi Vossiano lat. 4to. 80; Stuttgartensem cod. poet. philol. 4to. 30 non uidi) et Pomponio Laeto, editionem paranti Romae an. 1490 proditurum. Vbicumque igitur codicis deperditi lectionem ex his testibus nos tenere credidi, reiectis coniecturis satis audacibus laudaui,

---

[1] Genouefani manus Germaniam redolet, chartae Galliam; insignitae sunt enim aliae littera Y, aliae stemmate Delphini (C. M. Briquet, *Les Filigranes* (1907), sub numeris 9200, 9184, 1852–3, annorum fere 1460–75). Quare eum inter editionis Neapolitanae an. 1476 (ne dicam aliorum testium) fontes numerandum esse censeat Stout (pp. 30, 45, alibi), nescio. Quos si mihi quaerendos existimarem, initium equidem facerem apud cod. Paris. lat. 8620; Neapol. Vind. lat. 42 (olim Vindobonensem lat. 298), quem scripsit 'amicis aeque ac sibi' Marinus Thomacellus, Laurentii Vallensis amicus Neapolitanus; Oxoniensem bibl. Bodl. Laudianum lat. 52, qui eiusdem Laurentii continet adnotationes, et aliquando in Hispania fuisse uidetur. (In Parisino lat. 8557, olim Ferdinandi regis Neapolitani, nihil ad rem inuenio.)

notam θ Stoutium secutus[1] adposui; quod si unus tantum
ex eis (quod perraro fit) uerum seruauit, litteram adieci siue
q (Vat. lat. 11460) siue t (Taurinensis) siue f (Paris. lat. 8620)
siue in libro octauo tantum c (Chisianus).

7. Sed iam tandem aderat tempus quo codicum stirps et
noua et optima in lucem prodire debebat. Primum enim anno
incerto ab inclito monasterio Corbeiensi bibliothecae Ponti-
V ficali accessit codex insignis, hodie Vaticanus lat. 3864, nono
saeculo medio scriptus, in quo praeter Caesaris de bello
Gallico commentarios et excerpta illa notissima ex Historiis
Sallustianis, quorum hic unicus fons est, Epistularum in-
erant libri i–iv.[2] Qui dum uiris doctis innotescit,—exempli
gratia, anno 1475 decimo septimo die Iunii mutuatus est
idem Pomponius Laetus,[3]—ad purgandos in his libris textus
uulgaris errores, praesertim in editionibus exeunte saeculo
decimo quinto diuulgatis, nonnihil confert. Hunc anno 1508
in Italiam secutus est codex ille Mediceus, hodie Florentinus
M Laurentianus 47. 36, olim in unum uolumen compactus cum
Cornelii Taciti Annalium codice Mediceo primo, Laur. 68.
1,—id quod Secundo nostro, si scire potuisset, quam gratum
fuisset!—quod abbatiae Coruiensi ad Visurgim furto sub-
tractum in manus summi Pontificis Leonis eius nominis
decimi peruenit; ex editoribus primus usus est anno 1518

[1] *Scribe and Critic*, praesertim pp. 33–41; qui tamen, si cod. Vat. lat.
11460 uidisset, multa aliter posuisset, neque cod. θ arctius cum Veronensi
(γ) quam cum Mediceo (M) cognatum esse censuisset.

[2] R. Sabbadini ap. *Bollettino di Filologia*, xxviii (1921/2), 172–3; B. L.
Ullman ap. *Philological Quarterly*, i (1922), 17–22; B Bischoff ap. *Dida-
scaliae* (curauit S. Prete) (Noui Eboraci, 1961), 41–57.

[3] M. Bertola, *I due primi Registri di prestito della Biblioteca Apostolica
Vaticana* (1942), p. 3. Cod. Vaticani lectiones postea exemplari ed.
Taruisinae an. 1483 adscripsit Laetus, quod possidet hodie Vniuersitas
Chicaginiensis (Stout, p. 46). Ed. Romanae exemplar eiusdem notis
ornatum in Bibl. Vaticana exstare commemorat Keil (ed. suae p. xvii).
Neutrum librum uidi.

Catanaeus.[1] Codex est optimae notae, saeculo nono ea
scripturae forma quam Fuldensem esse periti agnoscunt
exaratus; continet libros i–ix integros (necnon suo tandem in
loco ep. ix 16), praeter ep. ix 26. 9 usque ad finem. Haec enim
tot uerbis Graecis fortasse deterritus omisit scriba, nisi potius
in exemplari iam deerant, ut admonere uidentur uerba *Finit*
eqs. ibidem ab ipso adposita. Vaticani in libris i–iv et Medicei
ea est necessitudo, ut ambos a communi fonte (α) originem α
ducere certum sit, quem fere semper redintegrare possumus;
hiat praesertim contextus magnis aliquot lacunis: i 16. 1–20.
7, iii 1. 12–3. 6, iii 8. 4–9. 28. Hic illic editoris manum
fatetur, ex. gr. i 1. 1 *cura maiore*, 2. 2 *tantam uerborum*, vi
20. 3 *castella* ista et *oppida*.

Ex hac stirpe descendunt, ut inter alia ex eisdem in contextu
lacunis coniectari licet, codices duo recentiores, quos tamen fontem
peculiarem habuisse docet ordo inusitatus epistularum. Sunt
Pragensis bibl. publ. xiv. A. 12, uel exeunte saec. xiv uel ineunte xv in
Bohemia scriptus, qui et. Naturalem Historiam et Plinii qui feruntur de medicina libros continet, et Londinensis Harleianus 2497
saec. xv, quem hospitali suo sancti Nicolai apud Cusam dederat
Nicolaus ille Cusanus. His haud scio an adnumerandus fuisset liber
alius (saec. xiii?) a bibliopega saec. septimi decimi in frusta red-
actus, cuius fragmentum admirabili sollertia descripsit Kreyssig,[2]—

---

[1] P. Lehmann, 'Corveyer Studien', *Abhandlungen der Bayer. Akad.
der Wissenschaften*, philos.-philol. u. hist. Klasse xxx, 5 (1919), 22 et 38.
Scio u. d. Ludouicum Pralle, *Die Wiederentdeckung des Tacitus* (Fuldae,
1952), pp. 91–101 contendisse, uolumen illud a Nicolao Cusano in monasterio inuentum Fuldensi anno 1427 in Italiam uenisse; quem quominus
sequar, obstat disertum Leonis pontificis testimonium, quod apud Paulum
Lehmann inuenies; obstat ipsius Nicolai codex Epistularum hodie
Harleianus non a Mediceo descriptus; obstat illud, quod aegre crediderim
Mediceum octoginta annos in Italia delituisse neque ullum eius uestigium
in Epistularum textum irrepsisse.

[2] J. T. Kreyssig, *Dissertatio de codicis membranacei C. Plinii Caecilii
Secundi epistolas olim complexi fragmento in bibliotheca Lycaei Annaemontani
reperto*, (Lipsiae, 1812).

ne de illo coniecturas proferam cuius in bibliothecae Laurisheimensis catalogo mentio tantum superest.[1]

Eiusdem indolis esse uidentur excerpta tria in codicibus saeculi noni adseruata: exstant enim in cod. Monacensi lat. 14641, olim Ratisponensi (sed scripturae forma Fuldensis est), epp. i 6 et vi 10; in Leidensi Vossiano lat. 98 epp. i 1. 1–2. 6 notis plerumque Tironianis exaratae;[2] in Vaticano Reginensi lat. 251 ep. vi 16. Hos praeter Pragensem et Annaemontanum in manibus habui; codicum nulla est auctoritas, excerptorum textus, ut fere semper parum accuratus, uix dignus est cui in apparatu critico locus detur.

8. Ceterum iam aliquot annos ante aduentum Medicei in Italiam, Italis innotescebat adhuc in Gallia latitare pretiosam margaritam. Anno enim 1502 die xi mensis Maii Venetiis A edidit Hieronymus Auantius Veronensis illas epistulas quae nobis libri x 41–121 numerantur, numeris insignitas xvii-lxxiii, quas nuper repertas et Petri Leandri industria e Gallia adlatas esse adfirmat; quem textum die xxiv Ian. 1502/3 Bononiae repetiit Philippus Beroaldus, die xviii Ian. 1506/7 Mediolani Iohannes Maria Catanaeus. Interim Iohannem Iucundum architectum illum Veronensem, quem annos 1494–1506 in Gallia egisse nouimus, codicem decem librorum Parisiis inuenisse testis est Gulielmus Budaeus. Is enim in libro suo Annotationum ad Pandectas anni 1508 (folio 27), dum ep. viii 10 adhuc omnibus ignotam laudat, ita pergit: 'uerum haec epistola et aliae non paucae in codicibus impressis non leguntur; nos integrum ferme Plinium habemus, primum apud Parrhisios repertum opera Iucundi sacerdotis, hominis antiquarii Architectique famigerati.' Idem ut integrum textum ad manum haberet, comparatis editionibus Beroaldi an. 1498 librorum i–ix (praeter medium lib. viii) et I Auantii an. 1502 lib. x 41–121, addendas manu curauit i epp. viii 8. 3–18. 11 et x 1–40, uariam lectionem una cum

[1] Manitius, op. laud. p. 140.
[2] S. De Vries, *Exercitationes Palaeographicae* eqs. (Lugd. Bat., 1890).

ep. ix 16 hactenus ignota marginibus adpinxit, ad finem subscripsit: 'Hae Plinii iunioris epistolae ex uetustissimo exemplari Parisiensi et restitutae et emendatae sunt opera et industria Ioannis Iucundi praestantissimi architecti hominis imprimis antiquarii.' Ipsum Budaei uolumen postea Oxonium deuenit, ubi anno 1708 a Thoma Hearnio emptum hodie in Bodleiana inter impressos adseruatur sub numero Auct. L.4. 3.[1]

9. Eodem ferme tempore Venetias ad Aldum Manutium *a* editionem suam parantem, quae anno 1508 proditura erat, epistulas ex eodem uetustissimo codice descriptas misit ipse Iucundus; codicem deinde ipsum nactus ad Aldum misit patronus eius Aloisius Mocenigus, reip. Serenissimae apud regem Francorum legatus. Quem Aldus in editione ita describit: 'est enim uolumen ipsum non solum correctissimum sed etiam ita antiquum, ut putem scriptum Plinii temporibus.' Nos autem iam tenemus codicem et decem librorum et Parisiensem et antiquissimum et quem ineunte saeculo sexto decimo inter libros perditos esse a suis recensitum uidimus: quis nisi Victorinus ille supra (pp. v–vi) memoratus, cuius fragmentum Noui Eboraci adhuc exstat? Volumen ergo foliorum ducentorum octoginta, cuius scriptura iam tum mille ferme annorum erat, petente nimirum uiro gratioso Fortunae ludibriis commisit domus illa Sancti Victoris olim de bonis litteris tam bene merita.[2] Praeter Victorinum, cuius libri noni ultima tria folia iam periisse uidimus,[3] habuit

[1] Primus in lucem protraxit E. G. Hardy ap. *Journal of Philology*, xvii (1888), 95–108 = *Studies in Roman History* (1906), 335–9; plura Merrill ap. *Classical Philology*, ii (1907), 129–56.

[2] Aldi codicem Parisinum et minusculis litteris exaratum esse et Graeca omisisse credit Stout, *Scribe and Critic*, pp. 62–68, argumentis usus quae omnia aliter explicari possunt. Eis quae ibidem pp. 69–80 de Aldo editore scribit uir de Plinio nostro optime meritus, libenter adsentior.

[3] Atque adeo sub finem libri noni nihil uere noui profert Aldina post ix 36. 3 *pariter . . . firmatur*, praeter illud 39. 4 *uel faciendum uel emendum*, quod iam alias ob causas in suspicionem uocauit Stout (p. 113).

Aldus e Gallia a fratre Iucundo adportata 'sex alia uolumina Epistularum partim manu scripta' (quae si in Gallia oriunda erant, centum tantum illas epistulas complexa esse ueri simile est), 'partim impressa quidem sed cum antiquis collata exemplaribus', neque umquam nos diserte certiores facit quid noui ex quoque fonte protulerit. Quod si in centum epistulis, in quibus solis uariam familiae decem librorum lectionem ex codd. BF nouimus, eius familiae textum premere uidetur, hoc me quidem iudice inde fit, quod textui Aldino suberat textus ille (ut ita dicam) receptus Italorum, cuius fundamentum ultimum fuisse uidimus in centum epistulis cod. F; neque colligere licet, ut in illis, ita et in ceteris eandem familiam, uel potius familiae parentem Parisinum, Aldum ea qua par erat fide prosecutum. Quid igitur?

(*a*) In epp viii 8. 3–18. 11 (nondum enim innotuerat codex Mediceus M) textui nouo Aldino unicus fons suberat Parisinus; quod idem ualet in libro x, licet saepius, collato exemplaris Budaeani testimonio (I siue *i*), Aldum coniecturis nimis indulsisse liqueat, ex. gr. x 23. 1; 52; 58. 7 et 9.

(*b*) Vbicumque quae profert Aldus, e codicibus familiarum γ uel θ uel ex editionibus habere potuit (ne dicam habuit), ibi quid Parisinus ignoramus; auctoritate caret Aldina.

(*c*) Quidquid dedit quod testibus eo usque notis acceptum referre non poterat, aut coniecturae debuit Aldus aut Parisino, et hic demum, praeter libros viii medium et x, testis est nominandus. Quorum nonnulla coniectura inuenire uix potuit, ut v 20. 5, ix 16. 1; multa postea repertus confirmauit Mediceus, ut vi 16. 2, vii 20. 6. Aliquanto igitur rarius quam praedecessores nostri testem grauissimum quidem sed non ubique auctoritate locupletem in editione nostra laudauimus.

Ne quis consuetos alios desideret testes: codices Italicos tres (quos litteris o u x Merrill, o u x et δ Schuster denotant), necnon Dresdensem (quem D Keil et Merrill, D et γ Schuster) et Marcianum

(m) nominatim non laudaui, cum nihil sint nisi instrumenta, una cum aliis, ad recuperandum cod. Veronensis (γ) testimonium; excerpta (L et Mon), cum ex eodem fonte (α) deriuata atque codices M et V; inter libros typis impressos, editionem principem (p), quia nihil est nisi apographum codicis recentis alicuius, qualis est Oxon. Bodl. D'Orville 144 (17022); ceteras ante Aldinam (r et ς), quia quidquid noui praebent, aut editorum coniecturae debent aut codici deperdito θ quem recuperare temptaui.

10. Hactenus de recensione; de constitutione textus breuis esse possum. In adnotatione critica id egi ut, si quando inter testes oritur dissensio, idoneos omnes adhibeam; si quis non laudatur, aut deest, aut, si non deest, ibidem auctoritatis expers est. Ita mox luce clarius fit, nos duplici testimonio inniti; hinc enim stant α (uel $\alpha\theta$) et γ, inde β. Sequitur ut consentientibus uel $\alpha\beta$ contra γ uel $\beta\gamma$ contra α maior insit auctoritas,[1] atque adeo in epp. i–v. 6 perraro opus est emendatione. Centum epistulas emensis, postquam testis β partes inuita suscepit Aldina, paulo minus bene res cedit; uerum et sententiae et stilus Plinianus adeo auctorem suum redolent, ut saepius non nimis diu haereamus; in ix 26. 9–40 et x, ubi nos deserit α, pessime. Inter α (θ) γ et β, quid differt? Agnoscunt iam uiri docti, suadente in primis Gunnaro Carlsson,[2] textum qualis in β inueniatur a correctore nescio quo ita interpolatum ut facilior legentibus, etiam inuitis numeris, euadat oratio, id quod ante annum 500 et fortasse multis ante annis euenit. Vbicumque igitur res alioqui aequa lance libratur, testem β praestat habere suspectum. Nec tamen omnino reiciendus est; seruat enim eorum ad quos scriptae sunt epistulae librorum i. iii. iv. v nomina pleniora, quae non nisi ab auctoris scriniis aliqua uia prouenire crediderim. Profert et in lib. iv alia propria (ex. gr. iv 5. 4, 7. 7, 10. 3, 12. 4, 13. 2,

---

[1] Vnde ex. gr. in ep. v 6. 15 etiam *prominulam* illud reicere ausus sum.
[2] 'Zur Textkritik der Pliniusbriefe', *Lunds Universitets Årsskrift* (1922).

15. 11, fortasse 9. 16), quae unde ueniant dubitari potest. Sed hic locus non est idoneus ut de his disputemus.[1]

In re orthographica nulli ex nostris codicibus praeter fragmentum illud Morganense contingit auctoritas; quod quoad potui secutus sum, receptis ex aliis ex. gr. *here paruolus Xersen.* Nec tamen ausus sum, si hic illic *uoltus reliquom* et similia profert β, antiquas illas formas ubique reponere.[2] Graeca, quibus saepius utitur noster, $\alpha\beta$ litteris quas dicimus unciales reddunt, sicut mos erat antiquariis Latinis; idem sine dubio de Veronensi ualebat, sed in apographis omnia uel omiserunt uel in minusculas siue cursiuas suas interpretati sunt Itali. Vncialium aliquas facillime inter se commisceri notum est: $A\Delta\Lambda$; $A\Lambda$, ΛA et M; Γ et T, ΛI et N, O et C, TI et Π. Si has minutias neglegere uolumus, a nobis praetermissas, fide admirabili conseruantur Graeca, praeter ep. ix 26 unde aliqua excidisse fere certum neque mirum est.

In textu distinguendo uereor ne qui hodiernum desideret usum distinctionum haereat lector, cum illud semper in animo habuerim ut numeris Plinianis geram morem; auribus enim, non oculis modo uerum etiam auribus legendus est noster.

11. Studia mea Pliniana multarum bibliothecarum curatores infatigabili humanitate fouerunt, consilio adiuuerunt amici Betty Radice, R. G. M. Nisbet, imprimis A. N. Sherwin-White, quem Epistulas commentariis mox inlustraturum esse speramus; nec me fallit, si quid boni huic opusculo insit, quam exigua pars mihi ipsi debeatur.

R. A. B. M.

Scribebam Oxonii
  e Collegio Corporis Christi

---

[1] Eis quae disputauit u. d. K. Barwick, 'Zwei antike Ausgaben der Pliniusbriefe?' ap. *Philologus*, xci (1936), 423–8, nondum multa habeo quae addam.

[2] *Philologische Wochenschrift*, xlii (1922), 1229.

EPISTVLARVM LIBRI DECEM

SIGLA

Codices nouem librorum:

α = fons deperditus codicum *MV* (*praefationis* § 7)

    M = Laurentianus Mediceus 47. 36, saec. ix

    V = Vaticanus lat. 3864, saec. ix

θ = codex alter deperditus e recentioribus restituendus (§ 6); laudantur identidem *c* = Vat. Chisianus H. v. 154; *f* = Paris. lat. 8620; *q* = Vat. lat. 11460; *t* = Taurinensis D. ii. 24

Codices decem librorum:

Π = fragmentum Neo-Eboracense Morgan M 462, saec. vi in. (§ 2)

    A = editio Auantiana anni 1502

    I = cod. Bodleiani inter impressos Auct. L. 4. 3 supplementa manu scripta: viii 8. 3–18. 11 et x 4–40, saec. xvi in. (§ 8)

    I^2 = corrector eiusdem aetatis, *i* et i^2 lectiones marginibus adscriptae

    a = editio Aldina anni 1508 (§ 9)

β = uoluminis illius apographum deperditum, unde pendent

    B = Laur. Ashburnhamensis 98, saec. ix (§ 2)

    F = Laur. S. Marci 284, saec. xi ex. (§ 3)

Codex octo librorum:

γ = codex Veronensis deperditus (§§ 4–5)

In libro decimo laudantur etiam editiones:

    Ber. = Beroaldi an. 1503

    Cat. = Catanaei an. 1506

    a^2 = Aldina secunda an. 1518

    $Cat.^2$ = Catanaei secunda an. 1519

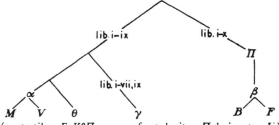

(*a* e testibus *FγVθΠ* quae proferat ducit, a *Π* deriuantur *Ii*)

3

C. PLINI EPISTVLAE

ELENCHVS TESTIVM IN VNOQVOQVE LIBRO ADHIBITORVM

I 1–V·6: αβγ, his exceptis—

    i 8, 12, 23, 24 ignorabat γ
    i 16. 1–20. 7 mutilus silet α
    ii 4. 2–12. 3, iii 5. 20–11. 9 et v 6. 32–46 (ubi mutilus est *B*) cod. *F* habemus, non β
    ii 20. 13–iii 5. 4 pro stirpe β ipsum habemus cod. *Π*
    iii 1. 12–3. 6, 8. 4–9. 28 mutilus silet α
    iv 26 casu (ut uidetur) amiserat β
    v 1–6 (postquam desinit *V*) partes stirpis α tuetur cod. *M*

    Post lib. i, eis praesertim in epistulis quas praetermisit florilegium (supra, p. xi), minime certum est testimonium stirpis γ

V 7–VII 33 et IX: *M*γ et identidem θ et *a*, his exceptis—

    vi 16 accedit excerptum Reginense
    ix 16 ignorabat γ (codici *M* succurrunt *ai*)
    in ix 26. 8 desinit *M*

VIII: *M*θ et identidem *ai*

    8. 3–18. 11 mutilus silet θ, succurrunt *aI*

X: *A* (epp. 41–121), *I* uel *i*, et *a*

LIBER PRIMVS

I

C. PLINIVS SEPTICIO ⟨CLARO⟩ SVO S.

FREQVENTER hortatus es ut epistulas, si quas paulo cura- **1**
tius scripsissem, colligerem publicaremque. Collegi non ser-
uato temporis ordine (neque enim historiam componebam),
sed ut quaeque in manus uenerat. Superest ut nec te consilii **2**
nec me paeniteat obsequii. Ita enim fiet, ut eas quae adhuc
neglectae iacent requiram et si quas addidero non sup-
primam. Vale.

II

C. PLINIVS ⟨MATVRO⟩ ARRIANO SVO S.

Quia tardiorem aduentum tuum prospicio, librum quem **1**
prioribus epistulis promiseram exhibeo. Hunc rogo ex consuetudine tua et legas et emendes, eo magis quod nihil ante
peraeque eodem ζήλῳ scripsisse uideor. Temptaui enim imi- **2**
tari Demosthenen semper tuum, Caluum nuper meum, dumtaxat figuris orationis; nam uim tantorum uirorum, 'pauci
quos aequus . . .' adsequi possunt. Nec materia ipsa huic **3**

Titulo caret α; C. PLINI SECVNDI EPISTVLARVM LIBRI NVMERO DECEM:
INCIP. LIB. I FELICITER *B* (*nihil profert F*); *quid* γ, *non traditur*   3 Septicio αγ: Secundo β; Claro *add. Barwick* (*coll.* i 15)   4 si quas αγ:
quas β   4 curatius γ: accuratius β: cura maiore α   12 Maturo
add. Barwick (*coll.* iv 8, iv 12)   Arriano αβ (Adr. *F*): Arrinio γ   15 ante
βγ: umquam α   16 ZHΛⲰ *B* (*in margine, sed prima manu*) *a*: zelo γ:
stilo *B* (*in textu*) *F*: libro α   17 Caluum βγ, *om.* α   18 orationis
βγ: multis α   nam uim αγ, *om.* β   tantorum uirorum βγ: tantam
uerborum α   19 quos equos assequi γ: quos aequus amauit qui α:
equitius adsequi β; *Verg. Aen. vi 129*   materia βγ: -iam α

(uereor ne improbe dicam) aemulationi repugnauit: erat enim prope tota in contentione dicendi, quod me longae desidiae indormientem excitauit, si modo is sum ego qui ex-
4 citari possim. Non tamen omnino Marci nostri ληκύθους fugimus, quotiens paulum itinere decedere non intempestiuis 5 amoenitatibus admonebamur: acres enim esse non tristes
5 uolebamus. Nec est quod putes me sub hac exceptione ueniam postulare. Nam quo magis intendam limam tuam, confitebor et ipsum me et contubernales ab editione non abhorrere, si modo tu fortasse errori nostro album calculum 10
6 adieceris. Est enim plane aliquid edendum—atque utinam hoc potissimum quod paratum est! audis desidiae uotum—edendum autem ex pluribus causis, maxime quod libelli quos emisimus dicuntur in manibus esse, quamuis iam gratiam nouitatis exuerint; nisi tamen auribus nostris bibliopolae 15 blandiuntur. Sed sane blandiantur, dum per hoc mendacium nobis studia nostra commendent. Vale.

III

C. PLINIVS CANINIO RVFO SVO S.

1   Quid agit Comum, tuae meaeque deliciae? quid sub- 20 urbanum amoenissimum, quid illa porticus uerna semper, quid platanon opacissimus, quid euripus uiridis et gemmeus, quid

---

1 aemulationi βγ: -ione α   3 ego αβ, *om.* γ   qui βγ: ut α
4 Marci nostri β: marcino ibi (*om.* ΛHKYΘOYC) α: Marci .N. (*ut uidetur*) γ   4 fugimus βγ: -iamus α   5 quotiens βγ: ut etiam α decedere non βγ: cedendo α   6 admonebamur βγ: submouemur α   acres αβ: acrius γ   esse non tristes α: non tristes esse β: non tristius γ   8 nam αγ: non β   9 me αγ: te β 10 abhorrere αγ: abhorreo β   tu βγ: non α   11 plane aliquid βγ: aliquid plane α   12 audis βγ: audias α   14 emisimus αβ: misimus γ 16 sed sane blandiantur α: sed sane β, *om.* γ   17 commendent αβ: commendantur γ   19 Rufo β, *om.* αγ   20 tuae αβ: tuum γ 22 platanon opacissimus αβ (ΠΛΑΤΑΝѠΝ *a*): platanum -imum γ

subiectus et seruiens lacus, quid illa mollis et tamen solida
gestatio, quid balineum illud quod plurimus sol implet et
circumit, quid triclinia illa popularia illa paucorum, quid
cubicula diurna nocturna? Possident te et per uices partiun-
5 tur? an, ut solebas, intentione rei familiaris obeundae crebris **2**
excursionibus auocaris? Si possident, felix beatusque es; si
minus, 'unus ex multis'. Quin tu (tempus enim) humiles et **3**
sordidas curas aliis mandas, et ipse te in alto isto pinguique
secessu studiis adseris? Hoc sit negotium tuum hoc otium;
10 hic labor haec quies; in his uigilia, in his etiam somnus reponatur. Effinge aliquid et excude, quod sit perpetuo tuum. **4**
Nam reliqua rerum tuarum post te alium atque alium dominum sortientur, hoc numquam tuum desinet esse si semel
coeperit. Scio quem animum, quod horter ingenium; tu modo **5**
15 enitere ut tibi ipse sis tanti, quanti uideberis aliis si tibi fueris.
Vale.

IV

C. PLINIVS POMPEIAE CELERINAE SOCRVI S.

Quantum copiarum in Ocriculano, in Narniensi, in Carsu- **1**
20 lano, in Perusino tuo, in Narniensi uero etiam balineum! Ex
epistulis meis, nam iam tuis opus non est: una illa breuis et
uetus sufficit. Non mehercule tam mea sunt quae mea sunt, **2**
quam quae tua; hoc tamen differunt, quod sollicitius et in-
tentius tui me quam mei excipiunt. Idem fortasse eueniet tibi,

1 et (*prius*) αγ, *om.* β   tamen αβ, *om.* γ   2 gestatio αβ: uectatio γ
3 popularia illa paucorum αγ: popine quid euripus β   4 nocturna
αβ: nocturnaque γ   possident . . . partiuntur αβ, *om.* γ   6 si
(*prius*) βγ: si te α   possident . . . enim αβ, *om.* γ   7 enim β: est
enim α   9 hoc otium αβ, *om.* γ   10 uigilia αβ: uigiliae γ
11 excude γ: excute β: exclude α   12 reliqua αβ: relique (*nisi
fallor*) γ   13 sortientur αβ: -iuntur γ   tuum *hic* βγ, *post* coeperit α
15 enitere αβ: conice γ   18 Pompeiae β, *om.* αγ   22 sufficit
αβ: suffecit γ   24 tibi αβ: et tibi γ

3 si quando in nostra deuerteris. Quod uelim facias, primum
ut perinde nostris rebus ac nos tuis perfruaris, deinde
ut mei expergiscantur aliquando, qui me secure ac prope
4 neglegenter exspectant. Nam mitium dominorum apud seruos ipsa consuetudine metus exolescit; nouitatibus excitan- 5
tur, probarique dominis per alios magis quam per ipsos
laborant. Vale.

V

C. PLINIVS VOCONIO ROMANO SVO S.

1   Vidistine quemquam M. Regulo timidiorem humiliorem 10
post Domitiani mortem? sub quo non minora flagitia com-
miserat quam sub Nerone sed tectiora. Coepit uereri ne sibi
2 irascerer, nec fallebatur: irascebar. Rustici Aruleni periculum
fouerat, exsultauerat morte; adeo ut librum recitaret publi-
caretque, in quo Rusticum insectatur atque etiam 'Stoico- 15
rum simiam' adpellat, adicit 'Vitelliana cicatrice stigmosum'
3 (agnoscis eloquentiam Reguli), lacerat Herennium Senecionem tam intemperanter quidem, ut dixerit ei Mettius Carus
'Quid tibi cum meis mortuis? Numquid ego Crasso aut
Camerino molestus sum?' quos ille sub Nerone accusauerat. 20
4 Haec me Regulus dolenter tulisse credebat, ideoque etiam
cum recitaret librum non adhibuerat. Praeterea reminisce-
batur, quam capitaliter ipsum me apud centumuiros laces-
5 sisset. Aderam Arrionillae Timonis uxori, rogatu Aruleni
Rustici; Regulus contra. Nitebamur nos in parte causae 25
sententia Metti Modesti optimi uiri: is tunc in exsilio erat,
a Domitiano relegatus. Ecce tibi Regulus 'Quaero,' inquit,
'Secunde, quid de Modesto sentias.' Vides quod periculum,

---

1 deuerteris α: diuerteris β: deueneris γ   primum αβ: quam primum
γ   2 nos αβ, om. γ   6 ipsos αβ: seipsos γ   9 Voconio β,
om. αγ   12 tectiora αβ: tectior γ   19 ego αγ: ego aut β   21 ideoque βγ: eoque α   26 modesti αβ: domestici γ   erat a Dom. αβ: a
Dom. erat γ

si respondissem 'bene'; quod flagitium si 'male'. Non possum
dicere aliud tunc mihi quam deos adfuisse. 'Respondebo'
inquam 'si de hoc centumuiri iudicaturi sunt.' Rursus ille:
'Quaero, quid de Modesto sentias.' Iterum ego: 'Solebant **6**
5 testes in reos, non in damnatos interrogari.' Tertio ille: 'Non
iam quid de Modesto, sed quid de pietate Modesti sentias
quaero.' 'Quaeris' inquam 'quid sentiam; at ego ne interrogare **7**
quidem fas puto, de quo pronuntiatum est.' Conticuit; me
laus et gratulatio secuta est, quod nec famam meam aliquo
10 responso utili fortasse, inhonesto tamen laeseram, nec me
laqueis tam insidiosae interrogationis inuolueram.

Nunc ergo conscientia exterritus adprehendit Caecilium **8**
Celerem, mox Fabium Iustum; rogat ut me sibi reconcilient.
Nec contentus peruenit ad Spurinnam; huic suppliciter, ut
15 est cum timet abiectissimus: 'Rogo mane uideas Plinium
domi, sed plane mane (neque enim ferre diutius sollicitudinem possum), et quoquo modo efficias, ne mihi irascatur.'
Euigilaueram; nuntius a Spurinna: 'Venio ad te.' 'Immo ego **9**
ad te.' Coimus in porticum Liuiae, cum alter ad alterum
20 tenderemus. Exponit Reguli mandata, addit preces suas, ut
decebat optimum uirum pro dissimillimo, parce. Cui ego:
'Dispicies ipse quid renuntiandum Regulo putes. Te decipi a **10**
me non oportet. Exspecto Mauricum' (nondum ab exsilio
uenerat): 'ideo nihil alterutram in partem respondere tibi
25 possum, facturus quidquid ille decreuerit; illum enim esse
huius consilii ducem, me comitem decet.' Paucos post dies **11**

---

2 tunc αγ: tum β   3 si αγ: quid sentiam si β   4 solebant αβ:
soleant γ   6 quid (*prius*) αβ: quidem γ   7 quaero α, *om*. βγ
8 quidem αβ: quid est (*ut uidetur*) γ   9 gratulatio αβ: exultatio γ
12 Caecilium βγ: Caelium α   13 iustum αβ: rusticum iustum γ   14 suppliciter αβ: subtiliter γ   15 timet αβ: sim et γ   16 ferre
di. sol. γ: di. sol. ferre α: di. perferre sol. β   19 porticum βγ:
porticu α   22 renuntiandum reg. αβ: reg. nuntiandum γ   putes
αγ: putas β

ipse me Regulus conuenit in praetoris officio; illuc persecutus
secretum petit; ait timere se ne animo meo penitus haereret,
quod in centumuirali iudicio aliquando dixisset, cum respon-
deret mihi et Satrio Rufo: 'Satrius Rufus, cui non est cum
Cicerone aemulatio et qui contentus est eloquentia saeculi 5
12 nostri'. Respondi nunc me intellegere maligne dictum quia
ipse confiteretur, ceterum potuisse honorificum existimari.
'Est enim' inquam 'mihi cum Cicerone aemulatio, nec sum
13 contentus eloquentia saeculi nostri; nam stultissimum credo
ad imitandum non optima quaeque proponere. Sed tu qui 10
huius iudicii meministi, cur illius oblitus es, in quo me inter-
rogasti, quid de Metti Modesti pietate sentirem?' Expalluit
notabiliter, quamuis palleat semper, et haesitabundus: 'Interrogaui non ut tibi nocerem, sed ut Modesto.' Vide hominis
crudelitatem, qui se non dissimulet exsuli nocere uoluisse. 15
14 Subiunxit egregiam causam: 'Scripsit' inquit 'in epistula
quadam, quae apud Domitianum recitata est: "Regulus,
omnium bipedum nequissimus"'; quod quidem Modestus
15 uerissime scripserat. Hic fere nobis sermonis terminus; neque
enim uolui progredi longius, ut mihi omnia libera seruarem 20
dum Mauricus uenit. Nec me praeterit esse Regulum δυσκαθ-
αίρετον; est enim locuples factiosus, curatur a multis, timetur
16 a pluribus, quod plerumque fortius amore est. Potest tamen
fieri ut haec concussa labantur; nam gratia malorum tam
infida est quam ipsi. Verum, ut idem saepius dicam, exspecto 25
Mauricum. Vir est grauis prudens, multis experimentis eruditus, et qui futura possit ex praeteritis prouidere. Mihi et

1 illuc αβ: illuc me γ   2 haereret αβ: inhereret γ   7 potuisse
αβ: puto esse γ   existimari αγ: -are β   8 inquam mihi βγ: mihi
inquam α   9 nostri αβ, om. γ   12 modesti αβ: domestici γ
13 et αγ, om. β   16 in epistula quadam αβ: epistolam quandam γ
19 uerissime scr. αβ: scr. uerissime γ   24 concussa αγ: concisa B,
-issa F   25 saepius dicam βγ: dicam saepius α   exspecto . . . prudens
αβ, om. γ

temptandi aliquid et quiescendi illo auctore ratio constabit.
Haec tibi scripsi, quia aequum erat te pro amore mutuo non **17**
solum omnia mea facta dictaque, uerum etiam consilia
cognoscere. Vale.

5   VI

C. PLINIVS CORNELIO TACITO SVO S.

Ridebis, et licet rideas. Ego, ille quem nosti, apros tres et **1**
quidem pulcherrimos cepi. 'Ipse?' inquis. Ipse; non tamen ut
omnino ab inertia mea et quiete discederem. Ad retia sede-
10 bam; erat in proximo non uenabulum aut lancea, sed stilus
et pugillares; meditabar aliquid enotabamque, ut si manus
uacuas, plenas tamen ceras reportarem. Non est quod con- **2**
temnas hoc studendi genus; mirum est ut animus agitatione
motuque corporis excitetur; iam undique siluae et solitudo
15 ipsumque illud silentium quod uenationi datur, magna co-
gitationis incitamenta sunt. Proinde cum uenabere, licebit **3**
auctore me ut panarium et lagunculam sic etiam pugillares
feras: experieris non Dianam magis montibus quam Miner-
uam inerrare. Vale.

20   VII

C. PLINIVS OCTAVIO RVFO SVO S.

Vide in quo me fastigio collocaris, cum mihi idem pote- **1**
statis idemque regni dederis quod Homerus Ioui Optimo
Maximo: τῷ δ' ἕτερον μὲν ἔδωκε πατήρ, ἕτερον δ' ἀνένευσεν.
25 Nam ego quoque simili nutu ac renutu respondere uoto tuo **2**

---

2 quia aequum βγ: qui mecum α   3 facta dictaque αβ: dicta
factaque γ   6 Cornelio β, om. αγ   7 ego αγ: ego Plinius β
10 erat αβ: erant γ   11 enotabamque αβ: et notabam γ   13 agitatione
αγ: a cogitatione β   15 ipsumque βγ: ipsum α   21 Rufo β, om.
αγ   22 idem αγ: quidem β   23 Ioui . . . ΑΝΕΝΕΥ'ϹΕΝ αβ,
om. γ; Hom. Il. xvi 250   25 renutu αβ: re γ

11

possum. Etenim, sicut fas est mihi, praesertim te exigente, excusare Baeticis contra unum hominem aduocationem, ita nec fidei nostrae nec constantiae quam diligis conuenit, adesse contra prouinciam quam tot officiis, tot laboribus, tot
3 etiam periculis meis aliquando deuinxerim. Tenebo ergo hoc 5 temperamentum, ut ex duobus, quorum alterutrum petis, eligam id potius, in quo non solum studio tuo uerum etiam iudicio satisfaciam. Neque enim tantopere mihi considerandum est, quid uir optimus in praesentia uelis, quam quid
4 semper sis probaturus. Me circa idus Octobris spero Romae 10 futurum, eademque haec praesentem quoque tua meaque fide Gallo confirmaturum; cui tamen iam nunc licet spondeas
5 de animo meo ἦ καὶ κυανέῃσιν ἐπ᾽ ὀφρύσι νεῦσε. Cur enim non usquequaque Homericis uersibus agam tecum? quatenus tu me tuis agere non pateris, quorum tanta cupiditate ardeo, ut 15 uidear mihi hac sola mercede posse corrumpi, ut uel contra
6 Baeticos adsim. Paene praeterii, quod minime praetereundum fuit, accepisse me careotas optimas, quae nunc cum ficis et boletis certandum habent. Vale.

VIII   20

C. PLINIVS POMPEIO SATVRNINO SVO S.

1   Peropportune mihi redditae sunt litterae tuae quibus flagitabas, ut tibi aliquid ex scriptis meis mitterem, cum ego id ipsum destinassem. Addidisti ergo calcaria sponte currenti, pariterque et tibi ueniam recusandi laboris et mihi exigendi 25

---

2 hominem αγ: -num β   3 nostrae αβ, om. γ   6 alterutrum α: alterum β; *quid γ, non liquet*   9 praesentia αβ: -tiam γ   10 octobris *V*β: -bres *M*γ   11 praesentem αγ: -nte β   quoque βγ: causa α meaque fide βγ: atq. *M*, .A.Q. *V*   12 cui αβ: cum γ iam nunc αγ: nunc iam β   13 *Hom. Il. i 528*   15 me tuis αγ: uis β   18 careotas β: -pas γ: cariotas α   cum βγ, om. α 21 Pompeio β, om. α (*in hac epistula deest γ*)

uerecundiam sustulisti. Nam nec me timide uti decet eo quod **2**
oblatum est, nec te grauari quod depoposcisti. Non est tamen
quod ab homine desidioso aliquid noui operis exspectes.
Petiturus sum enim ut rursus uaces sermoni quem apud
5 municipes meos habui bibliothecam dedicaturus. Memini **3**
quidem te iam quaedam adnotasse, sed generaliter; ideo nunc
rogo ut non tantum uniuersitati eius attendas, uerum etiam
particulas qua soles lima persequaris. Erit enim et post
emendationem liberum nobis uel publicare uel continere.
10 Quin immo fortasse hanc ipsam cunctationem nostram in **4**
alterutram sententiam emendationis ratio deducet, quae aut
indignum editione dum saepius retractat inueniet, aut dignum
dum id ipsum experitur efficiet. Quamquam huius cuncta- **5**
tionis meae causae non tam in scriptis quam in ipso materiae
15 genere consistunt: est enim paulo quasi gloriosius et elatius.
Onerabit hoc modestiam nostram, etiamsi stilus ipse pressus
demissusque fuerit, propterea quod cogimur cum de munificentia parentum nostrorum tum de nostra disputare.
Anceps hic et lubricus locus est, etiam cum illi necessitas **6**
20 lenocinatur. Etenim si alienae quoque laudes parum aequis
auribus accipi solent, quam difficile est obtinere, ne molesta
uideatur oratio de se aut de suis disserentis! Nam cum ipsi
honestati tum aliquanto magis gloriae eius praedicationique
inuidemus, atque ea demum recte facta minus detorquemus
25 et carpimus, quae in obscuritate et silentio reponuntur. Qua **7**
ex causa saepe ipse mecum, nobisne tantum, quidquid est
istud, composuisse an et aliis debeamus. Vt nobis, admonet
illud, quod pleraque quae sunt agendae rei necessaria, eadem
peracta nec utilitatem parem nec gratiam retinent.
30   Ac, ne longius exempla repetamus, quid utilius fuit quam **8**
munificentiae rationem etiam stilo prosequi? Per hoc
enim adsequebamur, primum ut honestis cogitationibus

6 adnotasse α: notasse β   13 experitur β: -ietur α

immoraremur, deinde ut pulchritudinem illarum longiore tractatu peruideremus, postremo ut subitae largitionis comitem
paenitentiam caueremus. Nascebatur ex his exercitatio quae
9 dam contemnendae pecuniae. Nam cum omnes homines ad
custodiam eius natura restrinxerit, nos contra multum ac diu 5
pensitatus amor liberalitatis communibus auaritiae uinculis
eximebat, tantoque laudabilior munificentia nostra fore uidebatur, quod ad illam non impetu quodam, sed consilio
10 trahebamur. Accedebat his causis, quod non ludos aut
gladiatores sed annuos sumptus in alimenta ingenuorum 10
pollicebamur. Oculorum porro et aurium uoluptates adeo
non egent commendatione, ut non tam incitari debeant ora
11 tione quam reprimi; ut uero aliquis libenter educationis taedium laboremque suscipiat, non praemiis modo uerum etiam
12 exquisitis adhortationibus impetrandum est. Nam si medici 15
salubres sed uoluptate carentes cibos blandioribus adloquiis
prosequuntur, quanto magis decuit publice consulentem
utilissimum munus, sed non perinde populare, comitate orationis inducere? praesertim cum enitendum haberemus, ut
quod parentibus dabatur et orbis probaretur, honoremque 20
13 paucorum ceteri patienter et exspectarent et mererentur. Sed
ut tunc communibus magis commodis quam priuatae iactantiae studebamus, cum intentionem effectumque muneris nostri
uellemus intellegi, ita nunc in ratione edendi ueremur, ne forte
non aliorum utilitatibus sed propriae laudi seruisse uideamur. 25
14   Praeterea meminimus quanto maiore animo honestatis
fructus in conscientia quam in fama reponatur. Sequi
enim gloria, non adpeti debet, nec, si casu aliquo non sequa
15 tur, idcirco quod gloriam meruit minus pulchrum est. Ii uero,

   3 his α: iis β   16 uoluptate carentes α: uoluptati parentis β
blandioribus α: -itoribus β   18 non perinde α: perinde non β
20 dabatur α: datur β   probaretur honoremque α: properetur honorumque β   21 et (prius) α, om. β   29 meruit α: non meruit β

qui benefacta sua uerbis adornant, non ideo praedicare quia
fecerint, sed ut praedicarent fecisse creduntur. Sic quod
magnificum referente alio fuisset, ipso qui gesserat recensente
uanescit; homines enim cum rem destruere non possunt,
5 iactationem eius incessunt. Ita si silenda feceris, factum
ipsum, si laudanda non sileas, ipse culparis. Me uero pecu- 16
liaris quaedam impedit ratio. Etenim hunc ipsum sermonem
non apud populum, sed apud decuriones habui, nec in pro-
patulo sed in curia. Vereor ergo ut sit satis congruens, cum in 17
10 dicendo adsentationem uulgi adclamationemque defugerim,
nunc eadem illa editione sectari, cumque plebem ipsam, cui
consulebatur, limine curiae parietibusque discreuerim, ne
quam in speciem ambitionis inciderem, nunc eos etiam, ad
quos ex munere nostro nihil pertinet praeter exemplum,
15 uelut obuia ostentatione conquirere. Habes cunctationis 18
meae causas; obsequar tamen consilio tuo, cuius mihi auctoritas pro ratione sufficiet. Vale.

IX

C. PLINIVS MINICIO FVNDANO SVO S.

20   Mirum est quam singulis diebus in urbe ratio aut constet 1
aut constare uideatur, pluribus iunctisque non constet. Nam 2
si quem interroges 'Hodie quid egisti?', respondeat: 'Officio
togae uirilis interfui, sponsalia aut nuptias frequentaui, ille
me ad signandum testamentum, ille in aduocationem, ille in
25 consilium rogauit.' Haec quo die feceris, necessaria, eadem, si 3
cotidie fecisse te reputes, inania uidentur, multo magis cum
secesseris. Tunc enim subit recordatio: 'Quot dies quam

6 non α: quod non β   culparis α: culpatur β   15 ostentatione β: adsentione α   17 sufficiet α: sufficit β   19 Minicio
Mommsen: Minucio β, *om.* αγ   21 iunctisque β: cunctisque γ: cuncta-
que α   24 in aduocationem αβ: ad inuocationem γ   25 haec
αβ: ita et γ   26 fecisse te αβ: te fecisse γ

4 frigidis rebus absumpsi!' Quod euenit mihi, postquam in
Laurentino meo aut lego aliquid aut scribo aut etiam corpori
5 uaco, cuius fulturis animus sustinetur. Nihil audio quod
audisse, nihil dico quod dixisse paeniteat; nemo apud me
quemquam sinistris sermonibus carpit, neminem ipse repre- 5
hendo, nisi tamen me cum parum commode scribo; nulla spe
nullo timore sollicitor, nullis rumoribus inquietor: mecum
6 tantum et cum libellis loquor. O rectam sinceramque uitam!
O dulce otium honestumque ac paene omni negotio pulchrius!
O mare, o litus, uerum secretumque μουσεῖον, quam multa 10
7 inuenitis, quam multa dictatis! Proinde tu quoque strepitum
istum inanemque discursum et multum ineptos labores, ut
primum fuerit occasio, relinque teque studiis uel otio trade.
8 Satius est enim, ut Atilius noster eruditissime simul et facetissime dixit, otiosum esse quam nihil agere. Vale.   15

X

C. PLINIVS ATTIO CLEMENTI SVO S.

1   Si quando urbs nostra liberalibus studiis floruit, nunc
2 maxime floret. Multa claraque exempla sunt; sufficeret unum,
Euphrates philosophus. Hunc ego in Syria, cum adulescen- 20
tulus militarem, penitus et domi inspexi, amarique ab eo
laboraui, etsi non erat laborandum. Est enim obuius et exposi-
3 tus, plenusque humanitate quam praecipit. Atque utinam
sic ipse quam spem tunc ille de me concepit impleuerim, ut
ille multum uirtutibus suis addidit! aut ego nunc illas magis 25
4 miror quia magis intellego. Quamquam ne nunc quidem satis

---

1 absumpsi βγ: adsumpsi α   4 apud me αγ: me apud β   6 me
αγ, *om.* β   8 O βγ, *om.* α   rectam αβ: regiam γ   9 O βγ,
om. α   10 uerum αβ, *om.* γ   ΜΟΥϹΙΟΝ β: musion γ:
ΜΟΥϹΕωΤΗΡΟΝ M, ΜΟΥϹΕωΤΗΝ V   12 multum αβ:
multos γ   17 Attio β, *om.* αγ   18 nostra αβ: non γ   22 est
αβ: est est γ   23 praecipit αβ: precepit γ   24 ille βγ: et α
25 magis (*om.* β) miror quia magis αβ, *om.* γ

intellego; ut enim de pictore scalptore fictore nisi artifex
iudicare, ita nisi sapiens non potest perspicere sapientem.
Quantum tamen mihi cernere datur, multa in Euphrate sic 5
eminent et elucent, ut mediocriter quoque doctos aduertant
5 et adficiant. Disputat subtiliter grauiter ornate, frequenter
etiam Platonicam illam sublimitatem et latitudinem effingit.
Sermo est copiosus et uarius, dulcis in primis, et qui repugnantes quoque ducat impellat. Ad hoc proceritas corporis, 6
decora facies, demissus capillus, ingens et cana barba; quae
10 licet fortuita et inania putentur, illi tamen plurimum uenera-
tionis adquirunt. Nullus horror in cultu, nulla tristitia, multum 7
seueritatis; reuerearis occursum, non reformides. Vitae sanctitas summa; comitas par: insectatur uitia non homines, nec
castigat errantes sed emendat. Sequaris monentem attentus
15 et pendens, et persuaderi tibi etiam cum persuaserit cupias.
Iam uero liberi tres, duo mares, quos diligentissime instituit. 8
Socer Pompeius Iulianus, cum cetera uita tum uel hoc uno
magnus et clarus, quod ipse prouinciae princeps inter altissi-
mas condiciones generum non honoribus principem, sed
20 sapientia elégit.
     Quamquam quid ego plura de uiro quo mihi frui non licet? 9
an ut magis angar quod non licet? Nam distringor officio, ut
maximo sic molestissimo: sedeo pro tribunali, subnoto libellos, conficio tabulas, scribo plurimas sed inlitteratissimas lit-
25 teras. Soleo non numquam (nam id ipsum quando contingit!) 10
de his occupationibus apud Euphraten queri. Ille me consolatur, adfirmat etiam esse hanc philosophiae et quidem

2 nisi αβ: nisi sit γ   3 tamen mihi αγ: mihi tamen β   cernere
datur αβ: datur cernere γ   4 aduertant αγ: euertant β   5 ornate αβ:
ornate et γ   7 repugnantes αγ: -tis β   8 ducat α: dicat β: ducat
et γ   11 horror αβ: honor γ   13 par αβ: parum γ   14 attentus
αβ: attentius γ   15 persuaderi α: -ere β: -erit (ut uidetur) γ   18 inter
βγ: hunc inter α   22 an ... licet αβ, om. γ   25 contingit αβ: contigit
γ   26 queri αγ: queror β   me αβ, om. γ   27 et hic αβ, ante hanc γ

pulcherrimam partem, agere negotium publicum, cognoscere
iudicare, promere et exercere iustitiam, quaeque ipsi doceant
11 in usu habere. Mihi tamen hoc unum non persuadet, satius
esse ista facere quam cum illo dies totos audiendo discendo-
que consumere. Quo magis te cui uacat hortor, cum in 5
urbem proxime ueneris (uenias autem ob hoc maturius),
12 illi te expoliendum limandumque permittas. Neque enim ego
ut multi inuideo aliis bono quo ipse careo, sed contra: sensum
quendam uoluptatemque percipio, si ea quae mihi denegan-
tur amicis uideo superesse. Vale.   10

XI

C. PLINIVS FABIO IVSTO SVO S.

1   Olim mihi nullas epistulas mittis. Nihil est, inquis, quod
scribam. At hoc ipsum scribe, nihil esse quod scribas, uel
solum illud unde incipere priores solebant: 'Si uales, bene est; 15
2 ego ualeo.' Hoc mihi sufficit; est enim maximum. Ludere me
putas? serio peto. Fac sciam quid agas, quod sine sollicitudine
summa nescire non possum. Vale.

XII

C. PLINIVS CALESTRIO TIRONI SVO S.   20

1   Iacturam grauissimam feci, si iactura dicenda est tanti uiri
amissio. Decessit Corellius Rufus et quidem sponte, quod
dolorem meum exulcerat. Est enim luctuosissimum **genus**
2 mortis, quae non ex natura nec fatalis uidetur. Nam utcumque in illis qui morbo finiuntur, magnum ex ipsa necessitate 25
solacium est; in iis uero quos accersita mors aufert, hic

---

6 urbem αβ: urbe γ   7 expoliendum βγ: extollendum α   8 bono
α: bonum βγ   12 Fabio β, om. αγ   14 at β: ad α: aut γ
20 Calestrio β, om. α (in hac epistula deest γ)   21 feci α: feroci B,
fero F   26 iis α: his β

insanabilis dolor est, quod creduntur potuisse diu uiuere.
Corellium quidem summa ratio, quae sapientibus pro necessi- 3
tate est, ad hoc consilium compulit, quamquam plurimas
uiuendi causas habentem, optimam conscientiam optimam
5 famam, maximam auctoritatem, praeterea filiam uxorem
nepotem sorores, interque tot pignora ueros amicos. Sed tam 4
longa, tam iniqua ualetudine conflictabatur, ut haec tanta
pretia uiuendi mortis rationibus uincerentur. Tertio et tri-
censimo anno, ut ipsum audiebam, pedum dolore correptus
10 est. Patrius hic illi; nam plerumque morbi quoque per successiones quasdam ut alia traduntur. Hunc abstinentia sancti- 5
tate, quoad uiridis aetas, uicit et fregit; nouissime cum
senectute ingrauescentem uiribus animi sustinebat, cum quidem incredibiles cruciatus et indignissima tormenta patere-
15 tur. Iam enim dolor non pedibus solis ut prius insidebat, sed 6
omnia membra peruagabatur. Veni ad eum Domitiani temporibus in suburbano iacentem. Serui e cubiculo recesserunt 7
(habebat hoc moris, quotiens intrasset fidelior amicus); quin
etiam uxor quamquam omnis secreti capacissima digredie-
20 batur. Circumtulit oculos et 'Cur' inquit 'me putas hos tantos 8
dolores tam diu sustinere? ut scilicet isti latroni uel uno die
supersim.' Dedisses huic animo par corpus, fecisset quod
optabat. Adfuit tamen deus uoto, cuius ille compos ut iam
securus liberque moriturus, multa illa uitae sed minora retina-
25 cula abrupit. Increuerat ualetudo, quam temperantia miti- 9
gare temptauit; perseuerantem constantia fugit. Iam dies
alter tertius quartus: abstinebat cibo. Misit ad me uxor eius
Hispulla communem amicum C. Geminium cum tristissimo
nuntio, destinasse Corellium mori nec aut suis aut filiae

4 consc. optimam β, om. α   12 cum α: eum β   14 incredibiles β: -ilis α   18 quin β, om. α   26 fugit αβ: fregit
Itali (cod. Paris. lat. inter nuper adquisitos 379)   28 geminium
β: germanium α

precibus inflecti; solum superesse me, a quo reuocari posset
10 ad uitam. Cucurri. Perueneram in proximum, cum mihi ab
eadem Hispulla Iulius Atticus nuntiat nihil iam ne me quidem
impetraturum: tam obstinate magis ac magis induruisse.
Dixerat sane medico admouenti cibum: *Κέκρικα*, quae uox 5
quantum admirationis in animo meo tantum desiderii reli-
11 quit. Cogito quo amico, quo uiro caream. Impleuit quidem
annum septimum et sexagensimum, quae aetas etiam robustis-
simis satis longa est; scio. Euasit perpetuam ualetudinem; scio.
Decessit superstitibus suis, florente re publica, quae illi omni- 10
12 bus carior erat; et hoc scio. Ego tamen tamquam et iuuenis et
firmissimi mortem doleo, doleo autem (licet me imbecillum
putes) meo nomine. Amisi enim, amisi uitae meae testem
rectorem magistrum. In summa dicam, quod recenti dolore
contubernali meo Caluisio dixi: 'Vereor ne neglegentius 15
13 uiuam.' Proinde adhibe solacia mihi, non haec: 'Senex erat,
infirmus erat' (haec enim noui), sed noua aliqua, sed magna,
quae audierim numquam, legerim numquam. Nam quae
audiui quae legi sponte succurrunt, sed tanto dolore superan-
tur. Vale.   20

XIII

C. PLINIVS SOSIO SENECIONI SVO S.

1 Magnum prouentum poetarum annus hic attulit: toto
mense Aprili nullus fere dies, quo non recitaret aliquis.
Iuuat me quod uigent studia, proferunt se ingenia hominum 25
2 et ostentant, tametsi ad audiendum pigre coitur. Plerique
in stationibus sedent tempusque audiendi fabulis conterunt,

1 inflecti α: flecti β   4 impetraturum α: imperaturum β   10 omnibus α: omnibus suis β   11 ego β, *om.* α   12 firmissimi α: fortissimi
β   mortem α: morte β   13 amisi (*alterum*) β (*an recte ?*), *om.* α
22 Senecioni β, *om.* αγ   suo β, *om.* α

ac subinde sibi nuntiari iubent, an iam recitator intrauerit,
an dixerit praefationem, an ex magna parte euoluerit librum;
tum demum ac tunc quoque lente cunctanterque ueniunt,
nec tamen permanent, sed ante finem recedunt, alii dissimu-
5 lanter et furtim, alii simpliciter et libere. At hercule memoria **3**
parentum Claudium Caesarem ferunt, cum in Palatio spatia-
retur audissetque clamorem, causam requisisse, cumque
dictum esset recitare Nonianum, subitum recitanti inopina-
tumque uenisse. Nunc otiosissimus quisque multo ante roga- **4**
10 tus et identidem admonitus aut non uenit aut, si uenit, queritur
se diem (quia non perdidit) perdidisse. Sed tanto magis **5**
laudandi probandique sunt, quos a scribendi recitandique
studio haec auditorum uel desidia uel superbia non retardat.
Equidem prope nemini defui. Erant sane plerique amici;
15 neque enim est fere quisquam, qui studia, ut non simul et nos **6**
amet. His ex causis longius quam destinaueram tempus in
urbe consumpsi. Possum iam repetere secessum et scribere
aliquid, quod non recitem, ne uidear, quorum recitationibus
adfui, non auditor fuisse sed creditor. Nam ut in ceteris
20 rebus ita in audiendi officio perit gratia si reposcatur. Vale.

XIV

C. PLINIVS IVNIO MAVRICO SVO S.

Petis ut fratris tui filiae prospiciam maritum; quod merito **1**
mihi potissimum iniungis. Scis enim quanto opere summum
25 illum uirum suspexerim dilexerimque, quibus ille adulescen-

---

1 iubent α: iubet β, *om.* γ   recitator αβ: recitat quia γ   2 an (*prius*)
αβ: an iam γ   3 tum (*Cf.* iii 14. 3, vi 20. 7, viii 20. 7) β: tunc αγ
5 at βγ: ad α   8 recitanti αβ: recitationi γ   9 quisque αβ: quis γ
10 et id. admonitus βγ, *om.* α   11 perdidit *Gierig*: perdiderit αβγ
12 a αβ, *om.* γ   13 uel (*prius*) αγ, *om.* β   retardat αβ: tardat γ
14 prope nemini αγ: properemini β   15 ut αβ: uti γ   20 reposcatur αβ: reponatur γ   22 Iunio β, *om.* αγ

tiam meam exhortationibus fouerit, quibus etiam laudibus ut
2 laudandus uiderer effecerit. Nihil est quod a te mandari mihi
aut maius aut gratius, nihil quod honestius a me suscipi
possit, quam ut eligam iuuenem, ex quo nasci nepotes Aru-
3 leno Rustico deceat. Qui quidem diu quaerendus fuisset, nisi 5
paratus et quasi prouisus esset Minicius Acilianus, qui me ut
iuuenis iuuenem (est enim minor pauculis annis) familiaris-
4 sime diligit, reueretur ut senem. Nam ita formari a me et
institui cupit, ut ego a uobis solebam. Patria est ei Brixia, ex
illa nostra Italia quae multum adhuc uerecundiae frugalitatis, 10
5 atque etiam rusticitatis antiquae, retinet ac seruat. Pater
Minicius Macrinus, equestris ordinis princeps, quia nihil
altius uoluit; adlectus enim a diuo Vespasiano inter praetorios
honestam quietem huic nostrae—ambitioni dicam an digni-
6 tati?—constantissime praetulit. Habet auiam maternam Ser- 15
ranam Proculam e municipio Patauio. Nosti loci mores:
Serrana tamen Patauinis quoque seueritatis exemplum est.
Contigit et auunculus ei P. Acilius grauitate prudentia fide
prope singulari. In summa nihil erit in domo tota, quod non
7 tibi tamquam in tua placeat. Aciliano uero ipsi plurimum 20
uigoris industriae, quamquam in maxima uerecundia. Quaesturam tribunatum praeturam honestissime percucurrit, ac
8 iam pro se tibi necessitatem ambiendi remisit. Est illi facies
liberalis, multo sanguine multo rubore suffusa, est ingenua
totius corporis pulchritudo et quidam senatorius decor. 25
Quae ego nequaquam arbitror neglegenda; debet enim hoc

---

1 ut laud. uid. effecerit αβ: laud. affecerit γ   3 gratius αβ: satius γ
4 Aruleno α: -lino γ: Auruleno β   5 qui αβ: et γ   6 Minicius
(Mun- V) α: Milicius Aemilianus β: Minutius γ   8 formari a me et
αβ: a me γ   9 ex β: et αγ   11 atque et. rust. αγ, om. β   12 Minicius α: Minutius γ: nimius β   Macrinus αβ, om. γ   13 enim αβ,
om. γ   16 Proculam e αβ: procul a me γ   Patauio αβ: -uino γ
17 Patauinis αβ: -uis γ   21 industriae αβ: -iam γ   24 rubore
βγ: robore α

castitati puellarum quasi praemium dari. Nescio an adiciam **9**
esse patri eius amplas facultates. Nam cum imaginor uos quibus
quaerimus generum, silendum de facultatibus puto; cum
publicos mores atque etiam leges ciuitatis intueor, quae uel
5 in primis census hominum spectandos arbitrantur, ne id
quidem praetereundum uidetur. Et sane de posteris et his
pluribus cogitanti, hic quoque in condicionibus deligendis
ponendus est calculus. Tu fortasse me putes indulsisse amori **10**
meo, supraque ista quam res patitur sustulisse. At ego fide
10 mea spondeo futurum ut omnia longe ampliora quam a me
praedicantur inuenias. Diligo quidem adulescentem ardentissime sicut meretur; sed hoc ipsum amantis est, non onerare
eum laudibus. Vale.

XV

15   C. PLINIVS SEPTICIO CLARO SVO S.

Heus tu! promittis ad cenam, nec uenis? Dicitur ius: ad **1**
assem impendium reddes, nec id modicum. Paratae erant **2**
lactucae singulae, cochleae ternae, oua bina, halica cum mulso
et niue (nam hanc quoque computabis, immo hanc in primis
20 quae perit in ferculo), oliuae betacei cucurbitae bulbi, alia
mille non minus lauta. Audisses comoedos uel lectorem uel
lyristen uel (quae mea liberalitas) omnes. At tu apud nescio **3**
quem ostrea uuluas echinos Gaditanas maluisti. Dabis poenas,
non dico quas. Dure fecisti: inuidisti, nescio an tibi, certe
25 mihi, sed tamen et tibi. Quantum nos lusissemus risissemus

---

2 imaginor uos αβ: imaginosum os (*ut uidetur*) γ   7 hic αβ: his γ
10 ut αγ, *om.* β   11 inuenias αβ: -io γ   15 Claro β, *om.* αγ
16 ad assem αβ: adesse γ   19 hanc (*prius*) αγ: haec β   20 perit βγ:
periit α   oliuae betacei (-ci γ) αγ: oliuo laebeta β   21 mille non minus
αβ: non minus mile γ   comoedos α: comoedo (-dum *F*) β: comedes γ
22 omnes αγ: -nis β   at βγ: ad α   23 Caditanas γ: Gaditana
α: -nos (*ut uid.*) β   24 certe αβ: certe an γ   25 nos lusissemus
αβ: uoluissemus γ

4 studuissemus! Potes adparatius cenare apud multos, nusquam
hilarius simplicius incautius. In summa experire, et nisi postea
te aliis potius excusaueris, mihi semper excusa. Vale.

XVI

C. PLINIVS ERVCIO SVO S.   5

1   Amabam Pompeium Saturninum (hunc dico nostrum) lauda-
bamque eius ingenium, etiam antequam scirem, quam uarium
quam flexibile quam multiplex esset; nunc uero totum me
2 tenet habet possidet. Audiui causas agentem acriter et ardenter, nec minus polite et ornate, siue meditata siue subita pro- 10
ferret. Adsunt aptae crebraeque sententiae, grauis et decora
constructio, sonantia uerba et antiqua. Omnia haec mire placent cum impetu quodam et flumine peruehuntur, placent si
3 retractentur. Senties quod ego, cum orationes eius in manus
sumpseris, quas facile cuilibet ueterum, quorum est aemulus, 15
4 comparabis. Idem tamen in historia magis satisfaciet uel
breuitate uel luce uel suauitate uel splendore etiam et subli-
mitate narrandi. Nam in contionibus eadem quae in orationibus uis est, pressior tantum et circumscriptior et adductior.
5 Praeterea facit uersus, quales Catullus meus aut Caluus, re 20
uera quales Catullus aut Caluus. Quantum illis leporis dulcedinis amaritudinis amoris! inserit sane, sed data opera, mollibus leuibusque duriusculos quosdam; et hoc quasi Catullus
6 aut Caluus. Legit mihi nuper epistulas; uxoris esse dicebat.

1 studuissemus αγ, *om.* β   potes potes γ   nusquam αγ: numquam β
2 incautius αβ: cautius γ   3 te αβ, *om.* γ   excusa αβ: excuses γ
5 Erucio] *alterum nomen non, ut alibi, seruat* β   8 sqq. uero . . . dixisse
cum ede- (i 20. 7) βγ, *om.* α   9 possidet β: -etque γ   audiui *a*: audii
β: audi quasdam γ   10 nec β: non γ   11 aptae β: acutae γ
16 magis β: tibi magis γ   17 uel suauitate β, *om.* γ   18 eadem
quae in or. uis γ: idem qui in or. suis β   20 meus . . . Catullus γ,
om. β   21 illis leporis -nis -nis -ris β: ille lepores -nes -nes -res γ
22 mollibus leuibusque γ: mollius leuiusque β

Plautum uel Terentium metro solutum legi credidi. Quae
siue uxoris sunt ut adfirmat, siue ipsius ut negat, pari gloria
dignus, qui aut illa componat, aut uxorem quam uirginem
accepit, tam doctam politamque reddiderit. Est ergo mecum 7
5 per diem totum; eundem antequam scribam, eundem cum
scripsi, eundem etiam cum remittor, non tamquam eundem
lego. Quod te quoque ut facias et hortor et moneo; neque 8
enim debet operibus eius obesse quod uiuit. An si inter eos
quos numquam uidimus floruisset, non solum libros eius
10 uerum etiam imagines conquireremus, eiusdem nunc honor
praesentis et gratia quasi satietate languescit? At hoc prauum 9
malignumque est, non admirari hominem admiratione dignissimum, quia uidere adloqui audire complecti, nec laudare
tantum uerum etiam amare contingit. Vale.

XVII

15

C. PLINIVS CORNELIO TITIANO SVO S.

Est adhuc curae hominibus fides et officium, sunt qui 1
defunctorum quoque amicos agant. Titinius Capito ab im-
peratore nostro impetrauit, ut sibi liceret statuam L. Silani
20 in foro ponere. Pulchrum et magna laude dignum amicitia 2
principis in hoc uti, quantumque gratia ualeas, aliorum
honoribus experiri. Est omnino Capitoni in usu claros uiros 3
colere; mirum est qua religione quo studio imagines Brutorum
Cassiorum Catonum domi ubi potest habeat. Idem clarissimi
25 cuiusque uitam egregiis carminibus exornat. Scias ipsum 4
plurimis uirtutibus abundare, qui alienas sic amat. Redditus
est Silano debitus honor, cuius immortalitati Capito prospexit

2 ut (*alterum*) β, *om.* γ   3 dignus γ: dignus est β   8 an γ: at β
10 conquireremus β: requireremus γ   11 at γ: et β   13 adloqui
audire γ, *om.* β   14 contingit γ: contigit β   16 Cornelio Titiano
β: Icciano γ (*in hac epistula deest* α)   17 adhuc β: ad hoc γ   19 nostro
β, *om.* γ   21 hoc γ: haec β   22 exp. est β: est exp. γ   uiros γ,
om. β   24 idem β: item γ   27 Sillano γ: L. Silano β

pariter et suae. Neque enim magis decorum et insigne est
statuam in foro populi Romani habere quam ponere. Vale.

XVIII

C. PLINIVS SVETONIO TRANQVILLO SVO S.

1 Scribis te perterritum somnio uereri ne quid aduersi in 5
actione patiaris; rogas ut dilationem petam, et pauculos dies,
certe proximum, excusem. Difficile est, sed experiar, καὶ γάρ
2 τ᾽ ὄναρ ἐκ Διός ἐστιν. Refert tamen, euentura soleas an contraria somniare. Mihi reputanti somnium meum istud, quod
3 times tu, egregiam actionem portendere uidetur. Suscepe- 10
ram causam Iuni Pastoris, cum mihi quiescenti uisa est socrus
mea aduoluta genibus ne agerem obsecrare; et eram acturus
adulescentulus adhuc, eram in quadruplici iudicio, eram
contra potentissimos ciuitatis atque etiam Caesaris amicos,
quae singula excutere mentem mihi post tam triste somnium 15
4 poterant. Egi tamen λογισάμενος illud εἷς οἰωνὸς ἄριστος
ἀμύνεσθαι περὶ πάτρης. Nam mihi patria, et si quid carius
patria, fides uidebatur. Prospere cessit, atque adeo illa actio
5 mihi aures hominum, illa ianuam famae patefecit. Proinde
dispice an tu quoque sub hoc exemplo somnium istud in 20
bonum uertas; aut si tutius putas illud cautissimi cuiusque
6 praeceptum ‘Quod dubites, ne feceris’, id ipsum rescribe. Ego
aliquam stropham inueniam agamque causam tuam, ut istam
agere tu cum uoles possis. Est enim sane alia ratio tua, alia mea
fuit. Nam iudicium centumuirale differri nullo modo, istuc 25
aegre quidem sed tamen potest. Vale.

1 et (*prius*) β, *om.* γ   4 Suetonio β, *om.* γ (*in hac epistula deest* α)
6 pauculos β: paucos γ   7 *Hom. Il.* i 63   10 tu β: tuam γ
11 Iuni *B*: Iunii *F*γ   cum β: quam γ   16 illud β: illud ei γ;
Hom. Il. xii 243   17 patria γ, *om.* β   18 adeo γ: ideo β   19 illa
β: illam γ   22 id β: at γ   rescribe β: -bere γ   23 istam
Keil: ista β: ipsam γ   25 istuc β: istud γ

XIX

C. PLINIVS ROMATIO FIRMO SVO S.

Municeps tu meus et condiscipulus et ab ineunte aetate con- **1**
tubernalis, pater tuus et matri et auunculo meo, mihi etiam
5 quantum aetatis diuersitas passa est, familiaris: magnae et
graues causae, cur suscipere augere dignitatem tuam debeam.
Esse autem tibi centum milium censum, satis indicat quod **2**
apud nos decurio es. Igitur ut te non decurione solum uerum
etiam equite Romano perfruamur, offero tibi ad implendas
10 equestres facultates trecenta milia nummum. Te memorem **3**
huius muneris amicitiae nostrae diuturnitas spondet: ego ne
illud quidem admoneo, quod admonere deberem, nisi scirem
sponte facturum, ut dignitate a me data quam modestissime
ut a me data utare. Nam sollicitius custodiendus est honor, **4**
15 in quo etiam beneficium amici tuendum est. Vale.

XX

C. PLINIVS CORNELIO TACITO SVO S.

Frequens mihi disputatio est cum quodam docto homine **1**
et perito, cui nihil aeque in causis agendis ut breuitas placet.
20 Quam ego custodiendam esse confiteor, si causa permittat: **2**
alioqui praeuaricatio est transire dicenda, praeuaricatio
etiam cursim et breuiter attingere quae sint inculcanda
infigenda repetenda. Nam plerisque longiore tractatu uis **3**
quaedam et pondus accedit, utque corpori ferrum, sic

---

2 Firmo β, *om.* γ (*in hac epistula deest* α)   3 et ab β: ab γ
5 diuersitas β: aduersitas γ   familiaris β: -res γ   7 centum m.
censum β: censum m. centum γ   10 equestres β: equitis γ   14 ut
a me data β, *om.* γ   15 est β: est ualde γ   17 Cornelio β, *om.* γ (*deest
adhuc* α)   20 permittat β: -tit γ   22 sint β: sunt γ   23 infigenda
β: infingenda γ

oratio animo non ictu magis quam mora imprimitur.
4 Hic ille mecum auctoritatibus agit ac mihi ex Graecis
orationes Lysiae ostentat, ex nostris Gracchorum Catonis-
que, quorum sane plurimae sunt circumcisae et breues:
ego Lysiae Demosthenen Aeschinen Hyperiden multosque 5
praeterea, Gracchis et Catoni Pollionem Caesarem Caelium, in
primis M. Tullium oppono, cuius oratio optima fertur esse
quae maxima. Et hercule ut aliae bonae res ita bonus liber
5 melior est quisque quo maior. Vides ut statuas signa picturas,
hominum denique multorumque animalium formas, arborum 10
etiam, si modo sint decorae, nihil magis quam amplitudo commendet. Idem orationibus euenit; quin etiam uoluminibus
ipsis auctoritatem quandam et pulchritudinem adicit
magnitudo.

6   Haec ille multaque alia, quae a me in eandem sententiam 15
solent dici, ut est in disputando incomprehensibilis et lubricus,
ita eludit ut contendat hos ipsos, quorum orationibus nitar,
7 pauciora dixisse quam ediderint. Ego contra puto. Testes sunt
multae multorum orationes et Ciceronis pro Murena pro
Vareno, in quibus breuis et nuda quasi subscriptio quorun- 20
dam criminum solis titulis indicatur. Ex his adparet illum per-
8 multa dixisse, cum ederet omisisse. Idem pro Cluentio ait se
totam causam uetere instituto solum perorasse, et pro C.
Cornelio quadriduo egisse, ne dubitare possimus, quae per
plures dies (ut necesse erat) latius dixerit, postea recisa ac 25
repurgata in unum librum grandem quidem unum tamen
9 coartasse. At aliud est actio bona, aliud oratio. Scio nonnullis
ita uideri, sed ego (forsitan fallar) persuasum habeo posse fieri

    1 ictu β: situ γ   3 orationes β: -ibus γ   4 sane β: in se γ
6 in β: et in γ   9 melior est β: meliorem γ   10 multorumque
β: pictorum multorum γ   11 amplitudo β: multitudo γ   17 orationibus β: rationibus γ   22 -ret omisisse] *hinc rursus* α   *Cic.*
Cluent. 199   23 C. γ: G. α, *om.* β   26 repurgata αγ: purgata β
27 at β: ad α; *utrum γ, non liquet*   28 fallar αβ: fallor γ

28

ut sit actio bona quae non sit bona oratio, non posse non
bonam actionem esse quae sit bona oratio. Est enim oratio
actionis exemplar et quasi ἀρχέτυπον. Ideo in optima quaque **10**
mille figuras extemporales inuenimus, in iis etiam quas tan-
5 tum editas scimus, ut in Verrem: 'artificem quem? quem-
nam? recte admones; Polyclitum esse dicebant.' Sequitur
ergo ut actio sit absolutissima, quae maxime orationis similitudinem expresserit, si modo iustum et debitum tempus
accipiat; quod si negetur, nulla oratoris maxima iudicis culpa
10 est. Adsunt huic opinioni meae leges, quae longissima tempora **11**
largiuntur nec breuitatem dicentibus sed copiam (hoc est
diligentiam) suadent; quam praestare nisi in angustissimis
causis non potest breuitas. Adiciam quod me docuit usus, **12**
magister egregius. Frequenter egi, frequenter iudicaui, fre-
15 quenter in consilio fui: aliud alios mouet, ac plerumque paruae
res maximas trahunt. Varia sunt hominum iudicia, uariae
uoluntates. Inde qui eandem causam simul audierunt, saepe
diuersum, interdum idem sed ex diuersis animi motibus senti-
unt. Praeterea suae quisque inuentioni fauet, et quasi fortis- **13**
20 simum amplectitur, cum ab alio dictum est quod ipse praeuidit.
Omnibus ergo dandum est aliquid quod teneant, quod agno-
scant. Dixit aliquando mihi Regulus, cum simul adessemus: **14**
'Tu omnia quae sunt in causa putas exsequenda; ego iugulum
statim uideo, hunc premo.' Premit sane quod elegit, sed in
25 eligendo frequenter errat. Respondi posse fieri, ut genu esset **15**

aut talus, ubi ille iugulum putaret. At ego, inquam, qui
iugulum perspicere non possum, omnia pertempto, omnia
16 experior, πάντα denique λίθον κινῶ; utque in cultura agri non
uineas tantum, uerum etiam arbusta, nec arbusta tantum
uerum etiam campos curo et exerceo, utque in ipsis campis 5
non far aut siliginem solam, sed hordeum fabam ceteraque
legumina sero, sic in actione plura quasi semina latius spargo,
17 ut quae prouenerint colligam. Neque enim minus imper-
spicua incerta fallacia sunt iudicum ingenia quam tempestatum terrarumque. Nec me praeterit summum oratorem 10
Periclen sic a comico Eupolide laudari:

πρὸς δέ γ' αὐτοῦ τῷ τάχει
πειθώ τις ἐπεκάθητο τοῖσι χείλεσιν.
οὕτως ἐκήλει, καὶ μόνος τῶν ῥητόρων
τὸ κέντρον ἐγκατέλειπε τοῖς ἀκροωμένοις.   15

18 Verum huic ipsi Pericli nec illa πειθὼ nec illud ἐκήλει breuitate uel uelocitate uel utraque (differunt enim) sine facultate
summa contigisset. Nam delectare persuadere copiam dicendi
spatiumque desiderat, relinquere uero aculeum in audientium
19 animis is demum potest qui non pungit sed infigit. Adde quae 20
de eodem Pericle comicus alter:

ἤστραπτ', ἐβρόντα, συνεκύκα τὴν Ἑλλάδα.

Non enim amputata oratio et abscisa, sed lata et magnifica
et excelsa tonat fulgurat, omnia denique perturbat ac miscet.

1 ille αγ, om. β   3 panta den. γ: tam den. β: den. ΠΑΝΤΑ α
ΛΙΘΟΝ ΚΕΙΝΩ αβ; quid γ, non liquet   4 arbusta (prius) . . . etiam
βγ, om. α   7 semina lat. βγ: lat. semina α   9 incerta αγ: et
incerta β   12–15 Eupolis fr. 94 Kock   13 ΤΟΙϹ ΧΕΙΛΕϹΙΝ β:
ΤΟΙϹΕΙ ΡΗΜΑϹΥΝ α; quid in his γ, non traditur   15 ΕΝΚΑΤ-
ΕΛΕΙΠΕ α: -ΕΛΙΠΕ β   16 illa αβ, om. γ   18 delectare αβ:
delicate γ   20 is demum αβ: idem γ   quae αβ: que eque γ
22 Aristophanes Acharn. 531   23 magnifica et αβ, om. γ

'Optimus tamen modus est': quis negat? sed non minus non **20**
seruat modum qui infra rem quam qui supra, qui adstrictius
quam qui effusius dicit. Itaque audis frequenter ut illud: **21**
'immodice et redundanter', ita hoc: 'ieiune et infirme'. Alius
5 excessisse materiam, alius dicitur non implesse. Aeque uterque, sed ille imbecillitate hic uiribus peccat; quod certe etsi
non limatioris, maioris tamen ingeni uitium est. Nec uero **22**
cum haec dico illum Homericum ἀμετροεπῆ probo, sed hunc:

καὶ ἔπεα νιφάδεσσιν ἐοικότα χειμερίῃσιν,

10 non quia non et ille mihi ualdissime placeat:

παῦρα μέν, ἀλλὰ μάλα λιγέως·

si tamen detur electio, illam orationem similem niuibus hiber-
nis, id est crebram et adsiduam sed et largam, postremo
diuinam et caelestem uolo. 'At est gratior multis actio breuis.' **23**
15 Est, sed inertibus quorum delicias desidiamque quasi iudicium
respicere ridiculum est. Nam si hos in consilio habeas, non
solum satius breuiter dicere, sed omnino non dicere.

Haec est adhuc sententia mea, quam mutabo si dissenseris **24**
tu; sed plane cur dissentias explices rogo. Quamuis enim
20 cedere auctoritati tuae debeam, rectius tamen arbitror in
tanta re ratione quam auctoritate superari. Proinde, si non **25**
errare uideor, id ipsum quam uoles breui epistula, sed
tamen scribe (confirmabis enim iudicium meum); si erraro,

2 qui (*alterum*) αβ, *om.* γ   7 ingeni *Brakman*: ingenii αβγ   8 illum
αβ: illud γ   ΑΜΕΤΡΟΕΙΤΗ probo β: ΑΜΑΡΤΟΕΠΗ probo α:
auespoene aprobo γ; *Hom. Il. ii 212*   9 *Il. iii 222*   10 ualdissime *B*: ualid- αFγ (*cf.* iii 15. 2, iv 4. 1, vi 8. 9, **ix** 35. 1)   11 *Il. iii
214*   12 illam α: illam illam β: illam plenam γ   13 sed et α:
et βγ   15 est αβ: est quidem γ   17 satius α (*cf.* ix 29. 1): satius
est βγ   19 cur αβ: quid γ   20 cedere auct. tuae debeam β: cedere
auct. debeam tuae α: auct. tuae credere debeam γ   23 confirmabis
α: -aris β (-aueris *F*): confirma γ   erraro γ: errare α: errauero β

longissimam para. Num corrupi te, qui tibi si mihi accederes breuis epistulae necessitatem, si dissentires longissimae imposui? Vale.

XXI

C. PLINIVS PLINIO PATERNO SVO S.   5

1 Vt animi tui iudicio sic oculorum plurimum tribuo, non quia multum (ne tibi placeas) sed quia tantum quantum ego sapis;
2 quamquam hoc quoque multum est. Omissis iocis credo decentes esse seruos, qui sunt empti mihi ex consilio tuo. Superest ut frugi sint, quod de uenalibus melius auribus 10 quam oculis iudicatur. Vale.

XXII

C. PLINIVS CATILIO SEVERO SVO S.

1 Diu iam in urbe haereo et quidem attonitus. Perturbat me longa et pertinax ualetudo Titi Aristonis, quem singulariter 15 et miror et diligo. Nihil est enim illo grauius sanctius doctius, ut mihi non unus homo sed litterae ipsae omnesque bonae artes in uno homine summum periculum adire uideantur.
2 Quam peritus ille et priuati iuris et publici! quantum rerum, quantum exemplorum, quantum antiquitatis tenet! Nihil 20 est quod discere uelis quod ille docere non possit; mihi certe
3 quotiens aliquid abditum quaero, ille thesaurus est. Iam quanta sermonibus eius fides, quanta auctoritas, quam pressa et decora cunctatio! quid est quod non statim sciat? Et tamen plerumque haesitat dubitat, diuersitate rationum, quas acri 25 magnoque iudicio ab origine causisque primis repetit discernit
4 expendit. Ad hoc quam parcus in uictu, quam modicus in cultu!

---

2 dissentires αβ: dissenseris γ   5 Plinio β, *om.* αγ   7 ne αβ: non γ
8 est αβ: et γ   13 Seuero β, *om.* αγ   14 iam αβ: tam γ   16 et
miror αβ: miror γ   19 ille αγ: ille et priuatus ille (ille *del.* F) β   21 discere
αγ: doceri β   27 expendit βγ: extendit α   quam mod. in cultu βγ, *om.* α

Soleo ipsum cubiculum illius ipsumque lectum ut imaginem quandam priscae frugalitatis adspicere. Ornat haec **5**
magnitudo animi, quae nihil ad ostentationem, omnia ad
conscientiam refert recteque facti non ex populi sermone
5 mercedem, sed ex facto petit. In summa non facile quemquam **6**
ex istis qui sapientiae studium habitu corporis praeferunt,
huic uiro comparabis. Non quidem gymnasia sectatur aut
porticus, nec disputationibus longis aliorum otium suumque
delectat, sed in toga negotiisque uersatur, multos aduocatione
10 plures consilio iuuat. Nemini tamen istorum castitate pietate **7**
iustitia, fortitudine etiam primo loco cesserit.

   Mirareris si interesses, qua patientia hanc ipsam ualetudinem
toleret, ut dolori resistat, ut sitim differat, ut incredibilem
febrium ardorem immotus opertusque transmittat. Nuper **8** .
15 me paucosque mecum, quos maxime diligit, aduocauit roga-
uitque, ut medicos consuleremus de summa ualetudinis, ut si
esset insuperabilis sponte exiret e uita; si tantum difficilis et
longa, resisteret maneretque: dandum enim precibus uxoris, **9**
dandum filiae lacrimis, dandum etiam nobis amicis, ne spes
20 nostras, si modo non essent inanes, uoluntaria morte desereret.
   Id ego arduum in primis et praecipua laude dignum puto. **10**
Nam impetu quodam et instinctu procurrere ad mortem
commune cum multis, deliberare uero et causas eius expendere, utque suascrit ratio, uitae mortisque consilium uel
25 suscipere uel ponere ingentis est animi. Et medici quidem **11**
secunda nobis pollicentur: superest ut promissis deus adnuat
tandemque me hac sollicitudine exsoluat; qua liberatus Laurentinum meum, hoc est libellos et pugillares, studiosumque

---

1 illius *β*: eius α, *om.* γ   5 summa βγ: summam α   facile αγ:
facile quis *β*   7 comparabis αγ: -auit *β*   8 aliorum αβ:
alienum γ   12 patientia αβ: sapientia γ   ipsam αβ, *om.* γ
14 transmittat αβ: uideatur γ   17 insuperabilis αβ: inexuperabilis γ
22 nam αβ: nam iam γ   24 uel αγ, *om.* *β*   25 est αβ, *om.* γ
27 me hac αβ: hanc γ

otium repetam. Nunc enim nihil legere, nihil scribere aut
12 adsidenti uacat aut anxio libet. Habes quid timeam, quid
optem, quid etiam in posterum destinem: tu quid egeris, quid
agas, quid uelis agere inuicem nobis, sed laetioribus epistulis
scribe. Erit confusioni meae non mediocre solacium, si tu 5
nihil quereris. Vale.

XXIII

C. PLINIVS POMPEIO FALCONI SVO S.

1 Consulis an existimem te in tribunatu causas agere debere.
Plurimum refert, quid esse tribunatum putes, inanem umbram 10
et sine honore nomen an potestatem sacrosanctam, et quam
2 in ordinem cogi ut a nullo ita ne a se quidem deceat. Ipse
cum tribunus essem, errauerim fortasse qui me esse aliquid
putaui, sed tamquam essem abstinui causis agendis: primum
quod deforme arbitrabar, cui adsurgere cui loco cedere 15
omnes oporteret, hunc omnibus sedentibus stare, et qui
iubere posset tacere quemcumque, huic silentium clepsydra
indici, et quem interfari nefas esset, hunc etiam conuicia
audire et si inulta pateretur inertem, si ulcisceretur insolen-
3 tem uideri. Erat hic quoque aestus ante oculos, si forte me 20
adpellasset uel ille cui adessem, uel ille quem contra, inter-
cederem et auxilium ferrem an quiescerem sileremque, et
4 quasi eiurato magistratu priuatum ipse me facerem. His
rationibus motus malui me tribunum omnibus exhibere
5 quam paucis aduocatum. Sed tu (iterum dicam) plurimum 25
interest quid esse tribunatum putes, quam personam tibi

---

3 destinem βγ: distinem α   4 laetioribus αβ: latioribus γ   5 scribe
erit αγ: scripseris β   8 Pompeio β, om. α (in hac epistula et sequenti
deest γ)   Falconi β: Falconio α   13 qui me esse (esse om. F) β,
om. α   16 omnes] omnis αβ   18 indici β: indicere α   20 ante
α: si ante β (si quod sequitur del. F)   26 quam α: tuam β

imponas; quae sapienti uiro ita aptanda est ut perferatur. Vale.

XXIV

C. PLINIVS BAEBIO HISPANO SVO S.

5 Tranquillus contubernalis meus uult emere agellum, quem 1 uenditare amicus tuus dicitur. Rogo cures, quanti aequum 2 est emat; ita enim delectabit emisse. Nam mala emptio semper ingrata, eo maxime quod exprobrare stultitiam domino uidetur. In hoc autem agello, si modo adriserit pretium, Tran- 3
10 quilli mei stomachum multa sollicitant, uicinitas urbis, opportunitas uiae, mediocritas uillae, modus ruris, qui auocet magis quam distringat. Scholasticis porro dominis, ut hic est, suffi- 4 cit abunde tantum soli, ut releuare caput, reficere oculos, reptare per limitem unamque semitam terere omnesque
15 uiteculas suas nosse et numerare arbusculas possint. Haec tibi exposui, quo magis scires, quantum esset ille mihi ego tibi debiturus, si praediolum istud, quod commendatur his dotibus, tam salubriter emerit ut paenitentiae locum non relinquat. Vale.

4 Baebio β, *om.* α   8 ingrata α: ingrata est β   9 Tranquilli mei *Itali*: tranquillime αβ   14 omnisque αβ   15 uiteculas α: uitic- β   possint β: possit α   16 esset ille α: ille esset β

LIBER SECVNDVS

I

C. PLINIVS ROMANO SVO S.

1 Post aliquot annos insigne atque etiam memorabile populi Romani oculis spectaculum exhibuit publicum funus Vergini 5 **2** Rufi, maximi et clarissimi ciuis, perinde felicis. Triginta annis gloriae suae superuixit; legit scripta de se carmina, legit historias et posteritati suae interfuit. Perfunctus est tertio consulatu, ut summum fastigium priuati hominis impleret, cum **3** principis noluisset. Caesares quibus suspectus atque etiam 10 inuisus uirtutibus fuerat euasit, reliquit incolumem optimum atque amicissimum, tamquam ad hunc ipsum honorem pu- **4** blici funeris reseruatus. Annum tertium et octogensimum excessit in altissima tranquillitate, pari ueneratione. Vsus est firma ualetudine, nisi quod solebant ei manus tremere, 15 citra dolorem tamen. Aditus tantum mortis durior longiorque, sed hic ipse laudabilis. Nam cum uocem praepararet acturus in consulatu principi gratias, liber quem forte acceperat grandiorem, et seni et stanti ipso pondere elapsus est. Hunc dum sequitur colligitque, per leue et lubricum paui- 20 mentum fallente uestigio cecidit coxamque fregit, quae parum apte collocata reluctante aetate male coiit. **6** Huius uiri exsequiae magnum ornamentum principi magnum saeculo magnum etiam foro et rostris attulerunt. Laudatus est a consule Cornelio Tacito; nam hic supremus felicitati 25 **7** eius cumulus accessit, laudator eloquentissimus. Et ille quidem

---

5 Vergini (-nii *F*) *βγ*: Virgini (-nii *V*) *α*   6 ciuis *αγ*: ciuis et *β*
7 carmina *βγ*: garauna *α*   10 Caesares *αβ*: Cesaris *γ*   etiam . . .
atque *αγ*, *om. β*   12 ipsum *αβ*, *om. γ*   17 praepararet *αβ*: repararet
γ   22 coiit *β*: coit *αγ*   25 supr. fel. eius *βγ*: eius supr. fel. *α*

36

plenus annis abit, plenus honoribus, illis etiam quos recusauit:
nobis tamen quaerendus ac desiderandus est ut exemplar aeui
prioris, mihi uero praecipue, qui illum non solum publice
quantum admirabar tantum diligebam; primum quod utri- **8**
5 que eadem regio, municipia finitima, agri etiam possessiones-
que coniunctae, praeterea quod ille mihi tutor relictus
adfectum parentis exhibuit. Sic candidatum me suffragio
ornauit; sic ad omnes honores meos ex secessibus accucurrit,
cum iam pridem eiusmodi officiis renuntiasset; sic illo die
10 quo sacerdotes solent nominare quos dignissimos sacerdotio
iudicant, me semper nominabat. Quin etiam in hac nouis- **9**
sima ualetudine, ueritus ne forte inter quinqueuiros crearetur,
qui minuendis publicis sumptibus iudicio senatus constitue-
bantur, cum illi tot amici senes consularesque superessent,
15 me huius aetatis per quem excusaretur elegit, his quidem
uerbis: 'Etiam si filium haberem, tibi mandarem.'

Quibus ex causis necesse est tamquam immaturam mortem **10**
eius in sinu tuo defleam, si tamen fas est aut flere aut omnino
mortem uocare, qua tanti uiri mortalitas magis finita quam
20 uita est. Viuit enim uiuetque semper, atque etiam latius **11**
in memoria hominum et sermone uersabitur, postquam ab
oculis recessit. Volo tibi multa alia scribere, sed totus animus **12**
in hac una contemplatione defixus est. Verginium cogito,
Verginium uideo, Verginium iam uanis imaginibus, recen-
25 tibus tamen, audio adloquor teneo; cui fortasse ciues
aliquos uirtutibus pares et habemus et habebimus, gloria
neminem. Vale.

1 abit β: abiit α; *utrum* γ, *non traditur*   2 aeui βγ: uitae α
5 regio αγ, *om.* β   8 honores βγ: -ris α   ex secessibus *V*γ:
excessibus *M*β   accucurrit αβ: accurrit γ   9 renuntiasset αβ:
nuntiasset γ   10 quo αγ: qua β   14 consularesque αβ: -que *om.*
γ   18 flere γ: fiere α: fleri β   22 uolo βγ: uolui α   23 cogito
Verginium βγ, *om.* α   24 recentibus αγ, *om.* β   25 ciues aliquos αγ:
aliquos ciues β

II

C. PLINIVS PAVLINO SVO S.

1 Irascor, nec liquet mihi an debeam, sed irascor. Scis, quam sit amor iniquus interdum, impotens saepe, μικραίτιος semper. Haec tamen causa magna est, nescio an iusta; sed ego, 5 tamquam non minus iusta quam magna sit, grauiter irascor, 2 quod a te tam diu litterae nullae. Exorare me potes uno modo, si nunc saltem plurimas et longissimas miseris. Haec mihi sola excusatio uera, ceterae falsae uidebuntur. Non sum auditurus 'non eram Romae' uel 'occupatior eram'; illud enim 10 nec di sinant, ut 'infirmior'. Ipse ad uillam partim studiis partim desidia fruor, quorum utrumque ex otio nascitur. Vale.

III

C. PLINIVS NEPOTI SVO S.   15

1 Magna Isaeum fama praecesserat, maior inuentus est. Summa est facultas copia ubertas; dicit semper ex tempore, sed tamquam diu scripserit. Sermo Graecus, immo Atticus; praefationes tersae graciles dulces, graues interdum et erectae. 2 Poscit controuersias plures; electionem auditoribus per- 20 mittit, saepe etiam partes; surgit amicitur incipit; statim omnia ac paene pariter ad manum, sensus reconditi occursant, uerba—sed qualia!—quaesita et exculta. Multa lectio in 3 subitis, multa scriptio elucet. Prohoemiatur apte, narrat aperte, pugnat acriter, colligit fortiter, ornat excelse. 25 Postremo docet delectat adficit; quid maxime, dubites.

---

2 Paulino βγ: Paulino Nepoti α   4 ΜΕΙΚΡΑΙΤΙΟϹ αβγ   5 sed αβ: sit γ   7 exorare βγ: exora α   10 eram (*prius*) *V*βγ: enim *M*   illud βγ: illum α   16 Isaeum α: Is(a)euum βγ   est summa ... ubertas αβ, *om.* γ   18 scripserit αβ: -erat γ   21 partes α: partis βγ   amicitur αγ: iam igitur β   23 exculta αβ: exculpta γ   multa βγ, *om.* α   24 subitis α: subditis βγ   25 pugnat βγ: ac pugnat α   26 quid αγ: quod β

Crebra ἐνθυμήματα crebri syllogismi, circumscripti et effecti,
quod stilo quoque adsequi magnum est. Incredibilis memoria:
repetit altius quae dixit ex tempore, ne uerbo quidem labitur.
Ad tantam ἕξιν studio et exercitatione peruenit; nam diebus 4
5 et noctibus nihil aliud agit nihil audit nihil loquitur. Annum 5
sexagensimum excessit et adhuc scholasticus tantum est: quo
genere hominum nihil aut sincerius aut simplicius aut melius.
Nos enim, qui in foro uerisque litibus terimur, multum
malitiae quamuis nolimus addiscimus: schola et auditorium 6
10 et ficta causa res inermis innoxia est, nec minus felix, senibus
praesertim. Nam quid in senectute felicius, quam quod dulcis-
simum est in iuuenta? Quare ego Isaeum non disertissimum 7
tantum, uerum etiam beatissimum iudico. Quem tu nisi
cognoscere concupiscis, saxeus ferreusque es. Proinde si non 8
15 ob alia nosque ipsos, at certe ut hunc audias ueni. Numquamne legisti, Gaditanum quendam Titi Liui nomine
gloriaque commotum ad uisendum eum ab ultimo terrarum
orbe uenisse, statimque ut uiderat abisse? Ἀφιλόκαλον inlit-
teratum iners ac paene etiam turpe est, non putare tanti
20 cognitionem qua nulla est iucundior, nulla pulchrior,
nulla denique humanior. Dices: 'Habeo hic quos legam non 9
minus disertos.' Etiam; sed legendi semper occasio est, audiendi non semper. Praeterea multo magis, ut uulgo dicitur,
uiua uox adficit. Nam licet acriora sint quae legas, altius
25 tamen in animo sedent, quae pronuntiatio uultus habitus
gestus etiam dicentis adfigit; nisi uero falsum putamus illud 10
Aeschinis, qui cum legisset Rhodiis orationem Demosthenis
admirantibus cunctis, adiecisse fertur: τί δέ, εἰ αὐτοῦ τοῦ θηρίου

1 crebra ΕΝΘΥΜΗΜΑΤΑ βγ: crebrae ΝΟΕΕΜΗΑΤΑ α　　crebri
αγ, *om.* β　　4 ΕΞΙΝ αβ: in γ　　6 quo αβ: quod γ　　7 sinc. aut
simpl. αβ: simpl. aut sinc. γ　　9 nolimus αγ: nolumus β　　10 et
αβ: ut γ　　12 iseum γ: isaeum β: ipse eum α　　15 at γ: ad
α, *om.* β　　numquamne legisti βγ: numquam neglegisti α　　25 pronuntiatio αβ: -tiat γ　　28 ΘΗΡΙΟΥ βγ: ΘΗΡΟΥ α

ἠκούσατε; et erat Aeschines si Demostheni credimus λαμπρο-
φωνότατος. Fatebatur tamen longe melius eadem illa pronun-
11 tiasse ipsum qui pepererat. Quae omnia huc tendunt, ut
audias Isaeum, uel ideo tantum ut audieris. Vale.

IV

C. PLINIVS CALVINAE SVAE S.

1 Si pluribus pater tuus uel uni cuilibet alii quam mihi
debuisset, fuisset fortasse dubitandum, an adires hereditatem
2 etiam uiro grauem. Cum uero ego ductus adfinitatis officio,
dimissis omnibus qui non dico molestiores sed diligentiores 10
erant, creditor solus exstiterim, cumque uiuente eo nubenti
tibi in dotem centum milia contulerim, praeter eam summam quam pater tuus quasi de meo dixit (erat enim soluenda
de meo), magnum habes facilitatis meae pignus, cuius fiducia
debes famam defuncti pudoremque suscipere. Ad quod te ne 15
uerbis magis quam rebus horter, quidquid mihi pater tuus
3 debuit, acceptum tibi fieri iubebo. Nec est quod uerearis ne
sit mihi onerosa ista donatio. Sunt quidem omnino nobis
modicae facultates, dignitas sumptuosa, reditus propter condicionem agellorum nescio minor an incertior; sed quod 20
cessat ex reditu, frugalitate suppletur, ex qua uelut fonte
4 liberalitas nostra decurrit. Quae tamen ita temperanda est,
ne nimia profusione inarescat; sed temperanda in aliis, in te
uero facile ei ratio constabit, etiamsi modum excesserit.
Vale.   25

1 ΗΚΟΥϹΑΤΕ α: ΗΚΟΥΕΤΕ β; quid γ, incertum   ΛΑΜΠΡΟΦ.
αβ: ΜΙΚΡΟΦ. (ut uidetur) γ; Demosth. de Corona 313   6 Caluinae β:
Galuinae α: Caluinie γ   7 alii quam αγ: aliquam β   9 uero βγ: uiro α
11 solus] post hoc uerbum deest B usque ad ep. 12. 3   uiuente eo Fγ:
ego α   18 onerosa ista αγ: ista onerosa F   omn. nobis modicae
α: omn. modicae nobis γ: nobis omn. modicae F   21 fonte αγ: e
fonte F   24 ei Keil: et Fγ, om. α

V

C. PLINIVS LVPERCO SVO S.

Actionem et a te frequenter efflagitatam, et a me saepe 1
promissam, exhibui tibi, nondum tamen totam; adhuc enim
5 pars eius perpolitur. Interim quae absolutiora mihi uide- 2
˙bantur, non fuit alienum iudicio tuo tradi. His tu rogo intentionem scribentis accommodes. Nihil enim adhuc inter manus
habui, cui maiorem sollicitudinem praestare deberem. Nam 3
in ceteris actionibus existimationi hominum diligentia tan-
10 tum et fides nostra, in hac etiam pietas subicietur. Inde et
liber creuit, dum ornare patriam et amplificare gaudemus,
pariterque et defensioni eius seruimus et gloriae. Tu tamen 4
haec ipsa quantum ratio exegerit reseca. Quotiens enim ad
fastidium legentium deliciasque respicio, intellego nobis com-
15 mendationem et ex ipsa mediocritate libri petendam. Idem 5
tamen qui a te hanc austeritatem exigo, cogor id quod diuersum est postulare, ut in plerisque frontem remittas. Sunt
enim quaedam adulescentium auribus danda, praesertim si
materia non refragetur; nam descriptiones locorum, quae in
20 hoc libro frequentiores erunt, non historice tantum sed prope
poetice prosequi fas est. Quod tamen si quis exstiterit, qui 6
putet nos laetius fecisse quam orationis seueritas exigat, huius
(ut ita dixerim) tristitiam reliquae partes actionis exorare
debebunt. Adnisi certe sumus, ut quamlibet diuersa genera 7
25 lectorum per plures dicendi species teneremus, ac sicut ueremur, ne quibusdam pars aliqua secundum suam cuiusque
naturam non probetur, ita uidemur posse confidere, ut

---

3 et (*prius*) αγ, *om.* F   4 nondum αγ: non F   enim αF, *om.* γ
6 tradi his tu αγ: traditum iri F   9 existimationi Fγ: -one α
12 pariterque F: pariter αγ   13 ad fast. leg. αF: leg. ad fast. γ   15 et
αγ, *om.* F   22 laetius αγ: latius F: lautius a   seueritas αF, *om.* γ
24 debebunt αγ: debuerunt F   27 ut αγ: uti F

8 uniuersitatem omnibus uarietas ipsa commendet. Nam et in ratione conuiuiorum, quamuis a plerisque cibis singuli temperemus, totam tamen cenam laudare omnes solemus, nec ea quae stomachus noster recusat, adimunt gratiam illis
9 quibus capitur. Atque haec ego sic accipi uolo, non tamquam 5 adsecutum esse me credam, sed tamquam adsequi laborauerim, fortasse non frustra, si modo tu curam tuam admoueris
10 interim istis, mox iis quae sequuntur. Dices te non posse satis diligenter id facere, nisi prius totam actionem cognoueris: fateor. In praesentia tamen et ista tibi familiariora fient, et 10 quaedam ex his talia erunt ut per partes emendari possint.
11 Etenim, si auulsum statuae caput aut membrum aliquod inspiceres, non tu quidem ex illo posses congruentiam aequalitatemque deprendere, posses tamen iudicare, an id ipsum satis
12 elegans esset; nec alia ex causa principiorum libri circum- 15 feruntur, quam quia existimatur pars aliqua etiam sine ceteris esse perfecta.
13   Longius me prouexit dulcedo quaedam tecum loquendi; sed iam finem faciam ne modum, quem etiam orationi adhibendum puto, in epistula excedam. Vale.   20

VI

C. PLINIVS AVITO SVO S.

1   Longum est altius repetere nec refert, quemadmodum acciderit, ut homo minime familiaris cenarem apud quendam, ut sibi uidebatur, lautum et diligentem, ut mihi, sordidum 25
2 simul et sumptuosum. Nam sibi et paucis opima quaedam, ceteris uilia et minuta ponebat. Vinum etiam paruolis lagunculis in tria genera discripserat, non ut potestas eligendi, sed

2 ratione αF: -onem γ   5 quibus αγ: a quibus F   6 esse me Fγ: me esse α   8 iis γ: is F: his α   sequuntur αγ: -entur F   11 his αγ: iis F   24 homo αγ: homini F   26 opima Fγ: optima α   28 discripserat (-rant M) αF: descr- γ

42

ne ius esset recusandi, aliud sibi et nobis, aliud minoribus
amicis (nam gradatim amicos habet), aliud suis nostrisque
libertis. Animaduertit qui mihi proximus recumbebat, et an 3
probarem interrogauit. Negaui. 'Tu ergo' inquit 'quam con-
5 suetudinem sequeris?' 'Eadem omnibus pono; ad cenam enim,
non ad notam inuito cunctisque rebus exaequo, quos mensa
et toro aequaui.' 'Etiamne libertos?' 'Etiam; conuictores 4
enim tunc, non libertos puto.' Et ille: 'Magno tibi constat.'
'Minime.' 'Qui fieri potest?' 'Quia scilicet liberti mei non
10 idem quod ego bibunt, sed idem ego quod liberti.' Et her- 5
cule si gulae temperes, non est onerosum quo utaris ipse
communicare cum pluribus. Illa ergo reprimenda, illa quasi
in ordinem redigenda est, si sumptibus parcas, quibus aliquanto rectius tua continentia quam aliena contumelia con-
15 sulas.

   Quorsus haec? ne tibi, optimae indolis iuueni, quorundam 6
in mensa luxuria specie frugalitatis imponat. Conuenit autem
amori in te meo, quotiens tale aliquid inciderit, sub exemplo
praemonere, quid debeas fugere. Igitur memento nihil magis 7
20 esse uitandum quam istam luxuriae et sordium nouam socie-
tatem; quae cum sint turpissima discreta ac separata, turpius
iunguntur. Vale.

VII

C. PLINIVS MACRINO SVO S.

25 Here a senatu Vestricio Spurinnae principe auctore trium- 1
phalis statua decreta est, non ita ut multis, qui numquam
in acie steterunt, numquam castra uiderunt, numquam

---

1 aliud (*prius*) αγ: et aliud F   4 negaui Fγ, *om.* α   5 eadem Fγ:
respondi eadem α   8 et αγ, *om.* F   9 qui fieri potest αγ: fieri potest
potest F   17 specie α: speciem Fγ   21 discreta ac αγ: ac discreta
et F   25 here α: heri Fγ   Spurinnae *hic* αγ, *post* auctore F
27 in acie stet. numquam Fγ, *om.* α

denique tubarum sonum nisi in spectaculis audierunt, uerum
ut illis, qui decus istud sudore et sanguine et factis adseque-
2 bantur. Nam Spurinna Bructerum regem ui et armis induxit
in regnum, ostentatoque bello ferocissimam gentem, quod est
3 pulcherrimum uictoriae genus, terrore perdomuit. Et hoc qui- 5
dem uirtutis praemium, illud solacium doloris accepit, quod
filio eius Cottio, quem amisit absens, habitus est honor
statuae. Rarum id in iuuene; sed pater hoc quoque merebatur, cuius grauissimo uulneri magno aliquo fomento
4 medendum fuit. Praeterea Cottius ipse tam clarum specimen 10
indolis dederat, ut uita eius breuis et angusta debuerit hac
uelut immortalitate proferri. Nam tanta ei sanctitas grauitas
auctoritas etiam, ut posset senes illos prouocare uirtute,
5 quibus nunc honore adaequatus est. Quo quidem honore,
quantum ego interpretor, non modo defuncti memoriae, 15
dolori patris, uerum etiam exemplo prospectum est. Acuent
ad bonas artes iuuentutem adulescentibus quoque, digni sint
modo, tanta praemia constituta; acuent principes uiros ad
liberos suscipiendos et gaudia ex superstitibus et ex amissis
6 tam gloriosa solacia. His ex causis statua Cotti publice laetor, 20
nec priuatim minus. Amaui consummatissimum iuuenem,
tam ardenter quam nunc impatienter requiro. Erit ergo
pergratum mihi hanc effigiem eius subinde intueri subinde
7 respicere, sub hac consistere praeter hanc commeare. Etenim
si defunctorum imagines domi positae dolorem nostrum 25
leuant, quanto magis hae quibus in celeberrimo loco non
modo species et uultus illorum, sed honor etiam et gloria
refertur! Vale.

4 ostentatoque αF: -tioque γ   8 statuae rarum αF: statuarum γ
sed αF: et γ   12 uelut αγ: ueluti F   13 posset αF: posses γ
14 adaequatus . . . honore αF, *om.* γ   16 acuent αF, *om.* γ   17 digni
αγ: ut digni F   20 Cotti αγ: Coctii F   23 pergratum mihi
αF: mihi perg. γ   26 hae quibus γ: haec quibus α: aequibus F
27 et (*prius*) αF: sed γ

VIII

C. PLINIVS CANINIO SVO S.

Studes an piscaris an uenaris an simul omnia ? Possunt enim **1**
omnia simul fieri ad Larium nostrum. Nam lacus piscem, feras
5 siluae quibus lacus cingitur, studia altissimus iste secessus
adfatim suggerunt. Sed siue omnia simul siue aliquid facis, **2**
non possum dicere 'inuideo'; angor tamen non et mihi licere,
qui sic concupisco ut aegri uinum balinea fontes. Numquamne hos artissimos laqueos, si soluere negatur, abrumpam ?
10 Numquam, puto. Nam ueteribus negotiis noua accrescunt, **3**
nec tamen priora peraguntur: tot nexibus, tot quasi catenis
maius in dies occupationum agmen extenditur. Vale.

IX

C. PLINIVS APOLLINARI SVO S.

15   Anxium me et inquietum habet petitio Sexti Eruci mei. **1**
Adficior cura et, quam pro me sollicitudinem non adii, quasi
pro me altero patior; et alioqui meus pudor, mea existimatio,
mea dignitas in discrimen adducitur. Ego Sexto latum clauum **2**
a Caesare nostro, ego quaesturam impetraui; meo suffragio
20 peruenit ad ius tribunatus petendi, quem nisi obtinet in
senatu, uereor ne decepisse Caesarem uidear. Proinde adni- **3**
tendum est mihi, ut talem eum iudicent omnes, qualem esse
princeps mihi credidit. Quae causa si studium meum non
incitaret, adiutum tamen cuperem iuuenem probissimum gra-
25 uissimum eruditissimum, omni denique laude dignissimum,

---

2 Caninio *F*γ: Cannino α   5 altissimus α*F*: amicissimus γ
6 suggerunt αγ: suggerit *F*   facis αγ: facias *F*   8 aegri α*F*:
aeger γ   numquamne αγ: numquam *F*   9 si α*F*, *om.* γ
10 nam αγ: nam in *F*   12 extenditur αγ: ost- *F*   20 tribunatus
*F*γ: -tum α   in sen. uereor αγ: uereor in sen. *F*   21 ne αγ, *om. F*
25 omni α*F*, *om.* γ

4 et quidem cum tota domo. Nam pater ei Erucius Clarus, uir sanctus antiquus disertus atque in agendis causis
exercitatus, quas summa fide pari constantia nec uerecundia
minore defendit. Habet auunculum C. Septicium, quo nihil
uerius nihil simplicius nihil candidius nihil fidelius noui. 5
5 Omnes me certatim et tamen aequaliter amant, omnibus nunc
ego in uno referre gratiam possum. Itaque prenso amicos,
supplico, ambio, domos stationesque circumeo, quantumque
uel auctoritate uel gratia ualeam, precibus experior, teque
obsecro ut aliquam oneris mei partem suscipere tanti putes. 10
6 Reddam uicem si reposces, reddam et si non reposces. Diligeris coleris frequentaris: ostende modo uelle te, nec deerunt
qui quod tu uelis cupiant. Vale.

X

C. PLINIVS OCTAVIO SVO S.   15

1 Hominem te patientem uel potius durum ac paene crude-
2 lem, qui tam insignes libros tam diu teneas! Quousque et tibi
et nobis inuidebis, tibi maxima laude, nobis uoluptate? Sine
per ora hominum ferantur isdemque quibus lingua Romana
spatiis peruagentur. Magna et iam longa exspectatio est, 20
3 quam frustrari adhuc et differre non debes. Enotuerunt
quidam tui uersus, et inuito te claustra sua refregerunt. Hos
nisi retrahis in corpus, quandoque ut errones aliquem cuius
4 dicantur inuenient. Habe ante oculos mortalitatem, a qua

---

1 ei αγ: eius F   3 exercitatus αγ: -citus F   summa fide αF:
summas γ   7 prenso αγ: prendo F   8 supplico αF, om. γ
10 (h)oneris Fγ: muneris α   11 reddam et si non reposces (-scis α) α
F, om. γ   diligeris Fγ: dilegeris α   13 quod Fγ: id quod α
17 teneas αF: tenes γ   18 maxima laude αF: maximas laudes γ
uoluptate αF: -tates γ   20 longa αγ: longuaque F   exspectatio
est αF: expectatione γ   21 enotuerunt Fγ: enit- α   22 sua αγ:
tua F   23 retrahis αγ: retrahes F   24 inuenient αγ: -iant F   habe
ante oculos αγ: hebetante oculo F   a qua αF: ad quam γ

adserere te hoc uno monimento potes; nam cetera fragilia et
caduca non minus quam ipsi homines occidunt desinuntque.
Dices, ut soles: 'Amici mei uiderint.' Opto equidem amicos 5
tibi tam fideles tam eruditos tam laboriosos, ut tantum curae
5 intentionisque suscipere et possint et uelint, sed dispice ne
sit parum prouidum, sperare ex aliis quod tibi ipse non
praestes. Et de editione quidem interim ut uoles: recita 6
saltem quo magis libeat emittere, utque tandem percipias
gaudium, quod ego olim pro te non temere praesumo.
10 Imaginor enim qui concursus quae admiratio te, qui clamor 7
quod etiam silentium maneat; quo ego, cum dico uel recito,
non minus quam clamore delector, sit modo silentium acre et
intentum, et cupidum ulteriora audiendi. Hoc fructu tanto 8
tam parato desine studia tua infinita ista cunctatione frau-
15 dare; quae cum modum excedit, uerendum est ne inertiae et
desidiae uel etiam timiditatis nomen accipiat. Vale.

XI

C. PLINIVS ARRIANO SVO S.

Solet esse gaudio tibi, si quid acti est in senatu dignum 1
20 ordine illo. Quamuis enim quietis amore secesseris, insidet
tamen animo tuo maiestatis publicae cura. Accipe ergo quod
per hos dies actum est, personae claritate famosum, seueritate
exempli salubre, rei magnitudine aeternum. Marius Priscus 2
accusantibus Afris quibus pro consule praefuit, omissa defen-
25 sione iudices petiit. Ego et Cornelius Tacitus, adesse prouincialibus iussi, existimauimus fidei nostrae conuenire notum
senatui facere excessisse Priscum immanitate et saeuitia

2 desinuntque αγ: desuntque *F*   3 opto α*F*: optimos γ   4 tam
laboriosos αγ, *om. F*   7 de editione quidem α*F*: deditiones γ
8 utque α*F*: ut quod γ   9 pro te *F*γ: proɔe α   11 quo γ: quod
α*F*   16 accipiat α*F*: -ias γ   18 Arriano α*F*: Arinio γ (*in hac ep.
deest florilegium*)   20 insidet *F*γ: insidit α   25 petiit α: petit *F*γ

crimina quibus dari iudices possent, cum ob innocentes con-
3 demnandos, interficiendos etiam, pecunias accepisset. Respondit Fronto Catius deprecatusque est, ne quid ultra
repetundarum legem quaereretur, omniaque actionis suae
uela uir mouendarum lacrimarum peritissimus quodam uelut 5
4 uento miserationis impleuit. Magna contentio, magni utrimque clamores aliis cognitionem senatus lege conclusam, aliis
liberam solutamque dicentibus, quantumque admisisset
5 reus, tantum uindicandum. Nouissime consul designatus
Iulius Ferox, uir rectus et sanctus, Mario quidem iudices 10
interim censuit dandos, euocandos autem quibus diceretur
6 innocentium poenas uendidisse. Quae sententia non praeualuit modo, sed omnino post tantas dissensiones fuit sola
frequens, adnotatumque experimentis, quod fauor et miseri-
cordia acres et uehementes primos impetus habent, paulatim 15
7 consilio et ratione quasi restincta considunt. Vnde euenit ut,
quod multi clamore permixto tuentur, nemo tacentibus
ceteris dicere uelit; patescit enim, cum separaris a turba,
8 contemplatio rerum quae turba teguntur. Venerunt qui
adesse erant iussi, Vitellius Honoratus et Flauius Marcianus; 20
ex quibus Honoratus trecentis milibus exsilium equitis
Romani septemque amicorum eius ultimam poenam, Marcianus unius equitis Romani septingentis milibus plura sup-
plicia arguebatur emisse; erat enim fustibus caesus, damnatus
9 in metallum, strangulatus in carcere. Sed Honoratum cogni- 25
tioni senatus mors opportuna subtraxit, Marcianus inductus
est absente Prisco. Itaque Tuccius Cerialis consularis iure
senatorio postulauit, ut Priscus certior fieret, siue quia

    2 accepisset *Fγ*: accip- α   4 actionis *Fγ*: actiones α   5 uela
uir α: uel a uiro *F*; *quid* γ, *non traditur*   peritissimus αγ: -imarum *F*
7 aliis . . . aliis *Fγ*: alius . . . alius α   14 adnotatumque αγ: adno-
tumque *F*   20 et . . . Honoratus *Fγ, om.* α   24 enim *Fγ*: enim
Cerialis (Cere- *M*) α   26 mors α*F*: mora γ   27 Tuccius α*Fγ*:
Tullius *poscunt fasti Potentienses*   Cerialis αγ: Cere- *F*

48

miserabiliorem siue quia inuidiosiorem fore arbitrabatur, si
praesens fuisset, siue (quod maxime credo) quia aequissimum erat commune crimen ab utroque defendi, et si dilui
non potuisset in utroque puniri.

5   Dilata res est in proximum senatum, cuius ipse conspectus 10
augustissimus fuit. Princeps praesidebat (erat enim consul), ad hoc Ianuarius mensis cum cetera tum praecipue
senatorum frequentia celeberrimus; praeterea causae amplitudo auctaque dilatione exspectatio et fama, insitumque
10 mortalibus studium magna et inusitata noscendi, omnes
undique exciuerat. Imaginare quae sollicitudo nobis, qui 11
metus, quibus super tanta re in illo coetu praesente Caesare
dicendum erat. Equidem in senatu non semel egi, quin immo
nusquam audiri benignius soleo: tunc me tamen ut noua
15 omnia nouo metu permouebant. Obuersabatur praeter illa 12
quae supra dixi causae difficultas: stabat modo consularis,
modo septemuir epulonum, iam neutrum. Erat ergo per- 13
quam onerosum accusare damnatum, quem ut premebat
atrocitas criminis, ita quasi peractae damnationis miseratio
20 tuebatur. Vtcumque tamen animum cogitationemque col- 14
legi, coepi dicere non minore audientium adsensu quam
sollicitudine mea. Dixi horis paene quinque; nam duodecim
clepsydris, quas spatiosissimas acceperam, sunt additae quattuor. Adeo illa ipsa, quae dura et aduersa dicturo uidebantur,
25 secunda dicenti fuerunt. Caesar quidem tantum mihi studium, 15
tantam etiam curam (nimium est enim dicere sollicitudinem)
praestitit, ut libertum meum post me stantem saepius ad-
moneret uoci laterique consulerem, cum me uehementius putaret intendi, quam gracilitas mea perpeti posset. Respondit

1 arbitrabatur αF: -tratur γ   7 ad hoc α: adhuc Fγ   11 nobis
αF: nouis γ   13 senatu αF: senatum γ   14 audiri αF: audire γ
15 omnia αF omnia omnia γ   obuersabatur (obseru- M) αF: -turque γ
16 dixi αF, om. γ   17 ergo αγ: igitur F   21 adsensu αF: consensu γ   23 spatiosissimas αγ: -ime F

16 mihi pro Marciano Claudius Marcellinus. Missus deinde senatus et reuocatus in posterum; neque enim iam incohari poterat actio, nisi ut noctis interuentu scinderetur.

17   Postero die dixit pro Mario Saluius Liberalis, uir subtilis dispositus acer disertus; in illa uero causa omnes artes suas 5 protulit. Respondit Cornelius Tacitus eloquentissime et,

18 quod eximium orationi eius inest, σεμνῶς. Dixit pro Mario rursus Fronto Catius insigniter, utque iam locus ille poscebat, plus in precibus temporis quam in defensione consumpsit. Huius actionem uespera inclusit, non tamen sic ut abrum- 10 peret. Itaque in tertium diem probationes exierunt. Iam hoc ipsum pulchrum et antiquum, senatum nocte dirimi, triduo

19 uocari, triduo contineri. Cornutus Tertullus consul desi-gnatus, uir egregius et pro ueritate firmissimus, censuit septin-genta milia quae acceperat Marius aerario inferenda, Mario 15 urbe Italiaque interdicendum, Marciano hoc amplius Africa. In fine sententiae adiecit, quod ego et Tacitus iniuncta aduocatione diligenter et fortiter functi essemus, arbitrari senatum ita nos fecisse ut dignum mandatis partibus fuerit.

20 Adsenserunt consules designati, omnes etiam consulares 20 usque ad Pompeium Collegam: ille et septingenta milia aerario inferenda et Marcianum in quinquennium relegan-dum, Marium repetundarum poenae quam iam passus esset

21 censuit relinquendum. Erant in utraque sententia multi, fortasse etiam plures in hac uel solutiore uel molliore. Nam 25 quidam ex illis quoque, qui Cornuto uidebantur adsensi, hunc

22 qui post ipsos censuerat sequebantur. Sed cum fieret discessio, qui sellis consulum adstiterant, in Cornuti sententiam ire coeperunt. Tum illi qui se Collegae adnumerari patieban-tur in diuersum transierunt; Collega cum paucis relictus. 30

---

3 ut αγ, *om. F*   5 acer αγ: sacer *F*   illa α*F*: ipsa γ   7 eius αγ, *om. F*   12 dirimi αγ: dimitti *F*   13 uocari α*F*: reuocari γ 14 pro αγ, *om. F*

Multum postea de impulsoribus suis, praecipue de Regulo questus est, qui se in sententia quam ipse dictauerat deseruisset.
Est alioqui Regulo tam mobile ingenium, ut plurimum audeat
plurimum timeat.

5   Hic finis cognitionis amplissimae. Superest tamen λιτούργιον **23**
non leue, Hostilius Firminus legatus Mari Prisci, qui per-
mixtus causae grauiter uehementerque uexatus est. Nam et
rationibus Marciani, et sermone quem ille habuerat in ordine
Lepcitanorum, operam suam Prisco ad turpissimum mini-
10 sterium commodasse, stipulatusque de Marciano quinquaginta milia denariorum probabatur, ipse praeterea accepisse
sestertia decem milia foedissimo quidem titulo, nomine
unguentarii, qui titulus a uita hominis compti semper et
pumicati non abhorrebat. Placuit censente Cornuto referri **24**
15 de eo proximo senatu; tunc enim, casu an conscientia, afuerat.

Habes res urbanas; inuicem rusticas scribe. Quid arbu- **25**
sculae tuae, quid uineae, quid segetes agunt, quid oues deli-
catissimae? In summa, nisi aeque longam epistulam reddis,
non est quod postea nisi breuissimam exspectes. Vale.

20   XII

C. PLINIVS ARRIANO SVO S.

Λιτούργιον illud, quod superesse Mari Prisci causae proxime **1**
scripseram, nescio an satis, circumcisum tamen et adrasum
est. Firminus inductus in senatum respondit crimini noto. **2**
25 Secutae sunt diuersae sententiae consulum designatorum.
Cornutus Tertullus censuit ordine mouendum, Acutius
Nerua in sortitione prouinciae rationem eius non habendam.

1 de (*prius*) αF: dedit γ   5 ΛΙΤΟΥΡΓΙΟΝ F: ΛΕΙΤ- γ: ΜΙΙΟΥΡ-
ΤΙΟΝ α   6 Mari αγ: Marii F   8 sermone αγ: -ni F   9 Lepcit-
α: Leptit- Fγ   13 qùi αF: quin γ   15 an αγ: incertum an F
18 summa Fγ: summam α   21 Arriano αF: Arrio γ   22 ΛΙΤ- F:
ΛΕΙΤ- γ: ΛΙΙΙ- α   Mari αγ: Marii F   23 adrasum αγ: abrasum F

Quae sententia tamquam mitior uicit, cum sit alioqui durior

3 tristiorque. Quid enim miserius quam exsectum et exemptum honoribus senatoriis, labore et molestia non carere? quid grauius quam tanta ignominia adfectum non in solitudine latere, sed in hac altissima specula conspiciendum se mon- 5

4 strandumque praebere? Praeterea quid publice minus aut congruens aut decorum? notatum a senatu in senatu sedere, ipsisque illis a quibus sit notatus aequari; summotum a proconsulatu quia se in legatione turpiter gesserat, de proconsulibus iudicare, damnatumque sordium uel damnare alios 10

5 uel absoluere! Sed hoc pluribus uisum est. Numerantur enim sententiae, non ponderantur; nec aliud in publico consilio potest fieri, in quo nihil est tam inaequale quam aequalitas ipsa. Nam cum sit impar prudentia, par omnium ius est.

6 Impleui promissum priorisque epistulae fidem exsolui, quam 15 ex spatio temporis iam recepisse te colligo; nam et festinanti et diligenti tabellario dedi, nisi quid impedimenti in uia passus

7 est. Tuae nunc partes, ut primum illam, deinde hanc remunereris litteris, quales istinc redire uberrimae possunt. Vale.

XIII   20

C. PLINIVS PRISCO SVO S.

1   Et tu occasiones obligandi me auidissime amplecteris, et

2 ego nemini libentius debeo. Duabus ergo de causis a te potissimum petere constitui, quod impetratum maxime cupio. Regis exercitum amplissimum: hinc tibi beneficiorum 25 larga materia, longum praeterea tempus, quo amicos tuos exornare potuisti. Conuertere ad nostros nec hos multos.

3 Malles tu quidem multos; sed meae uerecundiae sufficit unus

4 aut alter, ac potius unus. Is erit Voconius Romanus. Pater ei

6 praebere] *cum hoc uerbo redit B*   7 notatum αγ: notandum β
8 summotum β: et summotum αγ   11 sed hoc αγ, *om.* β   18 remunereris αβ: remuneres γ   29 ac αγ: ad B, aut F   ei αγ: Plini β

in equestri gradu clarus, clarior uitricus, immo pater alius
(nam huic quoque nomini pietate successit), mater e primis.
Ipse citerioris Hispaniae (scis quod iudicium prouinciae illius,
quanta sit grauitas) flamen proxime fuit. Hunc ego, cum simul **5**
5 studeremus, arte familiariterque dilexi; ille meus in urbe ille
in secessu contubernalis, cum hoc seria cum hoc iocos miscui.
Quid enim illo aut fidelius amico aut sodale iucundius? Mira **6**
in sermone, mira etiam in ore ipso uultuque suauitas. Ad hoc **7**
ingenium excelsum subtile dulce facile eruditum in causis
10 agendis; epistulas quidem scribit, ut Musas ipsas Latine loqui
credas. Amatur a me plurimum nec tamen uincitur. Equidem **8**
iuuenis statim iuueni, quantum potui per aetatem, auidissime contuli, et nuper ab optimo principe trium liberorum
ius impetraui; quod quamquam parce et cum delectu daret,
15 mihi tamen tamquam eligeret indulsit. Haec beneficia mea **9**
tueri nullo modo melius quam ut augeam possum, praesertim cum ipse illa tam grate interpretetur, ut dum priora
accipit posteriora mereatur. Habes qualis quam probatus **10**
carusque sit nobis, quem rogo pro ingenio pro fortuna tua
20 exornes. In primis ama hominem; nam licet tribuas ei quantum amplissimum potes, nihil tamen amplius potes amicitia
tua; cuius esse eum usque ad intimam familiaritatem capacem
quo magis scires, breuiter tibi studia mores omnem denique
uitam eius expressi. Extenderem preces nisi et tu rogari diu **11**
25 nolles et ego tota hoc epistula fecissem; rogat enim et quidem
efficacissime, qui reddit causas rogandi. Vale.

---

2 huic αγ: huius β   nomini pietate αγ: nomine et pietati β   3 Hispaniae αγ: Hispania et β   4 quanta αβ: scis quanta γ   7 illo aut αγ:
aut illo β   9 excelsum αβ: excussum γ (?)   12 statim βγ, om. α
iuueni αβ: inueni γ   14 delectu β: dil- αγ   15 eligeret βγ:
liceret α   17 ipse αβ, om. γ   19 ingenio αβ: genio γ
20 nam αγ: ama β   21 potes αγ: potest β   nihil t. a. potes
(potest β) βγ, om. α   22 ad αγ: in β   24 uitam βγ: uita α
25 tota hoc αβ: hoc tota γ

ΧΙV

C. PLINIVS MAXIMO SVO S.

1 Verum opinaris: distringor centumuiralibus causis, quae
me exercent magis quam delectant. Sunt enim pleraeque
paruae et exiles; raro incidit uel personarum claritate uel 5
2 negotii magnitudine insignis. Ad hoc pauci cum quibus iuuet
dicere; ceteri audaces atque etiam magna ex parte adulescentuli obscuri ad declamandum huc transierunt, tam in-
reuerenter et temere, ut mihi Atilius noster expresse dixisse
uideatur, sic in foro pueros a centumuiralibus causis auspi- 10
cari, ut ab Homero in scholis. Nam hic quoque ut illic
3 primum coepit esse quod maximum est. At hercule ante
memoriam meam (ita maiores natu solent dicere), ne nobilis-
simis quidem adulescentibus locus erat nisi aliquo consulari
producente: tanta ueneratione pulcherrimum opus coleba- 15
4 tur. Nunc refractis pudoris et reuerentiae claustris, omnia
patent omnibus, nec inducuntur sed inrumpunt. Sequuntur
auditores actoribus similes, conducti et redempti. Manceps
conuenitur; in media basilica tam palam sportulae quam in
triclinio dantur; ex iudicio in iudicium pari mercede transitur. 20
5 Inde iam non inurbane Σοφοκλεῖς uocantur ἀπὸ τοῦ σοφῶς
καὶ καλεῖσθαι, isdem Latinum nomen impositum est Laudi-
6 ceni; et tamen crescit in dies foeditas utraque lingua notata.
Here duo nomenclatores mei (habent sane aetatem eorum qui

---

3 distringor βγ: destr- α   5 exiles βγ: exilis *M*, ex illis *V*   6 pauci
αγ: in pauci *B*, perpauci *F*   iuuet αγ: iuuat β   9 ut mihi *hic*
αβ, *post* noster γ   14 adulescentibus αγ: -tulis β   17 inducuntur
βγ (*deest in hac ep. florilegium*): ducuntur α   18 actoribus αγ: auct- β
manceps αγ, *om.* β (*unde* conuenitur a conductis et redemptis *e coniectura*
F)   21 uocantur *hic* αβ, *ante* isdem γ   ΑΠΟ ... ΚΑΛΕΙΣΘΑΙ
(ΣΟΦΟΣ γ) αβγ; *tamquam glossema seclusit Catanaeus*   22 laudiceni
βγ: laodiceni α   23 crescit in dies αβ: in dies crescit γ   24 here α:
heri βγ

nuper togas sumpserint) ternis denariis ad laudandum trahebantur. Tanti constat ut sis disertissimus. Hoc pretio quamlibet numerosa subsellia implentur, hoc ingens corona
colligitur, hoc infiniti clamores commouentur, cum meso-
5 chorus dedit signum. Opus est enim signo apud non intelle- 7
gentes, ne audientes quidem; nam plerique non audiunt, nec 8
ulli magis laudant. Si quando transibis per basilicam et uoles
scire, quo modo quisque dicat, nihil est quod tribunal ascen-
das, nihil quod praebeas aurem; facilis diuinatio: scito eum
10 pessime dicere, qui laudabitur maxime.

Primus hunc audiendi morem induxit Larcius Licinus, 9
hactenus tamen ut auditores corrogaret. Ita certe ex Quinti-
liano praeceptore meo audisse me memini. Narrabat ille: 'Ad- 10
sectabar Domitium Afrum. Cum apud centumuiros diceret
15 grauiter et lente (hoc enim illi actionis genus erat), audit ex
proximo immodicum insolitumque clamorem. Admiratus
reticuit; ubi silentium factum est, repetit quod abruperat.
Iterum clamor, iterum reticuit, et post silentium coepit. 11
Idem tertio. Nouissime quis diceret quaesiit. Responsum est:
20 "Licinus." Tum intermissa causa "Centumuiri," inquit, "hoc
artificium perît."' Quod alioqui perire incipiebat cum perisse 12
Afro uideretur, nunc uero prope funditus exstinctum et
euersum est. Pudet referre quae quam fracta pronuntiatione
dicantur, quibus quam teneris clamoribus excipiantur. Plau- 13
25 sus tantum ac potius sola cymbala et tympana illis canticis
desunt: ululatus quidem (neque enim alio uocabulo potest
exprimi theatris quoque indecora laudatio) large supersunt.

---

1 sumpserint αγ: -erunt β   11 Larcius β: Largius αγ   Licinus
α: Licinius βγ   13 me γ (*fauentibus numeris*), *om.* αβ   ille αβ:
autem ille γ   adsectabar βγ: adfectabat α   14 apud c. u.
diceret βγ: aut centum *M*, agentem *V*   16 insolitumque αγ:
solitumque β   17 ubi αγ: ubi sibi β   19 quaesiit β: quaesiuit α:
fortasse quaesit γ   20 Licinus αγ: Licentius β   21 perit αβγ:
periit *Itali*   26 ululatus βγ: -atu α

14 Nos tamen adhuc et utilitas amicorum et ratio aetatis moratur ac retinet; ueremur enim ne forte non has indignitates reliquisse, sed laborem fugisse uideamur. Sumus tamen solito rariores, quod initium est gradatim desinendi. Vale.

XV

C. PLINIVS VALERIANO SVO S.

1   Quo modo te ueteres Marsi tui? quo modo emptio noua? Placent agri, postquam tui facti sunt? Rarum id quidem; nihil enim aeque gratum est adeptis quam concupiscentibus. **2** Me praedia materna parum commode tractant, delectant tamen ut materna, et alioqui longa patientia occallui. Habent hunc finem adsiduae querellae, quod queri pudet. Vale.

XVI

C. PLINIVS ANNIO SVO S.

1   Tu quidem pro cetera tua diligentia admones me codicillos Aciliani, qui me ex parte instituit heredem, pro non scriptis **2** habendos, quia non sint confirmati testamento; quod ius ne mihi quidem ignotum est, cum sit iis etiam notum, qui nihil aliud sciunt. Sed ego propriam quandam legem mihi dixi, ut defunctorum uoluntates, etiamsi iure deficerentur, quasi perfectas tuerer. Constat autem codicillos istos Aciliani manu **3** scriptos. Licet ergo non sint confirmati testamento, a me tamen ut confirmati obseruabuntur, praesertim cum delatori **4** locus non sit. Nam si uerendum esset ne quod ego'dedissem populus eriperet, cunctantior fortasse et cautior esse debebem; cum uero liceat heredi donare, quod in hereditate subsedit, nihil est quod obstet illi meae legi, cui publicae leges non repugnant. Vale.

4 raríores βγ: maiores α   6 Valeriano αγ: Valerio β   14 Annio β: Anniano αγ   17 sint β: sunt αγ   18 iis β: his αγ   19 propriam βγ: proximam α   23 ut αβ, om. γ   25 cunctantior αγ: -tatior β 27 cui αγ, om. β

XVII

C. PLINIVS GALLO SVO S.

Miraris cur me Laurentinum uel (si ita mauis), Laurens **1**
meum tanto opere delectet; desines mirari, cum cognoueris
5 gratiam uillae, opportunitatem loci, litoris spatium. Decem **2**
septem milibus passuum ab urbe secessit, ut peractis quae
agenda fuerint saluo iam et composito die possis ibi manere.
Aditur non una uia; nam et Laurentina et Ostiensis eodem
ferunt, sed Laurentina a quarto decimo lapide, Ostiensis ab
10 undecimo relinquenda est. Vtrimque excipit iter aliqua ex
parte harenosum, iunctis paulo grauius et longius, equo
breue et molle. Varia hinc atque inde facies; nam modo **3**
occurrentibus siluis uia coartatur, modo latissimis pratis diffunditur et patescit; multi greges ouium, multa ibi equorum
15 boum armenta, quae montibus hieme depulsa herbis et
tepore uerno nitescunt. Villa usibus capax, non sumptuosa
tutela. Cuius in prima parte atrium frugi, nec tamen sordi- **4**
dum; deinde porticus in D litterae similitudinem circum-
actae, quibus paruola sed festiua area includitur. Egregium
20 hae aduersus tempestates receptaculum; nam specularibus
ac multo magis imminentibus tectis muniuntur. Est contra **5**
medias cauaedium hilare, mox triclinium satis pulchrum,
quod in litus excurrit ac si quando Africo mare impulsum est,
fractis iam et nouissimis fluctibus leuiter adluitur. Vndique
25 ualuas aut fenestras non minores ualuis habet atque ita a
lateribus a fronte quasi tria maria prospectat; a tergo

6 septem (-tim) αB: et septem Fγ   passuum αγ: -sum β   8 et
Ostiensis . . . Laurentina βγ, om. α   16 tepore α(V)β: tempore
Mγ   18 in .D. F, in de B: inde αγ   20 hae γ: e B, he F; om. α
aduersus αγ: -sum β   specularibus αγ: -latoribus β   24 iam
β: simu lα; quid γ, non traditur (in hac ep. deest florilegium)   25 ita
αγ, om. β   26 a (prius) αγ, om. β   tria βγ, om. α

cauaedium porticum aream porticum rursus, mox atrium
6 siluas et longinquos respicit montes. Huius a laeua retractius
paulo cubiculum est amplum, deinde aliud minus quod altera
fenestra admittit orientem, occidentem altera retinet; hac
7 et subiacens mare longius quidem sed securius intuetur. Huius 5
cubiculi et triclinii illius obiectu includitur angulus, qui
purissimum solem continet et accendit. Hoc hibernaculum,
hoc etiam gymnasium meorum est; ibi omnes silent uenti,
exceptis qui nubilum inducunt, et serenum ante quam usum
8 loci eripiunt. Adnectitur angulo cubiculum in hapsida 10
curuatum, quod ambitum solis fenestris omnibus sequitur.
Parieti eius in bibliothecae speciem armarium insertum est,
9 quod non legendos libros sed lectitandos capit. Adhaeret
dormitorium membrum transitu interiacente, qui suspensus
et tubulatus conceptum uaporem salubri temperamento huc 15
illuc digerit et ministrat. Reliqua pars lateris huius seruorum
libertorumque usibus detinetur, plerisque tam mundis, ut
10 accipere hospites possint. Ex alio latere cubiculum est politissimum; deinde uel cubiculum grande uel modica cenatio,
quae plurimo sole, plurimo mari lucet; post hanc cubiculum 20
cum procoetone, altitudine aestiuum, munimentis hibernum;
est enim subductum omnibus uentis. Huic cubiculo aliud et
11 procoeton communi pariete iunguntur. Inde balinei cella
frigidaria spatiosa et effusa, cuius in contrariis parietibus duo
baptisteria uelut eiecta sinuantur, abunde capacia si mare in 25
proximo cogites. Adiacet unctorium, hypocauston, adiacet
propnigeon balinei, mox duae cellae magis elegantes quam

1 cauaedium αγ: cauendum β   4 hac αγ: haec β   10 hapsida α:
haspida β; quid γ, non traditur   14 dormitorium αγ: -itiorum β
qui suspensus et tubulatus (sub- β) βγ: quod suspensum et tubulatum α
18 ex αγ: et ex β   politissimum βγ: potissimum α   20 sole
plurimo β (an γ, incertum), om. α   22 uentis αγ, om. β   23 procoeton β: -tois α; quid γ, incertum   25 si αγ: sin β   26 unctorium
β: unctuarium (ut uidetur) γ: unctaria immo α

sumptuosae; cohaeret calida piscina mirifica, ex qua natantes
mare adspiciunt, nec procul sphaeristerium quod calidissimo **12**
soli inclinato iam die occurrit. Hic turris erigitur, sub qua
diaetae duae, totidem in ipsa, praeterea cenatio quae latissi-
5 mum mare longissimum litus uillas amoenissimas possidet.
Est et alia turris; in hac cubiculum, in quo sol nascitur **13**
conditurque; lata post apotheca et horreum, sub hoc triclinium, quod turbati maris non nisi fragorem et sonum
patitur, eumque iam languidum ac desinentem; hortum et
10 gestationem uidet, qua hortus includitur. Gestatio buxo aut **14**
rore marino, ubi deficit buxus, ambitur; nam buxus, qua
parte defenditur tectis, abunde uiret; aperto caelo apertoque
uento et quamquam longinqua aspergine maris inarescit.
Adiacet gestationi interiore circumitu uinea tenera et um- **15**
15 brosa, nudisque etiam pedibus mollis et cedens. Hortum
morus et ficus frequens uestit, quarum arborum illa uel
maxime ferax terra est, malignior ceteris. Hac non deteriore
quam maris facie cenatio remota a mari fruitur, cingitur
diaetis duabus a tergo, quarum fenestris subiacet uestibulum
20 uillae et hortus alius pinguis et rusticus. Hinc cryptoporticus **16**
prope publici operis extenditur. Vtrimque fenestrae, a mari
plures, ab horto singulae sed alternis pauciores. Hae cum
serenus dies et immotus, omnes, cum hinc vel inde uentis
inquietus, qua uenti quiescunt sine iniuria patent. Ante **17**
25 cryptoporticum xystus uiolis odoratus. Teporem solis in-
fusi repercussu cryptoporticus auget, quae ut tenet solem sic

1 mirifica αγ: -fice β   3 turris erigitur αβ: erig. turris γ   4 diaetae αβ: zetae *ut semper* γ   latissimum βγ: let- α   5 uillas amoen.
possidet αγ: amoen. uillas prospicit β   9 ac βγ: et α   10 buxo
βγ: buxu α   14 uinea αβγ: uinca *a (tuetur Sulze)*   18 a βγ,
om. α   cingitur βγ: uincitur α   21 a βγ, *om.* α   22 sed αγ:
et β   23 et immotus βγ: etiam motus α   uentis αγ: uentus β
24 iniuria βγ: incuria α   25 xystus . . . cryptoporticus β, *om.* α; *an* γ₂
incertum   26 auget βγ: area α

aquilonem inhibet summouetque, quantumque caloris ante
tantum retro frigoris; similiter africum sistit, atque ita
diuersissimos uentos alium alio latere frangit et finit. Haec
18 iucunditas eius hieme, maior aestate. Nam ante meridiem
xystum, post meridiem gestationis hortique proximam partem 5
umbra sua temperat, quae, ut dies creuit decreuitue, modo
19 breuior modo longior hac uel illa cadit. Ipsa uero cryptoporticus tum maxime caret sole, cum ardentissimus culmini
eius insistit. Ad hoc patentibus fenestris fauonios accipit
transmittitque nec umquam aere pigro et manente in- 10
20 grauescit. In capite xysti, deinceps cryptoporticus horti,
diaeta est amores mei, re uera amores: ipse posui. In hac
heliocaminus quidem alia xystum, alia mare, utraque solem,
cubiculum autem ualuis cryptoporticum, fenestra prospicit
21 mare. Contra parietem medium zotheca perquam eleganter 15
recedit, quae specularibus et uelis obductis reductisue modo
adicitur cubiculo modo aufertur. Lectum et duas cathedras
capit; a pedibus mare, a tergo uillae, a capite siluae: tot
facies locorum totidem fenestris et distinguit et miscet.
22 Iunctum est cubiculum noctis et somni. Non illud uoces 20
seruolorum, non maris murmur, non tempestatum motus
non fulgurum lumen, ac ne diem quidem sentit, nisi fenestris
apertis. Tam alti abditique secreti illa ratio, quod interiacens
andron parietem cubiculi hortique distinguit atque ita
23 omnem sonum media inanitate consumit. Adplicitum est 25
cubiculo hypocauston perexiguum, quod angusta fenestra

---

1 summouetque βγ: continetqᵛe α   5 gestationis V: -nes Mβ:
-nem γ   6 temperat βγ: -rant α   decreuitue αγ: -uitque
β   modo αβ: ut dies modo γ (ut uidetur)   8 tum αγ: tunc β
9 fauonios αγ: -nius β   10 aere βγ: aegre α   11 deinceps αβ:
deinde γ   12 amores (prius) βγ: amoris α   13 solem αβ: soles γ
15 mare αγ: qua mare β   zotheca αγ: zio- β   16 specularibus βγ: -latoribus α   22 fulgurum βγ: -gorum α   25 sonum αF:
somnum Bγ

suppositum calorem, ut ratio exigit, aut effundit aut retinet.
Procoeton inde et cubiculum porrigitur in solem, quem
orientem statim exceptum ultra meridiem oblicum quidem
sed tamen seruat. In hanc ego diaetam cum me recepi, abesse **24**
5 mihi etiam a uilla mea uideor, magnamque eius uoluptatem
praecipue Saturnalibus capio, cum reliqua pars tecti licentia
dierum festisque clamoribus personat; nam nec ipse meorum
lusibus nec illi studiis meis obstrepunt. Haec utilitas haec **25**
amoenitas deficitur aqua salienti, sed puteos ac potius fontes
10 habet; sunt enim in summo. Et omnino litoris illius mira
natura: quocumque loco moueris humum, obuius et paratus
umor occurrit, isque sincerus ac ne leuiter quidem tanta
maris uicinitate corruptus. Suggerunt adfatim ligna proximae **26**
siluae; ceteras copias Ostiensis colonia ministrat. Frugi
15 quidem homini sufficit etiam uicus, quem una uilla discernit.
In hoc balinea meritoria tria, magna commoditas, si forte
balineum domi uel subitus aduentus uel breuior mora cal-
facere dissuadeat. Litus ornant uarietate gratissima nunc **27**
continua nunc intermissa tecta uillarum, quae praestant
20 multarum urbium faciem, siue mari siue ipso litore utare;
quod non numquam longa tranquillitas mollit, saepius frequens et contrarius fluctus indurat. Mare non sane pretiosis **28**
piscibus abundat, soleas tamen et squillas optimas egerit.
Villa uero nostra etiam mediterraneas copias praestat, lac in
25 primis; nam illuc e pascuis pecora conueniunt, si quando
aquam umbramue sectantur.

Iustisne de causis iam tibi uideor incolere inhabitare dili- **29**
gere secessum? quem tu nimis urbanus es nisi concupiscis.

1 exigit βγ: exegit α   4 recepi αγ: recipi (-pio F) β   5 a uilla αγ:
ab illa β   6 praecipue α: ecce praecipue β; quid γ, incertum   7 personat . . . lusibus (nec omisso) post etiam (l. 15) habet α   13 corruptus
βγ: salsus α   17 domi αγ: domini β   20 mari α: ipso mari β; quid γ,
non traditur   23 squillas αγ: esquillas β   24 copias βγ: optimas α
26 umbramue αγ: -amque β   27 iam αγ: eum β: eum iam Itali

Atque utinam concupiscas! ut tot tantisque dotibus uillulae nostrae maxima commendatio ex tuo contubernio accedat. Vale.

XVIII

C. PLINIVS MAVRICO SVO S.   5

1   Quid a te mihi iucundius potuit iniungi, quam ut praeceptorem fratris tui liberis quaererem? Nam beneficio tuo in scholam redeo, et illam dulcissimam aetatem quasi resumo: sedeo inter iuuenes ut solebam, atque etiam experior quan-
2   tum apud illos auctoritatis ex studiis habeam. Nam proxime 10 frequenti auditorio inter se coram multis ordinis nostri clare iocabantur; intraui, conticuerunt; quod non referrem, nisi ad illorum magis laudem quam ad meam pertineret, ac nisi
3   sperare te uellem posse fratris tui filios probe discere. Quod superest, cum omnes qui profitentur audiero, quid de quoque 15 sentiam scribam, efficiamque quantum tamen epistula con-
4   sequi potero, ut ipse omnes audisse uidearis. Debeo enim tibi, debeo memoriae fratris tui hanc fidem hoc studium, praesertim super tanta re. Nam quid magis interest uestra, quam ut liberi (dicerem tui, nisi nunc illos magis amares) digni illo 20 patre, te patruo reperiantur? quam curam mihi etiam si non
5   mandasses uindicassem. Nec ignoro suscipiendas offensas in eligendo praeceptore, sed oportet me non modo offensas, uerum etiam simultates pro fratris tui filiis tam aequo animo subire quam parentes pro suis. Vale.   25

5 Maurico αγ: Murcio (Marcio *F et B in indice*) β   6 mihi iuc. αγ: iuc. mihi β   11 multis αγ: multi β   12 iocabantur βγ: loquebantur α   14 sperare te αγ: sperarit β   15 omnes γ (?): omnis αβ 20 amares αβ: amare γ   21 patre βγ: patri α

XIX

C. PLINIVS CERIALI SVO S.

Hortaris ut orationem amicis pluribus recitem. Faciam **1**
quia hortaris, quamuis uehementer addubitem. Neque enim **2**
5 me praeterit actiones, quae recitantur, impetum omnem
caloremque ac prope nomen suum perdere, ut quas soleant
commendare simul et accendere iudicum consessus, celebritas
aduocatorum, exspectatio euentus, fama non unius actoris,
diductumque in partes audientium studium, ad hoc dicentis
10 gestus incessus, discursus etiam omnibusque motibus animi
consentaneus uigor corporis. Vnde accidit ut ii qui sedentes **3**
agunt, quamuis illis maxima ex parte supersint eadem illa
quae stantibus, tamen hoc quod sedent quasi debilitentur et
deprimantur. Recitantium uero praecipua pronuntiationis **4**
15 adiumenta, oculi manus, praepediuntur. Quo minus mirum
est, si auditorum intentio relanguescit, nullis extrinsecus aut
blandimentis capta aut aculeis excitata. Accedit his quod **5**
oratio de qua loquor pugnax et quasi contentiosa est. Porro
ita natura comparatum est, ut ea quae scripsimus cum labore,
20 cum labore etiam audiri putemus. Et sane quotus quisque **6**
tam rectus auditor, quem non potius dulcia haec et sonantia
quam austera et pressa delectent? Est quidem omnino turpis
ista discordia, est tamen, quia plerumque euenit ut aliud
auditores aliud iudices exigant, cum alioqui iis praecipue
25 auditor adfici debeat, quibus idem si foret iudex, maxime

---

2 Ceriali α (*ita B in indice*): Cereali βγ   5 recitantur αF: -tentur
Bγ   6 quas βγ: quae α   soleant αγ: solet β   7 iudicium
consessus αγ: iudicum consensus β   16 est βγ: et α   intentio
relanguescit βγ: intentione languescit α   17 aculeis αγ: oculis β
acc. his αγ: his acc. β   18 quasi α, *om.* βγ   20 cum labore *alterum
om.* αγ, *post* etiam β; *correxit Postgate*   23 quia α: quae β; *quid* γ,
incertum   24 auditores aliud γ, *om.* αβ   alioqui his (is γ?) αγ:
alloquiis β

7 permoueretur. Potest tamen fieri ut quamquam in his diffi-
cultatibus libro isti nouitas lenocinetur, nouitas apud nostros;
apud Graecos enim est quiddam quamuis ex diuerso, non
8 tamen omnino dissimile. Nam ut illis erat moris, leges quas
ut contrarias prioribus legibus arguebant, aliarum collatione 5
conuincere, ita nobis inesse repetundarum legi quod postu-
laremus, cum hac ipsa lege tum aliis colligendum fuit; quod
nequaquam blandum auribus imperitorum, tanto maiorem
apud doctos habere gratiam debet, quanto minorem apud
9 indoctos habet. Nos autem si placuerit recitare adhibituri 10
sumus eruditissimum quemque. Sed plane adhuc an sit
recitandum examina tecum, omnesque quos ego moui in
utraque parte calculos pone, idque elige in quo uicerit ratio.
A te enim ratio exigetur, nos excusabit obsequium. Vale.

XX   15

C. PLINIVS CALVISIO SVO S.

1 Assem para et accipe auream fabulam, fabulas immo; nam
me priorum noua admonuit, nec refert a qua potissimum
2 incipiam. Verania Pisonis grauiter iacebat, huius dico Pisonis,
quem Galba adoptauit. Ad hanc Regulus uenit. Primum 20
impudentiam hominis, qui uenerit ad aegram, cuius marito
3 inimicissimus, ipsi inuisissimus fuerat! Esto, si uenit tantum;
at ille etiam proximus toro sedit, quo die qua hora nata esset
interrogauit. Vbi audiit, componit uultum intendit oculos
movet labra, agitat digitos computat. Nihil. Vt diu mise- 25
ram exspectatione suspendit, 'Habes' inquit 'climactericum

---

   1 in αβ, *om.* γ   **6** inesse αγ: esse β   legi βγ: lege α   **7** aliis
βγ: alis α   **12** omnesque *Itali*: -nisque αβγ   quos βγ: quis α
moui αβ: noui γ   **14** a te βγ: at α   exigetur β: -gitur γ: -git α
excusabit αβ: -auit γ   **18** admonuit αβ: adnuit γ   qua αγ: quo β
22 ipsi inuisissimus βγ, *om.* α   **23** at βγ: ad α   quo βγ: qua α
25 labra βγ: labram α   ut βγ, *om.* α

64

tempus sed euades. Quod ut tibi magis liqueat, haruspicem **4**
consulam, quem sum frequenter expertus.' Nec mora, sacri- **5**
ficium facit, adfirmat exta cum siderum significatione con-
gruere. Illa ut in periculo credula poscit codicillos, legatum
5 Regulo scribit. Mox ingrauescit, clamat moriens hominem
nequam perfidum ac plus etiam quam periurum, qui sibi per
salutem filii peierasset. Facit hoc Regulus non minus scelerate **6**
quam frequenter, quod iram·deorum, quos ipse cotidie fallit,
in caput infelicis pueri detestatur.

10   Velleius Blaesus ille locuples consularis nouissima uale- **7**
tudine conflictabatur: cupiebat mutare testamentum. Regulus qui speraret aliquid ex nouis tabulis, quia nuper captare
eum coeperat, medicos hortari rogare, quoquo modo spiri-
tum homini prorogarent. Postquam signatum est testa- **8**
15 mentum, mutat personam, uertit adlocutionem isdemque
medicis: 'Quousque miserum cruciatis? quid inuidetis bona
morte, cui dare uitam non potestis?' Moritur Blaesus et,
tamquam omnia audisset, Regulo ne tantulum quidem.

Sufficiunt duae fabulae, an scholastica lege tertiam poscis? **9**
20 est unde fiat. Aurelia ornata femina signatura testamentum **10**
sumpserat pulcherrimas tunicas. Regulus cum uenisset ad
signandum, 'Rogo' inquit 'has mihi leges.' Aurelia ludere **11**
hominem putabat, ille serio instabat; ne multa, coegit
mulierem aperire tabulas ac sibi tunicas quas erat induta
25 legare; obseruauit scribentem, inspexit an scripsisset. Et
Aurelia quidem uiuit, ille tamen istud tamquam morituram
coegit. Et hic hereditates, hic legata quasi mereatur accipit.

Ἀλλὰ τί διατείνομαι in ea ciuitate, in qua iam pridem **12**
non minora praemia, immo maiora nequitia et improbitas

5 ingrauescit αγ: -ascit β   7 peierasset β: perierasset αγ (?)
10 ille αβ, om. γ   16 bona morte α: bona mortis β: bonam mortem γ
17 moritur B. et βγ: moriturus B. α   26 istud αβ: istuc γ   27 et βγ,
om. α   hereditates αγ: -tatis β   quasi αγ: quas β   28 TI αγ,
om. β

65

13 quam pudor et uirtus habent? Adspice Regulum, qui ex
paupere et tenui ad tantas opes per flagitia processit, ut ipse
mihi dixerit, cum consuleret quam cito sestertium sescentiens
impleturus esset, inuenisse se exta duplicia, quibus por-
14 tendi miliens et ducentiens habiturum. Et habebit, si modo 5
ut coepit, aliena testamenta, quod est improbissimum genus
falsi, ipsis quorum sunt illa dictauerit. Vale.

2 -cessit ut ipse] *hic incipit* Π   4 duplicia αγ: -icata Π   7 dictauerit
αΠ: -uerint γ

LIBER TERTIVS

I

C. PLINIVS CALVISIO RVFO SVO S.

Nescio an ullum iucundius tempus exegerim, quam quo **1**
nuper apud Spurinnam fui, adeo quidem ut neminem magis
in senectute, si modo senescere datum est, aemulari uelim;
nihil est enim illo uitae genere distinctius. Me autem ut **2**
certus siderum cursus ita uita hominum disposita delectat.
Senum praesertim: nam iuuenes confusa adhuc quaedam et
quasi turbata non indecent, senibus placida omnia et ordinata
conueniunt, quibus industria sera turpis ambitio est. Hanc **3**
regulam Spurinna constantissime seruat; quin etiam parua
haec—parua si non cotidie fiant—ordine quodam et uelut
orbe circumagit. Mane lectulo continetur, hora secunda **4**
calceos poscit, ambulat milia passuum tria nec minus animum
quam corpus exercet. Si adsunt amici, honestissimi sermones
explicantur; si non, liber legitur, interdum etiam praesentibus amicis, si tamen illi non grauantur. Deinde considit, et **5**
liber rursus aut sermo libro potior; mox uehiculum ascendit,
adsumit uxorem singularis exempli uel aliquem amicorum,
ut me proxime. Quam pulchrum illud, quam dulce secretum! **6**
quantum ibi antiquitatis! quae facta, quos uiros audias!
quibus praeceptis imbuare! quamuis ille hoc temperamentum modestiae suae indixerit, ne praecipere uideatur.

---

3 Rufo *om. hinc* αΠγ; *habet* Ad Caluisium Rufum *in indice* Π (*unde
et* B)   **4** exegerim Πγ: exig- α   **9** conf. adhuc αγ: adhuc conf. Π
10 indecent Π: indicent αγ   ordinata MΠ² (*unde* β) γ; ornata VΠ
11 sera αΠγ: serua Π² (*unde* β)   **12** quin αΠγ: qui β   **13** si non Πγ:
sint α   **16** adsunt αΠ: adsint γ   **17** liber legitur αΠ: liberi igitur γ
18 considit αΠγ: -sidet Π²   **21** ut αΠ: uti γ   **24** indixerit αΠ:
induxerit γ

67

7 Peractis septem milibus passuum iterum ambulat mille, iterum residit uel se cubiculo ac stilo reddit. Scribit enim et quidem utraque lingua lyrica doctissima; mira illis dulcedo, mira suauitas, mira hilaritas, cuius gratiam cumulat sanctitas **8** scribentis. Vbi hora balinei nuntiata est (est autem hieme 5 nona, aestate octaua), in sole, si caret uento, ambulat nudus. Deinde mouetur pila uehementer et diu; nam hoc quoque exercitationis genere pugnat cum senectute. Lotus accubat et paulisper cibum differt; interim audit legentem remissius aliquid et dulcius. Per hoc omne tempus liberum est amicis 10 **9** uel eadem facere uel alia si malint. Adponitur cena non minus nitida quam frugi, in argento puro et antiquo; sunt in usu et Corinthia, quibus delectatur nec adficitur. Frequenter comoedis cena distinguitur, ut uoluptates quoque studiis condiantur. Sumit aliquid de nocte et aestate; nemini hoc 15 **10** longum est; tanta comitate conuiuium trahitur. Inde illi post septimum et septuagensimum annum aurium oculorum uigor integer, inde agile et uiuidum corpus solaque ex senectute **11** prudentia. Hanc ego uitam uoto et cogitatione praesumo, ingressurus auidissime, ut primum ratio aetatis receptui 20 canere permiserit. Interim mille laboribus conteror, quorum **12** mihi et solacium et exemplum est idem Spurinna; nam ille quoque, quoad honestum fuit, obiit officia, gessit magistratus, prouincias rexit, multoque labore hoc otium meruit. Igitur eundem mihi cursum, eundem terminum statuo, idque 25 iam nunc apud te subsigno ut, si me longius euehi uideris, in ius uoces ad hanc epistulam meam et quiescere iubeas, cum inertiae crimen effugero. Vale.

3 doctissima *Πγ*: -ime α (*an recte?*)   mira illis *Πγ*: mirabilis α
4 hilaritatis *Π* (*corr. Π²*)   sanctitatis *Π* (*corr. Π²*)   8 lotus *Πγ*:
illic α   9 cibum *Πγ*: cibos α   10 aliquid *hic* α*Π*, *post* dulcius
γ   13 nec αγ: et *Π*   21 quorum αγ: qui horum
Π   23 quoad α*Π*: quod γ   fuit . . . potes (iii 3. 6) *Πγ*,
om. α

II

C. PLINIVS VIBIO MAXIMO SVO S.

Quod ipse amicis tuis obtulissem, si mihi eadem materia **1**
suppeteret, id nunc iure uideor a te meis petiturus. Arrianus **2**
5 Maturus Altinatium est princeps; cum dico princeps, non de
facultatibus loquor, quae illi large supersunt, sed de castitate
iustitia, grauitate prudentia. Huius ego consilio in negotiis, **3**
iudicio in studiis utor; nam plurimum fide, plurimum ueritate, plurimum intellegentia praestat. Amat me (nihil pos- **4**
10 sum ardentius dicere) ut tu. Caret ambitu; ideo se in equestri
gradu tenuit, cum facile possit ascendere altissimum. Mihi
tamen ornandus excolendusque est. Itaque magni aestimo **5**
dignitati eius aliquid adstruere inopinantis nescientis, immo
etiam fortasse nolentis; adstruere autem quod sit splendidum
15 nec molestum. Cuius generis quae prima occasio tibi, conferas **6**
in eum rogo; habebis me, habebis ipsum gratissimum debitorem. Quamuis enim ista non adpetat, tam grate tamen
excipit, quam si concupiscat. Vale.

III

20   ### C. PLINIVS CORELLIAE HISPVLLAE SVAE S.

Cum patrem tuum grauissimum et sanctissimum uirum **1**
suspexerim magis an amauerim dubitem, teque et in memoriam eius et in honorem tuum unice diligam, cupiam necesse
est atque etiam quantum in me fuerit enitar, ut filius tuus
25 auo similis exsistat; equidem malo materno, quamquam illi
paternus etiam clarus spectatusque contigerit, pater ·quoque

2 Vibio *om. hinc* Πγ (*deest* α); *habet* Ad Vibium Maximum *in indice*
Π (*unde et* B)   10 tu caret Π: tutaret *uel aliquid simile* γ   11 possit
Πγ: posset Π² (*unde* β)   12 aestimo Π: existimo γ   16 me habebis
Π, *om.* γ   20 Corelliae Π: Corneliae γ (*deest* α)   Hispullae *om. hinc*
Πγ (Ispullae *add.* F); *habet* Ad Caerelliae Hispullae *in indice* Π (*unde et*
B)   suae γ, *om.* Π   22 et γ, *om.* Π   23 unice Π²γF: inuice
Π: uince BF²

2 et patruus inlustri laude conspicui. Quibus omnibus ita demum similis adolescet, si imbutus honestis artibus fuerit,
3 quas plurimum refert a quo potissimum accipiat. Adhuc illum pueritiae ratio intra contubernium tuum tenuit, praeceptores domi habuit, ubi est erroribus modica uel etiam 5 nulla materia. Iam studia eius extra limen proferenda sunt, iam circumspiciendus rhetor Latinus, cuius scholae seueritas
4 pudor in primis castitas constet. Adest enim adulescenti nostro cum ceteris naturae fortunaeque dotibus eximia corporis pulchritudo, cui in hoc lubrico aetatis non praeceptor 10
5 modo sed custos etiam rectorque quaerendus est. Videor ergo demonstrare tibi posse Iulium Genitorem. Amatur a me; iudicio tamen meo non obstat caritas hominis, quae ex iudicio nata est. Vir est emendatus et grauis, paulo etiam
6 horridior et durior, ut in hac licentia temporum. Quantum 15 eloquentia ualeat, pluribus credere potes, nam dicendi facultas aperta et exposita statim cernitur; uita hominum altos recessus magnasque latebras habet, cuius pro Genitore me sponsorem accipe. Nihil ex hoc uiro filius tuus audiet nisi profuturum, nihil discet quod nescisse rectius fuerit, nec 20 minus saepe ab illo quam a te meque admonebitur, quibus imaginibus oneretur, quae nomina et quanta sustineat.
7 Proinde fauentibus dis trade eum praeceptori, a quo mores primum mox eloquentiam discat, quae male sine moribus discitur. Vale.   25

IV

C. PLINIVS CAECILIO MACRINO SVO S.

1   Quamuis et amici quos praesentes habebam, et sermones hominum factum meum comprobasse uideantur, magni

1 conspicui *Π*: -cuus *γ*   2 si *βγ*: sibi *Π*   6 proferenda *γ*: conferanda *Π* (-enda *β*)   13 iudicio *Π*²: idicio *Π*: iucio *γ*   16 nam] *hinc rursus* α 18 pro *Πγ*: oro α   me α*Π*: et *γ*   21 quibus imag. oneretur *Πγ*, *om.* α   23 proinde α*Π*: deinde *γ*   27 Caecilio *om. hinc* α*Πγ*; *habet* Ad Caecilium Macrinum *in indice Π* (*unde et B*)   suo α*γ*, *om. Π*

tamen aestimo scire quid sentias tu. Nam cuius integra re 2
consilium exquirere optassem, huius etiam peracta iudicium
nosse mire concupisco. Cum publicum opus mea pecunia
incohaturus in Tuscos excucurrissem, accepto ut praefectus
5 aerari commeatu, legati prouinciae Baeticae, questuri de
proconsulatu Caecili Classici, aduocatum me a senatu petiue-
runt. Collegae optimi meique amantissimi, de communis 3
officii necessitatibus praelocuti, excusare me et eximere
temptarunt. Factum est senatus consultum perquam honori-
10 ficum, ut darer prouincialibus patronus si ab ipso me impe-
trassent. Legati rursus inducti iterum me iam praesentem 4
aduocatum postulauerunt, implorantes fidem meam quam
essent contra Massam Baebium experti, adlegantes patrocini
foedus. Secuta est senatus clarissima adsensio, quae solet
15 decreta praecurrere. Tum ego 'Desino' inquam, 'patres conscripti, putare me iustas excusationis causas attulisse.' Placuit
et modestia sermonis et ratio. Compulit autem me ad hoc 5
consilium non solum consensus senatus, quamquam hic
maxime, uerum et alii quidam minores, sed tamen numeri.
20 Veniebat in mentem priores nostros etiam singulorum hospi-
tum iniurias uoluntariis accusationibus exsecutos, quo deformius arbitrabar publici hospitii iura neglegere. Praeterea 6
cum recordarer, quanta pro isdem Baeticis superiore aduocatione etiam pericula subissem, conseruandum ueteris officii
25 meritum nouo uidebatur. Est enim ita comparatum ut
antiquiora beneficia subuertas, nisi illa posterioribus cumules.
Nam quamlibet saepe obligati, si quid unum neges, hoc
solum meminerunt quod negatum est. Ducebar etiam quod 7
decesserat Classicus, amotumque erat quod in eiusmodi causis

6 Caecili αγ: Caecilii *Π*   petiuerunt] -ierunt *inuitis numeris* α*Π*γ
8 et α*Π*, *om.* γ   13 patrocini αγ: -nii *Π*   19 quidam minores
αγ: quidem minoris *Π*   tamen numeri *Π*γ: tam innumeri α
21 uol. acc. αγ: acc. uol. *Π*   23 isdem αγ: iisdem *Π*   superiore αγ:
priore *Π*

solet esse tristissimum, periculum senatoris. Videbam ergo
aduocationi meae non minorem gratiam quam si uiueret ille
8 propositam, inuidiam nullam. In summa computabam, si
munere hoc iam tertio fungerer, faciliorem mihi excusationem
fore, si quis incidisset, quem non deberem accusare. Nam cum 5
est omnium officiorum finis aliquis, tum optime libertati
9 uenia obsequio praeparatur. Audisti consilii mei motus:
superest alterutra ex parte iudicium tuum, in quo mihi
aeque iucunda erit simplicitas dissentientis quam comproban-
tis auctoritas. Vale.   10

V

C. PLINIVS BAEBIO MACRO SVO S.

1   Pergratum est mihi quod tam diligenter libros auunculi
mei lectitas, ut habere omnes uelis quaerasque qui sint omnes.
2 Fungar indicis partibus, atque etiam quo sint ordine scripti 15
notum tibi faciam; est enim haec quoque studiosis non
3 iniucunda cognitio. 'De iaculatione equestri unus'; hunc
cum praefectus alae militaret, pari ingenio curaque composuit. 'De uita Pomponi Secundi duo'; a quo singulariter
amatus hoc memoriae amici quasi debitum munus exsoluit. 20
4 'Bellorum Germaniae uiginti'; quibus omnia quae cum Ger-
manis gessimus bella collegit. Incohauit cum in Germania
militaret, somnio monitus: adstitit ei quiescenti Drusi
Neronis effigies, qui Germaniae latissime uictor ibi periit,
commendabat memoriam suam orabatque ut se ab iniuria 25
5 obliuionis adsereret. 'Studiosi tres', in sex uolumina propter
amplitudinem diuisi, quibus oratorem ab incunabulis instituit
et perficit. 'Dubii sermonis octo': scripsit sub Nerone

    4 iam αγ, *om. Π*   6 libertati *Π*γ: liberati α   12 Baebio *om. hinc*
α*Π*γ; *habet* Ad Baebium Macrum *in indice Π* (*unde et B*)   17 equestri
unus α*Π*: unus equestri γ   20 amatus *Π*γ: est amatus α   21 quibus]
post hoc uerbum deest Π (*praeter tertii libri indicem*)   27 oratorem βγ:
-tionem α   28 perficit γ: perfecit αβ

nouissimis annis, cum omne studiorum genus paulo liberius
et erectius periculosum seruitus fecisset. 'A fine Aufidi Bassi 6
triginta unus.' 'Naturae historiarum triginta septem', opus
diffusum eruditum, nec minus uarium quam ipsa natura.

5   Miraris quod tot uolumina multaque in his tam scrupulosa 7
homo occupatus absoluerit? Magis miraberis si scieris illum
aliquamdiu causas actitasse, decessisse anno sexto et quinqua-
gensimo, medium tempus distentum impeditumque qua
officiis maximis qua amicitia principum egisse. Sed erat acre 8
10 ingenium, incredibile studium, summa uigilantia. Lucubrare
Vulcanalibus incipiebat non auspicandi causa sed studendi
statim a nocte multa, hieme uero ab hora septima uel cum
tardissime octaua, saepe sexta. Erat sane somni paratissimi,
non numquam etiam inter ipsa studia instantis et deserentis.
15 Ante lucem ibat ad Vespasianum imperatorem (nam ille 9
quoque noctibus utebatur), inde ad delegatum sibi officium.
Reuersus domum quod reliquum temporis studiis reddebat.
Post cibum saepe (quem interdiu leuem et facilem ueterum 10
more sumebat) aestate si quid otii iacebat in sole, liber lege-
20 batur, adnotabat excerpebatque. Nihil enim legit quod non
excerperet; dicere etiam solebat nullum esse librum tam
malum ut non aliqua parte prodesset. Post solem plerumque 11
frigida lauabatur, deinde gustabat dormiebatque minimum;
mox quasi alio die studebat in cenae tempus. Super hanc
25 liber legebatur adnotabatur, et quidem cursim. Memini 12
quendam ex amicis, cum lector quaedam perperam pronuntiasset, reuocasse et repeti coegisse; huic auunculum
meum dixisse: 'Intellexeras nempe?' Cum ille adnuisset, 'Cur
ergo reuocabas? decem amplius uersus hac tua interpellatione

---

3 naturae αγ: natura β   5 his α: iis β: is γ   9 officiis βγ: -is α
qua βγ: quam α   10 uigilantia αβ: instantia γ   12 ab βγ, *om.* α
13 paratissimi αβ: parcissimi γ   14 deserentis αγ: def- β   15 ille
βγ: illo α   23 dormiebatque βγ: dedorm- α

13 perdidimus.' Tanta erat parsimonia temporis. Surgebat
aestate a cena luce, hieme intra primam noctis et tamquam
aliqua lege cogente.

14   Haec inter medios labores urbisque fremitum. In secessu
solum balinei tempus studiis eximebatur (cum dico balinei, 5
de interioribus loquor; nam dum destringitur tergiturque,

15 audiebat aliquid aut dictabat). In itinere quasi solutus ceteris
curis, huic uni uacabat: ad latus notarius cum libro et pugillaribus, cuius manus hieme manicis muniebantur, ut ne caeli
quidem asperitas ullum studii tempus eriperet; qua ex causa 10

16 Romae quoque sella uehebatur. Repeto me correptum ab eo,
cur ambularem: 'poteras' inquit 'has horas non perdere';
nam perire omne tempus arbitrabatur, quod studiis non

17 impenderetur. Hac intentione tot ista uolumina peregit
electorumque commentarios centum sexaginta mihi reliquit, 15
opisthographos quidem et minutissimis scriptos; qua ratione
multiplicatur hic numerus. Referebat ipse potuisse se, cum
procuraret in Hispania, uendere hos commentarios Larcio
Licino quadringentis milibus nummum; et tunc aliquanto

18 pauciores erant. Nonne uidetur tibi recordanti, quantum 20
legerit quantum scripserit, nec in officiis ullis nec in amicitia
principis fuisse; rursus cum audis quid studiis laboris im-
penderit, nec scripsisse satis nec legisse? Quid est enim quod
non aut illae occupationes impedire aut haec instantia non

19 possit efficere? Itaque soleo ridere cum me quidam studiosum 25
uocant, qui si comparer illi sum desidiosissimus. Ego autem

2 cena luce αγ: luce cena β   et β: sed αγ   4 labores αβ:
-ris γ   fremitum βγ: fremitu α   secessu α: -sum β *et fortasse* γ (*deest
in hac ep. florilegium*)   6 destringitur αβ: distr- γ   9 ne αβ: nec
V γ   12 has β, *om.* αγ   13 nam perire omne tempus arb. quod
βγ: perire enim arb. quicquid *ut uidetur* α (perdere . . . non *om. M*)
14 inpenderetur αγ: inpertiretur β   16 minutissimis βγ: -sime α
17 potuisse se αγ, *om.* β   18 Larcio β: Largio αγ (*ut* ii 14. 9)   19 Licino
α: Licinio βγ   21 quantum scripserit βγ, *om.* α   26 qui si αγ: quasi β

tantum, quem partim publica partim amicorum officia di-
stringunt? quis ex istis, qui tota uita litteris adsident, collatus
illi non quasi somno et inertiae deditus erubescat?

Extendi epistulam cum hoc solum quod requirebas scribere **20**
5 destinassem, quos libros reliquisset; confido tamen haec
quoque tibi non minus grata quam ipsos libros futura, quae
te non tantum ad legendos eos uerum etiam ad simile aliquid
elaborandum possunt aemulationis stimulis excitare. Vale.

VI

10   C. PLINIVS ANNIO SEVERO SVO S.

Ex hereditate quae mihi obuenit, emi proxime Corinthium **1**
signum, modicum quidem sed festiuum et expressum, quantum ego sapio, qui fortasse in omni re, in hac certe perquam
exiguum sapio: hoc tamen signum ego quoque intellego. Est **2**
15 enim nudum, nec aut uitia si qua sunt celat, aut laudes parum
ostentat. Effingit senem stantem; ossa musculi nerui, uenae
rugae etiam ut spirantis adparent; rari et cedentes capilli,
lata frons, contracta facies, exile collum; pendent lacerti,
papillae iacent, uenter recessit; a tergo quoque eadem aetas **3**
20 ut a tergo. Aes ipsum, quantum uerus color indicat, uetus et
antiquum; talia denique omnia, ut possint artificum oculos
tenere, delectare imperitorum. Quod me quamquam tirun- **4**
culum sollicitauit ad emendum. Emi autem non ut haberem
domi (neque enim ullum adhuc Corinthium domi habeo),
25 uerum ut in patria nostra celebri loco ponerem, ac potissimum in Iouis templo; uidetur enim dignum templo dignum **5**
deo donum. Tu ergo, ut soles omnia quae a me tibi iniungun-
tur, suscipe hanc curam, et iam nunc iube basim fieri, ex quo

---

4 cum βγ: quamuis α   6 futura] *post hoc uerbum deest B usque ad*
ep. 11. 9   10 Annio *om. hinc* αFγ; *habet* Ad Annium Seuerum *in*
indice Π (*unde et B*)   19 uenter rec. αγ: rec. uenter *F*   25 celebri
αγ: caelebre *F*

75

uoles marmore, quae nomen meum honoresque capiat, si hos
6 quoque putabis addendos. Ego signum ipsum, ut primum
inuenero aliquem qui non grauetur, mittam tibi uel ipse
(quod mauis) adferam mecum. Destino enim, si tamen officii
7 ratio permiserit, excurrere isto. Gaudes quod me uenturum 5
esse polliceor, sed contrahes frontem, cum adiecero 'ad paucos dies': neque enim diutius abesse me eadem haec quae
nondum exire patiuntur. Vale.

VII

C. PLINIVS CANINIO RVFO SVO S.   10

1   Modo nuntiatus est Silius Italicus in Neapolitano suo
2 inedia finisse uitam. Causa mortis ualetudo. Erat illi natus
insanabilis clauus, cuius taedio ad mortem inreuocabili constantia decucurrit usque ad supremum diem beatus et felix,
nisi quod minorem ex liberis duobus amisit, sed maiorem 15
melioremque florentem atque etiam consularem reliquit.
3 Laeserat famam suam sub Nerone (credebatur sponte ac-
cusasse), sed in Vitelli amicitia sapienter se et comiter gesserat, ex proconsulatu Asiae gloriam reportauerat, maculam
4 ueteris industriae laudabili otio abluerat. Fuit inter principes 20
ciuitatis sine potentia, sine inuidia: salutabatur colebatur,
multumque in lectulo iacens cubiculo semper, non ex fortuna
frequenti, doctissimis sermonibus dies transigebat, cum a
5 scribendo uacaret. Scribebat carmina maiore cura quam
ingenio, non numquam iudicia hominum recitationibus ex- 25
6 periebatur. Nouissime ita suadentibus annis ab urbe secessit,
seque in Campania tenuit, ac ne aduentu quidem noui prin-
7 cipis inde commotus est: magna Caesaris laus sub quo hoc

---

4 enim si αF, *om. γ*   6 adiecero αF: adiero γ   8 nondum αF:
non γ   10 Caninio Fγ: Cannio α   Rufo F, *om. αγ*; Ad Caninium
Rufum *in indice Π (unde et B)*   11 Silius αγ: Siluius F   15 minorem
. . . sed αγ, *om. F*   23 frequenti Fγ: praesenti α

liberum fuit, magna illius qui hac libertate ausus est uti.
Erat φιλόκαλος usque ad emacitatis reprehensionem. Plures **8**
isdem in locis uillas possidebat, adamatisque nouis priores
neglegebat. Multum ubique librorum, multum statuarum,
5 multum imaginum, quas non habebat modo, uerum etiam
uenerabatur, Vergili ante omnes, cuius natalem religiosius
quam suum celebrabat, Neapoli maxime, ubi monimentum
eius adire ut templum solebat. In hac tranquillitate annum **9**
quintum et septuagensimum excessit, delicato magis corpore
10 quam infirmo; utque nouissimus a Nerone factus est consul,
ita postremus ex omnibus, quos Nero consules fecerat,
decessit.

Illud etiam notabile: ultimus ex Neronianis consularibus **10**
obiit, quo consule Nero periit. Quod me recordantem
15 fragilitatis humanae miseratio subit. Quid enim tam circum- **11**
cisum tam breue quam hominis uita longissima? An non
uidetur tibi Nero modo modo fuisse? cum interim ex iis, qui
sub illo gesserant consulatum, nemo iam superest. Quam- **12**
quam quid hoc miror? Nuper L. Piso, pater Pisonis illius, qui
20 a Valerio Festo per summum facinus in Africa occisus est,
dicere solebat neminem se uidere in senatu, quem consul ipse
sententiam rogauisset. Tam angustis terminis tantae mul- **13**
titudinis uiuacitas ipsa concluditur, ut mihi non uenia solum
dignae, uerum etiam laude uideantur illae regiae lacrimae;
25 nam ferunt Xersen, cum immensum exercitum oculis obisset,
inlacrimasse, quod tot milibus tam breuis immineret occasus.
Sed tanto magis hoc, quidquid est temporis futilis et caduci, si **14**

---

1 ausus *Fγ*: usus α   2 ΦΙΛΟΚΑΛΟC *Fγ*: -ΛΟΝ α   emacitatis *F*:
ciuitatis αγ (*ita florilegium*)   6 Vergilii α: Virgilii *Fγ*   7 suum
αγ: suam *VF*   9 excessit αγ: decessit *F*   delicato *Fγ*: delig- α
14 periit *F*: perit αγ   16 tam breue . . . an non α*F*, *om*. γ   17 modo
bis αγ, *semel F*   iis *F*: his αγ   18 gesserant αγ: -erunt *F*
25 Xersen *Fγ*: Xerxen α   26 tam α*F*, *om*. γ   27 tanto *Fγ*: eo α
temp. fut. α*F*: fut. temp. γ   caduci si *Fγ*: caducis α

non datur factis (nam horum materia in aliena manu),
certe studiis proferamus, et quatenus nobis denegatur diu
15 uiuere, relinquamus aliquid, quo nos uixisse testemur. Scio
te stimulis non egere: me tamen tui caritas euocat, ut curren-
tem quoque instigem, sicut tu soles me. Ἀγαθὴ δ' ἔρις cum
inuicem se mutuis exhortationibus amici ad amorem im-
mortalitatis exacuunt. Vale.

VIII

C. PLINIVS SVETONIO TRANQVILLO SVO S.

1   Facis pro cetera reuerentia quam mihi praestas, quod tam
sollicite petis ut tribunatum, quem a Neratio Marcello
clarissimo uiro impetraui tibi, in Caesennium Siluanum pro-
2 pinquum tuum transferam. Mihi autem sicut iucundissimum
ipsum te tribunum, ita non minus gratum alium per te uidere.
Neque enim esse congruens arbitror, quem augere honoribus cupias, huic pietatis titulis inuidere, qui sunt omnibus
3 honoribus pulchriores. Video etiam, cum sit egregium et
mereri beneficia et dare, utramque te laudem simul adsecu-
turum, si quod ipse meruisti alii tribuas. Praeterea intellego
mihi quoque gloriae fore, si ex hoc tuo facto non fuerit
ignotum amicos meos non gerere tantum tribunatus posse
4 uerum etiam dare. Quare ego uero honestissimae uoluntati
tuae pareo. Neque enim adhuc nomen in numeros relatum
est, ideoque liberum est nobis Siluanum in locum tuum subdere; cui cupio tam gratum esse munus tuum, quam tibi
meum est. Vale.

1 in αF, *om.* γ   2 certe Fγ: nos certe (noscere V) α   5 me
αF: mea γ   *Hesiod. Op.* 24   9 Sueto F (Suetonio *Itali*), *om.*
αγ; *habet* Ad Sueton Tranque *in indice* Π (*unde et—sed* Tranqui—B)
13 sicut αF: sicut est γ   15 honoribus Fγ, *om.* α   16 sunt αγ: sunt
in F   17 cum Fγ: quam α   20 ex αF, *om.* γ   24 subdere Fγ:
subsedere α   25 cui αF, *om.* γ   26 est . . . diligenter (iii 9. 28) Fγ
(*sed deest florilegium*), *om.* α

78

IX

C. PLINIVS CORNELIO MINICIANO SVO S.

Possum iam perscribere tibi quantum in publica prouinciae **1**
Baeticae causa laboris exhauserim. Nam fuit multiplex, **2**
5 actaque est saepius cum magna uarietate. Vnde uarietas,
unde plures actiones? Caecilius Classicus, homo foedus et
aperte malus, proconsulatum in ea non minus uiolenter quam
sordide gesserat, eodem anno quo in Africa Marius Priscus.
Erat autem Priscus ex Baetica, ex Africa Classicus. Inde **3**
10 dictum Baeticorum, ut plerumque dolor etiam uenustos
facit, non inlepidum ferebatur: 'Dedi malum et accepi.' Sed **4**
Marium una ciuitas publice multique priuati reum perege-
runt, in Classicum tota prouincia incubuit. Ille accusationem **5**
uel fortuita uel uoluntaria morte praeuertit. Nam fuit mors
15 eius infamis, ambigua tamen: ut enim credibile uidebatur
uoluisse exire de uita, cum defendi non posset, ita mirum
pudorem damnationis morte fugisse, quem non puduisset
damnanda committere. Nihilo minus Baetica etiam in de- **6**
functi accusatione perstabat. Prouisum hoc legibus, inter-
20 missum tamen et post longam intercapedinem tunc reductum.
Addiderunt Baetici, quod simul socios ministrosque Classici
detulerunt, nominatimque in eos inquisitionem postulauerunt. Aderam Baeticis mecumque Lucceius Albinus, uir in **7**
dicendo copiosus ornatus; quem ego cum olim mutuo dili-
25 gerem, ex hac officii societate amare ardentius coepi. Habet **8**
quidem gloria, in studiis praesertim, quiddam ἀκοινώνητον;
nobis tamen nullum certamen nulla contentio, cum uterque
pari iugo non pro se sed pro causa niteretur, cuius et magnitudo et utilitas uisa est postulare, ne tantum oneris singulis

2 Cornelio *F*, *om.* γ; Ad Cornelium Minicianum *in indice* Π (*unde et B*)
10 uenustos γ: uentos *F*   23 aderam *F*: -rant γ   26 gloria *Beroaldus*:
gloriam *F*γ   ΛΚΟΙΝωΝΗΤΟΝ γ: ΑΚΟΙΝΟΝΟΗΤΟΝ *F*

9 actionibus subiremus. Verebamur ne nos dies ne uox ne
latera deficerent, si tot crimina tot reos uno uelut fasce
complecteremur; deinde ne iudicum intentio multis nominibus multisque causis non lassaretur modo uerum etiam con-
funderetur; mox ne gratia singulorum collata atque permixta 5
pro singulis quoque uires omnium acciperet; postremo ne
potentissimi uilissimo quoque quasi piaculari dato alienis
10 poenis elaberentur. Etenim tum maxime fauor et ambitio
dominatur, cum sub aliqua specie seueritatis delitescere
11 potest. Erat in consilio Sertorianum illud exemplum, qui 10
robustissimum et infirmissimum militem iussit caudam equi
—reliqua nosti. Nam nos quoque tam numerosum agmen
reorum ita demum uidebamus posse superari, si per singulos
carperetur.

12   Placuit in primis ipsum Classicum ostendere nocentem: 15
hic aptissimus ad socios eius et ministros transitus erat, quia
socii ministrique probari nisi illo nocente non poterant. Ex
quibus duos statim Classico iunximus, Baebium Probum
et Fabium Hispanum, utrumque gratia, Hispanum etiam
facundia ualidum. Et circa Classicum quidem breuis et ex- 20
13 peditus labor. Sua manu reliquerat scriptum, quid ex quaque
re, quid ex quaque causa accepisset; miserat etiam epistulas
Romam ad amiculam quandam, iactantes et gloriosas, his
quidem uerbis: 'Io io, liber ad te uenio; iam sestertium
14 quadragiens redegi parte uendita Baeticorum.' Circa Hi- 25
spanum et Probum multum sudoris. Horum ante quam
crimina ingrederer, necessarium credidi elaborare, ut constaret ministerium crimen esse: quod nisi fecissem, frustra
15 ministros probassem. Neque enim ita defendebantur, ut
negarent, sed ut necessitati ueniam precarentur; esse enim 30
se prouinciales et ad omne proconsulum imperium metu cogi.

1 nos γ: nobis F   uox F: nox γ   3 ne γ, om. F   11 infirmissimum F:
firm- γ   equi γ: sequi F   21 manu F: manus γ   24 io io F, om. γ

80

Solet dicere Claudius Restitutus, qui mihi respondit, uir **16**
exercitatus et uigilans et quamlibet subitis paratus, numquam
sibi tantum caliginis tantum perturbationis offusum, quam
cum praerepta et extorta defensioni suae cerneret, in quibus
5 omnem fiduciam reponebat. Consilii nostri exitus fuit: bona **17**
Classici, quae habuisset ante prouinciam, placuit senatui a
reliquis separari, illa filiae haec spoliatis relinqui. Additum
est, ut pecuniae quas creditoribus soluerat reuocarentur.
Hispanus et Probus in quinquennium relegati; adeo graue
10 uisum est, quod initio dubitabatur an omnino crimen esset.

Post paucos dies Claudium Fuscum, Classici generum, et **18**
Stilonium Priscum, qui tribunus cohortis sub Classico fuerat,
accusauimus dispari euentu: Prisco in biennium Italia interdictum, absolutus est Fuscus.

15 Actione tertia commodissimum putauimus plures congre- **19**
gare, ne si longius esset extracta cognitio, satietate et taedio
quodam iustitia cognoscentium seueritasque languesceret; et
alioqui supererant minores rei data opera hunc in locum reser-
uati, excepta tamen Classici uxore, quae sicut implicita su-
20 spicionibus ita non satis conuinci probationibus uisa est; nam **20**
Classici filia, quae et ipsa inter reos erat, ne suspicionibus
quidem haerebat. Itaque, cum ad nomen eius in extrema
actione uenissem (neque enim ut initio sic etiam in fine uerendum erat, ne per hoc totius accusationis auctoritas minuere-
25 tur), honestissimum credidi non premere immerentem, idque **21**
ipsum dixi et libere et uarie. Nam modo legatos interrogabam,
docuissentne me aliquid quod re probari posse confiderent;
modo consilium a senatu petebam, putaretne debere me, si
quam haberem in dicendo facultatem, in iugulum innocentis
30 quasi telum aliquod intendere; postremo totum locum hoc

---

3 offusum γ: effusum F   7 haec γ: ac F   11 Claudium F: Cluuium (*ut uidetur*) γ   12 Stilonium F: Still- γ   17 et γ, *om.* F
27 re γ, *om.* F

fine conclusi: 'Dicet aliquis: Iudicas ergo? Ego uero non
iudico, memini tamen me aduocatum ex iudicibus datum.'
22 Hic numerosissimae causae terminus fuit quibusdam
absolutis, pluribus damnatis atque etiam relegatis, aliis in
23 tempus aliis in perpetuum. Eodem senatus consulto industria 5
fides constantia nostra plenissimo testimonio comprobata
24 est, dignum solumque par pretium tanti laboris. Concipere
animo potes quam simus fatigati, quibus totiens agendum
totiens altercandum, tam multi testes interrogandi suble-
25 uandi refutandi. Iam illa quam ardua quam molesta, tot reo- 10
rum amicis secreto rogantibus negare, aduersantibus palam
obsistere! Referam unum aliquid ex iis quae dixi. Cum mihi
quidam e iudicibus ipsis pro reo gratiosissimo reclamarent,
'Non minus' inquam 'hic innocens erit, si ego omnia dixero.'
26 Coniectabis ex hoc quantas contentiones, quantas etiam 15
offensas subierimus dumtaxat ad breue tempus; nam fides in
praesentia eos quibus resistit offendit, deinde ab illis ipsis
suspicitur laudaturque. Non potui magis te in rem praesen-
27 tem perducere. Dices: 'Non fuit tanti; quid enim mihi cum
tam longa epistula?' Nolito ergo identidem quaerere, quid 20
Romae geratur. Et tamen memento non esse epistulam
longam, quae tot dies tot cognitiones tot denique reos.
28 causasque complexa sit. Quae omnia uideor mihi non minus
breuiter quam diligenter persecutus.

Temere dixi 'diligenter': succurrit quod praeterieram et 25
quidem sero, sed quamquam praepostere reddetur. Facit
hoc Homerus multique illius exemplo; est alioqui per-
29 decorum, a me tamen non ideo fiet. E testibus quidam, siue
iratus quod euocatus esset inuitus, siue subornatus ab aliquo

---

7 pretium γ: pretio F   12 iis F: his γ   13 gratiosissimo F: -mi γ
18 potui magis F: magis potui γ   19 fuit γ: fui F   21 geratur
γ: gerebatur F   non esse γ: esse non F   25 succurrit] *binc rursus* α
28 fiet αγ: fiat F

reorum, ut accusationem exarmaret, Norbanum Licinianum,
legatum et inquisitorem, reum postulauit, tamquam in
causa Castae (uxor haec Classici) praeuaricaretur. Est lege **30**
cautum ut reus ante peragatur, tunc de praeuaricatore quae-
5 ratur, uidelicet quia optime ex accusatione ipsa accusatoris
fides aestimatur. Norbano tamen non ordo legis, non legati **31**
nomen, non inquisitionis officium praesidio fuit; tanta con-
flagrauit inuidia homo alioqui flagitiosus et Domitiani temporibus usus ut multi, electusque tunc a prouincia ad
10 inquirendum non tamquam bonus et fidelis, sed tamquam
Classici inimicus (erat ab illo relegatus). Dari sibi diem, edi **32**
crimina postulabat; neutrum impetrauit, coactus est statim
respondere. Respondit, malum prauumque ingenium hominis facit ut dubitem, confidenter an constanter, certe
15 paratissime. Obiecta sunt multa, quae magis quam prae- **33**
uaricatio nocuerunt; quin etiam duo consulares, Pomponius
Rufus et Libo Frugi, laeserunt eum testimonio, tamquam
apud iudicem sub Domitiano Salui Liberalis accusatoribus
adfuisset. Damnatus et in insulam relegatus est. Itaque cum **34**
20 Castam accusarem nihil magis pressi, quam quod accusator
eius praeuaricationis crimine corruisset; pressi tamen frustra;
accidit enim res contraria et noua, ut accusatore praeuaricationis damnato rea absolueretur. Quaeris, quid nos, **35**
dum haec aguntur? Indicauimus senatui ex Norbano didi-
25 cisse nos publicam causam, rursusque debere ex integro discere, si ille praeuaricator probaretur, atque ita, dum ille
peragitur reus, sedimus. Postea Norbanus omnibus diebus
cognitionis interfuit eandemque usque ad extremum uel
constantiam uel audaciam pertulit.

---

2 inquisitorem *Fγ*: -tiorem α   reum αγ: rerum *F*   5 quia *Vγ*:
qui *M*: qua *F*   11 diem edi γ: idem et edi α: diem ad diluenda *F*
12 postulabat αγ: -auit *F*   18 Salui αγ: Saluii *F*   19 in *Fγ, om.* α
23 absolueretur αγ: solu- *F*   28 eandemque α*F*: tandemque γ

36   Interrogo ipse me, an aliquid omiserim rursus, et rursus
paene omisi. Summo die Saluius Liberalis reliquos legatos
grauiter increpuit, tamquam non omnes quos mandasset
prouincia reos peregissent, atque, ut est uehemens et disertus,
in discrimen adduxit. Protexi uiros optimos eosdemque 5
gratissimos: mihi certe debere se praedicant, quod illum
37 turbinem euaserint. Hic erit epistulae finis, re uera finis;
litteram non addam, etiamsi adhuc aliquid praeterisse me
sensero. Vale.

X   10

C. PLINIVS VESTRICIO SPVRINNAE SVO ET COTTIAE S.

1   Composuisse me quaedam de filio uestro non dixi uobis,
cum proxime apud uos fui, primum quia non ideo scripseram
ut dicerem, sed ut meo amori meo dolori satisfacerem;
deinde quia te, Spurinna, cum audisses recitasse me, ut mihi 15
2 ipse dixisti, quid recitassem simul audisse credebam. Praeterea
ueritus sum ne uos festis diebus confunderem, si in memoriam
grauissimi luctus reduxissem. Nunc quoque paulisper haesitaui, id solum, quod recitaui, mitterem exigentibus uobis,
3 an adicerem quae in aliud uolumen cogito reseruare. Neque 20
enim adfectibus meis uno libello carissimam mihi et sanctissimam memoriam prosequi satis est, cuius famae latius con-
4 suletur, si dispensata et digesta fuerit. Verum haesitanti
mihi, omnia quae iam composui uobis exhiberem, an adhuc
aliqua differrem, simplicius et amicius uisum est omnia, 25
praecipue cum adfirmetis intra uos futura, donec placeat

2 summo die *Fγ*, *om.* α   3 increpuit α*F*: -pauit *fortasse* γ   7 erit
αγ, *om.* *F*   8 adhuc aliquid αγ: aliquid adhuc *F*   11 Vestricio
om. hinc α*Fγ*; *habet* Ad Vestric Spurinn *in indice* Π (*unde et B*)   suo
α*F*, *om.* γ   et Cottiae αγ, *om.* *F*   13 ideo α*F*: id is γ   15 te *Fγ*,
om. α   audisses *Fγ*: -isse et *M*, -isset *V*   17 in *Fγ*, *om.* α   22 memoriam αγ, *om.* *F*   est α*F*, *om.* γ   consuletur α*F*: -cretur γ   24 exhiberem αγ: -ere *F*   26 adfirmetis αγ: -atis *F*

emittere. Quod superest, rogo ut pari simplicitate, si qua 5
existimabitis addenda commutanda omittenda, indicetis
mihi. Difficile est huc usque intendere animum in dolore; 6
difficile, sed tamen, ut scalptorem, ut pictorem, qui filii
5 uestri imaginem faceret, admoneretis, quid exprimere quid
emendare deberet, ita me quoque formate regite, qui non
fragilem et caducam, sed immortalem, ut uos putatis, effigiem conor efficere: quae hoc diuturnior erit, quo uerior
melior absolutior fuerit. Valete.

10   XI

C. PLINIVS IVLIO GENITORI SVO S.

Est omnino Artemidori nostri tam benigna natura, ut 1
officia amicorum in maius extollat. Inde etiam meum meritum ut uera ita supra meritum praedicatione circumfert.
15 Equidem, cum essent philosophi ab urbe summoti, fui apud 2
illum in suburbano, et quo notabilius (hoc est, periculosius)
esset fui praetor. Pecuniam etiam, qua tunc illi ampliore
opus erat, ut aes alienum exsolueret contractum ex pulcherrimis causis, mussantibus magnis quibusdam et locupletibus
20 amicis mutuatus ipse gratuitam dedi. Atque haec feci, cum 3
septem amicis meis aut occisis aut relegatis, occisis Senecione
Rustico Heluidio, relegatis Maurico Gratilla Arria Fannia,
tot circa me iactis fulminibus quasi ambustus mihi quoque
impendere idem exitium certis quibusdam notis augurarer.
25 Non ideo tamen eximiam gloriam meruisse me, ut ille prae- 4
dicat, credo, sed tantum effugisse flagitium. Nam et C. 5

---

3 hucusque . . . difficile *Fγ, om.* α   4 scalptorem *F*: sculp- *γ*:
scrip- α   6 formate αγ: forma *F*   9 ualete *uel γ uel I tali*: uale α*F*
11 Iulio *F, om.* αγ; Ad Iulium Genitor *in indice Π* (*unde et B*)   16 est
α*F, om. γ*   20 atque *Fγ*: ad α   21 relegatis *Fγ*: relig- α
22 Gratilla *Fγ*: Gratillia α   25 eximiam *Fγ*: nimiam α

Musonium socerum eius, quantum licitum est per aetatem, cum admiratione dilexi et Artemidorum ipsum iam tum, cum in Syria tribunus militarem, arta familiaritate complexus sum, idque primum non nullius indolis dedi specimen, quod uirum aut sapientem aut proximum simillimumque 5
6 sapienti intellegere sum uisus. Nam ex omnibus, qui nunc se philosophos uocant, uix unum aut alterum inuenies tanta sinceritate, tanta ueritate. Mitto, qua patientia corporis hiemes iuxta et aestates ferat, ut nullis laboribus cedat, ut nihil in cibo in potu uoluptatibus tribuat, ut oculos ani- 10
7 mumque contineat. Sunt haec magna, sed in alio; in hoc uero minima, si ceteris uirtutibus comparentur, quibus meruit, ut a C. Musonio ex omnibus omnium ordinum adsectatoribus
8 gener adsumeretur. Quae mihi recordanti est quidem iucundum, quod me cum apud alios tum apud te tantis laudibus 15 cumulat; uereor tamen ne modum excedat, quem benignitas
9 eius (illuc enim unde coepi reuertor) solet non tenere. Nam in hoc uno interdum uir alioqui prudentissimus honesto quidem sed tamen errore uersatur, quod pluris amicos suos quam sunt arbitratur. Vale.   20

XII

C. PLINIVS CATILIO SEVERO SVO S.

1 Veniam ad cenam, sed iam nunc paciscor, sit expedita sit parca, Socraticis tantum sermonibus abundet, in his quoque
2 teneat modum. Erunt officia antelucana, in quae incidere 25 impune ne Catoni quidem licuit, quem tamen C. Caesar ita

---

2 cum admiratione $F\gamma$: eadem ratione α 6 qui nunc se $\alpha\gamma$: quos nunc F 9 ut (*prius*) αF: et γ 12 comparentur . . . omnibus $\alpha\gamma$, *om.* F 17 unde coepi reu. solet non $\alpha\gamma$: reu. unde coepi non solet F *nondum correctus*   19 amicos] *cum hoc uerbo redit* B 22 Seuero F, *om.* $\alpha B\gamma$; Ad Catilinum Seuer *in indice* Π (*unde et* B)   23 nunc $\alpha\gamma$: non β sit (*prius*) $\alpha\gamma$, *om.* β

reprehendit ut laudet. Describit enim eos, quibus obuius **3**
fuerit, cum caput ebrii retexissent, erubuisse; deinde adicit:
'Putares non ab illis Catonem, sed illos a Catone deprehensos.'
Potuitne plus auctoritatis tribui Catoni, quam si ebrius quo-
5 que tam uenerabilis erat? Nostrae tamen cenae, ut adparatus **4**
et impendii, sic temporis modus constet. Neque enim ii
sumus quos uituperare ne inimici quidem possint, nisi ut
simul laudent. Vale.

XIII

10   C. PLINIVS VOCONIO ROMANO SVO S.

Librum, quo nuper optimo principi consul gratias egi, **1**
misi exigenti tibi, missurus etsi non exegisses. In hoc con- **2**
sideres uelim ut pulchritudinem materiae ita difficultatem.
In ceteris enim lectorem nouitas ipsa intentum habet, in hac
15 nota uulgata dicta sunt omnia; quo fit ut quasi otiosus
securusque lector tantum elocutioni uacet, in qua satisfacere
difficilius est cum sola aestimatur. Atque utinam ordo saltem **3**
et transitus et figurae simul spectarentur! Nam inuenire
praeclare, enuntiare magnifice interdum etiam barbari so-
20 lent, disponere apte, figurare uarie nisi eruditis negatum est.
Nec uero adfectanda sunt semper elata et excelsa. Nam ut **4**
in pictura lumen non alia res magis quam umbra commendat,
ita orationem tam summittere quam attollere decet. Sed **5**
quid ego haec doctissimo uiro? Quin potius illud: adnota,
25 quae putaueris corrigenda. Ita enim magis credam cetera
tibi placere, si quaedam displicuisse cognouero. Vale.

2 fuerit βγ: fuerat α   3 deprehensos αβ: repr- γ   7 ne αβ: nec γ
10 Voconio F, om. αBγ; Ad Voconium Romanum *in indice* Π (*unde et B*)
17 utinam βγ: ut in α   19 enuntiare αβ: et nuntiare γ   21 adfectanda αγ: adiecta β   elata αβ: et lata γ   24 ego βγ: egi α   illud
αβ: illa γ

XIV

C. PLINIVS ACILIO SVO S.

1   Rem atrocem nec tantum epistula dignam Larcius Macedo
uir praetorius a seruis suis passus est, superbus alioqui domi-
nus et saeuus, et qui seruisse patrem suum parum, immo 5
2 nimium meminisset. Lauabatur in uilla Formiana. Repente
eum serui circumsistunt. Alius fauces inuadit, alius os uer-
berat, alius pectus et uentrem, atque etiam (foedum dictu)
uerenda contundit; et cum exanimem putarent, abiciunt in
feruens pauimentum, ut experirentur an uiueret. Ille siue 10
quia non sentiebat, siue quia se non sentire simulabat, im-
3 mobilis et extentus fidem peractae mortis impleuit. Tum
demum quasi aestu solutus effertur; excipiunt serui fideliores,
concubinae cum ululatu et clamore concurrunt. Ita et uoci-
bus excitatus et recreatus loci frigore sublatis oculis agitatoque 15
4 corpore uiuere se (et iam tutum erat) confitetur. Diffugiunt
serui; quorum magna pars comprehensa est, ceteri requi-
runtur. Ipse paucis diebus aegre focilatus non sine ultionis
5 solacio decessit ita uiuus uindicatus, ut occisi solent. Vides
quot periculis quot contumeliis quot ludibriis simus obnoxii; 20
nec est quod quisquam possit esse securus, quia sit remissus
et mitis; non enim iudicio domini sed scelere perimuntur.
6   Verum haec hactenus. Quid praeterea noui? Quid? Nihil,
alioqui subiungerem; nam et charta adhuc superest, et dies
feriatus patitur plura contexi. Addam quod opportune de 25
eodem Macedone succurrit. Cum in publico Romae lauaretur,
notabilis atque etiam, ut exitus docuit, ominosa res accidit.

---

2 Acilio αβγ: Ad Patilium *in indice* Π (*unde et* B): P. Acilio *Stangl*
3 Larcius *uel* γ *uel Itali*: Largius αβ (γ?)   5 saeuus αβ: seruus γ
11 se αγ, *om.* β   non sent. αβ: sent. non γ   15 et αβ: ut γ
16 tutum αβ: ut tum γ   18 aegre focilatus αβ: est refociliatus (*ut
uidetur*) γ   24 subiungerem αγ: -gere β   charta αγ: quarta β

Eques Romanus a seruo eius, ut transitum daret, manu 7
leuiter admonitus conuertit se nec seruum, a quo erat
tactus, sed ipsum Macedonem tam grauiter palma per-
cussit ut paene concideret. Ita balineum illi quasi per 8
5 gradus quosdam primum contumeliae locus, deinde exitii
fuit. Vale.

XV

C. PLINIVS SILIO PROCVLO SVO S.

Petis ut libellos tuos in secessu legam examinem, an edi- 1
10 tione sint digni; adhibes preces, adlegas exemplum: rogas
enim, ut aliquid subsiciui temporis studiis meis subtraham,
impertiam tuis, adicis M. Tullium mira benignitate poetarum ingenia fouisse. Sed ego nec rogandus sum nec hor- 2
tandus; nam et poeticen ipsam religiosissime ueneror et te
15 ualdissime diligo. Faciam ergo quod desideras tam diligenter quam libenter. Videor autem iam nunc posse re- 3
scribere esse opus pulchrum nec supprimendum, quantum
aestimare licuit ex iis quae me praesente recitasti, si modo
mihi non imposuit recitatio tua; legis enim suauissime et
20 peritissime. Confido tamen me non sic auribus duci, ut omnes 4
aculei iudicii mei illarum delenimentis refringantur: hebe-
tentur fortasse et paulum retundantur, euelli quidem ex-
torquerique non possunt. Igitur non temere iam nunc de 5
uniuersitate pronuntio, de partibus experiar legendo. Vale.

3 palma β: palam (palamque V) αγ   4 concideret αβ: -derit γ
8 Silio om. hinc αβγ; habet Ad Silium Procul. in indice Π (unde et B)
11 subsiciui αβ: subciui γ   13 nec (prius) αβ, om. γ   hortandus
αβ: cohort- γ   14 poeticen αβ: -cem γ   15 ualdissime β: ualid-
αγ (cf. i 20. 22)   16 rescribere esse αγ, om. β   18 aestimare
(extim- γ) licuit βγ: est iam placuit α   iis γ: his αβ   19 et perit.
βγ, om. α   21 delinimentis (dele- B¹) β: delimentis αγ   22 paulum
αγ: paululum β (cf. iv 30. 2, vi 20. 16, vii 27. 9)   euelli αγ: reuelli β
24 legendo βγ: deleg- α

XVI

C. PLINIVS NEPOTI SVO S.

1 Adnotasse uideor facta dictaque uirorum feminarumque
2 alia clariora esse alia maiora. Confirmata est opinio mea
hesterno Fanniae sermone. Neptis haec Arriae illius, quae 5
marito et solacium mortis et exemplum fuit. Multa referebat
auiae suae non minora hoc sed obscuriora; quae tibi existimo
tam mirabilia legenti fore, quam mihi audienti fuerunt.
3 Aegrotabat Caecina Paetus maritus eius, aegrotabat et filius,
uterque mortifere, ut uidebatur. Filius decessit eximia pul- 10
chritudine pari uerecundia, et parentibus non minus ob alia
4 carus quam quod filius erat. Huic illa ita funus parauit, ita
duxit exsequias, ut ignoraret maritus; quin immo quotiens
cubiculum eius intraret, uiuere filium atque etiam com-
modiorem esse simulabat, ac persaepe interroganti, quid 15
ageret puer, respondebat; 'Bene quieuit, libenter cibum
5 sumpsit.' Deinde, cum diu cohibitae lacrimae uincerent pro-
rumperentque, egrediebatur; tunc se dolori dabat; satiata
siccis oculis composito uultu redibat, tamquam orbitatem
6 foris reliquisset. Praeclarum quidem illud eiusdem, ferrum 20
stringere, perfodere pectus, extrahere pugionem, porrigere
marito, addere uocem immortalem ac paene diuinam:
'Paete, non dolet.' Sed tamen ista facienti, ista dicenti,
gloria et aeternitas ante oculos erant; quo maius est sine
praemio aeternitatis, sine praemio gloriae, abdere lacrimas 25
operire luctum, amissoque filio matrem adhuc agere.
7 Scribonianus arma in Illyrico contra Claudium mouerat;
fuerat Paetus in partibus, et occiso Scriboniano Romam

---

2 Maecilio Nepoti *Barwick* (*coll.* iv 26)   7 hoc sed αβ: haec est γ
9 Caecina . . . aegrotabat γ *et* (*omisso* maritus eius) α, *om.* β   15 interroganti αβ: -gante γ   18 tunc αγ: tum β   19 redibat βγ: -iebat α   22 ac
αγ: ad β   23 Paete non dolet βγ: non dolet Paete α   ista (*alterum*)
αγ, *om.* β   24 quo βγ: quod α   27 in αγ, *om.* β   28 et αγ, *om.* β

trahebatur. Erat ascensurus nauem; Arria milites orabat, ut **8**
simul imponeretur. 'Nempe enim' inquit 'daturi estis consulari uiro seruolos aliquos, quorum e manu cibum capiat, a
quibus uestiatur, a quibus calcietur; omnia sola praestabo.'
5 Non impetrauit: conduxit piscatoriam nauiculam, ingensque **9**
nauigium minimo secuta est. Eadem apud Claudium uxori
Scriboniani, cum illa profiteretur indicium, 'Ego' inquit 'te
audiam, cuius in gremio Scribonianus occisus est, et uiuis?'
Ex quo manifestum est ei consilium pulcherrimae mortis
10 non subitum fuisse. Quin etiam, cum Thrasea gener eius **10**
deprecaretur, ne mori pergeret, interque alia dixisset: 'Vis
ergo filiam tuam, si mihi pereundum fuerit, mori mecum?',
respondit: 'Si tam diu tantaque concordia uixerit tecum
quam ego cum Paeto, uolo.' Auxerat hoc responso curam **11**
15 suorum; attentius custodiebatur; sensit et 'Nihil agitis' inquit; 'potestis enim efficere ut male moriar, ut non moriar
non potestis.' Dum haec dicit, exsiluit cathedra aduersoque **12**
parieti caput ingenti impetu impegit et corruit. Focilata
'Dixeram' inquit 'uobis inuenturam me quamlibet duram ad
20 mortem uiam, si uos facilem negassetis.' Viderturne haec tibi **13**
maiora illo 'Paete, non dolet', ad quod per haec peruentum
est? cum interim illud quidem ingens fama, haec nulla circumfert. Vnde colligitur, quod initio dixi, alia esse clariora
alia maiora. Vale.

25   XVII

C. PLINIVS IVLIO SERVIANO SVO S.

Rectene omnia, quod iam pridem epistulae tuae cessant? **1**
an omnia recte, sed occupatus es tu? an tu non occupatus,

4 praestabo αβ: -abit γ   5 nauiculam α: nauiculam βγ (*cf.* v 6. 37,
ix 7. 4, x 17A. 2)   6 nauigium αβ: nauium γ   11 dixisset uis αγ: dixisse
tu is β   16 ut non αγ: ne β   17 cathedra αγ: -dram β   18 et αβ, *om.* γ
20 facilem αγ: facerem (facere *F*) β   21 illo βγ, *om.* α   26 Iulio *om.*
binc αβγ; *habet* Ad Iulium Seruianum *in indice* Π (*unde et* B)   27 rectene αβγ: recte *in indice* Π

2 sed occasio scribendi uel rara uel nulla? Exime hunc mihi
scrupulum, cui par esse non possum, exime autem uel data
opera tabellario misso. Ego uiaticum, ego etiam praemium
3 dabo, nuntiet modo quod opto. Ipse ualeo, si ualere est suspensum et anxium uiuere, exspectantem in horas timen- 5
temque pro capite amicissimo, quidquid accidere homini
potest. Vale.

XVIII

C. PLINIVS VIBIO SEVERO SVO S.

1   Officium consulatus iniunxit mihi, ut rei publicae nomine 10
principi gratias agerem. Quod ego in senatu cum ad rationem
et loci et temporis ex more fecissem, bono ciui conuenientissimum credidi eadem illa spatiosius et uberius uolumine
2 amplecti, primum ut imperatori nostro uirtutes suae ueris
laudibus commendarentur, deinde ut futuri principes non 15
quasi a magistro sed tamen sub exemplo praemonerentur,
3 qua potissimum uia possent ad eandem gloriam niti. Nam
praecipere qualis esse debeat princeps, pulchrum quidem sed
onerosum ac prope superbum est; laudare uero optimum
principem ac per hoc posteris uelut e specula lumen quod 20
sequantur ostendere, idem utilitatis habet adrogantiae nihil.
4 Cepi autem non mediocrem uoluptatem, quod hunc librum
cum amicis recitare uoluissem, non per codicillos, non per
libellos, sed 'si commodum' et 'si ualde uacaret' admoniti
(numquam porro aut ualde uacat Romae aut commodum est 25
audire recitantem), foedissimis insuper tempestatibus per
biduum conuenerunt, cumque modestia mea finem recitationi

---

1 occasio αβ: occupatio γ   9 Vibio *Mommsen*: Virio *F* (*sed* Curio
cod. F miniator), *om.* αBγ; Ad Virium Seuerum *in indice* Π (*unde et B*)
17 niti αγ, *om.* β   19 ac αγ: hac β   20 ac αγ: hac β   24 admoniti
βγ: admonui α

facere uoluisset, ut adicerem tertium diem exegerunt. Mihi 5
hunc honorem habitum putem an studiis? studiis malo,
quae prope exstincta refouentur. At cui materiae hanc 6
sedulitatem praestiterunt? nempe quam in senatu quoque,
5 ubi perpeti necesse erat, grauari tamen uel puncto temporis
solebamus, eandem nunc et qui recitare et qui audire triduo
uelint inueniuntur, non quia eloquentius quam prius, sed
quia liberius ideoque etiam libentius scribitur. Accedet ergo 7
hoc quoque laudibus principis nostri, quod res antea tam
10 inuisa quam falsa, nunc ut uera ita amabilis facta est.
Sed ego cum studium audientium tum iudicium mire 8
probaui: animaduerti enim seuerissima quaeque uel maxime
satisfacere. Memini quidem me non multis recitasse quod 9
omnibus scripsi, nihilo minus tamen, tamquam sit eadem
15 omnium futura sententia, hac seueritate aurium laetor, ac
sicut olim theatra male musicos canere docuerunt, ita nunc
in spem adducor posse fieri, ut eadem theatra bene canere
musicos doceant. Omnes enim, qui placendi causa scribunt, 10
qualia placere uiderint scribent. Ac mihi quidem confido in
20 hoc genere materiae laetioris stili constare rationem, cum ea
potius quae pressius et adstrictius, quam illa quae hilarius et
quasi exsultantius scripsi, possint uideri accersita et inducta.
Non ideo tamen segnius precor, ut quandoque ueniat dies
(utinamque iam uenerit!), quo austeris illis seuerisque dulcia
25 haec blandaque uel iusta possessione decedant.

Habes acta mea tridui; quibus cognitis uolui tantum te 11
uoluptatis absentem et studiorum nomine et meo capere,
quantum praesens percipere potuisses. Vale.

2 studiis *bis* αγ, *semel* β   3 at βγ: ad α   4 quam βγ:
qua α   6 eandem αβ: eadem γ   8 ideoque βγ: ideo α
12 animaduerti (anima ad- α) αγ: aduerti (*ut uidetur*) β   seuerissima βγ:
uerissima α   14 sit αγ: si β   15 hac αγ: ac β   21 pressius
αγ: pressus β   22 accersita αβ: arcessita γ   23 ueniat αγ: ueniet β
26 tantum te αβ: te tantum γ   27 et (*prius*) βγ, *om.* α

XIX

C. PLINIVS CALVISIO RVFO SVO S.

1   Adsumo te in consilium rei familiaris, ut soleo. Praedia agris meis uicina atque etiam inserta uenalia sunt. In his me 2 multa sollicitant, aliqua nec minora deterrent. Sollicitat 5 primum ipsa pulchritudo iungendi; deinde, quod non minus utile quam uoluptuosum, posse utraque eadem opera eodem uiatico inuisere, sub eodem procuratore ac paene isdem actoribus habere, unam uillam colere et ornare, alteram 3 tantum tueri. Inest huic computationi sumptus supellectilis, 10 sumptus atriensium topiariorum fabrorum atque etiam uenatorii instrumenti; quae plurimum refert unum in locum 4 conferas an in diuersa dispergas. Contra uereor ne sit incautum, rem tam magnam isdem tempestatibus isdem casibus subdere; tutius uidetur incerta fortunae possessionum 15 uarietatibus experiri. Habet etiam multum iucunditatis soli 5 caelique mutatio, ipsaque illa peregrinatio inter sua. Iam, quod deliberationis nostrae caput est, agri sunt fertiles pingues aquosi; constant campis uineis siluis, quae materiam 6 et ex ea reditum sicut modicum ita statum praestant. Sed 20 haec felicitas terrae imbecillis cultoribus fatigatur. Nam possessor prior saepius uendidit pignora, et dum reliqua colonorum minuit ad tempus, uires in posterum exhausit, 7 quarum defectione rursus reliqua creuerunt. Sunt ergo instruendi, eo pluris quod frugi, mancipiis; nam nec ipse 25 usquam uinctos habeo nec ibi quisquam. Superest ut scias

---

2 Rufo *F*, *om.* αβγ; Ad Caluisium Rufum *in indice* Π (*unde et B*) 10—11 sup. sumptus αβ, *om.* γ   14 isdem casibus βγ, *om.* α   17 iam quod αβ: quod iam γ   19 materiam αβ: -riae γ   20 et ex ea β: ex ea α, *om.* γ   statum αγ: statutum (*ut uidetur*) β   23 posterum βγ: postremum α   24 quarum βγ: quorum α   creuerunt αβ: -rint γ   25 pluris αγ: plures β   26 usquam αβ: unquam γ

quanti uideantur posse emi. Sestertio triciens, non quia non
aliquando quinquagiens fuerint, uerum et hac penuria colonorum et communi temporis iniquitate ut reditus agrorum
sic etiam pretium retro abiit. Quaeris an hoc ipsum triciens **8**
5 facile colligere possimus. Sum quidem prope totus in praediis,
aliquid tamen fenero, nec molestum erit mutuari; accipiam
a socru, cuius arca non secus ac mea utor. Proinde hoc te non **9**
moueat, si cetera non refragantur, quae uelim quam diligentissime examines. Nam cum in omnibus rebus tum in
10 disponendis facultatibus plurimum tibi et usus et prouiden-
tiae superest. Vale.

XX

C. PLINIVS MAESIO MAXIMO SVO S.

Meministine te saepe legisse, quantas contentiones exci- **1**
15 tarit lex tabellaria, quantumque ipsi latori uel gloriae uel
reprehensionis attulerit? At nunc in senatu sine ulla dis- **2**
sensione hoc idem ut optimum placuit: omnes comitiorum
die tabellas postulauerunt. Excesseramus sane manifestis illis **3**
apertisque suffragiis licentiam contionum. Non tempus lo-
20 quendi, non tacendi modestia, non denique sedendi dignitas
custodiebatur. Magni undique dissonique clamores, procur- **4**
rebant omnes cum suis candidatis, multa agmina in medio
multique circuli et indecora confusio; adeo desciueramus a
consuetudine parentum, apud quos omnia disposita mo-
25 derata tranquilla maiestatem loci pudoremque retinebant.
Supersunt senes ex quibus audire soleo hunc ordinem comiti- **5**
orum: citato nomine candidati silentium summum; dicebat

4 abiit α: habiit β: auit γ   6 fenero M: f(a)enore Vβγ   7 ac
mea utor αγ: hac me auctor β   13 Mesio F, *om.* αBγ; Ad Maesium
Maximum *in indice* Π (*unde et* B)   16 at βγ: ad α   20 non (*prius*)
βγ: nec V, nec non M   sedendi αγ: -enti β   23 multique βγ:
-taque α

ipse pro se; explicabat uitam suam, testes et laudatores dabat
uel eum sub quo militauerat, uel eum cui quaestor fuerat, uel
utrumque si poterat; addebat quosdam ex suffragatoribus;
illi grauiter et paucis loquebantur. Plus hoc quam preces
6 proderat. Non numquam candidatus aut natales competitoris 5
aut annos aut etiam mores arguebat. Audiebat senatus
grauitate censoria. Ita saepius digni quam gratiosi praeuale-
7 bant. Quae nunc immodico fauore corrupta ad tacita suffragia quasi ad remedium decucurrerunt; quod interim plane
8 remedium fuit (erat enim nouum et subitum), sed uereor 10
ne procedente tempore ex ipso remedio uitia nascantur. Est
enim periculum ne tacitis suffragiis impudentia inrepat. Nam
quoto cuique eadem honestatis cura secreto quae palam?
9 Multi famam, conscientiam pauci uerentur. Sed nimis cito
de futuris: interim beneficio tabellarum habebimus magi- 15
stratus, qui maxime fieri debuerunt. Nam ut in reciperatoriis
iudicîs, sic nos in his comitiis quasi repente adprehensi sinceri
iudices fuimus.

10   Haec tibi scripsi, primum ut aliquid noui scriberem, deinde
ut non numquam de re publica loquerer, cuius materiae 20
nobis quanto rarior quam ueteribus occasio, tanto minus
11 omittenda est. Et hercule quousque illa uulgaria? 'Quid agis?
ecquid commode uales?' Habeant nostrae quoque litterae
aliquid non humile nec sordidum, nec priuatis rebus inclusum.
12 Sunt quidem cuncta sub unius arbitrio, qui pro utilitate 25
communi solus omnium curas laboresque suscepit; quidam
tamen salubri temperamento ad nos quoque uelut rivi ex
illo benignissimo fonte decurrunt, quos et haurire ipsi et
absentibus amicis quasi ministrare epistulis possumus. Vale.

---

2 militauerat βγ: legatus α   cui αβ: sub quo γ   4 paucis αβ: parce γ
13 cura βγ: cum α   17 iudicîs γ (?): -ciis αβ   19 scriberem
βγ: -erim α   23 ecquid α: et quid γ: eho quid β   nostrae quoque
αβ: quoque nostrae γ   27 ex αβ: ab γ

XXI

C. PLINIVS CORNELIO PRISCO SVO S.

Audio Valerium Martialem decessisse et moleste fero. Erat **1**
homo ingeniosus acutus acer, et qui plurimum in scribendo et
5 salis haberet et fellis, nec candoris minus. Prosecutus eram **2**
uiatico secedentem; dederam hoc amicitiae, dederam etiam
uersiculis quos de me composuit. Fuit moris antiqui, eos qui **3**
uel singulorum laudes uel urbium scripserant, aut honoribus
aut pecunia ornare; nostris uero temporibus ut alia speciosa
10 et egregia, ita hoc in primis exoleuit. Nam postquam desîmus
facere laudanda, laudari quoque ineptum putamus. Quaeris, **4**
qui sint uersiculi quibus gratiam rettuli? Remitterem te ad
ipsum uolumen, nisi quosdam tenerem; tu, si placuerint hi,
ceteros in libro requires. Adloquitur Musam, mandat ut **5**
15 domum meam Esquilîs quaerat, adeat reuerenter:

> Sed ne tempore non tuo disertam
> pulses ebria ianuam, uideto.
> Totos dat tetricae dies Mineruae,
> dum centum studet auribus uirorum
20   hoc, quod saecula posterique possint
> Arpinis quoque comparare chartis.
> Seras tutior ibis ad lucernas:
> haec hora est tua, cum furit Lyaeus,
> cum regnat rosa, cum madent capilli.
25   Tunc me uel rigidi legant Catones.

2 Cornelio *F*, *om.* αβγ; Ad Cornelium Priscum *in indice* Π (*unde et B*)
7 fuit αβ: erat γ   antiqui αγ *et B nondum correctus*: antiquis *B²F*
10 desimus αγ: desiimus β   12 rettuli α: retuli β: retulerim γ
remitterem αβ: mitterem γ   15 Esquilis α: -liis β: etquillis *uel*
aliquid simile γ   16 *Mart. x 19. 12*   17 uideto α(*V*)γ: uide *Mβ*
23 tua αγ: qua β   furit βγ: fuit α   **24** cum *utroque loco* αβ: dum γ

6 Meritone eum qui haec de me scripsit et tunc dimisi amicissime et nunc ut amicissimum defunctum esse doleo? Dedit enim mihi quantum maximum potuit, daturus amplius si potuisset. Tametsi quid homini potest dari maius, quam gloria et laus et aeternitas? At non erunt aeterna quae 5 scripsit: non erunt fortasse, ille tamen scripsit tamquam essent futura. Vale.

3 maximum $\alpha\beta$: -ime γ 5 aeternitas $\alpha\gamma$: aet. harum β at $\beta\gamma$: ad α

LIBER QVARTVS

I

C. PLINIVS ⟨CALPVRNIO⟩ FABATO PROSOCERO SVO S.

Cv p is post longum tempus neptem tuam meque una uidere. **1**
5 Gratum est utrique nostrum quod cupis, mutuo mehercule.
Nam inuicem nos incredibili quodam desiderio uestri tene- **2**
mur, quod non ultra differemus. Atque adeo iam sarcinulas
adligamus, festinaturi quantum itineris ratio permiserit.
Erit una sed breuis mora: deflectemus in Tuscos, non ut **3**
10 agros remque familiarem oculis subiciamus (id enim postponi
potest), sed ut fungamur necessario officio. Oppidum est **4**
praediis nostris uicinum (nomen Tiferni Tiberini), quod me
paene adhuc puerum patronum cooptauit, tanto maiore
studio quanto minore iudicio. Aduentus meos celebrat, pro-
15 fectionibus angitur, honoribus gaudet. In hoc ego, ut refer- **5**
rem gratiam (nam uinci in amore turpissimum est), templum
pecunia mea exstruxi, cuius dedicationem, cum sit paratum,
differre longius inreligiosum est. Erimus ergo ibi dedicationis **6**
die, quem epulo celebrare constitui. Subsistemus fortasse et
20 sequenti, sed tanto magis uiam ipsam corripiemus. Contingat **7**
modo te filiamque tuam fortes inuenire! nam continget
hilares, si nos incolumes receperitis. Vale.

---

3 Fabato βγ: Fatabo α; Calpurnio *add. Barwick* (*coll.* v 11)   prosocero αβ, *om.* (*ut uidetur*) γ   8 adligamus αβ: alligauimus γ   9 una
αβ: enim γ   12 Tiferni (Tiferali γ) Tiberini αγ: Tifernium Tiberinum
β   14 celebrat αβ: -abat γ   18 ergo ibi αβ: ibi ergo γ   19 epulo
αγ: et ui β   subsistemus αβ: substitimus γ   20 tanto αβ: to γ
21 tuam αβ: iam γ   continget hilares αγ: hilares certum est β

II

C. PLINIVS ATTIO CLEMENTI SVO S.

1 Regulus filium amisit, hoc uno malo indignus, quod nescio
an malum putet. Erat puer acris ingenii sed ambigui, qui
2 tamen posset recta sectari, si patrem non referret. Hunc 5
Regulus emancipauit, ut heres matris exsisteret; mancipatum
(ita uulgo ex moribus hominis loquebantur) foeda et insolita
parentibus indulgentiae simulatione captabat. Incredibile,
3 sed Regulum cogita. Amissum tamen luget insane. Habebat
puer mannulos multos et iunctos et solutos, habebat canes 10
maiores minoresque, habebat luscinias psittacos merulas:
4 omnes Regulus circa rogum trucidauit. Nec dolor erat ille,
sed ostentatio doloris. Conuenitur ad eum mira celebritate.
Cuncti detestantur oderunt, et quasi probent quasi diligant,
cursant frequentant, utque breuiter quod sentio enuntiem, 15
5 in Regulo demerendo Regulum imitantur. Tenet se trans
Tiberim in hortis, in quibus latissimum solum porticibus
immensis, ripam statuis suis occupauit, ut est in summa
6 auaritia sumptuosus, in summa infamia gloriosus. Vexat ergo
ciuitatem insaluberrimo tempore et, quod uexat, solacium 20
putat. Dicit se uelle ducere uxorem, hoc quoque sicut alia
7 peruerse. Audies breui nuptias lugentis nuptias senis;
quorum alterum immaturum alterum serum est. Vnde hoc
8 augurer quaeris? Non quia adfirmat ipse, quo mendacius
nihil est, sed quia certum est Regulum esse facturum, quid- 25
quid fieri non oportet. Vale.

---

2 Attio *om. hinc* αβγ; *habet* Ad Attium Clemen *in indice* B
5 posset αβ: possit γ   6 mancipatum β: emancipatum αγ
7 hominis βγ: homines α   8 simulatione αγ: -onem β   9 insane
αγ, *om.* β   11 luscinias βγ: lucerinas α   12 omnes α: omnis β
ille αβ: illud γ   22 lugentis nuptias αβ, *om.* γ   24 adfirmat αβ:
affirmes γ

III

C. PLINIVS ARRIO ANTONINO SVO S.

Quod semel atque iterum consul fuisti similis antiquis, **1**
quod proconsul Asiae qualis ante te qualis post te uix unus
5 aut alter (non sinit enim me uerecundia tua dicere nemo),
quod sanctitate quod auctoritate, aetate quoque princeps
ciuitatis, est quidem uenerabile et pulchrum; ego tamen te
uel magis in remissionibus miror. Nam seueritatem istam **2**
pari iucunditate condire, summaeque grauitati tantum
10 comitatis adiungere, non minus difficile quam magnum est.
Id tu cum incredibili quadam suauitate sermonum, tum uel
praecipue stilo adsequeris. Nam et loquenti tibi illa Homerici **3**
senis mella profluere et, quae scribis, complere apes floribus
et innectere uidentur. Ita certe sum adfectus ipse, cum
15 Graeca epigrammata tua, cum mimiambos proxime legerem.
Quantum ibi humanitatis uenustatis, quam dulcia illa quam **4**
amantia quam arguta quam recta! Callimachum me uel
Heroden, uel si quid his melius, tenere credebam; quorum
tamen neuter utrumque aut absoluit aut attigit. Homi- **5**
20 nemne Romanum tam Graece loqui? Non medius fidius ipsas
Athenas tam Atticas dixerim. Quid multa? inuideo Graecis
quod illorum lingua scribere maluisti. Neque enim coniectura
eget, quid sermone patrio exprimere possis, cum hoc insiticio
et inducto tam praeclara opera perfeceris. Vale.

---

2 Arrio (*ex epp.* iv 18 *et* v 15) *cum Mommseno Keil*: (H)adriano (-io *B*) *β*,
om. αγ   5 aut alter αγ: altero *β*   7 te αγ, *om.* *β*   9 condire
αβ: condere γ   10 comitatis adiungere αβ: comitatus γ   11 incredibili αβ: -ile γ   14 adfectus αγ: refectus *β*   15 tua αβ, *om.* γ
mimiambos γ: iambos αβ   17 amantia αγ: antiqua *β* (amantia
quam antiqua *cod. Paris. lat. 8620*)   20 tam *βγ*, *om.* α   fidius αγ,
om. *β*   23 hoc αγ: in hoc *β*   insiticio *βγ*: instituto α

IV

C. PLINIVS SOSIO SENECIONI SVO S.

1 Varisidium Nepotem ualdissime diligo, uirum industrium
rectum disertum, quod apud me uel potentissimum est. Idem
C. Caluisium, contubernalem meum amicum tuum, arta 5
2 propinquitate complectitur; est enim filius sororis. Hunc
rogo semestri tribunatu splendidiorem et sibi et auunculo
suo facias. Obligabis me, obligabis Caluisium nostrum,
obligabis ipsum, non minus idoneum debitorem quam nos
3 putas. Multa beneficia in multos contulisti: ausim contendere 10
nullum te melius, aeque bene unum aut alterum collocasse.
Vale.

V

C. PLINIVS IVLIO SPARSO SVO S.

1 Aeschinen aiunt petentibus Rhodiis legisse orationem 15
suam, deinde Demosthenis, summis utramque clamoribus.
2 Quod tantorum uirorum scriptis contigisse non miror, cum
orationem meam proxime doctissimi homines hoc studio, hoc
adsensu, hoc etiam labore per biduum audierint, quamuis
intentionem eorum nulla hinc et inde collatio, nullum quasi 20
3 certamen accenderet. Nam Rhodii cum ipsis orationum
uirtutibus tum etiam comparationis aculeis excitabantur,
nostra oratio sine aemulationis gratia probabatur. An merito,
scies cum legeris librum, cuius amplitudo non sinit me

2 Senecioni *om. hinc* αβγ; *habet* Ad Sosium Senec *in indice* B
3 Varisidium α *et* B *in indice*: Varisium γ: Caluisium β   ualdissime αFγ(?): ualid- B (*cf.* i 20. 22)   5 C. γ: G. α, *om.* (*ut uidetur*) β
6 est αβ: .C. est γ   8 suo αβ, *om.* γ   Caluisium nostrum obligabis
βγ, *om.* α   14 Iulio *om. hinc* αβγ; *habet* Ad Iulium Sparsum *in indice* B
15 Rhodiis αβ: Rhodis γ   17 scriptis cont. αγ: cont. scriptis β
20 intentionem eorum αβ: hac intentione erunt γ   21 orat. uirt. αβ:
uirt. orat. γ   24 sinit αβ: sinet γ

longiore epistula praeloqui. Oportet enim nos in hac certe in **4**
qua possumus breues esse, quo sit excusatius quod librum
ipsum, non tamen ultra causae amplitudinem, extendimus.
Vale.

₅   VI

C. PLINIVS IVLIO NASONI SVO S.

Tusci grandine excussi, in regione Transpadana summa **1**
abundantia, sed par uilitas nuntiatur: solum mihi Laurentinum meum in reditu. Nihil quidem ibi possideo praeter **2**
₁₀ tectum et hortum statimque harenas, solum tamen mihi in
reditu. Ibi enim plurimum scribo, nec agrum quem non
habeo sed ipsum me studiis excolo; ac iam possum tibi ut
aliis in locis horreum plenum, sic ibi scrinium ostendere.
Igitur tu quoque, si certa et fructuosa praedia concupiscis, **3**
₁₅ aliquid in hoc litore para. Vale.

VII

C. PLINIVS CATIO LEPIDO SVO S.

Saepe tibi dico inesse uim Regulo. Mirum est quam efficiat **1**
in quod incubuit. Placuit ei lugere filium: luget ut nemo.
₂₀ Placuit statuas eius et imagines quam plurimas facere: hoc
omnibus officinis agit, illum coloribus illum cera illum aere
illum argento illum auro ebore marmore effingit. Ipse uero **2**
nuper adhibito ingenti auditorio librum de uita eius recitauit;
de uita pueri, recitauit tamen. Eundem in exemplaria mille
₂₅ transcriptum per totam Italiam prouinciasque dimisit.
Scripsit publice, ut a decurionibus eligeretur uocalissimus

2 quo . . . extendimus β, *om.* αγ   6 Iulio *om. hinc* αβγ; *habet* Ad
Iulium Nason *in indice* B   Nasoni βγ: Nasonio M, Nanio V   8 par
uilitas αβ: parum utilitatis γ   13 sic αβ: sed γ   17 Catio *om.
hinc* αβγ; *habet* Ad Catium Lepidum *in indice* B   23 nuper αγ: et
nuper β   24 de uita pueri recitauit αγ, *om.* β   eundem αγ: eundem
librum β   mille trans. αγ: trans. mille β   25 dimisit αγ: demisit β

3 aliquis ex ipsis, qui legeret eum populo: factum est. Hanc ille
uim, seu quo alio nomine uocanda est intentio quidquid
uelis optinendi, si ad potiora uertisset, quantum boni efficere
potuisset! Quamquam minor uis bonis quam malis inest, ac
sicut ἀμαθία μὲν θράσος, λογισμὸς δὲ ὄκνον φέρει, ita recta 5
ingenia debilitat uerecundia, peruersa confirmat audacia.
4 Exemplo est Regulus. Imbecillum latus, os confusum, haesi-
tans lingua, tardissima inuentio, memoria nulla, nihil denique
praeter ingenium insanum, et tamen eo impudentia ipsoque
5 illo furore peruenit, ut orator habeatur. Itaque Herennius 10
Senecio mirifice Catonis illud de oratore in hunc e contrario
uertit: 'Orator est uir malus dicendi imperitus.' Non mehercule Cato ipse tam bene uerum oratorem quam hic Regulum
6 expressit. Habesne quo tali epistulae parem gratiam referas?
Habes, si scripseris num aliquis in municipio uestro ex 15
sodalibus meis, num etiam ipse tu hunc luctuosum Reguli
librum ut circulator in foro legeris, ἐπάρας scilicet, ut ait
7 Demosthenes, τὴν φωνὴν καὶ γεγηθὼς καὶ λαρυγγίζων. Est enim
tam ineptus ut risum magis possit exprimere quam gemitum:
credas non de puero scriptum sed a puero. Vale.   20

VIII

C. PLINIVS MATVRO ARRIANO SVO S.

1   Gratularis mihi quod acceperim auguratum: iure gratularis, primum quod grauissimi principis iudicium in minoribus

5 ΘΡΑCΟC ... ΦΕΡΕΙ β et (ut uidetur) γ: ΕΡΕΙ α; Thucydides ii
40. 3   7 os α: as β (corr. Itali), om. γ   confusum αβ: conflatum γ
10 ut αγ: ut plurimis β (ut a plurimis Catanaeus a)   17 circulator
αβ: circumlator γ   ΕΠΑΡΑC α: etiapac γ, om. β; Demosth. de Corona
291   18 ΚΑΙ prius] et α: ΕΙ γ, om. β   ΓΕΓΗΘΩC αβ:
ΛΕΛΗΘΩC γ   ΚΑΙ alt.] et α: ΚΑ β: Η γ   ΛΑΡΥΓΓΙΖΩΝ β
ΜΡΥΤΙΤΙΖΩΝ (quod idem ualet) α: ΑΡΕΙ ΜΕΙΖΩ γ   19 risum
... gemitum β, om. αγ   22 Maturo om. hinc αβγ; habet Ad Matur
Arrian in indice B

etiam rebus consequi pulchrum est, deinde quod sacerdotium ipsum cum priscum et religiosum tum hoc quoque
sacrum plane et insigne est, quod non adimitur uiuenti. Nam **2**
alia quamquam dignitate propemodum paria ut tribuuntur
5 sic auferuntur; in hoc fortunae hactenus licet ut dari possit.
Mihi uero illud etiam gratulatione dignum uidetur, quod **3**
successi Iulio Frontino principi uiro, qui me nominationis
die per hos continuos annos inter sacerdotes nominabat,
tamquam in locum suum cooptaret; quod nunc euentus ita
10 comprobauit, ut non fortuitum uideretur. Te quidem, ut **4**
scribis, ob hoc maxime delectat auguratus meus, quod M.
Tullius augur fuit. Laetaris enim quod honoribus eius in-
sistam, quem aemulari in studiis cupio. Sed utinam ut **5**
sacerdotium idem, ut consulatum multo etiam iuuenior
15 quam ille sum consecutus, ita senex saltem ingenium eius
aliqua ex parte adsequi possim! Sed nimirum quae sunt in **6**
manu hominum et mihi et multis contigerunt; illud uero ut
adipisci arduum sic etiam sperare nimium est, quod dari
non nisi a dis potest. Vale.

20   IX

C. PLINIVS CORNELIO VRSO SVO S.

Causam per hos dies dixit Iulius Bassus, homo laboriosus **1**
et aduersis suis clarus. Accusatus est sub Vespasiano a priuatis duobus; ad senatum remissus diu pependit, tandem ab-
25 solutus uindicatusque. Titum timuit ut Domitiani amicus, a **2**

---

1 quod αγ: cum β   2 cum αβ, *om.* γ   4 alia . . . paria αγ: cetera β
6 illud etiam αγ: etiam illud β   7 uiro αγ: uero β   8 sacerdotes
βγ: -tis α   11 ob αβ, *om.* γ   13 in β, *om.* αγ   14 ut αγ (et *Itali*),
om. β   16 possim βγ: possem α   17 et mihi βγ: ea et mihi α
18 adipisci βγ: apisci α   21 Cornelio *om. hinc* αβγ; *habet* Ad Cornel
Vrsum *in indice* B   24 ad senatum βγ: a senatu α   tandem αγ:
tandemque β   25 uindicatusque αγ: uind. est β

Domitiano relegatus est; reuocatus a Nerua sortitusque Bithyniam rediit reus, accusatus non minus acriter quam fideliter defensus. Varias sententias habuit, plures tamen quasi mitiores.

3 Egit contra eum Pomponius Rufus, uir paratus et uehemens; Rufo successit Theophanes, unus ex legatis, fax accusationis 5

4 et origo. Respondi ego. Nam mihi Bassus iniunxerat, totius defensionis fundamenta iacerem, dicerem de ornamentis suis quae illi et ex generis claritate et ex periculis ipsis magna

5 erant, dicerem de conspiratione delatorum quam in quaestu habebant, dicerem causas quibus factiosissimum quemque 10 ut illum ipsum Theophanen offendisset. Eundem me uoluerat occurrere crimini quo maxime premebatur. In aliis enim quamuis auditu grauioribus non absolutionem modo uerum

6 etiam laudem merebatur; hoc illum onerabat quod homo simplex et incautus quaedam a prouincialibus ut amicus 15 acceperat (nam fuerat in eadem prouincia quaestor). Haec accusatores furta ac rapinas, ipse munera uocabat. Sed lex

7 munera quoque accipi uetat. Hic ego quid agerem, quod iter defensionis ingrederer? Negarem? Verebar ne plane furtum uideretur, quod confiteri timerem. Praeterea rem manifestam 20 infitiari augentis erat crimen non diluentis, praesertim cum reus ipse nihil integrum aduocatis reliquisset. Multis enim atque etiam principi dixerat, sola se munuscula dumtaxat natali suo aut Saturnalibus accepisse et plerisque misisse.

8 Veniam ergo peterem? Iugulassem reum, quem ita deliquisse 25 concederem, ut seruari nisi uenia non posset. Tamquam recte factum tuerer? Non illi profuissem, sed ipse impudens

---

2 rediit α: redit βγ   3 quasi αβ, *om.* γ (?)   5 fax αβ: princeps γ (*ut uidetur, nisi potius glossema est; deest in hac epistula florilegium*) 6 totius α: ut totius βγ   8 et (*utrumque*) βγ, *om.* α   16 eadem prouincia αγ: prou. eadem β   17 ac β (aut *F*): et αγ   18 munera quoque αβ: quoque munera γ   21 diluentis αγ: del- β   22 aduocatis αγ: -tus β (*corr. F*)   enim αβ: etiam γ   23 sola se αβ: se sola γ 25 iugulassem αγ: -arem β

exstitissem. In hac difficultate placuit medium quiddam **9**
tenere: uideor tenuisse.

Actionem meam, ut proelia solet, nox diremit. Egeram
horis tribus et dimidia, supererat sesquihora. Nam cum e lege
5 accusator sex horas, nouem reus accepisset, ita diuiserat
tempora reus inter me et eum qui dicturus post erat, ut ego
quinque horis ille reliquis uteretur. Mihi successus actionis **10**
silentium finemque suadebat; temerarium est enim secundis
non esse contentum. Ad hoc uerebar ne me corporis uires
10 iterato labore desererent, quem difficilius est repetere quam
iungere. Erat etiam periculum ne reliqua actio mea et frigus **11**
ut deposita et taedium ut resumpta pateretur. Vt enim faces
ignem adsidua concussione custodiunt, dimissum aegerrime
reparant, sic et dicentis calor et audientis intentio continua-
15 tione seruatur, intercapedine et quasi remissione languescit.
Sed Bassus multis precibus, paene etiam lacrimis obsecrabat, **12**
implerem meum tempus. Parui utilitatemque eius praetuli
meae. Bene cessit: inueni ita erectos animos senatus, ita
recentes, ut priore actione incitati magis quam satiati uide-
20 rentur. Successit mihi Lucceius Albinus, tam apte ut orationes **13**
nostrae uarietatem duarum, contextum unius habuisse credan-
tur. Respondit Herennius Pollio instanter et grauiter, deinde **14**
Theophanes rursus. Fecit enim hoc quoque ut cetera impuden-
tissime, quod post duos et consulares et disertos tempus sibi et
25 quidem laxius uindicauit. Dixit in noctem atque etiam nocte
inlatis lucernis. Postero die egerunt pro Basso Homullus et **15**
Fronto mirifice; quartum diem probationes occuparunt.

Censuit Baebius Macer consul designatus lege repetundarum **16**
Bassum teneri, Caepio Hispo salua dignitate iudices dandos;

4 e αβ: ex γ   9 me αβ: mox γ   10 desererent αβ: deficerent γ
12 ut αγ: ui β   ut resumpta αγ: aut risum β   13 dimissum αγ:
demissum β   15 et αβ: autem et γ   18 erectos αβ: rectos γ
21 uarietatem αβ: -tate γ   25 nocte αγ, *om.* β   26 Homullus βγ:
Titius Homullus α   29 iudices dandos βγ: iudicandos (*ut uidetur*) α

17 uterque recte. 'Qui fieri potest' inquis, 'cum tam diuersa censuerint?' Quia scilicet et Macro legem intuenti
consentaneum fuit damnare eum qui contra legem munera
acceperat, et Caepio cum putaret licere senatui (sicut licet)
et mitigare leges et intendere, non sine ratione ueniam dedit 5

18 facto uetito quidem, non tamen inusitato. Praeualuit sententia Caepionis, quin immo consurgenti ei ad censendum
acclamatum est, quod solet residentibus. Ex quo potes aestimare, quanto consensu sit exceptum, cum diceret, quod tam

19 fauorabile fuit cum dicturus uideretur. Sunt tamen ut in 10
senatu ita in ciuitate in duas partes hominum iudicia diuisa.
Nam quibus sententia Caepionis placuit, sententiam Macri
ut rigidam duramque reprehendunt; quibus Macri, illam
alteram dissolutam atque etiam incongruentem uocant;
negant enim congruens esse retinere in senatu, cui iudices 15

20 dederis. Fuit et tertia sententia: Valerius Paulinus adsensus
Caepioni hoc amplius censuit, referendum de Theophane
cum legationem renuntiasset. Arguebatur enim multa in
accusatione fecisse, quae illa ipsa lege qua Bassum accusauerat

21 tenerentur. Sed hanc sententiam consules, quamquam maxi- 20
mae parti senatus mire probabatur, non sunt persecuti.

22 Paulinus tamen et iustitiae famam et constantiae tulit. Misso
senatu Bassus magna hominum frequentia, magno clamore,
magno gaudio exceptus est. Fecerat eum fauorabilem renouata discriminum uetus fama, notumque periculis nomen, et 25

23 in procero corpore maesta et squalida senectus. Habebis hanc
interim epistulam ut πρόδρομον, exspectabis orationem
plenam onustamque. Exspectabis diu; neque enim leuiter et
cursim, ut de re tanta retractanda est. Vale.

---

1 cum . . . censuerint β: ut uterque recte α, *om. γ (fortasse recte)*
2 quia αγ: qua β   3 damnare αβ: -ari γ   7 ei βγ, *om.* α (*fortasse
recte*)   10 uideretur βγ: uidetur α   12 sent. Caep. βγ: Caep. sent. α
18 legationem αγ: -one (*ut uidetur;* -oni *F*) β

X

C. PLINIVS STATIO SABINO SVO S.

Scribis mihi Sabinam, quae nos reliquit heredes, Modestum **1**
seruum suum nusquam liberum esse iussisse, eidem tamen sic
5 adscripsisse legatum: 'Modesto quem liberum esse iussi'.
Quaeris quid sentiam. Contuli cum peritis iuris. Conuenit **2**
inter omnes nec libertatem deberi quia non sit data, nec
legatum quia seruo suo dederit. Sed mihi manifestus error
uidetur, ideoque puto nobis quasi scripserit Sabina facien-
10 dum, quod ipsa scripsisse se credidit. Confido accessurum te **3**
sententiae meae, cum religiosissime soleas custodire defunctorum uoluntatem, quam bonis heredibus intellexisse pro iure
est. Neque enim minus apud nos honestas quam apud alios
necessitas ualet. Moretur ergo in libertate sinentibus nobis, **4**
15 fruatur legato quasi omnia diligentissime cauerit. Cauit enim,
quae heredes bene elegit. Vale.

XI

C. PLINIVS CORNELIO MINICIANO SVO S.

Audistine Valerium Licinianum in Sicilia profiteri? non- **1**
20 dum te puto audisse: est enim recens nuntius. Praetorius hic
modo inter eloquentissimos causarum actores habebatur;
nunc eo decidit, ut exsul de senatore, rhetor de oratore fieret.
Itaque ipse in praefatione dixit dolenter et grauiter: 'Quos **2**
tibi, Fortuna, ludos facis? facis enim ex senatoribus profes-
25 sores, ex professoribus senatores.' Cui sententiae tantum bilis,
tantum amaritudinis inest, ut mihi uideatur ideo professus

---

2 Statio *om. hinc* αβγ; *habet* Ad Statium Sabinum *in indice B*
4 eidem αγ: idem β   6 peritis iuris αγ: prudentibus β   7 libertatem deberi αβ: libertate γ   13 neque . . . ualet β, *om.* αγ
18 Cornelio F, *om. hinc* αBγ; Ad Cornel Minic *in indice B*   19 in αγ,
om. β   20 hic modo βγ: modo hic α   24 ex sen. prof. ex prof.
sen. αγ: ex prof. sen. ex sen. prof. β

3 ut hoc diceret. Idem cum Graeco pallio amictus intrasset
(carent enim togae iure, quibus aqua et igni interdictum est),
postquam se composuit circumspexitque habitum suum,
4 'Latine' inquit 'declamaturus sum.' Dices tristia et miseranda,
dignum tamen illum qui haec ipsa studia incesti scelere macu- 5
5 larit. Confessus est quidem incestum, sed incertum utrum
quia uerum erat, an quia grauiora metuebat si negasset.
Fremebat enim Domitianus aestuabatque in ingenti inuidia
6 destitutus. Nam cum Corneliam Vestalium maximam defo-
dere uiuam concupisset, ut qui inlustrari saeculum suum eius- 10
modi exemplis arbitraretur, pontificis maximi iure, seu potius
immanitate tyranni licentia domini, reliquos pontifices non
in Regiam sed in Albanam uillam conuocauit. Nec minore
scelere quam quod ulcisci uidebatur, absentem inauditamque
damnauit incesti, cum ipse fratris filiam incesto non pol- 15
luisset solum uerum etiam occidisset; nam uidua abortu
7 periit. Missi statim pontifices qui defodiendam necandamque
curarent. Illa nunc ad Vestam, nunc ad ceteros deos manus
tendens, multa sed hoc frequentissime clamitabat: 'Me
Caesar incestam putat, qua sacra faciente uicit triumphauit!' 20
8 Blandiens haec an inridens, ex fiducia sui an ex contemptu
principis dixerit, dubium est. Dixit donec ad supplicium,
9 nescio an innocens, certe tamquam innocens ducta est. Quin
etiam cum in illud subterraneum demitteretur, haesissetque
descendenti stola, uertit se ac recollegit, cumque ei manum 25
carnifex daret, auersata est et resiluit foedumque contactum

---

4 dices αγ: dicens β   tristia β: tristitia αγ   8 in β et (ut uidetur) γ,
om. α   9 destitutus αβ: constitutus γ   Vestalium maximam αγ:
Maximillam Vestalem β   10 concupisset αγ: cupisset β   11 exemplis αγ: exemplo β   14 quod αβ: quo γ   17 periit αβ: perit γ
20 qua sacra faciente αγ: quam sacra facientem β   21 inridens αβ:
ridens γ   24 in αγ, om. β   subterraneum αγ: subt. cubiculum β
demitteretur αβ: dim- γ   25 manum carn. αγ: carn. manum β
26 contactum αγ: contagium β

quasi plane a casto puroque corpore nouissima sanctitate
reiecit omnibusque numeris pudoris πολλὴν πρόνοιαν ἔσχεν
εὐσχήμων πεσεῖν. Praeterea Celer eques Romanus, cui Cornelia 10
obiciebatur, cum in comitio uirgis caederetur, in hac uoce
5 perstiterat: 'Quid feci? nihil feci.' Ardebat ergo Domitianus 11
et crudelitatis et iniquitatis infamia. Adripit Licinianum,
quod in agris suis occultasset Corneliae libertam. Ille ab iis
quibus erat curae praemonetur, si comitium et uirgas pati
nollet, ad confessionem confugeret quasi ad ueniam. Fecit.
10 Locutus est pro absente Herennius Senecio tale quiddam, 12
quale est illud: κεῖται Πάτροκλος. Ait enim: 'Ex aduocato
nuntius factus sum; Licinianus recessit.' Gratum hoc 13
Domitiano adeo quidem ut gaudio proderetur, diceretque:
'Absoluit nos Licinianus.' Adiecit etiam non esse uerecundiae
15 eius instandum; ipsi uero permisit, si qua posset, ex rebus
suis raperet, antequam bona publicarentur, exsiliumque
molle uelut praemium dedit. Ex quo tamen postea clementia 14
diui Neruae translatus est in Siciliam, ubi nunc profitetur
seque de fortuna praefationibus uindicat.
20   Vides quam obsequenter paream tibi, qui non solum res 15
urbanas uerum etiam peregrinas tam sedulo scribo, ut altius
repetam. Et sane putabam te, quia tunc afuisti, nihil aliud
de Liciniano audisse quam relegatum ob incestum. Summam
enim rerum nuntiat fama non ordinem. Mereor ut uicissim, 16
25 quid in oppido tuo, quid in finitimis agatur (solent enim
quaedam notabilia incidere) perscribas, denique quidquid
uoles dum modo non minus longa epistula nuntia. Ego non

---

1 plane αγ, om. β   2 *Euripides Hecuba 569*   5 perstiterat βγ:
perstet- α   nihil feci *semel* αβ, *bis* γ   7 iis α: his βγ   10 Senecio
β: Senicio α: Senectio γ   11 quale βγ: quales M²: qualis V   *Hom. Il.*
xviii 22   12 lic. recessit αγ: recessit lic. β   15 posset αγ: possit β
16 raperet βγ: rapere α   18 est αβ, om. γ   22 afuisti αβ: affuisti γ
26 quaedam not. αγ: not. quaedam β   27 nuntia αγ: nunties β

paginas tantum sed uersus etiam syllabasque numerabo.
Vale.

XII

C. PLINIVS MATVRO ARRIANO SVO S.

1   Amas Egnatium Marcellinum atque etiam mihi saepe 5
commendas; amabis magis commendabisque, si cognoueris
2 eius recens factum. Cum in prouinciam quaestor exisset,
scribamque qui sorte obtigerat ante legitimum salarii tempus
amisisset, quod acceperat scribae daturus, intellexit et
3 statuit subsidere apud se non oportere. Itaque reuersus 10
Caesarem, deinde Caesare auctore senatum consuluit, quid
fieri de salario uellet. Parua quaestio sed tamen quaestio.
Heredes scribae sibi, praefecti aerari populo uindicabant.
4 Acta causa est; dixit heredum aduocatus, deinde populi,
uterque percommode. Caecilius Strabo aerario censuit infe- 15
rendum, Baebius Macer heredibus dandum: obtinuit Strabo.
5 Tu lauda Marcellinum, ut ego statim feci. Quamuis enim
abunde sufficiat illi quod est et a principe et a senatu pro-
6 batus, gaudebit tamen testimonio tuo. Omnes enim, qui
gloria famaque ducuntur, mirum in modum adsensio et laus 20
a minoribus etiam profecta delectat. Te uero Marcellinus ita
7 ueretur ut iudicio tuo plurimum tribuat. Accedit his quod,
si cognouerit factum suum isto usque penetrasse, necesse est
laudis suae spatio et cursu et peregrinatione laetetur. Etenim
nescio quo pacto uel magis homines iuuat gloria lata quam 25
magna. Vale.

1 uersus etiam αγ: etiam uersus β   4 Maturo *om. hinc* αβγ;
habet A Matur Arrian *in indice* B   6 amabis magis commendabisque
αγ: magisque commendabis β   7 eius recens αγ: recens eius β
8 qui sorte β: cui sorti α: cui sorte γ   12 uellet αβ: uelit et γ
sed tamen quaestio β, *om.* αγ   13 aerari populo α: aerario populo γ:
aerario populoque β   15 Caecilius αγ: Caelius β   17 ut . . . feci
β, *om.* αγ   18 et (*prius*) αβ, *om.* γ   22 ueretur βγ: reueretur α   ut
αβ: et γ   24 etenim αβ: enim γ

XIII

C. PLINIVS CORNELIO TACITO SVO S.

Saluum in urbem uenisse gaudeo; uenisti autem, si quando **1**
alias, nunc maxime mihi desideratus. Ipse pauculis adhuc
5 diebus in Tusculano commorabor, ut opusculum quod est
in manibus absoluam. Vereor enim ne, si hanc intentionem **2**
iam in fine laxauero, aegre resumam. Interim ne quid
festinationi meae pereat, quod sum praesens petiturus, hac
quasi praecursoria epistula rogo. Sed prius accipe causas ro-
10 gandi, deinde ipsum quod peto. Proxime cum in patria mea **3**
fui, uenit ad me salutandum municipis mei filius praetextatus.
Huic ego 'Studes?' inquam. Respondit: 'Etiam.' 'Vbi?'
'Mediolani.' 'Cur non hic?' Et pater eius (erat enim una
atque etiam ipse adduxerat puerum): 'Quia nullos hic prae-
15 ceptores habemus.' 'Quare nullos? Nam uehementer intererat **4**
uestra, qui patres estis' (et opportune complures patres
audiebant) 'liberos uestros hic potissimum discere. Vbi enim
aut iucundius morarentur quam in patria aut pudicius continerentur quam sub oculis parentum aut minore sumptu
20 quam domi? Quantulum est ergo collata pecunia conducere **5**
praeceptores, quodque nunc in habitationes, in uiatica, in
ea quae peregre emuntur (omnia autem peregre emuntur)
impenditis, adicere mercedibus? Atque adeo ego, qui nondum
liberos habeo, paratus sum pro re publica nostra, quasi pro
25 filia uel parente, tertiam partem eius quod conferre uobis

2 Cornelio *om. hinc* αβγ; *habet* Ad Cornelium Tacitum *in indice B*
5 Tusculano αβγ: Tuscano *Mommsen*   7 fine αγ: finem β   laxauero
βγ: intermisero α   9 praecursoria α *et haud scio an* γ: praeceptoria β
10 deinde ipsum quod peto β, *om.* αγ (*uerba Plinio uix digna*)   in αγ,
om. β   11 fui αγ: fuit β   20 ergo βγ, *om.* α   21 in (*primum*) αβ,
om. γ   22 omnia . . . emuntur α, *om.* βγ   23 adeo αγ, *om.* β

6 placebit dare. Totum etiam pollicerer, nisi timerem ne hoc munus meum quandoque ambitu corrumperetur, ut accidere multis in locis uideo, in quibus praeceptores publice condu-
7 cuntur. Huic uitio occurri uno remedio potest, si parentibus solis ius conducendi relinquatur, isdemque religio recte 5
8 iudicandi necessitate collationis addatur. Nam qui fortasse de alieno neglegentes, certe de suo diligentes erunt dabuntque operam, ne a me pecuniam non nisi dignus accipiat, si
9 accepturus et ab ipsis erit. Proinde consentite conspirate maioremque animum ex meo sumite, qui cupio esse quam 10 plurimum, quod debeam conferre. Nihil honestius praestare liberis uestris, nihil gratius patriae potestis. Educentur hic qui hic nascuntur, statimque ab infantia natale solum amare frequentare consuescant. Atque utinam tam claros prae-ceptores inducatis, ut in finitimis oppidis studia hinc petan- 15 tur, utque nunc liberi uestri aliena in loca ita mox alieni in hunc locum confluant!'

10   Haec putaui altius et quasi a fonte repetenda, quo magis scires, quam gratum mihi foret si susciperes quod iniungo. Iniungo autem et pro rei magnitudine rogo, ut ex copia 20 studiosorum, quae ad te ex admiratione ingenii tui conuenit, circumspicias praeceptores, quos sollicitare possimus, sub ea tamen condicione ne cui fidem meam obstringam. Omnia enim libera parentibus seruo: illi iudicent illi eligant,
11 ego mihi curam tantum et impendium uindico. Proinde 25 si quis fuerit repertus, qui ingenio suo fidat, eat illuc ea lege ut hinc nihil aliud certum quam fiduciam suam ferat. Vale.

---

4 occurri *hic* αγ, *ante* potest β   5 isdemque αβ: isdem γ   8 a me αγ: eam β   non *del. Itali* (*cod. Paris. lat. 8622*)   12 educentur βγ: edoc- α   15 ut in βγ: ut α   studia hinc αβ: hinc studia γ   19 susciperes βγ: susceperis α   21 studiosorum α: -diorum βγ   ad te αγ: apte β   26 ea βγ: ex α

XIV

C. PLINIVS [DECIMO] PATERNO SVO S.

Tu fortasse orationem, ut soles, et flagitas et exspectas; at **1** ego quasi ex aliqua peregrina delicataque merce lusus meos 5 tibi prodo. Accipies cum hac epistula hendecasyllabos nostros, **2** quibus nos in uehiculo in balineo inter cenam oblectamus otium temporis. His iocamur ludimus amamus dolemus **3** querimur irascimur, describimus aliquid modo pressius modo elatius, atque ipsa uarietate temptamus efficere, ut alia aliis 10 quaedam fortasse omnibus placeant. Ex quibus tamen si non **4** nulla tibi petulantiora paulo uidebuntur, erit eruditionis tuae cogitare summos illos et grauissimos uiros qui talia scripserunt non modo lasciuia rerum, sed ne uerbis quidem nudis abstinuisse; quae nos refugimus, non quia seueriores (unde 15 enim?), sed quia timidiores sumus. Scimus alioqui huius **5** opusculi illam esse uerissimam legem, quam Catullus expressit:

> Nam castum esse decet pium poetam
> ïpsum, uersiculos nihil necesse est,
> 20   qui tunc denique habent salem et leporem
> si sunt molliculi et parum pudici.

Ego quanti faciam iudicium tuum, uel ex hoc potes aesti- **6** mare, quod malui omnia a te pensitari quam electa laudari. Et sane quae sunt commodissima desinunt uideri, cum paria 25 esse coeperunt. Praeterea sapiens subtilisque lector debet non **7** diuersis conferre diuersa, sed singula expendere, nec deterius

---

2 Decimo *om. hinc* αβγ; *habet* Ad D. Paternum *in indice B*; Plinio *mauult Barwick (coll.* i 21)   5 hac βγ: haec α   7 otium αβ: otio γ 9 elatius α *et (ut uidetur)* γ: altius β   10 quaedam βγ: quae α   11 pet. paulo αγ: paulo pet. β   16 *Catull.* 16. 5   19 uersiculos βγ: -ulo α 20 tunc αβγ: tum *Itali*   23 omnia a te αβ: a te omnia γ   25 debet non βγ: non debet α

8 alio putare quod est in suo genere perfectum. Sed quid ego
plura? Nam longa praefatione uel excusare uel commendare
ineptias ineptissimum est. Vnum illud praedicendum uidetur,
cogitare me has meas nugas ita inscribere 'hendecasyllabi',
9 qui titulus sola metri lege constringitur. Proinde, siue epi- 5
grammata siue idyllia siue eclogas siue, ut multi, poematia
seu quod aliud uocare malueris, licebit uoces; ego tantum
10 hendecasyllabos praesto. A simplicitate tua peto, quod de
libello meo dicturus es alii, mihi dicas; neque est difficile
quod postulo. Nam si hoc opusculum nostrum aut potissi- 10
mum esset aut solum, fortasse posset durum uideri dicere:
'Quaere quod agas'; molle et humanum est: 'Habes quod
agas.' Vale.

XV

C. PLINIVS MINICIO FVNDANO SVO S.   15

1   Si quid omnino, hoc certe iudicio facio, quod Asinium
Rufum singulariter amo. Est homo eximius et bonorum
amantissimus. Cur enim non me quoque inter bonos nume-
rem? Idem Cornelium Tacitum (scis quem uirum) arta
2 familiaritate complexus est. Proinde si utrumque nostrum 20
probas, de Rufo quoque necesse est idem sentias, cum sit ad
conectendas amicitias uel tenacissimum uinculum morum
3 similitudo. Sunt ei liberi plures. Nam in hoc quoque functus
est optimi ciuis officio, quod fecunditate uxoris large frui
uoluit, eo saeculo quo plerisque etiam singulos filios orbitatis 25
praemia graues faciunt. Quibus ille despectis, aui quoque

---

1 alio αγ: aliud β   2 longa αγ: longiore β   4 meas nugas α:
nugas meas β: nugas γ   ita αγ, *om.* β   hendecasyllabi βγ: -bos α
6 poematia α: -ata β: -atica *fortasse* γ (*deest ın hac epıstula florilegium*); *cf.*
iv 27. 1   8 praesto βγ, *om.* α   quod βγ: ut quod α   11 dicere
βγ: diceres α   15 Minicio *om.* αβγ; *habet* Ad Minic Fundan
in indice B   16 certe βγ: ex α   23 in αγ, *om.* β   26 despectis αβ: dis- γ

nomen adsumpsit. Est enim auus, et quidem ex Saturio
Firmo, quem diliges ut ego si ut ego propius inspexeris. Haec **4**
eo pertinent, ut scias quam copiosam, quam numerosam
domum uno beneficio sis obligaturus; ad quod petendum
5 uoto primum, deinde bono quodam omine adducimur.
Optamus enim tibi ominamurque in proximum annum con- **5**
sulatum: ita nos uirtutes tuae, ita iudicia principis augurari
uolunt. Concurrit autem ut sit eodem anno quaestor maxi- **6**
mus ex liberis Rufi, Asinius Bassus, iuuenis (nescio an dicam,
10 quod me pater et sentire et dicere cupit, adulescentis uerecundia uetat) ipso patre melior. Difficile est ut mihi de **7**
absente credas (quamquam credere soles omnia), tantum in
illo industriae probitatis eruditionis ingenii studii memoriae
denique esse, quantum expertus inuenies. Vellem tam ferax **8**
15 saeculum bonis artibus haberemus, ut aliquos Basso prae-
ferre deberes: tum ego te primus hortarer moneremque,
circumferres oculos ac diu pensitares, quem potissimum
eligeres. Nunc uero—sed nihil uolo de amico meo adrogan- **9**
tius dicere; hoc solum dico, dignum esse iuuenem quem more
20 maiorum in filii locum adsumas. Debent autem sapientes uiri,
ut tu, tales quasi liberos a re publica accipere, quales a natura
solemus optare. Decorus erit tibi consuli quaestor patre **10**
praetorio, propinquis consularibus, quibus iudiciò ipsorum,
quamquam adulescentulus adhuc, iam tamen inuicem orna-
25 mento est. Proinde indulge precibus meis, obsequere consilio, **11**
et ante omnia si festinare uideor ignosce, primum quia uotis
suis amor plerumque praecurrit; deinde quod in ea ciuitate,
in qua omnia quasi ab occupantibus aguntur, quae legitimum
tempus exspectant, non matura sed sera sunt; in summa

5 omine β: homine αγ   7 uirtutes (-tis *V*γ) tuae αγ: uirtute tua β
(uirtus tua *Itali*)   ita αγ: et β   21 a re publica αβ, *om.* γ   26 quia
. . . deinde β, *om.* αγ (*in* M *aliquid excidisse indicat manus saec. sexti*
decimi)   28 occupantibus βγ: -ationibus α   29 in summa β:
deinde αγ

quod rerum, quas adsequi cupias, praesumptio ipsa iucunda
12 est. Reuereatur iam te Bassus ut consulem, tu dilige illum ut
quaestorem, nos denique utriusque uestrum amantissimi
13 laetitia duplici perfruamur. Etenim cum sic te, sic Bassum
diligamus, ut et illum cuiuscumque et tuum quemcumque 5
quaestorem in petendis honoribus omni ope labore gratia
simus iuuaturi, perquam iucundum nobis erit, si in eundem
iuuenem studium nostrum et amicitiae meae et consulatus
tui ratio contulerit, si denique precibus meis tu potissimum
adiutor accesseris, cuius et suffragio senatus libentissime in- 10
dulgeat et testimonio plurimum credat. Vale.

XVI

C. PLINIVS VALERIO PAVLINO SVO S.

1   Gaude meo, gaude tuo, gaude etiam publico nomine: adhuc honor studiis durat. Proxime cum dicturus apud 15
centumuiros essem, adeundi mihi locus nisi a tribunali, nisi
per ipsos iudices non fuit; tanta stipatione cetera tenebantur.
2 Ad hoc quidam ornatus adulescens scissis tunicis, ut in frequentia solet fieri, sola uelatus toga perstitit et quidem horis
3 septem. Nam tam diu dixi magno cum labore, maiore cum 20
fructu. Studeamus ergo nec desidiae nostrae praetendamus
alienam. Sunt qui audiant, sunt qui legant, nos modo dignum
aliquid auribus dignum chartis elaboremus. Vale.

---

2 iam te αβ: te iam γ   4 laet. dupl. αγ: dupl. laet. β   6 ope
αβ: opere γ   labore αγ: omni labore β   7 iuuaturi αβ: adiuu- γ
8 iuuenem βγ, om. α   9 potissimum αγ: -imus β   10 et suff.
senatus αγ: senatus et suff. β   11 testimonio αβ: -nii γ   13 Valerio
F, om. binc αBγ; habet Ad Valerium Paulinum in indice B   14 gaude
(primum) βγ: gaudeo α   16 adeundi αβ: ad eundem γ   19 fieri αγ,
om. β   20 maiore αγ: sed maiore β

XVII

C. PLINIVS CLVSINIO GALLO SVO S.

Et admones et rogas, ut suscipiam causam Corelliae ab- 1
sentis contra C. Caecilium consulem designatum. Quod
5 admones, gratias ago; quod rogas, queror. Admoneri enim
debeo ut sciam, rogari non debeo ut faciam, quod mihi non
facere turpissimum est. An ego tueri Corelli filiam dubitem? 2
Est quidem mihi cum isto, contra quem me aduocas, non
plane familiaris sed tamen amicitia. Accedit huc dignitas 3
10 hominis atque hic ipse cui destinatus est honor, cuius nobis
hoc maior agenda reuerentia est, quod iam illo functi sumus.
Naturale est enim ut ea, quae quis adeptus est ipse, quam
amplissima existimari uelit. Sed mihi cogitanti adfuturum 4
me Corelli filiae omnia ista frigida et inania uidentur.
15 Obuersatur oculis ille uir quo neminem aetas nostra graui-
orem sanctiorem subtiliorem tulit, quem ego cum ex admiratione diligere coepissem, quod euenire contra solet,
magis admiratus sum postquam penitus inspexi. Inspexi enim 5
penitus: nihil a me ille secretum, non ioculare non serium,
20 non triste non laetum. Adulescentulus eram, et iam mihi ab 6
illo honor atque etiam (audebo dicere) reuerentia ut aequali
habebatur. Ille meus in petendis honoribus suffragator et
testis, ille in incohandis deductor et comes, ille in gerendis
consiliator et rector, ille denique in omnibus officiis nostris,
25 quamquam et imbecillus et senior, quasi iuuenis et ualidus
conspiciebatur. Quantum ille famae meae domi in publico, 7
quantum etiam apud principem adstruxit! Nam cum forte 8

2 Clusinio β (*in indice B, in margine F*), *om*. αγ   3 causam Cor.
abs. αγ: abs. Cor. causam β   6 ut . . . debeo αβ, *om*. γ   8 quidem
mihi βγ: mihi quidem α   10 atque hic βγ: ad hoc α   11 agenda βγ:
habenda α   13 existimari αγ: aestimari β   16 sanctiorem βγ, *om*. α
tulit αγ: denique tulit β   19 a me ille βγ: ille a me α   23 in
(*prius*) αβ, *om*. γ   24 ille αβ, *om*. γ

de bonis iuuenibus apud Neruam imperatorem sermo incidisset, et plerique me laudibus ferrent, paulisper se intra
silentium tenuit, quod illi plurimum auctoritatis addebat;
deinde grauitate quam noras: 'Necesse est' inquit 'parcius
9 laudem Secundum, quia nihil nisi ex consilio meo facit.' Qua 5
uoce tribuit mihi quantum petere uoto immodicum erat,
nihil me facere non sapientissime, cum omnia ex consilio
sapientissimi uiri facerem. Quin etiam moriens filiae suae
(ipsa solet praedicare): 'Multos quidem amicos tibi ut longiore
uita paraui, praecipuos tamen Secundum et Cornutum.' 10
10 Quod cum recordor, intellego mihi laborandum, ne qua
parte uidear hanc de me fiduciam prouidentissimi uiri desti-
11 tuisse. Quare ego uero Corelliae adero promptissime nec
subire offensas recusabo; quamquam non solum ueniam me
uerum etiam laudem apud istum ipsum, a quo (ut ais) noua 15
lis fortasse ut feminae intenditur, arbitror consecuturum, si
haec eadem in actione, latius scilicet et uberius quam epistularum angustiae sinunt, uel in excusationem uel etiam commendationem meam dixero. Vale.

XVIII   20

C. PLINIVS ARRIO ANTONINO SVO S.

1   Quemadmodum magis adprobare tibi possum, quanto
opere mirer epigrammata tua Graeca, quam quod quaedam
Latine aemulari et exprimere temptaui? in deterius tamen.
Accidit hoc primum imbecillitate ingenii mei, deinde inopia 25

---

4 deinde βγ, *om.* α   6 uoto αβ: uolo γ   7 me βγ, *om.* α
sapientissime . . . consilio αβ, *om.* γ   8 facerem αβ: facere γ   11 cum
αγ: dum β   14 quamquam αβ: tamquam γ   me *hic* βγ, *ante* non α
17 latius αγ: lautius β   18 *post* sinunt *add.* contigerit mihi β   uel
etiam commendationem βγ, *om.* α   19 dixero αγ: dicere β   21 Arrio *om. hinc* αβγ; *habet* Ad Arr Antoninum *in indice* B   22 magis αγ,
om. β (*seruat in indice* B)   23 mirer αβ: miror γ   24 latine aem.
αγ: aem. latine β   tamen αγ: quidem β

ac potius, ut Lucretius ait, egestate patrii sermonis. Quodsi **2**
haec, quae sunt et Latina et mea, habere tibi aliquid uenustatis uidebuntur, quantum putas inesse iis gratiae, quae et
a te et Graece proferuntur! Vale.

5   XIX

C. PLINIVS CALPVRNIAE HISPVLLAE SVAE S.

Cum sis pietatis exemplum, fratremque optimum et aman- **1**
tissimum tui pari caritate dilexeris, filiamque eius ut tuam
diligas, nec tantum amitae ei adfectum uerum etiam patris
10 amissi repraesentes, non dubito maximo tibi gaudio fore cum
cognoueris dignam patre dignam te dignam auo euadere.
Summum est acumen summa frugalitas; amat me, quod **2**
castitatis indicium est. Accedit his studium litterarum, quod
ex mei caritate concepit. Meos libellos habet lectitat ediscit
15 etiam. Qua illa sollicitudine cum uideor acturus, quanto cum **3**
egi gaudio adficitur! Disponit qui nuntient sibi quem adsensum quos clamores excitarim, quem euentum iudici
tulerim. Eadem, si quando recito, in proximo discreta uelo
sedet, laudesque nostras auidissimis auribus excipit. Versus **4**
20 quidem meos cantat etiam formatque cithara non artifice
aliquo docente, sed amore qui magister est optimus. His ex **5**
causis in spem certissimam adducor, perpetuam nobis maioremque in dies futuram esse concordiam. Non enim aetatem
meam aut corpus, quae paulatim occidunt ac senescunt, sed
25 gloriam diligit. Nec aliud decet tuis manibus educatam, tuis **6**
praeceptis institutam, quae nihil in contubernio tuo uiderit,

---

1 *Lucr.* 1 *832*   2 quae sunt et αγ: et quae sunt β   uenustatis αβ:
uetustatis γ   3 iis] eis βγ: his α   quae αγ: quae mihi β   6 Cal-
purniae *om. hinc* αβγ; *habet* Ad Calpurn Hispull *in indice B*   suae
βγ: suo α   9 adfectum *hic* αγ, *post* amissi β   11 euadere αβ:
suadere γ   16 nuntient β: nuntiet α (*utrum* γ, *non liquet*)   17 iudici
γ: -cii αβ   18 recito αβ: -tem γ   proximo αγ: -mum β   19 auidissimis αβ: -mum γ   21 amore αγ: amare β

nisi sanctum honestumque, quae denique amare me ex tua
7 praedicatione consueuerit. Nam cum matrem meam parentis
loco uererere, me a pueritia statim formare laudare, talemque
8 qualis nunc uxori meae uideor, ominari solebas. Certatim
ergo tibi gratias agimus, ego quod illam mihi, illa quod me 5
sibi dederis, quasi inuicem elegeris. Vale.

XX

C. PLINIVS NOVIO MAXIMO SVO S.

1   Quid senserim de singulis tuis libris, notum tibi ut quemque perlegeram feci; accipe nunc quid de uniuersis generaliter 10
2 iudicem. Est opus pulchrum ualidum acre sublime, uarium
elegans purum figuratum, spatiosum etiam et cum magna
tua laude diffusum, in quo tu ingenii simul dolorisque uelis
latissime uectus es; et horum utrumque inuicem adiumento
3 fuit. Nam dolori sublimitatem et magnificentiam ingenium, 15
ingenio uim et amaritudinem dolor addidit. Vale.

XXI

C. PLINIVS VELIO CERIALI SVO S.

1   Tristem et acerbum casum Heluidiarum sororum! Vtraque
2 a partu, utraque filiam enixa decessit. Adficior dolore, nec 20
tamen supra modum doleo: ita mihi luctuosum uidetur, quod
puellas honestissimas in flore primo fecunditas abstulit.
Angor infantium sorte, quae sunt parentibus statim et dum

---

1 honestumque βγ: honestum α   2 praedicatione βγ: praelectione
α   3 loco βγ: uice α   uererere *Stangl*: uerere γ: uenereris β: dilexeris α   me βγ: meque α   6 elegeris βγ: elegeres (elig- *V*) α
8 Nouio F, *om. hinc* αBγ; *habet* Ad Nouium Maximum *in indice* B
9 tuis libris αγ: libris tuis β   10 quid αβ, *om.* γ   14 es et β: es αγ
(est *V*)   15 dolori αγ: -ris β   18 Velio F, *om. hinc* αBγ; *habet*
Ad Velium Cerialem *in indice* B   19 Heluidiarum αβ: Heluiarum γ

nascuntur orbatae, angor optimorum maritorum, angor
etiam meo nomine. Nam patrem illarum defunctum quoque 3
perseuerantissime diligo, ut actione mea librisque testatum
est; cui nunc unus ex tribus liberis superest, domumque
5 pluribus adminiculis paulo ante fundatam desolatus fulcit
ac sustinet. Magno tamen fomento dolor meus adquiescet, 4
si hunc saltem fortem et incolumem, paremque illi patri illi
auo fortuna seruauerit. Cuius ego pro salute pro moribus, hoc
sum magis anxius quod unicus factus est. Nosti in amore 5
10 mollitiam animi mei, nosti metus; quo minus te mirari oportebit, quod plurimum timeam, de quo plurimum spero. Vale.

XXII

C. PLINIVS SEMPRONIO RVFO SVO S.

Interfui principis optimi cognitioni in consilium ad- 1
15 sumptus. Gymnicus agon apud Viennenses ex cuiusdam
testamento celebratur. Hunc Trebonius Rufinus, uir egregius
nobisque amicus, in duumuiratu tóllendum abolendumque
curauit. Negabatur ex auctoritate publica fecisse. Egit ipse 2
causam non minus feliciter quam diserte. Commendabat
20 actionem, quod tamquam homo Romanus et bonus ciuis in
negotio suo mature et grauiter loquebatur. Cum sententiae 3
perrogarentur, dixit Iunius Mauricus, quo uiro nihil firmius
nihil uerius, non esse restituendum Viennensibus agona;
adiecit 'Vellem etiam Romae tolli posset.' Constanter, inquis, 4
25 et fortiter; quidni? sed hoc a Maurico nouum non est. Idem

---

1 opt. mar. angor βγ, *om.* α   5 fulcit βγ: fulgit α   6 adquiescet
αβ: -scit γ   7 et βγ, *om.* α   illi (*prius*) αβ: ut illi γ   patri illi βγ, *om.* α
8 hoc βγ, *om.* α   11 de quo αβ: cui γ   13 Sempronio *F*, *om. hinc* αΒγ;
habet Ad Sempron Rufum *in indice* B   16 celebratur (*suffragantibus
numeris*) α: -abatur βγ   17 nobisque amicus αβ: nouisque amicis γ
duumuiratu αγ: d. suo β   22 Iunius αβ: iuuenis γ   23 agona αβ:
agonem γ   24 uellem αβ, *om.* γ   25 a α: fortiter γ, *om.* β

apud imperatorem Neruam non minus fortiter. Cenabat
Nerua cum paucis; Veiento proximus atque etiam in sinu
5 recumbebat: dixi omnia cum hominem nominaui. Incidit
sermo de Catullo Messalino, qui luminibus orbatus ingenio
saeuo mala caecitatis addiderat: non uerebatur, non erube- 5
scebat, non miserebatur; quo saepius a Domitiano non
secus ac tela, quae et ipsa caeca et improuida feruntur, in
6 optimum quemque contorquebatur. De huius nequitia
sanguinariisque sententiis in commune omnes super cenam
loquebantur, cum ipse imperator: 'Quid putamus passurum 10
fuisse si uiueret?' Et Mauricus: 'Nobiscum cenaret.'
7 Longius abii, libens tamen. Placuit agona tolli, qui mores
Viennensium infecerat, ut noster hic omnium. Nam Viennensium uitia intra ipsos residunt, nostra late uagantur,
utque in corporibus sic in imperio grauissimus est morbus, 15
qui a capite diffunditur. Vale.

XXIII

C. PLINIVS POMPONIO BASSO SVO S.

1   Magnam cepi uoluptatem, cum ex communibus amicis
cognoui te, ut sapientia tua dignum est, et disponere otium 20
et ferre, habitare amoenissime, et nunc terra nunc mari corpus agitare, multum disputare, multum audire multum
lectitare, cumque plurimum scias, cotidie tamen aliquid
2 addiscere. Ita senescere oportet uirum, qui magistratus amplissimos gesserit, exercitus rexerit, totumque se rei publicae 25

---

1 imp. neruam αγ: neruam imp. β   non minus fortiter αγ: forte β
2 Veiento γ: Velento α: Vegento β   4 Catullo αγ, om. β   orbatus
β: orbus γ: captus α   6 quo αγ, om. β   8 optimum αγ: oppidum β   contorquebatur αγ: -ebat β   9 sanguinariisque sententiis
αβ: -arique -tia γ   11 et αγ, om. β   14 residunt αβ: resident γ
18 Pomponio F, om. hinc αBγ; habet Ad Pompon Bassum in indice B
24 oportet uirum hic βγ, ante ita α

quam diu decebat obtulerit. Nam et prima uitae tem- 3
pora et media patriae, extrema nobis impertire debemus, ut
ipsae leges monent, quae maiorem annis otio reddunt. Quando 4
mihi licebit, quando per aetatem honestum erit imitari istud
5 pulcherrimae quietis exemplum? quando secessus mei non
desidiae nomen sed tranquillitatis accipient? Vale.

XXIV

C. PLINIVS FABIO VALENTI SVO S.

Proxime cum apud centumuiros in quadruplici iudicio 1
10 dixissem, subiit recordatio egisse me iuuenem aeque in
quadruplici. Processit animus ut solet longius: coepi reputare 2
quos in hoc iudicio, quos in illo socios laboris habuissem. Solus
eram qui in utroque dixissem: tantas conuersiones aut
fragilitas mortalitatis aut fortunae mobilitas facit. Quidam 3
15 ex iis qui tunc egerant decesserunt, exsulant alii; huic aetas
et ualetudo silentium suasit, hic sponte beatissimo otio
fruitur; alius exercitum regit, illum ciuilibus officiis principis
amicitia exemit. Circa nos ipsos quam multa mutata sunt! 4
Studiis processimus, studiis periclitati sumus, rursusque pro-
20 cessimus: profuerunt nobis bonorum amicitiae, bonorum ob- 5
fuerunt iterumque prosunt. Si computes annos, exiguum
tempus, si uices rerum, aeuum putes; quod potest esse 6
documento nihil desperare, nulli rei fidere, cum uideamus
tot uarietates tam uolubili orbe circumagi. Mihi autem 7
25 familiare est omnes cogitationes meas tecum communicare,

2 impertire αγ: imperare β   3 *post* annis *add.* lx *Catanaeus a*
8 Fabio *F, om. hinc* αBγ; *habet* Ad Fabium Valent *in indice B*   9 in
quadr. iud. αγ, *om.* β   10 aeque αβ: aequi γ   13 utroque αβ:
utrumque γ   conuersiones *F*γ: conuersationes αB   14 mortalitatis
αβ: mortis γ   facit αβ: mouet facit γ   15 iis *Itali*: his αβγ   decesserunt γ: dec. alii α: recesserunt β   17 regit αβ: legit γ   20 nobis
β: nouis γ: bonis α   obfuerunt βγ: def- α   21 iterumque αβ:
iterum qui γ   22 aeuum putes βγ: computes α

isdemque te uel praeceptis uel exemplis monere, quibus ipse
me moneo; quae ratio huius epistulae fuit. Vale.

XXV

C. PLINIVS MAESIO MAXIMO SVO S.

1   Scripseram tibi uerendum esse, ne ex tacitis suffragiis 5
uitium aliquod exsisteret. Factum est. Proximis comitiis in
quibusdam tabellis multa iocularia atque etiam foeda dicta,
in una uero pro candidatorum nominibus suffragatorum
2 nomina inuenta sunt. Excanduit senatus magnoque clamore
ei qui scripsisset iratum principem est comprecatus. Ille 10
tamen fefellit et latuit, fortasse etiam inter indignantes fuit.
3 Quid hunc putamus domi facere, qui in tanta re tam serio
tempore tam scurriliter ludat, qui denique omnino in senatu
4 dicax et urbanus et bellus est? Tantum licentiae prauis
ingeniis adicit illa fiducia: 'quis enim sciet?' Poposcit tabellas, 15
stilum accepit, demisit caput, neminem ueretur, se con-
5 temnit. Inde ista ludibria scaena et pulpito digna. Quo te
uertas? quae remedia conquiras? Vbique uitia remediis
fortiora. Ἀλλὰ ταῦτα τῷ ὑπὲρ ἡμᾶς μελήσει, cui multum cotidie
uigiliarum, multum laboris adicit haec nostra iners et tamen 20
effrenata petulantia. Vale.

XXVI

C. PLINIVS MAECILIO NEPOTI SVO S.

1   Petis ut libellos meos, quos studiosissime comparasti,
recognoscendos emendandosque curem. Faciam. Quid enim 25

1 isdemque . . . monere αβ, *om.* γ   2 me αβ, *om.* γ   4 mesio *F*,
om. α*By*; *habet* Ad Maesium Maximum *in indice B*   5 ex tacitis αγ:
extractis β   10 ei αα: et βγ   scripsisset αβ: -sem γ   12 quid αβ:
quo γ   serio αβ: seris γ   13 ludat αβ: laudat γ   15 tabellas
βγ: tabellam α   16 demisit αβ: dim- γ   se αβ: sed γ   19 ΤΩ
(ΤΩΝ β) ΥΠΕΡ αβ: ΤΩΝ ΠΕΡΙ γ; *Plato Phaedo 95 b*   20 iners
et (sed β) tamen βγ: inter se tam α   23 Maecilio *om.* αγ (*in hac ep.
deest β*); *habet* Ad Maecil Nepotem *in indice B*; Metilio Nepoti *Mommsen*
25 recognoscendos emendandosque γ: legendos recognoscendosque α

suscipere libentius debeo, te praesertim exigente? Nam cum **2**
uir grauissimus doctissimus disertissimus, super haec occupatissimus, maximae prouinciae praefuturus, tanti putes scripta
nostra circumferre tecum, quanto opere mihi prouidendum
5 est, ne te haec pars sarcinarum tamquam superuacua of-
fendat! Adnitar ergo, primum ut comites istos quam com- **3**
modissimos habeas, deinde ut reuersus inuenias, quos istis
addere uelis. Neque enim mediocriter me ad noua opera tu
lector hortaris. Vale.

10   XXVII

C. PLINIVS POMPEIO FALCONI SVO S.

Tertius dies est quod audiui recitantem Sentium Auguri- **1**
num cum summa mea uoluptate, immo etiam admiratione.
Poematia adpellat. Multa tenuiter multa sublimiter, multa
15 uenuste multa tenere, multa dulciter multa cum bile. Aliquot **2**
annis puto nihil generis eiusdem absolutius scriptum, nisi
forte me fallit aut amor eius aut quod ipsum me laudibus
uexit. Nam lemma sibi sumpsit, quod ego interdum uersibus **3**
ludo. Atque adeo iudicii mei te iudicem faciam, si mihi ex
20 hoc ipso lemmate secundus uersus occurrerit; nam ceteros
teneo et iam explicui.

> Canto carmina uersibus minutis,   **4**
> his olim quibus et meus Catullus
> et Caluus ueteresque. Sed quid ad me?
25   Vnus Plinius est mihi priores:

1 susc. lib. γ: lib. susc. α   2 super haec occup. γ, *om.* α   11 Pompeio F, *om. hinc* αBγ; *habet* Ad Pompei Falconem *in indice B*   Falconi βγ:
Falconio α   12 recitantem βγ, *om.* α   14 poematia α: -ata β:
-atica γ   17 ipsum me αγ: me ipsum β   20 occurrerit β: occurrit γ: -rat α   25 priores βγ: -ris α

mauolt uersiculos foro relicto
et quaerit quod amet, putatque amari.
Ille o Plinius, ille quot Catones!
I nunc, quisquis amas, amare noli.

5 Vides quam acuta omnia quam apta quam expressa. Ad hunc 5
gustum totum librum repromitto, quem tibi ut primum
publicauerit exhibebo. Interim ama iuuenem et temporibus
nostris gratulare pro ingenio tali, quod ille moribus adornat.
Viuit cum Spurinna, uiuit cum Antonino, quorum alteri ad-
6 finis, utrique contubernalis est. Possis ex hoc facere conie- 10
cturam, quam sit emendatus adulescens, qui a grauissimis
senibus sic amatur. Est enim illud uerissimum:

γινώσκων ὅτι
τοιοῦτός ἐστιν, οἷσπερ ἥδεται συνών.

Vale.   15

XXVIII

C. PLINIVS VIBIO SEVERO SVO S.

1 Herennius Seuerus uir doctissimus magni aestimat in
bibliotheca sua ponere imagines municipum tuorum Corneli
Nepotis et Titi Cati petitque, si sunt istic, ut esse credibile 20
2 est, exscribendas pingendasque delegem. Quam curam tibi
potissimum iniungo, primum quia desideriis meis amicissime
obsequeris, deinde quia tibi studiorum summa reuerentia,
summus amor studiosorum, postremo quod patriam tuam
omnesque, qui nomen eius auxerunt, ut patriam ipsam 25

---

2 amari γ: amare αβ   3 ille o αγ: ille β   quot *Barth*: quod αβγ
4 amas αγ: apias *B*: sapias *F* (si nunc quid sapias *cod. Paris. lat. 8620*: i
nunc qui sapias *a*)   7 exhibebo βγ: exhibeo α   iuuenem αγ: iuuen-
tae β   8 pro αγ: si pro β   13 *Euripides frag. 812 N²*   17 Vibio *F*,
om. hinc αBγ; *habet* Ad Vibium Seuerum *in indice B*   19 Cornelii
Nepotis αγ: Corneliae Nepotiae β   20 Cati α: Ati γ: Catili *B*, Catilli
F   24 studiosorum αβ, *om.* γ   quod αγ: quo β

ueneraris et diligis. Peto autem, ut pictorem quam diligentis- 3
simum adsumas. Nam cum est arduum similitudinem effingere ex uero, tum longe difficillima est imitationis imitatio;
a qua rogo ut artificem quem elegeris ne in melius quidem
5 sinas aberrare. Vale.

XXIX

C. PLINIVS ROMATIO FIRMO SVO S.

Heia tu! cum proxime res agentur, quoquo modo ad 1
iudicandum ueni: nihil est quod in dextram aurem fiducia
10 mei dormias. Non impune cessatur. Ecce Licinius Nepos 2
praetor! Acer et fortis et praetor, multam dixit etiam senatori. Egit ille in senatu causam suam, egit autem sic ut deprecaretur. Remissa est multa, sed timuit, sed rogauit, sed
opus uenia fuit. Dices: 'Non omnes praetores tam seueri.' 3
15 Falleris; nam uel instituere uel reducere eiusmodi exemplum
non nisi seueri, institutum reductumue exercere etiam
lenissimi possunt. Vale.

XXX

C. PLINIVS LICINIO SVRAE SVO S.

20 Attuli tibi ex patria mea pro munusculo quaestionem 1
altissima ista eruditione dignissimam. Fons oritur in monte, 2
per saxa decurrit, excipitur cenatiuncula manu facta; ibi
paulum retentus in Larium lacum decidit. Huius mira natura:

2 effingere . . . difficillima αβ, *om.* γ   3 est imitationis *M*γ: estima-
tionis *V*β   4 a qua αβ: quare γ   elegeris βγ: elig- α   7 Romatio αγ:
Romanio *B*, -ano *F*   Firmo *F*, *om. hinc* α*B*γ; *habet* Ad Romat Firmum
in indice B   8 proxime β: -ima α: -imo γ   agentur αβ: agantur γ
9 est βγ, *om.* α   11 et praetor αγ: uir β   12 deprecaretur αβ:
retractaretur γ   15 uel (*prius*) βγ, *om.* α   16 reductumue βγ: reductum
uero α   17 lenissimi αγ: leuissimi β   19 Licinio *F*, *om. hinc* α*B*γ;
habet Ad Licinium Suram *in indice B*   20 tibi αγ, *om.* β (*sed* Attulit
tibi *in indice B*)   21 ista βγ, *om.* α   22 excipitur αγ, *om.* β

ter in die statis auctibus ac diminutionibus crescit decrescit-
3 que. Cernitur id palam et cum summa uoluptate deprenditur.
Iuxta recumbis et uesceris, atque etiam ex ipso fonte (nam
est frigidissimus) potas; interim ille certis dimensisque
4 momentis uel subtrahitur uel adsurgit. Anulum seu quid 5
aliud ponis in sicco, adluitur sensim ac nouissime operitur,
detegitur rursus paulatimque deseritur. Si diutius obserues,
5 utrumque iterum ac tertio uideas. Spiritusne aliquis occultior
os fontis et fauces modo laxat modo includit, prout inlatus
6 occurrit aut decessit expulsus? quod in ampullis ceterisque 10
generis eiusdem uidemus accidere, quibus non hians nec
statim patens exitus. Nam illa quoque, quamquam prona
atque uergentia, per quasdam obluctantis animae moras
7 crebris quasi singultibus sistunt quod effundunt. An, quae
oceano natura, fonti quoque, quaque ille ratione aut impel- 15
litur aut resorbetur, hac modicus hic umor uicibus alternis
8 supprimitur egeritur? An ut flumina, quae in mare de-
feruntur, aduersantibus uentis obuioque aestu retorquentur,
9 ita est aliquid quod huius fontis excursum repercutiat? An
latentibus uenis certa mensura, quae dum colligit quod ex- 20
hauserat, minor riuus et pigrior; cum collegit, agilior
10 maiorque profertur? An nescio quod libramentum abditum
et caecum, quod cum exinanitum est, suscitat et elicit fon-
11 tem; cum repletum, moratur et strangulat? Scrutare tu
causas (potes enim), quae tantum miraculum efficiunt: mihi 25
abunde est, si satis expressi quod efficitur. Vale.

1 statis αγ: statutis β   ac βγ: aut α   2 deprenditur *poscunt numeri*;
deprehend- αβγ   4 frigidissimus αγ: -idus β   8 occultior os
αβ: occultioris γ   9 fauces αβ: faucis γ   prout βγ: ut *M*, aut *V*
10 occurrit αγ: incurrit β   decessit βγ: decidit α   12 quamquam
αβ: quam γ   13 uergentia βγ: urgentia α   obluctantis (luctan-
tis *V*) αγ: -tes β   14 an αγ: aut β   15 ille αβ: illa γ   17 *post*
supprimitur *add.* uel β, et γ   egeritur βγ: erigitur (-turque *V*) α
19 excursum α: -su β: excursum per momenta γ   21 riuus αβ: est γ
collegit γ: colligit αβ   24 repletum αγ: -tur β   26 *Hic desinit V*

LIBER QVINTVS

I

C. PLINIVS ANNIO SEVERO SVO S.

Legatvm mihi obuenit modicum sed amplissimo gratius. **1**
Cur amplissimo gratius? Pomponia Galla exheredato filio
Asudio Curiano heredem reliquerat me, dederat coheredes
Sertorium Seuerum praetorium uirum aliosque splendidos
equites Romanos. Curianus orabat, ut sibi donarem portio- **2**
nem meam seque praeiudicio iuuarem; eandem tacita
conuentione saluam mihi pollicebatur. Respondebam non **3**
conuenire moribus meis aliud palam aliud agere secreto;
praeterea non esse satis honestum donare et locupleti et orbo;
in summa non profuturum ei si donassem, profuturum si
cessissem, esse autem me paratum cedere si inique exhere-
datum mihi liqueret. Ad hoc ille: 'Rogo cognoscas.' Cunctatus **4**
paulum 'Faciam' inquam; 'neque enim uideo cur ipse me
minorem putem, quam tibi uideor. Sed iam nunc memento
non defuturam mihi constantiam, si ita fides duxerit,
secundum matrem tuam pronuntiandi.' 'Vt uoles' ait; 'uoles **5**
enim quod aequissimum.' Adhibui in consilium duos quos
tunc ciuitas nostra spectatissimos habuit, Corellium et Frontinum. His circumdatus in cubiculo meo sedi. Dixit Curianus **6**
quae pro se putabat. Respondi paucis ego (neque enim aderat
alius, qui defunctae pudorem tueretur), deinde secessi, et ex
consilii sententia 'Videtur' inquam, 'Curiane, mater tua
iustas habuisse causas irascendi tibi.'

3 Annio *F* (*et in indice B*), *om. M*γ   5 exheredato *M*γ: -ditato
(*sicut et infra*) β   7 splendidos eq. Rom. *M*γ: eq. Rom. splendidos β
20 adhibui βγ: adhibuit *M*   21 spectatissimos *M*γ: exspect- β

Post hoc ille cum ceteris subscripsit centumuirale iudicium,
7 non subscripsit mecum. Adpetebat iudicii dies; coheredes
mei componere et transigere cupiebant non diffidentia causae,
sed metu temporum. Verebantur quod uidebant multis
8 accidisse, ne ex centumuirali iudicio capitis rei exirent. Et 5
erant quidam in illis, quibus obici et Gratillae amicitia et
9 Rustici posset. Rogant me ut cum Curiano loquar. Conuenimus in aedem Concordiae. Ibi ego 'Si mater' inquam 'te ex
parte quarta scripsisset heredem, num queri posses? Quid si
heredem quidem instituisset ex asse, sed legatis ita exhausisset 10
ut non amplius apud te quam quarta remaneret? Igitur
sufficere tibi debet, si exheredatus a matre quartam partem
10 ab heredibus eius accipias, quam tamen ego augebo. Scis te
non subscripsisse mecum, et iam biennium transisse omniaque
me usu cepisse. Sed ut te coheredes mei tractabiliorem ex- 15
periantur, utque tibi nihil abstulerit reuerentia mei, offero
pro mea parte tantundem.' Tuli fructum non conscientiae
11 modo uerum etiam famae. Ille ergo Curianus legatum mihi
reliquit et factum meum, nisi forte blandior mihi antiquum, notabili honore signauit.   20
12 Haec tibi scripsi, quia de omnibus quae me uel delectant uel angunt, non aliter tecum quam mecum loqui soleo;
deinde quod durum existimabam, te amantissimum mei
13 fraudare uoluptate quam ipse capiebam. Neque enim sum
tam sapiens ut nihil mea intersit, an iis quae honeste fecisse 25
me credo, testificatio quaedam et quasi praemium accedat.
Vale.

---

1 ille βγ: illi M   2 non sub. mecum Mγ: mecum non sub. β
7 posset Mβ: possent γ   Curiano Mβ: Curianio γ   13 ego βγ, om. M
14 omniaque me usu cepisse (mea suscepisse F) βγ, om. M   16 abstulerit Mγ: abstuleris β   19 antiquum Mγ: antiquom (-quorum F) β
20 notabili βγ: nobili M   24 capiebam Mβ: capiam ut uidetur γ
25 iis β: his Mγ   26 me Mβ, om. γ

II

C. PLINIVS CALPVRNIO FLACCO SVO S.

Accepi pulcherrimos turdos, cum quibus parem calculum 1
ponere nec urbis copiis ex Laurentino nec maris tam turbi-
5 dis tempestatibus possum. Recipies ergo epistulas steriles et 2
simpliciter ingratas, ac ne illam quidem sollertiam Diomedis
in permutando munere imitantes. Sed, quae facilitas tua, hoc
magis dabis ueniam, quod se non mereri fatentur. Vale.

III

10   ### C. PLINIVS TITIO ARISTONI SVO S.

Cum plurima officia tua mihi grata et iucunda sunt, tum 1
uel maxime quod me celandum non putasti, fuisse apud te
de uersiculis meis multum copiosumque sermonem, eumque
diuersitate iudiciorum longius processisse, exstitisse etiam
15 quosdam, qui scripta quidem ipsa non improbarent, me
tamen amice simpliciterque reprehenderent, quod haec
scriberem recitaremque. Quibus ego, ut augeam meam cul- 2
pam, ita respondeo: facio non numquam uersiculos seueros
parum, facio; nam et comoedias audio et specto mimos et
20 lyricos lego et Sotadicos intellego; aliquando praeterea rideo
iocor ludo, utque omnia innoxiae remissionis genera breuiter
amplectar, homo sum. Nec uero moleste fero hanc esse 3
de moribus meis existimationem, ut qui nesciunt talia

---

2 Calpurnio *F* (*et in indice B*), *om. Mγ*   4 urbis *Mβγ*: ruris *Gruter*
6 Diomedis *βγ, om. M*   7 imitantes *Itali*: -tis *Mβγ*   10 Titio
F (*et in indice B*), *om. Mγ*   11 tum *Mβ*: tunc *γ*   13 eumque
Mγ: eum *β*   15 non improbarent *βγ*: probarent *M*   19 nam *Mβ*,
om. γ   20 Sotadicos *Catanaeus*: Socraticos *Mβγ*   21 iocor ludo
Mβ: ludo iocor *γ*   23 existimationem *Mβ*: extimationem *γ*

doctissimos grauissimos sanctissimos homines scriptitasse, me
4 scribere mirentur. Ab illis autem quibus notum est, quos
quantosque auctores sequar, facile impetrari posse confido,
ut errare me sed cum illis sinant, quorum non seria modo
5 uerum etiam lusus exprimere laudabile est. An ego uerear 5
(neminem uiuentium, ne quam in speciem adulationis inci-
dam, nominabo), sed ego uerear ne me non satis deceat, quod
decuit M. Tullium, C. Caluum, Asinium Pollionem, M.
Messalam, Q. Hortensium, M. Brutum, L. Sullam, Q. Catu-
lum, Q. Scaeuolam, Seruium Sulpicium, Varronem, Tor- 10
quatum, immo Torquatos, C. Memmium, Lentulum
Gaetulicum, Annaeum Senecam et proxime Verginium
Rufum et, si non sufficiunt exempla priuata, diuum Iulium,
diuum Augustum, diuum Neruam, Tiberium Caesarem?
6 Neronem enim transeo, quamuis sciam non corrumpi in 15
deterius quae aliquando etiam a malis, sed honesta manere
quae saepius a bonis fiunt. Inter quos uel praecipue numerandus est P. Vergilius, Cornelius Nepos et prius Accius
Enniusque. Non quidem hi senatores, sed sanctitas morum
7 non distat ordinibus. Recito tamen, quod illi an fecerint 20
nescio. Etiam: sed illi iudicio suo poterant esse contenti, mihi
modestior constantia est quam ut satis absolutum putem,
8 quod a me probetur. Itaque has recitandi causas sequor,
primum quod ipse qui recitat aliquanto acrius scriptis suis
auditorum reuerentia intendit; deinde quod de quibus 25
9 dubitat, quasi ex consilii sententia statuit. Multa etiam a
multis admonetur, et si non admoneatur, quid quisque
sentiat perspicit ex uultu oculis nutu manu murmure

1 scriptitasse *Mβ*: scripsisse *γ*   12 Senecam *βγ*: Senecam Lucanum
Mθ   16 a *Mγ*, *om*. *β*   manere *Mβ*: mansere *γ*   17 fiunt *Mβ*, *om*. *γ*
18 Accius Enniusque *Mγ*: Ennius Acciusque *β*   22 est *Mβ*, *om*. *γ* (*fort.
recte*)   24 aliquanto *Mβ*: aliquando *γ*   25 reuerentia *γ*: -tiam *Mβ*
26 a *Mβ*, *om*. *γ*   27 et si non admoneatur *Mβ*, *om*. *γ*   28 perspicit
M²β: perspexit *M¹*: percipit *γ*   manu *Mγ*: manuum *β*

silentio; quae satis apertis notis iudicium ab humanitate dis-
cernunt. Atque adeo si cui forte eorum qui interfuerunt **10**
curae fuerit eadem illa legere, intelleget me quaedam aut
commutasse aut praeterisse, fortasse etiam ex suo iudicio,
5 quamuis ipse nihil dixerit mihi. Atque haec ita disputo quasi **11**
populum in auditorium, non in cubiculum amicos aduocarim,
quos plures habere multis gloriosum, reprehensioni nemini
fuit. Vale.

IV

10   C. PLINIVS IVLIO VALERIANO SVO S.

Res parua, sed initium non paruae. Vir praetorius Sollers **1**
a senatu petit, ut sibi instituere nundinas in agris suis permitteretur. Contra dixerunt legati Vicetinorum; adfuit Tuscilius Nominatus. Dilata causa est. Alio senatu Vicetini sine **2**
15 aduocato intrauerunt, dixerunt se deceptos, lapsine uerbo,
an quia ita sentiebant. Interrogati a Nepote praetore, quem
docuissent, responderunt quem prius. Interrogati an tunc
gratis adfuisset, responderunt sex milibus nummum; an
rursus aliquid dedissent, dixerunt mille denarios. Nepos
20 postulauit ut Nominatus induceretur. Hactenus illo die. Sed **3**
quantum auguror longius res procedet. Nam pleraque tacta
tantum et omnino commota latissime serpunt. Erexi aures
tuas. Quam diu nunc oportet, quam blande roges, ut reliqua **4**

---

3 curae fuerit βγ, *om.* M   4 commutasse aut Mβ, *om.* γ   etiam
Mβ: et etiam γ   5 quamuis Mβ: quam γ   atque βγ: sed M   haec
Mβ, *om.* γ   disputo Mβ: disposito γ   10 Iulio F (*et in indice* B), *om.*
Mγ   11 parua sed Mβ: paruas et γ   paruae Mγ: paruum β   12 petit
βγ: petiit Ma   13 legati Vicetinorum (Vicent- γ) Mγ: Vicetinorum
legati β   Tuscilius γ: Tusculius M: Tuscillus β   14 dilata causa est
alio Mβ: dilato γ   Vicetini Mβ: Vicentini γ   16 interrogati . . .
responderunt (*priore loco*) Mγ, *om.* β   17 quem (que γ) prius . . . responderunt (*altero loco*) βγ, *om.* M   18 adfuisset Beroaldus: adfuissent βγ
21 procedet β: procedit Mγ   tacta Io. Scheffer: tacita Mβ: iacta γ

cognoscas! sī tamen non ante ob haec ipsa ueneris Romam,
spectatorque malueris esse quam lector. Vale.

V

C. PLINIVS NOVIO MAXIMO SVO S.

1 Nuntiatum mihi C. Fannium decessisse; qui nuntius me 5
graui dolore confudit, primum quod amaui hominem ele-
gantem disertum, deinde quod iudicio eius uti solebam. Erat
enim acutus natura, usu exercitatus, ueritate promptissimus.
2 Angit me super ista casus ipsius: decessit ueteri testamento,
omisit quos maxime diligebat, prosecutus est quibus offensior 10
erat. Sed hoc utcumque tolerabile; grauius illud, quod pul-
3 cherrimum opus imperfectum reliquit. Quamuis enim agendis causis distringeretur, scribebat tamen exitus occisorum
aut relegatcrum a Nerone et iam tres libros absoluerat sub-
tiles et diligentes et Latinos atque inter sermonem histori- 15
amque medios, ac tanto magis reliquos perficere cupiebat,
4 quanto frequentius hi lectitabantur. Mihi autem uidetur
acerba semper et immatura mors eorum, qui immortale aliquid parant. Nam qui uoluptatibus dediti quasi in diem
uiuunt, uiuendi causas cotidie finiunt; qui uero posteros 20
cogitant, et memoriam sui operibus extendunt, his nulla
mors non repentina est, ut quae semper incohatum aliquid
5 abrumpat. Gaius quidem Fannius, quod accidit, multo ante
praesensit. Visus est sibi per nocturnam quietem iacere in
lectulo suo compositus in habitum studentis, habere ante se 25
scrinium (ita solebat); mox imaginatus est uenisse Neronem,

4 Nouio *F* (*et in indice B*), *om. Mγ*   5 nuntiatum *Mγ*: -atur *β*
mihi *β et* (*ut uidetur*) *γ*: mihi est *M*   6 confudit *β*: confundit *M* (*utrum*
γ, non liquet)   8 acutus nat. *Mγ*: nat. acutus *β*   9 ueteri *Mβ*:
uetere *γ*   18 mors *Mβ*: sors *γ*   21 sui *Mβ*: suis *γ*   22 quae ...
abrumpat *βγ*: qui ... abrumpant *M*   23 multo *Mβ*: multum *γ*
25 habitum *βγ*: habitu *M*   26 ita *Mβ*: ita ut *γ*   est *Mβ, om. γ*

in toro resedisse, prompsisse primum librum quem de
sceleribus eius ediderat, cumque ad extremum reuoluisse;
idem in secundo ac tertio fecisse, tunc abisse. Expauit et sic 6
interpretatus est, tamquam idem sibi futurus esset scribendi
5 finis, qui fuisset illi legendi: et fuit idem. Quod me recor- 7
dantem miseratio subit, quantum uigiliarum quantum laboris
exhauserit frustra. Occursant animo mea mortalitas mea
scripta. Nec dubito te quoque eadem cogitatione terreri, pro
istis quae inter manus habes. Proinde, dum suppetit uita, 8
10 enitamur ut mors quam paucissima quae abolere possit
inueniat. Vale.

VI

C. PLINIVS DOMITIO APOLLINARI SVO S.

Amaui curam et sollicitudinem tuam, quod cum audisses 1
15 me aestate Tuscos meos petiturum, ne facerem suasisti, dum
putas insalubres. Est sane grauis et pestilens ora Tuscorum, 2
quae per litus extenditur; sed hi procul a mari recesserunt,
quin etiam Appennino saluberrimo montium subiacent.
Atque adeo ut omnem pro me metum ponas, accipe tempe- 3
20 riem caeli regionis situm uillae amoenitatem, quae et tibi
auditu et mihi relatu iucunda erunt.

Caelum est hieme frigidum et gelidum; myrtos oleas 4
quaeque alia adsiduo tepore laetantur, aspernatur ac re-
spuit; laurum tamen patitur atque etiam nitidissimam pro-
25 fert, interdum sed non saepius quam sub urbe nostra necat.
Aestatis mira clementia: semper aer spiritu aliquo mouetur, 5

1 resedisse *Mγ*: sedisse *β*   prompsisse *Mβ*: promisisse *γ*   2 eumque . . . reuoluisse (uoluisse *β*) *βγ*: cumque . . . reuoluisset *M*
3 abisse *βγ*: abiisse *M*   7 animo *Mβ*: animum *γ*   8 pro istis *Mβ*:
possitis *γ*   13 Domitio *hinc om. Mβγ*; *habet* Ad Domit. Apollinar. *in
indice B*   15 petiturum *Mβ*: -uros *γ*   22 myrtos *Mγ*: mystas *β*
oleas *βγ*: tilias et *M*   23 adsiduo *Mγ*: aestiuo *β*   tepore *M* (*sicut
et Catanaeus*): tempore *βγ*   25 necat *Mγ*: negat *β*   26 aer *βγ, om. M*

6 frequentius tamen auras quam uentos habet. Hinc senes
multi: uideas auos proauosque iam iuuenum, audias fabulas
ueteres sermonesque maiorum, cumque ueneris illo putes alio
7 te saeculo natum. Regionis forma pulcherrima. Imaginare
amphitheatrum aliquod immensum, et quale sola rerum na- 5
tura possit effingere. Lata et diffusa planities montibus
cingitur, montes summa sui parte procera nemora et antiqua
8 habent. Frequens ibi et uaria uenatio. Inde caeduae siluae
cum ipso monte descendunt. Has inter pingues terrenique
colles (neque enim facile usquam saxum etiam si quaeratur 10
occurrit) planissimis campis fertilitate non cedunt, opimam-
9 que messem serius tantum, sed non minus percoquunt. Sub
his per latus omne uineae porriguntur, unamque faciem longe
lateque contexunt; quarum a fine imoque quasi margine
10 arbusta nascuntur. Prata inde campique, campi quos non nisi 15
ingentes boues et fortissima aratra perfringunt: tantis glaebis
tenacissimum solum cum primum prosecatur adsurgit, ut
11 nono demum sulco perdometur. Prata florida et gemmea
trifolium aliasque herbas teneras semper et molles et quasi
nouas alunt. Cuncta enim perennibus riuis nutriuntur; sed 20
ubi aquae plurimum, palus nulla, quia deuexa terra, quidquid liquoris accepit nec absorbuit, effundit in Tiberim.
12 Medios ille agros secat nauium patiens omnesque fruges
deuehit in urbem, hieme dumtaxat et uere; aestate summit-
titur immensique fluminis nomen arenti alueo deserit, 25
13 autumno resumit. Magnam capies uoluptatem, si hunc

---

1 frequentius $M\beta$: -ter γ hinc $\beta\gamma$: hic M 2 multi $M\beta$:
multos γ audias $\beta\gamma$: aut in M 3 illo $M\beta$, *om.* γ 5 et $M\beta$,
om. γ 7 procera nemora $M\gamma$: progenera more β 8 habent
$M\beta$: habens γ caeduae $M\beta$: crebrae γ 10 facile usquam $\beta\gamma$:
facilius quam M 12 perquoquunt $\beta\gamma$: decoqunt M 13 unamque
faciem $M\gamma$: unaque facie β 17 ut $M\beta$, *om.* γ 18 perdometur $M\beta$:
-atur γ florida $\beta\gamma$: frigida M gemmea $M\gamma$: gemme β 25 deserit $\beta\gamma$: deserat M

regionis situm ex monte prospexeris. Neque enim terras tibi
sed formam aliquam ad eximiam pulchritudinem pictam
uideberis cernere: ea uarietate, ea descriptione, quocumque
inciderint oculi, reficientur.

5 Villa in colle imo sita prospicit quasi ex summo: ita 14
leuiter et sensim cliuo fallente consurgit, ut cum ascendere
te non putes, sentias ascendisse. A tergo Appenninum, sed
longius habet; accipit ab hoc auras quamlibet sereno et
placido die, non tamen acres et immodicas, sed spatio ipso
10 lassas et infractas. Magna sui parte meridiem spectat aesti- 15
uumque solem ab hora sexta, hibernum aliquanto maturius
quasi inuitat, in porticum latam et pro modo longam. Multa
in hac membra, atrium etiam ex more ueterum. Ante por- 16
ticum xystus in plurimas species distinctus concisusque buxo;
15 demissus inde pronusque puluinus, cui bestiarum effigies
inuicem aduersas buxus inscripsit; acanthus in plano, mollis
et paene dixerim liquidus. Ambit hunc ambulatio pressis 17
uarieque tonsis uiridibus inclusa; ab his gestatio in modum
circi, quae buxum multiformem humilesque et retentas
20 manu arbusculas circumit. Omnia maceria muniuntur: hanc
gradata buxus operit et subtrahit. Pratum inde non minus 18
natura quam superiora illa arte uisendum; campi deinde porro
multaque alia prata et arbusta. A capite porticus triclinium 19
excurrit; ualuis xystum desinentem et protinus pratum
25 multumque ruris uidet, fenestris hac latus xysti et quod pro-
silit uillae, hac adiacentis hippodromi nemus comasque prospectat. Contra mediam fere porticum diacta paulum recedit, 20

1 prospexeris *Mβ*: respexeris *γ*   2 ad *Mγ*: et *β*   9 sed *Mβ*: et
γ   ipso *βγ*, *om. M*   12 pro modo longam *βγ*: prominulam *M*
13 hac *Mβγ*: hanc *Schinkel*   14 in pl. spec. distinctus concisusque *Mγ*:
concisus in pl. spec. distinctus *β*   16 aduersas *βγ*: aduersa *M*   23 a
Mγ, *om. β*   porticus *Mβ*: porticum *γ*   25 hac *βγ*: hoc *M*   26 hac
Mγ: ac *β*   hippodromi *Mβ*: heliodrome *γ*   27 diaeta *Mβ*: zeta *γ*
recedit *Mγ*: rescidit *β*

cingit areolam, quae quattuor platanis inumbratur. Inter has
marmoreo labro aqua exundat circumiectasque platanos et
21 subiecta platanis leni aspergine fouet. Est in hac diaeta dormitorium cubiculum quod diem clamorem sonum excludit,
iunctaque ei cotidiana amicorumque cenatio: areolam illam, 5
22 porticus alam eademque omnia quae porticus adspicit. Est
et aliud cubiculum a proxima platano uiride et umbrosum,
marmore excultum podio tenus, nec cedit gratiae marmoris
23 ramos insidentesque ramis aues imitata pictura. Fonticulus
in hoc, in fonte crater; circa sipunculi plures miscent iucun- 10
dissimum murmur. In cornu porticus amplissimum cubiculum triclinio occurrit; aliis fenestris xystum, aliis despicit
pratum, sed ante piscinam, quae fenestris seruit ac subiacet,
24 strepitu uisuque iucunda; nam ex edito desiliens aqua suscepta
marmore albescit. Idem cubiculum hieme tepidissimum, 15
25 quia plurimo sole perfunditur. Cohaeret hypocauston et, si
dies nubilus, immisso uapore solis uicem supplet. Inde
apodyterium balinei laxum et hilare excipit cella frigidaria,
in qua baptisterium amplum atque opacum. Si natare latius
aut tepidius uelis, in area piscina est, in proximo puteus, ex 20
26 quo possis rursus adstringi, si paeniteat teporis. Frigidariae
cellae conectitur media, cui sol benignissime praesto est; cal-
dariae magis, prominet enim. In hac tres descensiones, duae
27 in sole, tertia a sole longius, a luce non longius. Apodyterio
superpositum est sphaeristerium, quod plura genera exercita- 25

1 quae *MF*, *om. Bγ*   3 diaeta *Mβ*: zeta *γ*   5 ei *β*: et *Mγ*
amicorumque cenatio *βγ*: amicorum cenatio quae *M*   areolam illam
Mβ: areola illa *γ*   6 porticus alam *Ios. Martin*: -cum aliam *M*:
-cus alia *β*, *om. γ*   8 nec *Mβ*: ne *γ*   9 fonticulus *Mβ*: fonti cuius *γ*
10 hoc *βγ*: hac *M* in (*alterum*) *Mγ*, *om. β*   12 triclinio *βγ*: a triclinio *M*
despicit *βγ*: dispicit *M*   14 iucunda *βγ*: iucundam *M*   18 frigidaria
βγ: frigida *M*   19 baptisterium *Mβ*: speristerium *γ*   21 possis *Mβ*:
possit *γ*   teporis *Mβ*: temporis *γ*   22 benignissime *Mβ*: -imos (*ut
uidetur*) *γ*   23 prominet enim *βγ*: prominent *M*   24 longius **a**
luce *Mγ*, *om. β*   25 sphaeristerium *β*: phaeristerium *Mγ*

tionis pluresque circulos capit. Non procul a balineo scalae,
quae in cryptoporticum ferunt prius ad diaetas tres. Harum
alia areolae illi, in qua platani quattuor, alia prato, alia uincis
imminet diuersasque caeli partes ut prospectus habet. In **28**
5 summa cryptoporticu cubiculum ex ipsa cryptoporticu
excisum, quod hippodromum uineas montes intuetur. Iungi-
tur cubiculum obuium soli, maxime hiberno. Hinc oritur
diaeta, quae uillae hippodromum adnectit. Haec facies, hic
usus a fronte.

10 A latere aestiua cryptoporticus in edito posita, quae non **29**
adspicere uineas sed tangere uidetur. In media triclinium
saluberrimum adflatum ex Appenninis uallibus recipit; post
latissimis fenestris uineas, ualuis aeque uineas sed per cryptoporticum quasi admittit. A latere triclinii quod fenestris **30**
15 caret, scalae conuiuio utilia secretiore ambitu suggerunt. In
fine cubiculum, cui non minus iucundum prospectum
cryptoporticus ipsa quam uineae.praebent. Subest cryptoporticus subterraneae similis; aestate incluso frigore riget
contentaque aere suo nec desiderat auras nec admittit. Post **31**
20 utramque cryptoporticum, unde triclinium desinit, incipit
porticus ante medium diem hiberna, inclinato die aestiua.
Hac adeuntur diaetae duae, quarum in altera cubicula
quattuor, altera tria ut circumit sol aut sole utuntur aut
umbra.

25 Hanc dispositionem amoenitatemque tectorum longe **32**
longeque praecedit hippodromus. Medius patescit statimque
intrantium oculis totus offertur, platanis circumitur; illae

1 non *M*γ: nec β   4 imminet *M*γ: imminent β   7 hinc . . .
uillae βγ, *om. M*   8 diaeta β: zeta γ   hic *M*β: hinc γ   12 Appenninis βγ: -ini *M*   recipit *M*β: accipit γ   15 caret *M*β: paret γ
utilia β: ut illa *M*: ut illi a γ   19 aere *M*β, *om.* γ   22 hac
*M*β: hec γ   23 sole utuntur aut *M*β, *om.* γ   25 tectorum *M*β,
om. γ   longe longeque β *et (ut uidetur)* γ: longe lateque *M*θ   27 intrantium *M*β: in transitum γ

hedera uestiuntur utque summae suis ita imae alienis frondi-
bus uirent. Hedera truncum et ramos pererrat uicinasque
platanos transitu suo copulat. Has buxus interiacet; exteriores
buxos circumuenit laurus, umbraeque platanorum suam con-
33 fert. Rectus hic hippodromi limes in extrema parte hemi- 5
cyclio frangitur mutatque faciem: cupressis ambitur et
tegitur, densiore umbra opacior nigriorque; interioribus
34 circulis (sunt enim plures) purissimum diem recipit. Inde
etiam rosas effert, umbrarumque frigus non ingrato sole
distinguit. Finito uario illo multiplicique curuamine recto 10
limiti redditur nec huic uni, nam uiae plures intercedentibus
35 buxis diuiduntur. Alibi pratulum, alibi ipsa buxus interuenit
in formas mille descripta, litteras interdum, quae modo
nomen domini dicunt modo artificis: alternis metulae sur-
gunt, alternis inserta sunt poma, et in opere urbanissimo 15
subita uelut inlati ruris imitatio. Medium spatium breuiori-
36 bus utrimque platanis adornatur. Post has acanthus hinc
inde lubricus et flexuosus, deinde plures figurae pluraque
nomina. In capite stibadium candido marmore uite prote-
gitur; uitem quattuor columellae Carystiae subeunt. Ex 20
stibadio aqua uelut expressa cubantium pondere sipunculis
effluit, cauato lapide suscipitur, gracili marmore continetur
atque ita occulte temperatur, ut impleat nec redundet.
37 Gustatorium grauiorque cena margini imponitur, leuior

2 truncum $M^2\gamma$: trunculum β (hederarum cum M *nondum correctus*)
Post uerbum pererrat *deest B*   5 hic F, *om.* Mγ   11 limiti
Itali: limite $MF\gamma$ redditur Fγ: reddit M   nec Mγ: ne F   huic
uni MF: uni huic γ   13 litteras Mγ: litteris F   quae Fγ: quo M
16 medium Mγ: medium in F   breuioribus Fγ: breuibus M   17 hinc
inde Mγ, *om.* F   19 in MF, *om.* γ   20 subeunt extibadio
(exsteb- M) aqua MF: subeunte stibadio aque γ   22 gracili
marmore continetur Mγ, *om.* F   23 temperatur MF: uerberatur γ
redundet (ret- M) MF: redundet et γ   24 cena γ: cenam M:
cenatio F

naucularum et auium figuris innatans circumit. Contra fons
egerit aquam et recipit; nam expulsa in altum in se cadit
iunctisque hiatibus et absorbetur et tollitur. E regione sti-
badii aduersum cubiculum tantum stibadio reddit ornatus,
5 quantum accipit ab illo. Marmore splendet, ualuis in uiridia **38**
prominet et exit, alia uiridia superioribus inferioribusque
fenestris suspicit despicitque. Mox zothecula refugit quasi in
cubiculum idem atque aliud. Lectus hic et undique fenestrae, et tamen lumen obscurum umbra premente. Nam **39**
10 laetissima uitis per omne tectum in culmen nititur et ascendit.
Non secus ibi quam in nemore iaceas, imbrem tantum tamquam in nemore non sentias. Hic quoque fons nascitur **40**
simulque subducitur. Sunt locis pluribus disposita sedilia e
marmore, quae ambulatione fessos ut cubiculum ipsum
15 iuuant. Fonticuli sedilibus adiacent; per totum hippodromum inducti strepunt riui, et .qua manus duxit sequuntur:
his nunc illa uiridia, nunc haec, interdum simul omnia
lauantur.

Vitassem iam dudum ne uiderer argutior, nisi proposuis- **41**
20 sem omnes angulos tecum epistula circumire. Neque enim
uerebar ne laboriosum esset legenti tibi, quod uisenti non
fuisset, praesertim cum interquiescere, si liberet, depositaque
epistula quasi residere saepius posses. Praeterea indulsi amori
meo; amo enim, quae maxima ex parte ipse incohaui aut

1 naucularum *M*: nauclarum *γ*: nauicularum *F*   circumit *Fγ*: circuit
M   3 hiatibus *Fγ*: partibus *M*   5 marmore *Mγ*: a marmore *F*   6 superioribus inferioribusque *MF*: superioribusque *γ*
7 suspicit *F*: suscipit *Mγ*   despicitque *e.q.s.*] quae mox zothecula *M*:
despicit quem exodio thecula *F*: descipitque mox zetecula *γ*   refugit
quasi *MF*: refulget qua quasi *γ*   11 ibi *MF*, *om. γ*   iaceas *Fγ*:
iaceri *M*   13 sedilia e marmore quae *Fγ*: sedile marmoreum quod
M   16 inducti *γ*: inductis fistulis *F*: dulces *M*   17 haec *Mγ*,
om. F   18 lauantur *Mγ*: iuuantur *F* (*cf.* vii 9. 11)   21 uisenti
MF: ut absenti *γ*   22 liberet *MF*: libesceret *γ*   23 amori meo
Fγ: meo amori *M*   24 maxima *MF*: maxime *γ*   aut *MF*, *om. γ*

42 incohata percolui. In summa (cur enim non aperiam tibi uel
iudicium meum uel errorem?) primum ego officium scriptoris
existimo, titulum suum legat atque identidem interroget se
quid coeperit scribere, sciatque si materiae immoratur non
esse longum, longissimum si aliquid accersit atque attrahit. 5
43 Vides quot uersibus Homerus, quot Vergilius arma hic
Aeneae Achillis ille describat; breuis tamen uterque est quia
facit quod instituit. Vides ut Aratus minutissima etiam sidera
consectetur et colligat; modum tamen seruat. Non enim
44 excursus hic eius, sed opus ipsum est. Similiter nos ut 'parua 10
magnis', cum totam uillam oculis tuis subicere conamur, si
nihil inductum et quasi deuium loquimur, non epistula quae
describit sed uilla quae describitur magna est.

Verum illuc unde coepi, ne secundum legem meam iure
45 reprendar, si longior fuero in hoc in quod excessi. Habes 15
causas cur ego Tuscos meos Tusculanis Tiburtinis Praenestinisque praeponam. Nam super illa quae rettuli, altius ibi
otium et pinguius eoque securius: nulla necessitas togae,
nemo accersitor ex proximo, placida omnia et quiescentia,
quod ipsum salubritati regionis ut purius caelum, ut aer 20
46 liquidior accedit. Ibi animo, ibi corpore maxime ualeo. Nam
studiis animum, uenatu corpus exerceo. Mei quoque nusquam salubrius degunt; usque adhuc certe neminem ex iis

1 in summa (summam *M*) . . . primum *M*γ, *om.* F   3 titulum
*M*γ: ut titulum *F*   interroget se (si *M*) quid *MF*: interroges si quod γ
4 immoratur *M*γ: demoratur *F*   5 accersit *F*γ: arcessit *M*
6 Vergilius *M*: Virgilius *F*γ   7 Achillis *F*γ: ac Achillis *M*   8 uides
ut *MF*, *om.* γ   9 consectetur et colligat *MF*: consectatur et colligit γ
10 excursus *MF*: cursus *uel* est cursus γ   ut *MF*: ut ex γ; *Verg. G. iv*
176   11 conamur *F*γ: conemur *M*   12 deuium *MF*: deum γ
14 illuc *F*γ: illud *M*   15 reprendar *scripsi*: reprehendar *MF*γ (*cf. iv*
30. 3)   fuero *MF*: fuerit γ   in quod *M*: in quo *F*: quod γ   16 ego
*F*γ: ergo *M*   Praenestinisque *M*γ: Pernestinisque meis *F*   18 eoque
*F*γ: atque *M*   19 accersitor *MF*: arcessitor γ   ex *M*γ: e *F*
20 ipsum *MF*: istum γ   salubritati γ: -tate *MF*   23 iis *F*:
his *M*γ

quos eduxeram mecum, (uenia sit dicto) ibi amisi. Di modo
in posterum hoc mihi gaudium, hanc gloriam loco seruent!
Vale.

VII

C. PLINIVS CALVISIO RVFO SVO S.

Nec heredem institui nec praecipere posse rem publi- 1
cam constat; Saturninus autem, qui nos reliquit heredes,
quadrantem rei publicae nostrae, deinde pro quadrante
praeceptionem quadringentorum milium dedit. Hoc si ius
10 adspicias inritum, si defuncti uoluntatem ratum et firmum
est. Mihi autem defuncti uoluntas (uereor quam in partem 2
iuris consulti quod sum dicturus accipiant) antiquior iure
est, utique in eo quod ad communem patriam uoluit peruenire. An cui de meo sestertium sedecies contuli, huic 3
15 quadringentorum milium paulo amplius tertiam partem ex
aduenticio denegem? Scio te quoque a iudicio meo non
abhorrere, cum eandem rem publicam ut ciuis optimus
diligas. Velim ergo, cum proxime decuriones contrahentur, 4
quid sit iuris indices, parce tamen et modeste; deinde
20 subiungas nos quadringenta milia offerre, sicut praeceperit
Saturninus. Illius hoc munus, illius liberalitas; nostrum tantum obsequium uocetur. Haec ego scribere publice supersedi, 5
primum quod memineram pro necessitudine amicitiae nostrae, pro facultate prudentiae tuae et debere te et posse

1 quos eduxeram *MF*: quoque seduxeram γ   uenia sit dicto *MF*:
uenias id dicti γ   di *M*: dii *F*, *om.* γ   3 *Post uerbum* uale
deest F   5 Rufo *om. M*γ; Ad Calpurnium Rufum *in indice B*
8 pro *M*θ, *om.* γ   9 si γ: sed *M*   10 uoluntatem . . . defuncti γ,
om. M   12 sum *M*θ: sim γ   accipiant *M*θ: -iat γ   antiquior γ:
-iore *M*   14 sestertium sedecies *Mai*: his sexdecies (*ut uidetur*) θ: his
ediciens γ   19 indices *Ma*: iudices θ: dices γ   20 offerre *M*θ, *om.* γ
21 nostrum *M*θ, *om.* γ   tantum *M*θ(*f*): tamen γ   23 nostrae
. . . prudentiae *Mai*, *om.* γ

perinde meis ac tuis partibus fungi; deinde quia uerebar ne modum, quem tibi in sermone custodire facile est, tenuisse
6 in epistula non uiderer. Nam sermonem uultus gestus uox ipsa moderatur, epistula omnibus commendationibus destituta malignitati interpretantium exponitur. Vale.   5

VIII

C. PLINIVS TITINIO CAPITONI SVO S.

1   Suades ut historiam scribam, et suades non solus: multi hoc me saepe monuerunt et ego uolo, non quia commode facturum esse confidam (id enim temere credas nisi expertus), 10 sed quia mihi pulchrum in primis uidetur non pati occidere, quibus aeternitas debeatur, aliorumque famam cum sua ex-
2 tendere. Me autem nihil aeque ac diuturnitatis amor et cupido sollicitat, res homine dignissima, eo praesertim qui nullius sibi conscius culpae posteritatis memoriam non re- 15
3 formidet. Itaque diebus ac noctibus cogito, si 'qua me quoque possim tollere humo'; id enim uoto meo sufficit, illud supra uotum 'uictorque uirum uolitare per ora'; 'quamquam o—': sed hoc satis est, quod prope sola historia polliceri
4 uidetur. Orationi enim et carmini parua gratia, nisi elo- 20 quentia est summa: historia quoquo modo scripta delectat. Sunt enim homines natura curiosi, et quamlibet nuda rerum cognitione capiuntur, ut qui sermunculis etiam fabellisque ducantur. Me uero ad hoc studium impellit domesticum quo-
5 que exemplum. Auunculus meus idemque per adoptionem 25

---

1 perinde *Mθ*: fieri de *γ*   ac tuis *Mθ*: actibus *γ*   2 quem tibi *M* (*sicut et Iun. Maius*): tibi quem *γ*   5 malignitati *Mθ*: -tate *γ* 7 Titinio *om. Mγ*; Ad Titinium Caepionem *in indice B*   9 hoc me *Ma*: me hoc *γ*   11 non pati occidere *γ*: posteris tradere *M*   12 cum *γ*: cum ex *M*   13 amor et *Mθ*: amoris *γ*   14 dignissima eo] dignissime o *M*: dignissime *γ* (-imae *Itali*): dignissima *θ* (eo *ante* homine *add. a*) 19 o *γ, om. M*; *Verg. G. iii 8–9, Aen. v 195*   hoc *Ma, om. γ*   est *γ*: est et *M*   23 ut qui *Mθ*: utque *γ*   24 quoque *Ma, om. γ*

pater historias et quidem religiosissime scripsit. Inuenio
autem apud sapientes honestissimum esse maiorum uestigia
sequi, si modo recto itinere praecesserint. Cur ergo cunctor?
Egi magnas et graues causas. Has, etiamsi mihi tenuis ex iis **6**
5 spes, destino retractare, ne tantus ille labor meus, nisi hoc
quod reliquum est studii addidero, mecum pariter intercidat.
Nam si rationem posteritatis habeas, quidquid non est per- **7**
actum, pro non incohato est. Dices: 'Potes simul et rescribere
actiones et componere historiam.' Vtinam! sed utrumque
10 tam magnum est, ut abunde sit alterum efficere. Vnode- **8**
uicensimo aetatis anno dicere in foro coepi, et nunc demum
quid praestare debeat orator, adhuc tamen per caliginem
uideo. Quid si huic oneri nouum accesserit? Habet quidem **9**
oratio et historia multa communia, sed plura diuersa in his
15 ipsis, quae communia uidentur. Narrat illa narrat haec, sed
aliter: huic pleraque humilia et sordida et ex medio petita,
illi omnia recondita splendida excelsa conueniunt; hanc **10**
saepius ossa musculi nerui, illam tori quidam et quasi iubae
decent; haec uel maxime ui amaritudine instantia, illa tractu
20 et suauitate atque etiam dulcedine placet; postremo alia
uerba alius sonus alia constructio. Nam plurimum refert, ut **11**
Thucydides ait, κτῆμα sit an ἀγώνισμα; quorum alterum
oratio, alterum historia est. His ex causis non adducor ut
duo dissimilia et hoc ipso diuersa, quo maxima, confundam
25 misceamque, ne tanta quasi colluuione turbatus ibi faciam
quod hic debeo; ideoque interim ueniam, ut ne a meis uerbis

3 ergo *Ma*: enim γ   4 iis *θ*: eis *a*: his *M*γ   8 inchoato est
Mθ: inchoatum γ   10 unodeuicensimo *M*: undeuicesimo γ
11 coepi et γ: coepit *M*   13 habet γ: habere *M*   14 sed . . .
communia γ, *om. M*   18 iube *Mθ*: tubae γ   20 placet γ:
placent *M*   22 ait γ: rei *M*   HIHMA sit an ATⲰNIЄM
M: item asintanagonisma γ: *Thuc. i 22*   23 est his ex *Ma*: et ex his γ
24 quo *M*: quod γ   26 ideoque *Ma*: que γ: sed *θ*   ueniam
ut *a*: ueniam et *M*: ueniet γ   meis *M*: forensibus γ

12 recedam, aduocandi peto. Tu tamen iam nunc cogita quae
potissimum tempora adgrediar. Vetera et scripta aliis ? Parata
inquisitio, sed onerosa collatio. Intacta et noua ? Graues
13 offensae leuis gratia. Nam praeter id, quod in tantis uitiis
hominum plura culpanda sunt quam laudanda, tum si 5
laudaueris parcus, si culpaueris nimius fuisse dicaris, quamuis
14 illud plenissime, hoc restrictissime feceris. Sed haec me non
retardant; est enim mihi pro fide satis animi: illud peto
praesternas ad quod hortaris, eligasque materiam, ne mihi
iam scribere parato alia rursus cunctationis et morae iusta 10
ratio nascatur. Vale.

IX

C. PLINIVS SEMPRONIO RVFO SVO S.

1   Descenderam in basilicam Iuliam, auditurus quibus pro-
2 xima comperendinatione respondere debebam. Sedebant 15
iudices, decemuiri uenerant, obuersabantur aduocati, silentium longum; tandem a praetore nuntius. Dimittuntur
centumuiri, eximitur dies me gaudente, qui numquam ita
3 paratus sum ut non mora laeter. Causa dilationis Nepos
praetor, qui legibus quaerit. Proposuerat breue edictum, 20
admonebat accusatores, admonebat reos exsecuturum se
4 quae senatus consulto continerentur. Suberat edicto senatus

1 iam γ: immo *M*   cogita quae pot. tempora γ: cogitaque pot.
quo tempore *M*   2 adgrediar *M* (*sicut et ed. Romana*): adgrediamur γ
et γ, *om. M*   4 nam *Ma*: hanc γ, *om.* θ   praeter id *M*:
praeterii *a*: praeterea γ   6 quamuis . . . feceris *Ma*, *om.* γ
7 hoc strictissime (*sic*) *post* (*l.* 11) nascatur *habet M*   8 retardant
Ma: tardant γ   9 praesternas *M*: praestruas γ   10 iam *a*:
eam *M*: tam γ   cunctationis γ: cum *M*   13 Sempronio *om. M*γ;
Ad Sempronium Rufum *in indice B*   Rufo γ, *om. M*   16 aduocati
*M*θ: -atis γ   18 centumuiri *M*: .c̄v. γ   19 mora laeter *Ma*:
moraliter γ

consultum: hoc omnes qui quid negotii haberent iurare prius
quam agerent iubebantur, nihil se ob aduocationem cuiquam
dedisse promisisse cauisse. His enim uerbis ac mille praeterea
et uenire aduocationes et emi uetabantur; peractis tamen
5 negotiis permittebatur pecuniam dumtaxat decem milium
dare. Hoc facto Nepotis commotus praetor qui centum- 5
uiralibus praesidet, deliberaturus an sequeretur exemplum,
inopinatum nobis otium dedit. Interim tota ciuitate Nepotis 6
edictum carpitur laudatur. Multi: 'Inuenimus, qui curua
10 corrigeret! Quid? ante hunc praetores non fuerunt? quis
autem hic est, qui emendet publicos mores?' Alii contra:
'Rectissime fecit; initurus magistratum iura cognouit, senatus
consulta legit, reprimit foedissimas pactiones, rem pulcherrimam turpissime uenire non patitur.' Tales ubique sermones, 7
15 qui tamen alterutram in partem ex euentu praeualebunt. Est
omnino iniquum, sed usu receptum, quod honesta consilia
uel turpia, prout male aut prospere cedunt, ita uel probantur
uel reprehenduntur. Inde plerumque eadem facta modo
diligentiae modo uanitatis, modo libertatis modo furoris
20 nomen accipiunt. Vale.

X

C. PLINIVS SVETONIO TRANQVILLO SVO S.

Libera tandem hendecasyllaborum meorum fidem, qui 1
scripta tua communibus amicis spoponderunt. Adpellantur
25 cotidie, efflagitantur, ac iam periculum est ne cogantur ad

---

1 hoc omnes . . . ob aduoca- γα, *relicto spatio om.* M   qui quid
negotii haberent *a*: quisquis negotium haberet γ   2 agerent *ai*: agere
γ   4 peractis . . . permittebatur *Mθ, om.* γ   7 praesidet γ: -debat
Mθ   10 quid γ: quod M   13 foedissimas *Ma*: nouissimas
γ   16 iniquum *Mθ*: inimicum γ   17 probantur *Mai*: procedunt γ
19 diligentiae modo uanitatis modo *Ma, om.* γ   22 Suetoni M, *om.* γ
Tranquillo γ, *om.* M; Ad Sueton. Tranquillum *in indice B*   25 efflagitantur *Mθ*: et flagitantur γ

2 exhibendum formulam accipere. Sum et ipse in edendo haesitator, tu tamen meam quoque cunctationem tarditatemque uicisti. Proinde aut rumpe iam moras aut caue ne eosdem istos libellos, quos tibi hendecasyllabi nostri blanditiis elicere non **3** possunt, conuicio scazontes extorqueant. Perfectum opus 5 absolutumque est, nec iam splendescit lima sed atteritur. Patere me uidere titulum tuum, patere audire describi legi uenire uolumina Tranquilli mei. Aequum est nos in amore tam mutuo eandem percipere ex te uoluptatem, qua tu perfrueris ex nobis. Vale.   10

XI

C. PLINIVS CALPVRNIO FABATO PROSOCERO SVO S.

1 Recepi litteras tuas ex quibus cognoui speciosissimam te porticum sub tuo filiique tui nomine dedicasse, sequenti die in portarum ornatum pecuniam promisisse, ut initium nouae 15 **2** liberalitatis esset consummatio prioris. Gaudeo primum tua gloria, cuius ad me pars aliqua pro necessitudine nostra redundat; deinde quod memoriam soceri mei pulcherrimis operibus uideo proferri; postremo quod patria nostra florescit, quam mihi a quocumque excoli iucundum, a te uero laetissi- 20 **3** mum est. Quod superest, deos precor ut animum istum tibi, animo isti tempus quam longissimum tribuant. Nam liquet mihi futurum ut peracto quod proxime promisisti, incohes aliud. Nescit enim semel incitata liberalitas stare, cuius pulchritudinem usus ipse commendat. Vale.   25

---

3 iam *Ma, om.* γ   eosdem *Mθ*: eosdem et *uel* eos de me γ   istos *M*γ: illos *a*   5 conuicio *Ma*: -ciis θ: conuitiosius γ   extorqueant *Mθ*: extorquent γ   6 lima γ, *om. M*   12 Calpurnio *om. M*γ; *A*d Calpurn. Fabat. pros. *in indice B*   13 recepi *M*γ: praecepi *in indice B*   spec. te γ: te spec. *M*   15 nouae *Ma, om.* γ   17 nostra *Ma, om.* γ   23 proxime *Ma*: maxime γ

XII

C. PLINIVS TERENTIO SCAVRO SVO S.

Recitaturus oratiunculam quam publicare cogito, aduocaui 1
aliquos ut uererer, paucos ut uerum audirem. Nam mihi
5 duplex ratio recitandi, una ut sollicitudine intendar, altera
ut admonear, si quid forte me ut meum fallit. Tuli quod 2
petebam: inueni qui mihi copiam consilii sui facerent, ipse
praeterea quaedam emendanda adnotaui. Emendaui librum,
quem misi tibi. Materiam ex titulo cognosces, cetera liber 3
10 explicabit, quem iam nunc oportet ita consuescere, ut sine
praefatione intellegatur. Tu uelim quid de uniuerso, quid de 4
partibus sentias, scribas mihi. Ero enim uel cautior in con-
tinendo uel constantior in edendo, si huc uel illuc auctoritas
tua accesserit. Vale.

15   XIII

C. PLINIVS ⟨IVLIO⟩ VALERIANO SVO S.

Et tu rogas et ego promisi si rogasses, scripturum me tibi 1
quem habuisset euentum postulatio Nepotis circa Tuscilium
Nominatum. Inductus est Nominatus; egit ipse pro se nullo
20 accusante. Nam legati Vicetinorum non modo non pres-
serunt eum uerum etiam subleuauerunt. Summa defensionis, 2
non fidem sibi in aduocatione sed constantiam defuisse;
descendisse ut acturum, atque etiam in curia uisum, deinde
sermonibus amicorum perterritum recessisse; monitum enim
25 ne desiderio senatoris, non iam quasi de nundinis sed quasi
de gratia fama dignitate certantis, tam pertinaciter praesertim

---

2 Terentio *om. M*γ; Ad Terentium Scaurum *epistulae 13 in indice
adscribit B, nostrae* Ad scaurum   4 uererer γ: reuerirer *M*   6 quid
*M*θ: quia γ   meum *M*θ: mecum γ   16 Iulio *om. M*γ, *e titulo
epistulae 4 supplendum; seruauisset in indice B, nisi epistulae 12 titulum hic
posuisset semisomnis*   20 nam *M*: etenim γ   Vicetinorum *M*:
Vicentinorum (*sicut et infra*) γ   21 subleuauerunt *a et* (*ut uidetur*) γ:
-arunt *M*   24 perterritum *Ma, om.* γ   25 iam γ, *om. M*

in senatu repugnaret, alioqui maiorem inuidiam quam
3 proxime passurus. Erat sane prius, a paucis tamen, acclamatum exeunti. Subiunxit preces multumque lacrimarum; quin
etiam tota actione homo in dicendo exercitatus operam dedit,
ut deprecari magis (id enim et fauorabilius et tutius) quam 5
4 defendi uideretur. Absolutus est sententia designati consulis
Afrani Dextri, cuius haec summa: melius quidem Nominatum fuisse facturum, si causam Vicetinorum eodem animo
quo susceperat pertulisset; quia tamen in hoc genus culpae
non fraude incidisset, nihilque dignum animaduersione ad- 10
misisse conuinceretur, liberandum, ita ut Vicetinis quod
5 acceperat redderet. Adsenserunt omnes praeter Fabium
Aprum. Is interdicendum ei aduocationibus in quinquennium censuit, et quamuis neminem auctoritate traxisset,
constanter in sententia mansit; quin etiam Dextrum, qui 15
primus diuersum censuerat, prolata lege de senatu habendo
6 iurare coegit e re publica esse quod censuisset. Cui quamquam
legitimae postulationi a quibusdam reclamatum est; exprobrare enim censenti ambitionem uidebatur. Sed prius quam
sententiae dicerentur, Nigrinus tribunus plebis recitauit libel- 20
lum disertum et grauem, quo questus est uenire aduocationes,
uenire etiam praeuaricationes, in lites coiri, et gloriae loco
7 poni ex spoliis ciuium magnos et statos reditus. Recitauit
capita legum, admonuit senatus consultorum, in fine dixit
petendum ab optimo principe, ut quia leges, quia senatus 25
8 consulta contemnerentur, ipse tantis uitiis mederetur. Pauci

---

1 quam *Ma, om. γ*   2 passurus γ: -urum *M*   a paucis tamen
M: tamen (a *add. θ*) paucis γ   11 ut *Ma* (tamen ut *iam Laetus*), *om. γ*
12–13 Fabium (Flauium *a*) Aprum is *Ma*: lacrumis γ (*quod* F. Aprum is
interpretari possis)   13 aduocationibus *Ma*: -oni γ: -one θ   16 primus *Mγ*: primum *a*   prolata *Ma*: perlata γ   17 e rep. esse *Mθ*:
eripuisse γ   19 censenti . . . sententiae *Mθ*: sententiam (*ceteris omissis*)
γ   22 coiri γ: coire *M*   23 statos *Mθ*: statutos γ   24 consultorum
γ: consulti *M*   26 uitiis *Mθ, om. γ*

dies, et liber principis seuerus et tamen moderatus: leges
ipsum; est in publicis actis. Quam me iuuat, quod in causis
agendis non modo pactione dono munere uerum etiam xeniis
semper abstinui! Oportet quidem, quae sunt inhonesta, non **9**
5 quasi inlicita sed quasi pudenda uitare; iucundum tamen si
prohiberi publice uideas, quod numquam tibi ipse permiseris.
Erit fortasse, immo non dubie, huius propositi mei et minor **10**
laus et obscurior fama, cum omnes ex necessitate facient quod
ego sponte faciebam. Interim fruor uoluptate, cum alii
10 diuinum me, alii meis rapinis meae auaritiae occursum per
ludum ac iocum dictitant. Vale.

XIV

C. PLINIVS PONTIO ALLIFANO SVO S.

Secesseram in municipium, cum mihi nuntiatum est **1**
15 Cornutum Tertullum accepisse Aemiliae uiae curam. Ex-**2**
primere non possum, quanto sim gaudio adfectus, et ipsius
et meo nomine: ipsius quod, sit licet (sicut est) ab omni
ambitione longe remotus, debet tamen ei iucundus honor
esse ultro datus, meo quod aliquanto magis me delectat
20 mandatum mihi officium, postquam par Cornuto datum
uideo. Neque enim augeri dignitate quam aequari bonis **3**
gratius. Cornuto autem quid melius, quid sanctius, quid in
omni genere laudis ad exemplar antiquitatis expressius? quod
mihi cognitum est non fama, qua alioqui optima et meritis-
25 sima fruitur, sed longis magnisque experimentis. Vna diligimus, **4**

---

1 moderatus leges γ: moratus legis *M*   3 pactione *Mθ*: -onem γ
5 inlicita sed quasi γ, *om. M*   pudenda *Mai*: iubenda γ   7 erit
γ, *om. M*   11 ac iocum *Mai*: acceptum γ   13 Allifano *om. Mγ*; Ad
Pontium Allifan. *in indice B*   17 ipsius quod sit licet (scilicet γ) *sicut*
est γ*a*: licet (*ceteris omissis*) *M*   18 ei γ: et *M*   honor **esse**
Mγ: esse honor *a*   21 dignitate *M* (*sicut et Iun. Maius*): -tatem γ
23 exemplar γ: exemplum *M*   25 sed *Mθ*: et γ

una dileximus omnes fere quos aetas nostra in utroque
sexu aemulandos tulit; quae societas amicitiarum artissima
5 nos familiaritate coniunxit. Accessit uinculum necessitudinis
publicae; idem enim mihi, ut scis, collega quasi uoto petitus
in praefectura aerarii fuit, fuit et in consulatu. Tum ego qui 5
uir et quantus esset altissime inspexi, cum sequerer ut
magistrum, ut parentem uererer, quod non tam aetatis
6 maturitate quam uitae merebatur. His ex causis ut illi sic
mihi gratulor, nec priuatim magis quam publice, quod
tandem homines non ad pericula ut prius uerum ad honores 10
uirtute perueniunt.
7   In infinitum epistulam extendam, si gaudio meo indulgeam.
Praeuertor ad ea, quae me agentem hic nuntius deprehendit.
8 Eram cum prosocero meo, eram cum amita uxoris, eram cum
amicis diu desideratis, circumibam agellos, audiebam multum 15
rusticarum querellarum, rationes legebam inuitus et cursim
(aliis enim chartis, aliis sum litteris initiatus), coeperam etiam
9 itineri me praeparare. Nam includor angustiis commeatus,
eoque ipso, quod delegatum Cornuto audio officium, mei ad-
moneor. Cupio te quoque sub idem tempus Campania tua 20
remittat, ne quis cum in urbem rediero, contubernio nostro
dies pereat. Vale.

XV

C. PLINIVS ARRIO ANTONINO SVO S.

1   Cum uersus tuos aemulor, tum maxime quam sint boni 25
experior. Vt enim pictores pulchram absolutamque faciem

---

5 fuit fuit *Ma*: fuit γ   tum ego γ: cum eo *M*   6 inspexi γ:
-eram *M*   7 ut γ: aut *M*   uererer γ: uerererque *M*   9 mihi
γ: mi *M*   quod *Ma, om.* γ   13 praeuertor *Ma*: preuertam
γ   16 cursim (cursum *M¹*) aliis *Mθ*: causis malis γ   17 aliis
(*alterum*) *Mθ(t), om.* γ   21 quis γ: quisquam *M*   24 Arrio *om. M*γ;
Ad Arrium Antonin. *in indice B*

raro nisi in peius effingunt, ita ego ab hoc archetypo labor et
decido. Quo magis hortor, ut quam plurima proferas, quae **2**
imitari omnes concupiscant, nemo aut paucissimi possint.
Vale.

5   XVI

C. PLINIVS AEFVLANO MARCELLINO SVO S.

Tristissimus haec tibi scribo, Fundani nostri filia minore **1**
defuncta. Qua puella nihil umquam festiuius amabilius, nec
modo longiore uita sed prope immortalitate dignius uidi.
10 Nondum annos xiiii impleuerat, et iam illi anilis prudentia, **2**
matronalis grauitas erat et tamen suauitas puellaris cum
uirginali uerecundia. Vt illa patris ceruicibus inhaerebat! ut **3**
nos amicos paternos et amanter et modeste complectebatur!
ut nutrices, ut paedagogos, ut praeceptores pro suo quemque
15 officio diligebat! quam studiose, quam intellegenter lectita-
bat! ut parce custoditeque ludebat! Qua illa temperantia,
qua patientia, qua etiam constantia nouissimam ualetudinem
tulit! Medicis obsequebatur, sororem patrem adhortabatur **4**
ipsamque se destitutam corporis uiribus uigore animi sustine-
20 bat. Durauit hic illi usque ad extremum, nec aut spatio **5**
ualetudinis aut metu mortis infractus est, quo plures graui-
oresque nobis causas relinqueret et desiderii et doloris. O **6**
triste plane acerbumque funus! o morte ipsa mortis tempus
indignius! iam destinata erat egregio iuueni, iam electus
25 nuptiarum dies, iam nos uocati. Quod gaudium quo maerore
mutatum est! Non possum exprimere uerbis quantum animo **7**

---

1 labor *θ*: laboro *Mγ*   6 Aefulano *om. Mγ*; Ad Aefulan. Marcellinum *in indice* B   9 prope *Ma*: paene *γ*   10 annos *γ*: anno *M*
xiiii *Mγ*: xiii *Dressel collato lapide* (*C.I.L.* vi 16,631 = *Dessau* 1030)
impleuerat *Mθ(q)*: expleuerat *γ*   anilis *Mθ*: talis *γ̇*   16 ut . . .
ludebat *γ, om. M*   17 qua patientia *Ma, om. γ*   18 patrem *Ma*:
partim *γ*   23 o *M, om. γ*   24 electus . . . iam *γ, om. M*

uulnus acceperim, cum audiui Fundanum ipsum, ut multa
luctuosa dolor inuenit, praecipientem, quod in uestes margarita gemmas fuerat erogaturus, hoc in tus et unguenta et
8 odores impenderetur. Est quidem ille eruditus et sapiens, ut
qui se ab ineunte aetate altioribus studiis artibusque dedi- 5
derit; sed nunc omnia, quae audiit saepe quae dixit, asper-
9 natur expulsisque uirtutibus aliis pietatis est totus. Ignosces,
laudabis etiam, si cogitaueris quid amiserit. Amisit enim
filiam, quae non minus mores eius quam os uultumque
referebat, totumque patrem mira similitudine exscripserat. 10
10 Proinde si quas ad eum de dolore tam iusto litteras mittes,
memento adhibere solacium non quasi castigatorium et
nimis forte, sed molle et humanum. Quod ut facilius admittat,
11 multum faciet medii temporis spatium. Vt enim crudum
adhuc uulnus medentium manus reformidat, deinde patitur 15
atque ultro requirit, sic recens animi dolor consolationes
reicit ac refugit, mox desiderat et clementer admotis ad-
quiescit. Vale.

XVII

C. PLINIVS VESTRICIO SPVRINNAE SVO S.   20

1   Scio quanto opere bonis artibus faueas, quantum gaudium
capias, si nobiles iuuenes dignum aliquid maioribus suis
faciant. Quo festinantius nuntio tibi fuisse me hodie in
2 auditorio Calpurni Pisonis. Recitabat κατασ τερισμῶν eru-
ditam sane luculentamque materiam. Scripta elegis erat 25

---

1 ipsum *Mθ, om. γ*   2 margarita *M*: -tas *γ*   3 tus *M*: tura *γ*
et (*prius*) *Mθ*: et in *γ*   5 artibusque *Mθ*: altiusque *γ*   6 quae audiit
Mθ: quaerit *γ*   7 aliis pietatis est totus ignosces *Mθ*: et talis pietas
est cui si ignoscas (?) *γ*   9 mores *Mθ*: formam oris *γ*   11 tam
iusto *Ma*: tamus *uel* tanius *γ*   12 adhibere *Mθ*: habere *γ*
castigatorium *M*: -torum *a*: -turum *γ*   14 faciet *Mθ*: fauet *γ*
20 Vestricio *om. Mγ*; Ad Vestric. Spurinna *in indice B*   24 ΚΑΤΑ-
CTEΡICΜⲰΝ *Ma*: tacte pigmon (*scilicet* [ΚΑ]ΤΑCΤEΡICΜΟΝ) *γ*
25 scripta elegis (*uel* scriptae legis) erat *γ*: scripta leges erant *M*

fluentibus et teneris et enodibus, sublimibus etiam, ut
poposcit locus. Apte enim et uarie nunc attollebatur, nunc
residebat; excelsa depressis, exilia plenis, seueris iucunda
mutabat, omnia ingenio pari. Commendabat haec uoce 3
5 suauissima, uocem uerecundia: multum sanguinis, multum
sollicitudinis in ore, magna ornamenta recitantis. Etenim
nescio quo pacto magis in studiis homines timor quam fiducia
decet. Ne plura (quamquam libet plura, quo sunt pulchriora 4
de iuuene, rariora de nobili), recitatione finita multum ac diu
10 exosculatus adulescentem, qui est acerrimus stimulus monendi, laudibus incitaui, pergeret qua coepisset, lumenque
quod sibi maiores sui praetulissent, posteris ipse praeferret.
Gratulatus sum optimae matri, gratulatus et fratri, qui ex 5
auditorio illo non minorem pietatis gloriam quam ille alter
15 eloquentiae retulit: tam notabiliter pro fratre recitante
primum metus eius, mox gaudium eminuit.

Di faciant ut talia tibi saepius nuntiem! Faueo enim saeculo 6
ne sit sterile et effetum, mireque cupio ne nobiles nostri nihil
in domibus suis pulchrum nisi imagines habeant; quae nunc
20 mihi hos adulescentes tacitae laudare adhortari, et quod
amborum gloriae satis magnum est, agnoscere uidentur. Vale.

XVIII

C. PLINIVS CALPVRNIO MACRO SVO S.

Bene est mihi quia tibi bene est. Habes uxorem tecum, 1
25 habes filium; frueris mari fontibus uiridibus agro uilla

2 poposcit *Ma*: poscit γ   locus *Mθ*: loco γ   apte *Ma*:
alte γ   5 uocem uerecundia *Ma*: uoce uerecunda γ   9 nobili γ:
nobis *M*   *Post uerbum* recitatione, *add.* fine fini de iuuene ratiora
de nobili recitatione *uel nescio quid simile* (*ut uidetur*) γ   10 monendi γ:
-dis *M*   12 ipse *M, om.* γ   13 ex *Ma, om.* γ (in *add. Itali*)
15 retulit γ: tulit *Mu*   18 et *M, om.* γ   20 tacitae γ (tacite
Itali): tacitos *M*   21 agnoscere *Mθ*: adcognoscere (*nisi potius* ad
agnoscere) γ   23 Calpurnio *om. M*γ; Ad Calpurn. Macrum *in indice*
B   Macro γ: Spurinnae *M*   25 uiridibus *Ma*: uiribus γ

amoenissima. Neque enim dubito esse amoenissimam, in
qua se composuerat homo felicior, ante quam felicissimus
2 fieret. Ego in Tuscis et uenor et studeo, quae interdum
alternis, interdum simul facio; nec tamen adhuc possum
pronuntiare, utrum sit difficilius capere aliquid an scribere. 5
Vale.

XIX

C. PLINIVS VALERIO PAVLINO SVO S.

1 Video quam molliter tuos habeas; quo simplicius tibi
2 confitebor, qua indulgentia meos tractem. Est mihi semper 10
in animo et Homericum illud πατὴρ δ' ὡς ἤπιος ἦεν et hoc
nostrum 'pater familiae'. Quod si essem natura asperior et
durior, frangeret me tamen infirmitas liberti mei Zosimi,
cui tanto maior humanitas exhibenda est, quanto nunc illa
3 magis eget. Homo probus officiosus litteratus; et ars quidem 15
eius et quasi inscriptio comoedus, in .qua plurimum facit.
Nam pronuntiat acriter sapienter apte decenter etiam;
utitur et cithara perite, ultra quam comoedo necesse est.
Idem tam commode orationes et historias et carmina legit,
4 ut hoc solum didicisse uideatur. Haec tibi sedulo exposui, 20
quo magis scires, quam multa unus mihi et quam iucunda
ministeria praestaret. Accedit longa iam caritas hominis,
5 quam ipsa pericula auxerunt. Est enim ita natura comparatum, ut nihil aeque amorem incitet et accendat quam
6 carendi metus; quem ego pro hoc non semel patior. Nam 25
ante aliquot annos, dum intente instanterque pronuntiat,

---

1 neque . . . amoenissimam γ, *om. M*   4 alternis (et *add. a*) interdum *Mai, om.* γ   adhuc γ: et huc *M*   8 Valerio *om. M*γ; Ad Valerium
Paulinum *in indice B*   11 et (*prius*) *M, om.* γ   *Hom. Od.* ii 47, 234
12 familiae *M*γ: familias *Itali*   14 illa magis eget *Ma*: utilior humanitas
iam agi se et γ (*uide supra pag. x*)   19 orationes γ: rationes *M*
23 ita *M*: a *a, om.* γ   26 aliquot θ: aliquod *M*: *idem uel* aliquos γ

sanguinem reiecit atque ob hoc in Aegyptum missus a me post
longam peregrinationem confirmatus redît nuper; deinde
dum per continuos dies nimis imperat uoci, ueteris infirmitatis tussicula admonitus rursus sanguinem reddidit. Qua ex **7**
causa destinaui eum mittere in praedia tua, quae Foro Iulii
possides. Audiui enim te saepe referentem esse ibi et aera
salubrem et lac eiusmodi curationibus accommodatissimum.
Rogo ergo scribas tuis, ut illi uilla, ut domus pateat, offerant **8**
etiam sumptibus eius, si quid opus erit. Erit autem opus **9**
10 modico; est ením tam parcus et continens, ut non solum
delicias uerum etiam necessitates ualetudinis frugalitate
restringat. Ego proficiscenti tantum uiatici dabo, quantum
sufficiat eunti in tua. Vale.

XX

C. PLINIVS CORNELIO VRSO SVO S.

Iterum Bithyni: breue tempus a Iulio Basso, et Rufum **1**
Varenum proconsulem detulerunt, Varenum quem nuper
aduersus Bassum aduocatum et postularant et acceperant.
Inducti in senatum inquisitionem postulauerunt. Varenus **2**
20 petit ut sibi quoque defensionis causa euocare testes liceret;
recusantibus Bithynis cognitio suscepta est. Egi pro Vareno
non sine euentu; nam bene an male liber indicabit. In actio- **3**
nibus enim utramque in partem fortuna dominatur: multum
commendationis et detrahit et adfert memoria uox gestus

---

2 redit γ: rediit *Mθ*   3 continuos γ: cotidianos *M*   nimis
Mai, *om.* γ   imperat *Mθ*: imperatus γ   4 admonitus *Mθ*: admonetur γ   rursus *Mθ*: ausus (*ut uidetur*) γ   9 quid *Mθ*: *fortasse*
quod γ   13 sufficiat *Mθ*(*q*): sufficit et γ   15 Cornelio *om. M*γ; Ad
Cornelium Vrsum *in indice B*   16 iterum γ: fieret in *M*   Rufum
Itali: Rufium *M*γ   17 Varenum (*prius*) *Mθ*: Varenum quem γ   proconsulem γ: pro consule *M*   nuper *Mθ*(*q*), *om.* γ   19 Varenus *Ma*:
tum Varenus γ   20 quoque γ: undique *M*   causa euocare *Ma*:
causae (causa θ) uocare γ   21 egi *Mθ*: egi ego *a*: ei γ   22 sine *Mθ*:
nisi γ   indicabit *Itali*: iudicabit *M*γ*a*   24 detrahit γ: deicit *M*

tempus ipsum, postremo uel amor uel odium rei; liber of-
fensis, liber gratia, liber et secundis casibus et aduersis caret.
4 Respondit mihi Fonteius Magnus, unus ex Bithynis, plurimis
uerbis paucissimis rebus. Est plerisque Graecorum, ut illi,
pro copia uolubilitas: tam longas tamque frigidas perihodos 5
5 uno spiritu quasi torrente contorquent. Itaque Iulius Candidus non inuenuste solet dicere, aliud esse eloquentiam
aliud loquentiam. Nam eloquentia uix uni aut alteri, immo
(si M. Antonio credimus) nemini, haec uero, quam Candidus
loquentiam adpellat, multis atque etiam impudentissimo 10
6 cuique maxime contigit. Postero die dixit pro Vareno
Homullus callide acriter culte, contra Nigrinus presse grauiter
ornate. Censuit Acilius Rufus consul designatus inquisitionem
Bithynis dandam, postulationem Vareni silentio praeterit.
7 Haec forma negandi fuit. Cornelius Priscus consularis et 15
accusatoribus quae petebant et reo tribuit, uicitque numero.
Impetrauimus rem nec lege comprehensam nec satis usi-
8 tatam, iustam tamen. Quare iustam, non sum epistula
exsecuturus, ut desideres actionem. Nam si uerum est
Homericum illud: 20

> τὴν γὰρ ἀοιδὴν μᾶλλον ἐπικλείουσ᾽ ἄνθρωποι,
> ⟨ἥ τις ἀκουόντεσσι νεωτ⟩άτη ἀμφιπέληται,

1 amor *Mθ*: amorem γ   2 gratia *Mθ*: gratia et γ   casibus *Mθ*:
gratia casibus γ   caret *Mθ*: caret et γ   3 plurimis *Ma*: pluribus γ   4 illi (illis θ, *correxit a*) pro copia uolubilitas *Mθ*: citro
copia uolubilis γ   5 frigidas *Mθ*: rigidas γ   6 contorquent γ:
torquente *M*   8 aliud loq. nam eloq. γ, *om. M*   immo si Marco
Antonio *a*: iam non simus Antonii γ: notam immo notam si M. Antonino
M: non tamen omni tamen si M. Antonio θ(ƒ)   9 credimus *Ma*: credamus γ   11 contigit *Mθ*(ƒ): contingit γ   12 callide θ: calide *M*:
calde γ   14 praeterit γ: -iit *Mθ*(ƒ)   15 Priscus γ: Sertorius *Mθ*(q)
consularis (et *add. a*) accusatoribus *Mθa*: actoribus γ   16 uicitque num.
impetrauimus γ: nec cuique num. impetraueram *M*   17 nec lege *ai*:
lege *M*: negligenter γ   usitatam *Mai*: suis tantum γ   21 THN
. . . ΑΜΦΙΠΕΛΗΤΑΙ *Ma* (*sed* ΑΝΘΡ ΩΠΟΥΣ *M*: Η ΤΙΣ . . .
ΝΕωΤ- *om. M*, ΗΠΕΡ *a*): a te γ; *Hom. Od.* i 351-2

prouidendum est mihi, ne gratiam nouitatis et florem, quae
oratiunculam illam uel maxime commendat, epistulae loqua-
citate praecerpam. Vale.

XXI

5   C. PLINIVS POMPEIO SATVRNINO SVO S.

Varie me adfecerunt litterae tuae; nam partim laeta partim **1**
tristia continebant: laeta quod te in urbe teneri nuntiabant
('nollem' inquis; sed ego uolo), praeterea quod recitaturum
statim ut uenissem pollicebantur; ago gratias quod exspector.
10 Triste illud, quod Iulius Valens grauiter iacet; quamquam **2**
ne hoc quidem triste, si illius utilitatibus aestimetur, cuius
interest quam maturissime inexplicabili morbo liberari.
Illud plane non triste solum uerum etiam luctuosum, quod **3**
Iulius Auitus decessit dum ex quaestura redit, decessit in
15 naue, procul a fratre amantissimo, procul a matre a sororibus
(nihil ista ad mortuum pertinent, sed pertinuerunt cum **4**
moreretur, pertinent ad hos qui supersunt); iam quod in
flore primo tantae indolis iuuenis exstinctus est summa consecuturus, si uirtutes eius maturuissent. Quo ille studiorum **5**
20 amore flagrabat! quantum legit, quantum etiam scripsit!
quae nunc omnia cum ipso sine fructu posteritatis abierunt.
Sed quid ego indulgeo dolori? cui si frenos remittas, nulla **6**
materia non maxima est. Finem epistulae faciam, ut facere
possim etiam lacrimis quas epistula expressit. Vale.

1 prouidendum γ: prodendum *M*   2 illam *M*γ: meam *a*   commendat *M a*: -dant γ   3 praecerpam *M a i*: praeteream γ: per-
dam θ   5 Pompeio *om. M*γ; Ad Pompeium Saturn. *in indice B*
10 Iulius γ: Siluius *M*   11 cuius interest *M*θ, *om.* γ   15 naue *M*:
naui θ: nauem γ   18 summa consecuturus γ: maxima consecutus *M*
19 si uirt. eius maturuissent γ: amabam uirt. eius maturitatemque *M*
quo *M*θ: quod γ   20 flagrabat γ: -abit *M*   22 cui *M*θ: qui γ
24 epistula expr. *M a*: expr. epistula γ

LIBER SEXTVS

I

C. PLINIVS TIRONI SVO S.

1 Qvamdiv ego trans Padum tu in Piceno, minus te requirebam; postquam ego in urbe tu adhuc in Piceno, multo magis, 5 seu quod ipsa loca in quibus esse una solemus acrius me tui commonent, seu quod desiderium absentium nihil perinde ac uicinitas acuit, quoque propius accesseris ad spem fruendi, **2** hoc impatientius careas. Quidquid in causa, eripe me huic tormento. Veni, aut ego illuc unde inconsulte properaui 10 reuertar, uel ob hoc solum, ut experiar an mihi, cum sine me Romae coeperis esse, similes his epistulas mittas. Vale.

II

C. PLINIVS ARRIANO SVO S.

1 Soleo non numquam in iudiciis quaerere M. Regulum; 15 **2** nolo enim dicere desiderare. Cur ergo quaero? Habebat studiis honorem, timebat pallebat scribebat, quamuis non posset ediscere. Illud ipsum, quod oculum modo dextrum modo sinistrum circumlinebat (dextrum si a petitore, alterum si a possessore esset acturus), quod candidum splenium in hoc 20 aut in illud supercilium transferebat, quod semper haruspices consulebat de actionis euentu, a nimia superstitione sed **3** tamen et a magno studiorum honore ueniebat. Iam illa per-

---

6 seu quod $M\theta(t)$: ex quo γ   me tui $M\theta$: metus γ   7 nihil γ: mihi M 8 accesseris $M\theta$: -erit γ   9 careas Ma: capias γ (*unde* cupias *Itali*)   10 inconsulte $M\theta$: consulte γ   15 .M.'$M\theta$: meum γ   21 in $M\theta(q)$, *om.* γ   transferebat $M\theta$: -bam γ   22 a nimia M *corr.*: animi Mγ   23 a $M\theta$, *om.* γ   iam $M\theta$: tam γ

quam iucunda una dicentibus, quod libera tempora petebat,
quod audituros corrogabat. Quid enim iucundius quam sub
alterius inuidia quamdiu uelis, et in alieno auditorio quasi
deprehensum commode dicere?

5   Sed utcumque se habent ista, bene fecit Regulus quod est 4
mortuus: melius, si ante. Nunc enim sane poterat sine malo
publico uiuere, sub eo principe sub quo nocere non poterat.
Ideo fas est non numquam eum quaerere. Nam, postquam 5
obiit ille, increbruit passim et inualuit consuetudo binas uel
10 singulas clepsydras, interdum etiam dimidias et dandi et
petendi. Nam et qui dicunt, egisse malunt quam agere, et qui
audiunt, finire quam iudicare. Tanta neglegentia tanta desidia, tanta denique inreuerentia studiorum periculorumque
est. An nos sapientiores maioribus nostris, nos legibus ipsis 6
15 iustiores, quae tot horas tot dies tot comperendinationes
largiuntur? Hebetes illi et supra modum tardi; nos apertius
dicimus, celerius intellegimus, religiosius iudicamus, quia
paucioribus clepsydris praecipitamus causas quam diebus
explicari solebant. O Regule, qui ambitione ab omnibus 7
20 obtinebas quod fidei paucissimi praestant! Equidem quotiens
iudico, quod uel saepius facio quam dico, quantum quis
plurimum postulat aquae do. Etenim temerarium existimo 8
diuinare quam spatiosa sit causa inaudita, tempusque negotio
finire cuius modum ignores, praesertim cum primam religioni
25 suae iudex patientiam debeat, quae pars magna iustitiae est.
At quaedam superuacua dicuntur. Etiam: sed satius est et
haec dici quam non dici necessaria. Praeterea, an sint super- 9
uacua, nisi cum audieris scire non possis. Sed de his melius

2 enim M (sicut et Iun. Maius): denique (ut uidetur) γ   9 obiit ille
Mθ: abiit illa γ   12 tanta (alterum) Mθ(q), om. γ   17 quia
Mθ: qui γ   18 clepsydris Mθ: clepsydra γ   quam Ma: quae γ
19 Regule Mθ: Regulus γ   20 fidei Mθ: fidem γ   21 quis
Mθ: qui γ   22 aquae do etenim Ma: atque docet enim γ   24 reli-
gioni Ma: religionis γ   25 iustitiae γ: iustitia M

coram ut de pluribus uitiis ciuitatis. Nam tu quoque amore
communium soles emendari cupere quae iam corrigere
difficile est.

10   Nunc respiciamus domos nostras. Ecquid omnia in tua
recte? in mea noui nihil. Mihi autem et gratiora sunt bona 5
quod perseuerant, et leuiora incommoda quod adsueui. Vale.

III

C. PLINIVS VERO SVO S.

1   Gratias ago, quod agellum quem nutrici meae donaueram
colendum suscepisti. Erat, cum donarem, centum milium 10
nummum; postea decrescente reditu etiam pretium minuit,
2 quod nunc te curante reparabit. Tu modo memineris com-
mendari tibi a me non arbores et terram, quamquam haec
quoque, sed munusculum meum, quod esse quam fructuosis-
simum non illius magis interest quae accepit, quam mea qui 15
dedi. Vale.

IV

C. PLINIVS CALPVRNIAE SVAE S.

1   Numquam sum magis de occupationibus meis questus,
quae me non sunt passae aut proficiscentem te ualetudinis 20
causa in Campaniam prosequi aut profectam e uestigio sub-
2 sequi. Nunc enim praecipue simul esse cupiebam, ut oculis
meis crederem quid uiribus quid corpusculo adparares, ecquid denique secessus uoluptates regionisque abundantiam
3 inoffensa transmitteres. Equidem etiam fortem te non sine 25
cura desiderarem; est enim suspensum et anxium de eo quem
4 ardentissime diligas interdum nihil scire. Nunc uero me cum

4 domos *Ma, om.* γ   ecquid *Mai*: et quid γ   6 quod (*alterum*) *Mθ*:
sed γ   10 erat *Ma*: et erat γ   23 adpararcs *M*: adpareres *a*: acquireres
γ   ecquid *M*: et quid θ(*q*): et qui γ   24 uoluptates γ: uoluptatis *M*

absentiae tum infirmitatis tuae ratio incerta et uaria sollicitudine exterret. Vereor omnia, imaginor omnia, quaeque
natura metuentium est, ea maxime mihi quae maxime
abominor fingo. Quo impensius rogo, ut timori meo cottidie 5
5 singulis uel etiam binis epistulis consulas. Ero enim securior
dum lego, statimque timebo cum legero. Vale.

V

C. PLINIVS VRSO SVO S.

Scripseram tenuisse Varenum, ut sibi euocare testes liceret; 1
10 quod pluribus aequum, quibusdam iniquum et quidem
pertinaciter uisum, maxime Licinio Nepoti, qui sequenti
senatu, cum de rebus aliis referretur, de proximo senatus
consulto disseruit finitamque causam retractauit. Addidit 2
etiam petendum a consulibus ut referrent sub exemplo legis
15 ambitus de lege repetundarum, an placeret in futurum ad
eam legem adici, ut sicut accusatoribus inquirendi testibus-
que denuntiandi potestas ex ea lege esset, ita reis quoque
fieret. Fuerunt quibus haec eius oratio ut sera et intempe- 3
stiua et praepostera displiceret, quae omisso contra dicendi
20 tempore castigaret peractum, cui potuisset occurrere. Iuuen- 4
tius quidem Celsus praetor tamquam emendatorem senatus
et multis et uehementer increpuit. Respondit Nepos rursusque Celsus; neuter contumeliis temperauit. Nolo referre 5
quae dici ab ipsis moleste tuli. Quo magis quosdam e numero
25 nostro improbaui, qui modo ad Celsum modo ad Nepotem,
prout hic uel ille diceret, cupiditate audiendi cursitabant, et
nunc quasi stimularent et accenderent, nunc quasi recon-
ciliarent ac recomponerent, frequentius singulis, ambobus

---

2 imaginor omnia *M, om. γ*   3 metuentium γ: -tum *M*   maxime
(*alterum*) *Ma, om. γ*   15 ambitus γ: ambitum *M*   26 cursitabant
Mθ: cursitantem γ   28 ac recomponerent *M*: componerentque γ

interdum propitium Caesarem ut in ludicro aliquo preca-
6 bantur. Mihi quidem illud etiam peracerbum fuit, quod sunt
alter alteri quid pararent indicati. Nam et Celsus Nepoti ex
7 libello respondit et Celso Nepos ex pugillaribus. Tanta
loquacitas amicorum, ut homines iurgaturi id ipsum inuicem 5
scierint, tamquam conuenisset. Vale.

VI

C. PLINIVS FVNDANO SVO S.

1 Si quando, nunc praecipue cuperem esse te Romae, et sis
rogo. Opus est mihi uoti laboris sollicitudinis socio. Petit 10
honores Iulius Naso; petit cum multis, cum bonis, quos ut
2 gloriosum sic est difficile superare. Pendeo ergo et exerceor
spe, adficior metu et me consularem esse non sentio; nam
3 rursus mihi uideor omnium quae decucurri candidatus. Meretur hanc curam longa mei caritate. Est mihi cum illo non 15
sane paterna amicitia (neque enim esse potuit per meam
aetatem); solebat tamen uixdum adulescentulo mihi pater
eius cum magna laude monstrari. Erat non studiorum tantum
uerum etiam studiosorum amantissimus, ac prope cotidie ad
audiendos, quos tunc ego frequentabam, Quintilianum 20
Niceten Sacerdotem uentitabat, uir alioqui clarus et grauis
4 et qui prodesse filio memoria sui debeat. Sed multi nunc in
senatu quibus ignotus ille, multi quibus notus, sed non nisi
uiuentes reuerentur. Quo magis huic, omissa gloria patris in
qua magnum ornamentum gratia infirma, ipsi enitendum ipsi 25

---

1 interdum *Mθ*: indum *γ*   3 quid *Mθ*: quod *γ*   5 iurgaturi *γ*:
purgaturi *M*   6 scierint *Mθ*: scirent *γ*   conuenisset *Ma*: conuenis-
sent *γ*   11 honores Iulius Naso petit *γ* (honores *del. Cortius*): Naso *M*
13 nam *Ma*, *om. γ*   14 decucurri *γ*: decurri *M*   15 longam ei caritate (-tem *γ*) *Mγ*, *correxit θ*   18 monstrari *Mθ*: monstrare *γ*   20 frequentabam *Mθ*: -abat *γ*   Quintilianum Nic. Sac. uentitabat *Mθ*, *om. γ*
23 notus *γ*, *om. M*   25 enitendum ipsi *Mθ*, *om. γ*

elaborandum est. Quod quidem semper, quasi prouideret 5
hoc tempus, sedulo fecit: parauit amicos, quos parauerat
coluit, me certe, ut primum sibi iudicare permisit, ad amorem
imitationemque delegit. Dicenti mihi sollicitus adsistit, ad- 6
5 sidet recitanti; primis etiam et cum maxime nascentibus
opusculis meis interest, nunc solus ante cum fratre, cuius
nuper amissi ego suscipere partes, ego uicem debeo implere.
Doleo enim et illum immatura morte indignissime raptum, 7
et hunc optimi fratris adiumento destitutum solisque amicis
10 relictum. Quibus ex causis exigo ut uenias, et suffragio meo 8
tuum iungas. Permultum interest mea te ostentare, tecum
circumire. Ea est auctoritas tua, ut putem me efficacius
tecum etiam meos amicos rogaturum. Abrumpe si qua te 9
retinent: hoc tempus meum, hoc fides, hoc etiam dignitas
15 postulat. Suscepi candidatum, et suscepisse me notum est;
ego ambio, ego periclitor; in summa, si datur Nasoni quod
petit, illius honor, si negatur, mea repulsa est. Vale.

VII

C. PLINIVS CALPVRNIAE SVAE S.

20 Scribis te absentia mea non mediocriter adfici unumque 1
habere solacium, quod pro me libellos meos teneas, saepe
etiam in uestigio meo colloces. Gratum est quod nos requiris, 2
gratum quod his fomentis adquiescis; inuicem ego epistulas
tuas lectito atque identidem in manus quasi nouas sumo.
25 Sed eo magis ad desiderium tui accendor: nam cuius litte- 3
rae tantum habent suauitatis, huius sermonibus quantum

---

3 amorem $M\theta$: amorem rem γ 6 fratre $M\theta$: patre γ 11 mea
te ostentare γ: me ad eos tentare M tecum M: et tum γ 12 circumire ea γ: circum irae M 16 summa γ: summam M 22 etiam
M Laetus: enim γ est . . . gratum M, om. γ requiris Catanaeus:
requires M

dulcedinis inest! Tu tamen quam frequentissime scribe, licet
hoc ita me delectet ut torqueat. Vale.

VIII

C. PLINIVS PRISCO SVO S.

1   Atilium Crescentem et nosti et amas. Quis enim illum 5
spectatior paulo aut non nouit aut non amat? Hunc ego non
2 ut multi, sed artissime diligo. Oppida nostra unius diei itinere
dirimuntur; ipsi amare inuicem, qui est flagrantissimus amor,
adulescentuli coepimus. Mansit hic postea, nec refrixit iudicio
sed inualuit. Sciunt qui alterutrum nostrum familiarius in- 10
tuentur. Nam et ille amicitiam meam latissima praedicatione
circumfert, et ego prae me fero, quantae sit mihi curae
3 modestia quies securitas eius. Quin etiam, cum insolentiam
cuiusdam tribunatum plebis inituri uereretur, idque indicas-
set mihi, respondi: οὔ τις ἐμεῦ ζῶντος. Quorsus haec? ut scias 15
4 non posse Atilium me incolumi iniuriam accipere. Iterum
dices 'quorsus haec?' Debuit ei pecuniam Valerius Varus.
Huius est heres Maximus noster, quem et ipse amo, sed
5 coniunctius tu. Rogo ergo, exigo etiam pro iure amicitiae,
cures ut Atilio meo salua sit non sors modo uerum etiam 20
usura plurium annorum. Homo est alieni abstinentissimus
sui diligens; nullis quaestibus sustinetur, nullus illi nisi ex
6 frugalitate reditus. Nam studia, quibus plurimum praestat,
ad uoluptatem tantum et gloriam exercet. Grauis est ei uel
minima iactura; quam⟨quam⟩ reparare quod amiseris grauius. 25
7 Exime hunc illi, exime hunc mihi scrupulum: sine me

---

1 quam *M*, *om.* γ   2 ita me *Mθ*: me ita *fortasse* γ   5 illum *Mθ*:
illo γ   8 qui *Mθ*(*q*): cum γ   9 adulescentuli γ, *om. M*   nec
refrixit *Mθ*: hic neque frixit γ   15 ΖѠΝΤΟϹ γ: ΖѠΟΝΤΟϹ *M*;
Hom. Il. i 88   22 nisi *Mθ*, *om.* γ   24 grauis *Ma*: et grauis γ
25 quamquam *Brakman*: quam *M*: et quia γ (quia *a*)   amiseris *Ma*:
amiserit γ   grauius γ: grauius est *M*

suauitate eius, sine leporibus perfrui. Neque enim possum
tristem uidere, cuius hilaritas me tristem esse non patitur.
In summa nosti facetias hominis; quas uelim attendas, ne in 8
bilem et amaritudinem uertat iniuria. Quam uim habeat
5 offensus, crede ei quam in amore habet. Non feret magnum
et liberum ingenium cum contumelia damnum. Verum, ut 9
ferat ille, ego meum damnum meam contumeliam iudicabo,
sed non tamquam pro mea (hoc est, grauius) irascar. Quamquam quid denuntiationibus et quasi minis ago? Quin potius,
10 ut coeperam, rogo oro des operam, ne ille se (quod ualdissime
uereor) a me, ego me neglectum a te putem. Dabis autem, si
hoc perinde curae est tibi quam illud mihi. Vale.

IX

C. PLINIVS TACITO SVO S.

15 Commendas mihi Iulium Nasonem candidatum. Nasonem 1
mihi? quid si me ipsum? Fero tamen et ignosco. Eundem
enim commendassem tibi, si te Romae morante ipse afuissem.
Habet hoc sollicitudo, quod omnia necessaria putat. Tu tamen 2
censeo alios roges; ego precum tuarum minister adiutor
20 particeps ero. Vale.

X

C. PLINIVS ALBINO SVO S.

Cum uenissem in socrus meae uillam Alsiensem, quae ali- 1
quamdiu Rufi Vergini fuit, ipse mihi locus optimi illius et
25 maximi uiri desiderium non sine dolore renouauit. Hunc
enim colere secessum atque etiam senectutis suae nidulum

---

4 et *Ma*: uel *an* aut γ *incertum*   6 damnum γ: damni *M*   10 ualdissime *Ma*: ualid- γ   11 dabis *Mθ*: dabit γ   12 curae *θ*: cura *M*γ
16 quid *Mθ*: quod γ   23 aliquandiu *M*: aliquando γ   26 colere
M: incolore γ (in colere *et* in calore *Itali*)

2 uocare consueuerat. Quocumque me contulissem, illum
animus illum oculi requirebant. Libuit etiam monimentum
3 eius uidere, et uidisse paenituit. Est enim adhuc imperfectum, nec difficultas operis in causa, modici ac potius exigui,
sed inertia eius cui cura mandata est. Subit indignatio cum 5
miseratione, post decimum mortis annum reliquias neglectum-
que cinerem sine titulo sine nomine iacere, cuius memoria
4 orbem terrarum gloria peruagetur. At ille mandauerat
caueratque, ut diuinum illud et immortale factum uersibus
inscriberetur: 10

   Hic situs est Rufus, pulso qui Vindice quondam
   imperium adseruit non sibi sed patriae.

5 Tam rara in amicitiis fides, tam parata obliuio mortuorum,
ut ipsi nobis debeamus etiam conditoria exstruere omniaque
6 heredum officia praesumere. Nam cui non est uerendum, 15
quod uidemus accidisse Verginio? cuius iniuriam ut indignio-
rem, sic etiam notiorem ipsius claritas facit. Vale.

XI

C. PLINIVS MAXIMO SVO S.

1   O diem laetum! Adhibitus in consilium a praefecto urbis 20
audiui ex diuerso agentes summae spei summae indolis
iuuenes, Fuscum Salinatorem et Vmmidium Quadratum,
egregium par nec modo temporibus nostris sed litteris ipsis
2 ornamento futurum. Mira utrique probitas, constantia salua,
decorus habitus, os Latinum, uox uirilis, tenax memoria, 25
magnum ingenium, iudicium aequale; quae singula mihi
uoluptati fuerunt, atque inter haec illud, quod et ipsi me ut

---

1 consueuerat *M*γ: consuerat *a*   7 titulo sine *Ma*, *om.* γ   9 illud
γ: illum *M*   22 Vmmidium γ: Nummidium *M*   24 utrique *Ma*:
utriusque γ   25 Latinum *Ma*: lanum (*ut uidetur*) γ (*unde* planum *Itali*)
27 et ipsi *Ma*: ipsum γ

rectorem, ut magistrum intuebantur, et iis qui audiebant me
aemulari, meis instare uestigiis uidebantur. O diem (repetam **3**
enim) laetum notandumque mihi candidissimo calculo! Quid
enim aut publice laetius quam clarissimos iuuenes nomen et
5 famam ex studiis petere, aut mihi optatius quam me ad recta
tendentibus quasi exemplar esse propositum? Quod gaudium **4**
ut perpetuo capiam deos oro; ab isdem teste te peto, ut
omnes qui me imitari tanti putabunt meliores esse quam me
uelint. Vale.

10   XII

C. PLINIVS FABATO PROSOCERO SVO S.

Tu uero non debes suspensa manu commendare mihi quos **1**
tuendos putas. Nam et te decet multis prodesse et me suscipere quidquid ad curam tuam pertinet. Itaque Bittio Prisco **2**
15 quantum plurimum potuero praestabo, praesertim in harena
mea, hoc est apud centumuiros. Epistularum, quas mihi ut **3**
ais 'aperto pectore' scripsisti, obliuisci me iubes; at ego nul-
larum libentius memini. Ex illis enim uel praecipue sentio,
quanto opere me diligas, cum sic exegeris mecum, ut solebas
20 cum tuo filio. Nec dissimulo hoc mihi iucundiores eas fuisse, **4**
quod habebam bonam causam, cum summo studio curassem
quod tu curari uolebas. Proinde etiam atque etiam rogo, ut **5**
mihi semper eadem simplicitate, quotiens cessare uidebor
('uidebor' dico, numquam enim cessabo), conuicium facias,
25 quod et ego intellegam a summo amore proficisci, et tu non
meruisse me gaudeas. Vale.

1 iis] his *M*: ii *a, om. γ*   5 ad *γ*: aut ad *M*   7 teste te *Ma*:
testes *γ*   8 omnes *γ*: omnis *M*   13 te *Mθ, om. γ*   et (*alterum*)
Mθ: ad *γ*   14 Bittio *a*: Bettio *Mγ (quod et* Vettio *et* Vectio *interpretari*
possis)   21 curassem *Mθ*: curasse *γ*   22 atque etiam *Ma, om. γ*
24 uidebor dico *M, om. γ*

XIII

C. PLINIVS VRSO SVO S.

1 Vmquamne uidisti quemquam tam laboriosum et exercitum
quam Varenum meum? cui quod summa contentione impe-
2 trauerat defendendum et quasi rursus petendum fuit. Bithyni 5
senatus consultum apud consules carpere ac labefactare sunt
ausi, atque etiam absenti principi criminari; ab illo ad senatum remissi non destiterunt. Egit Claudius Capito inreue-
renter magis quam constanter, ut qui senatus consultum
3 apud senatum accusaret. Respondit Catius Fronto grauiter 10
et firme. Senatus ipse mirificus; nam illi quoque qui prius
negarant Vareno quae petebat, eadem danda postquam erant
4 data censuerunt; singulos enim integra re dissentire fas esse,
5 peracta quod pluribus placuisset cunctis tuendum. Acilius
tantum Rufus et cum eo septem an octo, septem immo, in 15
priore sententia perseuerarunt. Erant in hac paucitate non
nulli, quorum temporaria grauitas uel potius grauitatis
6 imitatio ridebatur. Tu tamen aestima, quantum nos in ipsa
pugna certaminis maneat, cuius quasi praelusio atque prae-
cursio has contentiones excitauit. Vale.   20

XIV

C. PLINIVS MAVRICO SVO S.

1 Sollicitas me in Formianum. Veniam ea condicione, ne
quid contra commodum tuum facias; qua pactione inuicem
mihi caueo. Neque enim mare et litus, sed te otium libertatem 25

---

3 et *Ma*, *om.* γ (tam *add.* θ)   8 egit *M*θ: tegit γ   9 senatus consultum apud γ, *om. M*   10 Catius Fronto *M*: Fronto Catius γ (*cf.* ii
11. 3, 18)   15 Rufus *M*: rursus γ   16 priore *Ma*: priori γ   perseuerarunt *M*θ: perseuerare γ   erant *M*θ, *om.* γ   18 nos in ipsa γ:
proelium (praelia *q*) quanta *M*θ(*q*)   19 certaminis γ: certamini *M*θ(*q*)
23 ea *M*θ: ex γ

sequor: alioqui satius est in urbe remanere. Oportet enim 2
omnia aut ad alienum arbitrium aut ad suum facere. Mei certe
stomachi haec natura est, ut nihil nisi totum et merum uelit.
Vale.

5   XV

C. PLINIVS ROMANO SVO S.

Mirificae rei non interfuisti; ne ego quidem, sed me recens 1
fabula excepit. Passennus Paulus, splendidus eques Romanus
et in primis eruditus, scribit elegos. Gentilicium hoc illi:
10 est enim municeps Properti atque etiam inter maiores suos
Propertium numerat. Is cum recitaret, ita coepit dicere: 2
'Prisce, iubes . . .'. Ad hoc Iauolenus Priscus (aderat enim ut
Paulo amicissimus): 'Ego uero non iubeo.' Cogita qui risus
hominum, qui ioci. Est omnino Priscus dubiae sanitatis, 3
15 interest tamen officiis, adhibetur consiliis atque etiam ius
ciuile publice respondet: quo magis quod tunc fecit et
ridiculum et notabile fuit. Interim Paulo aliena deliratio ali- 4
quantum frigoris attulit. Tam sollicite recitaturis prouidendum est, non solum ut sint ipsi sani uerum etiam ut sanos
20 adhibeant. Vale.

XVI

C. PLINIVS TACITO SVO S.

Petis ut tibi auunculi mei exitum scribam, quo uerius 1
tradere posteris possis. Gratias ago; nam uideo morti eius si
25 celebretur a te immortalem gloriam esse propositam. Quam- 2
uis enim pulcherrimarum clade terrarum, ut populi ut urbes
memorabili casu, quasi semper uicturus occiderit, quamuis

---

7 non *Mαι, om.* γ   8 fabula excepit *Mαι, om.* γ   Passennus
Haupt: Passen(n)ius *M*γ   9 gentilicium *Mθ*: centili cum γ   10 maiores
Mθ: mares γ   17 et *Mθ, om.* γ

ipse plurima opera et mansura condiderit, multum tamen
3 perpetuitati eius scriptorum tuorum aeternitas addet. Equidem beatos puto, quibus deorum munere datum est aut
facere scribenda aut scribere legenda, beatissimos uero quibus
utrumque. Horum in numero auunculus meus et suis libris 5
et tuis erit. Quo libentius suscipio, deposco etiam quod
iniungis.

4   Erat Miseni classemque imperio praesens regebat. Nonum
kal. Septembres hora fere septima mater mea indicat ei
5 adparere nubem inusitata et magnitudine et specie. Vsus ille 10
sole, mox frigida, gustauerat iacens studebatque; poscit
soleas, ascendit locum ex quo maxime miraculum illud conspici poterat. Nubes—incertum procul intuentibus ex quo
monte (Vesuuium fuisse postea cognitum est)—oriebatur,
cuius similitudinem et formam non alia magis arbor quam 15
6 pinus expresserit. Nam longissimo uelut trunco elata in altum
quibusdam ramis diffundebatur, credo quia recenti spiritu
euecta, dein senescente eo destituta aut etiam pondere suo
uicta in latitudinem uanescebat, candida interdum, interdum sordida et maculosa prout terram cineremue sustulerat. 20
7 Magnum propiusque noscendum ut eruditissimo uiro uisum.
Iubet liburnicam aptari; mihi si uenire una uellem facit
copiam; respondi studere me malle, et forte ipse quod
8 scriberem dederat. Egrediebatur domo; accipit codicillos
Rectinae Tasci imminenti periculo exterritae (nam uilla eius 25
subiacebat, nec ulla nisi nauibus fuga): ut se tanto discrimini
9 eriperet orabat. Vertit ille consilium et quod studioso animo
incohauerat obit maximo. Deducit quadriremes, ascendit ipse

---

1 opera . . . multum *Ma, om. γ* (scripserit *e coniectura add. θ*; et mansura
tantum seruat i)   9 Septembres *Ma, om. γ*   hora *Mγ*: hora diei *a*
10 inusitata *an* inusitatam *γ, non liquet*: inuisitatam *M*   11 poscit *Mai*:
poposcit *γ*   13 nubes *Ma*: nubes et *γ*   16 elata *Mθ*: flata *γ*   18 aut
Mθ(q): ut *γ*   19 latitudinem *Ma*: altitudinem *γ*   24 accipit *Ma*:
accepit *γ*   25 recti netasci *M*: recti necasci *γ*: Rectinae Nasci *a*

non Rectinae modo sed multis (erat enim frequens amoenitas
orae) laturus auxilium. Properat illuc unde alii fugiunt, **10**
rectumque cursum recta gubernacula in periculum tenet
adeo solutus metu, ut omnes illius mali motus omnes figuras
5 ut deprenderat oculis dictaret enotaretque.

Iam nauibus cinis incidebat, quo propius accederent, cali- **11**
dior et densior; iam pumices etiam nigrique et ambusti
et fracti igne lapides; iam uadum subitum ruinaque montis
litora obstantia. Cunctatus paulum an retro flecteret, mox
10 gubernatori ut ita faceret monenti 'Fortes' inquit 'fortuna
iuuat: Pomponianum pete.' Stabiis erat diremptus sinu medio **12**
(nam sensim circumactis curuatisque litoribus mare infundi-
tur); ibi quamquam nondum periculo adpropinquante, con-
spicuo tamen et cum cresceret proximo, sarcinas contulerat
15 in naues, certus fugae si contrarius uentus resedisset. Quo
tunc auunculus meus secundissimo inuectus, complectitur
trepidantem consolatur hortatur, utque timorem eius sua
securitate leniret, deferri in balineum iubet; lotus accubat
cenat, aut hilaris aut (quod aeque magnum) similis hilari.
20 Interim e Vesuuio monte pluribus locis latissimae flammae **13**
altaque incendia relucebant, quorum fulgor et claritas tenebris noctis excitabatur. Ille agrestium trepidatione ignes
relictos desertasque uillas per solitudinem ardere in remedium formidinis dictitabat. Tum se quieti dedit et quieuit
25 uerissimo quidem somno; nam meatus animae, qui illi propter
amplitudinem corporis grauior et sonantior erat, ab iis qui
limini obuersabantur audiebatur. Sed area ex qua diaeta **14**

1 modo *Mθ*: modum *γ*   2 unde alii *Mθ*: alii unde *γ*
5 deprenderat *M*: deprehenderat *γ*   6 incidebat *Ma*: inciderat *γ*
accederent *a*: accenderent *M*: accederet *γ*   7 et (*alterum*) *Mθ*, om. *γ*
9 cunctatus *Mθ*: cunctatusque *a*: cuncti *γ*   11 Stabiis *Mθ*(*t*):
stabit *γ*   12 mare *Mθ*: maxima re *γ*   18 in *Mγ* (se in *e coniectura*
θ)   20 locis *γ*: in locis *M*   24 dictitabat *Mθ*: dictabat *γ*   26 iis
Mθ(*q*): his *γ*   27 dieta *Mθ*: zeta *γ*

175

adibatur ita iam cinere mixtisque pumicibus oppleta sur-
rexerat, ut si longior in cubiculo mora, exitus negaretur.
Excitatus procedit, seque Pomponiano ceterisque qui per-
15 uigilauerant reddit. In commune consultant, intra tecta
subsistant an in aperto uagentur. Nam crebris uastisque tre- 5
moribus tecta nutabant, et quasi emota sedibus suis nunc huc
16 nunc illuc abire aut referri uidebantur. Sub dio rursus quamquam leuium exesorumque pumicum casus metuebatur, quod
tamen periculorum collatio elegit; et apud illum quidem
ratio rationem, apud alios timorem timor uicit. Cer- 10
uicalia capitibus imposita linteis constringunt; id muni-
17 mentum aduersus incidentia fuit. Iam dies alibi, illic nox
omnibus noctibus nigrior densiorque; quam tamen faces
multae uariaque lumina soluebant. Placuit egredi in litus, et
ex proximo adspicere, ecquid iam mare admitteret; quod 15
18 adhuc uastum et aduersum permanebat. Ibi super abiectum
linteum recubans semel atque iterum frigidam aquam poposcit hausitque. Deinde flammae flammarumque praenuntius
19 odor sulpuris alios in fugam uertunt, excitant illum. Innitens
seruolis duobus adsurrexit et statim concidit, ut ego colligo, 20
crassiore caligine spiritu obstructo, clausoque stomacho qui
illi natura inualidus et angustus et frequenter aestuans erat.
20 Vbi dies redditus (is ab eo quem nouissime uiderat tertius),
corpus inuentum integrum inlaesum opertumque ut fuerat
indutus: habitus corporis quiescenti quam defuncto similior. 25
21   Interim Miseni ego et mater—sed nihil ad historiam, nec

7 dio *uel* deo γ: die *M* (diuo *e coniectura* θ)   9 periculorum
*M*θ(*f*): malorum γ   collatio *M*θ: collocatio γ   elegit γ: eligit *M*
14 multae γ: multa et *M*   soluebant θ(*t*): solebantur *M*γ: solabantur
Itali   15 ecquid *a*1: et quid *M*γ   iam γ, *om. M*   16 abiectum
M Itali: adiectum γ   17 recubans semel *M*θ(*t*): recubasse mei γ
aquam *M*γ, *seclusit Laetus*   19 sulpuris *M Itali*: sulphuri sed γ
innitens seruolis *M*: innixus seruis γ   20 colligo *M*: coniecto γ
22 aestuans *M*: interestuans γ (*unde* intus estuans *Itali*)   24 inuentum
*M*γ: inu. est *a*   25 quam γ, *om. M*

tu aliud quam de exitu eius scire uoluisti. Finem ergo faciam.
Vnum adiciam, omnia me quibus interfueram quaeque **22**
statim, cum maxime uera memorantur, audieram, perse-
cutum. Tu potissima excerpes; aliud est enim epistulam aliud
5 historiam, aliud amico aliud omnibus scribere. Vale.

XVII

C. PLINIVS RESTITVTO SVO S.

Indignatiunculam, quam in cuiusdam amici auditorio cepi, **1**
non possum mihi temperare quo minus apud te, quia non
10 contigit coram, per epistulam effundam. Recitabatur liber
absolutissimus. Hunc duo aut tres, ut sibi et paucis uidentur, **2**
diserti surdis mutisque similes audiebant. Non labra diduxerunt, non mouerunt manum, non denique adsurrexerunt
saltem lassitudine sedendi. Quae tanta grauitas? quae tanta **3**
15 sapientia? quae immo pigritia adrogantia sinisteritas ac potius
amentia, in hoc totum diem impendere ut offendas, ut
inimicum relinquas ad quem tamquam amicissimum ueneris?
Disertior ipse es? Tanto magis ne inuideris; nam qui inuidet **4**
minor est. Denique siue plus siue minus siue idem praestas,
20 lauda uel inferiorem uel superiorem uel parem: superiorem
quia nisi laudandus ille non potes ipse laudari, inferiorem aut
parem quia pertinet ad tuam gloriam quam maximum uideri,
quem praecedis uel exaequas. Equidem omnes qui aliquid in **5**
studiis faciunt uenerari etiam mirarique soleo; est enim res
25 difficilis ardua fastidiosa, et quae eos a quibus contemnitur
inuicem contemnat. Nisi forte aliud iudicas tu. Quamquam

---

2 me *Mθ*: e *γ*   3 audieram *Mθ*: audierat uera *γ*   4 potissima
Mθ: potissimum *γ*   10 contigit *Itali (ut uidetur)*: contingit *Mγ*   11 et
γ: ex *M*   12 diduxerunt *γ*: deduxerunt *M*   13 non denique *Ma*:
denique non *γ*   17 amicissimum *Mγ*: -imus *ai*   18 es *Ma*: est *γ*
19 minor est *Mθ*: minorem *γ*   20 parem *γ*: partem *M*   21 ille *Ma*:
ille est *γ*   22 parem *γ*: partem *M*   25 a quibus . . . benignior *γ*,
om. M

quis uno te reuerentior huius operis, quis benignior aesti-
6 mator? Qua ratione ductus tibi potissimum indignationem
meam prodidi, quem habere socium maxime poteram. Vale.

XVIII

C. PLINIVS SABINO SVO S.   5

1   Rogas ut agam Firmanorum publicam causam; quod ego
quamquam plurimis occupationibus distentus adnitar. Cupio
enim et ornatissimam coloniam aduocationis officio, et te
2 gratissimo tibi munere obstringere. Nam cum familiaritatem
nostram, ut soles praedicare, ad praesidium ornamentumque 10
tibi sumpseris, nihil est quod negare debeam, praesertim pro
patria petenti. Quid enim precibus aut honestius piis aut
3 efficacius amantis? Proinde Firmanis tuis ac iam potius
nostris obliga fidem meam; quos labore et studio meo dignos
cum splendor ipsorum tum hoc maxime pollicetur, quod 15
credibile est optimos esse inter quos tu talis exstiteris. Vale.

XIX

C. PLINIVS NEPOTI SVO S.

1   Scis tu accessisse pretium agris, praecipue suburbanis?
Causa subitae caritatis res multis agitata sermonibus. Proxi- 20
mis comitiis honestissimas uoces senatus expressit: 'Candidati
ne conuiuentur, ne mittant munera, ne pecunias deponant.'
2 Ex quibus duo priora tam aperte quam immodice fiebant;
hoc tertium, quamquam occultaretur, pro comperto habe-
3 batur. Homullus deinde noster uigilanter usus hoc consensu 25

1 quis (*alterum*) *Laetus*: qui γ (*deest M*)   aestimator *a*: aestimatur
Mθ: at(t)estatur γ   12 piis *My*: pii *Barth*   16 esse *Mθ*: sese γ
extiteris γ: moreris *M*   21 honestissimas uoces *Ma*: -ima uoce γ
22 ne (*primum*) *Mθ*: nec γ   23 immodice *Mθ*: modice γ   25 uigilanter usus *Mθ(q)*: usus uigilanter *a*: uigilat rursus γ

senatus sententiae loco postulauit, ut consules desiderium
uniuersorum notum principi facerent, peterentque sicut aliis
uitiis huic quoque prouidentia sua occurreret. Occurrit; nam **4**
sumptus candidatorum, foedos illos et infames, ambitus lege
5 restrinxit; eosdem patrimonii tertiam partem conferre iussit
in ea quae solo continerentur, deforme arbitratus (et erat)
honorem petituros urbem Italiamque non pro patria sed pro
hospitio aut stabulo quasi peregrinantes habere. Concursant **5**
ergo candidati; certatim quidquid uenale audiunt emptitant,
10 quoque sint plura uenalia efficiunt. Proinde si paenitet te **6**
Italicorum praediorum, hoc uendendi tempus tam hercule
quam in prouinciis comparandi, dum idem candidati illic
uendunt ut hic emant. Vale.

XX

15   C. PLINIVS TACITO SVO S.

Ais te adductum litteris quas exigenti tibi de morte **1**
auunculi mei scripsi, cupere cognoscere, quos ego Miseni
relictus (id enim ingressus abruperam) non solum metus
uerum etiam casus pertulerim. 'Quamquam animus meminisse
20 horret, . . . incipiam.'

Profecto auunculo ipse reliquum tempus studiis (ideo enim **2**
remanseram) impendi; mox balineum cena somnus inquietus
et breuis. Praecesserat per multos dies tremor terrae, minus **3**
formidolosus quia Campaniae solitus; illa uero nocte ita
25 inualuit, ut non moueri omnia sed uerti crederentur. Inrupit **4**

---

3 uitiis γ: ut eis *M*   occurreret γ: -ere *M*   nam *M*θ, *om.* γ
4 foedos *M*θ: frigidos γ   ambitus lege *M*θ: habitus leges γ   6 et
*M*γ: ut θ   8 peregrinantes *M*: -antis γ   13 ut hic emant
*M*θ, *om.* γ   18 relictus *M*θ: lictus (littus) γ   19 *Verg. Aen.* ii 12
21 enim *M*θ, *om.* γ   24 solitus ille (illa θ) uero nocte ita inualuit ut γθ:
non solum castella uerum etiam oppida *M*   25 crederentur γθ: crede-
bantur *M*   inrupit γ: inuasit in *M*

cubiculum meum mater; surgebam inuicem, si quiesceret
excitaturus. Resedimus in area domus, quae mare a tectis
5 modico spatio diuidebat. Dubito, constantiam uocare an
imprudentiam debeam (agebam enim duodeuicensimum
annum): posco librum Titi Liui, et quasi per otium lego 5
atque etiam ut coeperam excerpo. Ecce amicus auunculi qui
nuper ad eum ex Hispania uenerat, ut me et matrem sedentes,
me uero etiam legentem uidet, illius patientiam securitatem
meam corripit. Nihilo segnius ego intentus in librum.

6   Iam hora diei prima, et adhuc dubius et quasi languidus 10
dies. Iam quassatis circumiacentibus tectis, quamquam in
aperto loco, angusto tamen, magnus et certus ruinae metus.

7 Tum demum excedere oppido uisum; sequitur uulgus attoni-
tum, quodque in pauore simile prudentiae, alienum consilium
suo praefert, ingentique agmine abeuntes premit et impellit. 15

8 Egressi tecta consistimus. Multa ibi miranda, multas formidines patimur. Nam uehicula quae produci iusseramus,
quamquam in planissimo campo, in contrarias partes age-
bantur, ac ne lapidibus quidem fulta in eodem uestigio

9 quiescebant. Praeterea mare in se resorberi et tremore terrae 20
quasi repelli uidebamus. Certe processerat litus, multaque
animalia maris siccis harenis detinebat. Ab altero latere nubes
atra et horrenda, ignei spiritus tortis uibratisque discursibus
rupta, in longas flammarum figuras dehiscebat; fulguribus

10 illae et similes et maiores erant. Tum uero idem ille ex Hi- 25
spania amicus acrius et instantius 'Si frater' inquit 'tuus, tuus
auunculus uiuit, uult esse uos saluos; si periit, superstites
uoluit. Proinde quid cessatis euadere?' Respondimus non

2 resedimus γ: residemus M   3 uocare Mθ: rogare γ   5 Liui
M: Liuii γ   11 quassatis γ: quassata omnia M   12 metus Mθ:
motus γ   14 quodque Mθ: quoque γ   16 multas formidines γ:
multa formidine M   21 repelli γ: reuelli M   processerat Mθ:
precesserat γ   23 tortis M: portis γ (unde porrectis θ)   24 fulguribus M: fulgoribus γ

180

commissuros nos ut de salute illius incerti nostrae consuleremus. Non moratus ultra proripit se effusoque cursu periculo **11** aufertur. Nec multo post illa nubes descendere in terras, operire maria; cinxerat Capreas et absconderat, Miseni quod 5 procurrit abstulerat. Tum mater orare hortari iubere, quo- **12** quo modo fugerem; posse enim iuuenem, se et annis et corpore grauem bene morituram, si mihi causa mortis non fuisset. Ego contra saluum me nisi una non futurum; dein manum eius amplexus addere gradum cogo. Paret aegre 10 incusatque se, quod me moretur.

    Iam cinis, adhuc tamen rarus. Respicio: densa caligo tergis **13** imminebat, quae nos torrentis modo infusa terrae sequebatur. 'Deflectamus' inquam 'dum uidemus, ne in uia strati comitantium turba in tenebris obteramur.' Vix consideramus, et **14** 15 nox non qualis inlunis aut nubila, sed qualis in locis clausis lumine exstincto. Audires ululatus feminarum, infantum quiritatus, clamores uirorum; alii parentes alii liberos alii coniuges uocibus requirebant, uocibus noscitabant; hi suum casum, illi suorum miserabantur; erant qui metu mortis 20 mortem precarentur; multi ad deos manus tollere, plures **15** nusquam iam deos ullos aeternamque illam et nouissimam noctem mundo interpretabantur. Nec defuerunt qui fictis mentitisque terroribus uera pericula augerent. Aderant qui Miseni illud ruisse illud ardere falso sed credentibus nun- 25 tiabant. Paulum reluxit, quod non dies nobis, sed aduentantis **16** ignis indicium uidebatur. Et ignis quidem longius substitit; tenebrae rursus cinis rursus, multus et grauis. Hunc identidem adsurgentes excutiebamus; operti alioqui atque etiam oblisi pondere essemus. Possem gloriari non gemitum mihi, non **17**

1 illius *Mγ*: eius *a*   8 dein *M*: deinde *γ*   11 tamen rarus *γ*: rarus tamen *M*   14 obteramur *γ*: operiamur *M*   consideramus *M*: consederamus *γ*   16 infantum *M*: infantium *γ*   27 cinis rursus multus et *Mθ*: tumultus *γ*   28 alioqui atque (adque *M*) etiam *Mai*: alio quia deciam (*ut uidetur*) *γ*

uocem parum fortem in tantis periculis excidisse, nisi me cum omnibus, omnia mecum perire misero, magno tamen mortalitatis solacio credidissem.

18   Tandem illa caligo tenuata quasi in fumum nebulamue discessit; mox dies uerus; sol etiam effulsit, luridus tamen qualis 5 esse cum deficit solet. Occursabant trepidantibus adhuc oculis **19** mutata omnia altoque cinere tamquam niue obducta. Regressi Misenum curatis utcumque corporibus suspensam dubiamque noctem spe ac metu exegimus. Metus praeualebat; nam et tremor terrae perseuerabat, et plerique lymphati 10 terrificis uaticinationibus et sua et aliena mala ludificabantur. **20** Nobis tamen ne tunc quidem, quamquam et expertis periculum et exspectantibus, abeundi consilium, donec de auunculo nuntius.

Haec nequaquam historia digna non scripturus leges et tibi 15 scilicet qui requisisti imputabis, si digna ne epistula quidem uidebuntur. Vale.

XXI

C. PLINIVS CANINIO SVO S.

1   Sum ex iis qui mirer antiquos, non tamen (ut quidam) 20 temporum nostrorum ingenia despicio. Neque enim quasi **2** lassa et effeta natura nihil iam laudabile parit. Atque adeo nuper audiui Vergilium Romanum paucis legentem comoediam ad exemplar ueteris comoediae scriptam, tam bene ut **3** esse quandoque possit exemplar. Nescio an noris hominem, 25 quamquam nosse debes; est enim probitate morum, ingenii

---

4 discessit $M\gamma$: decessit a 5 uerus M: uere ai, om. γ 6 occursabant γ: -abat M: occurrebant a 9 exegimus M: exigimus γ 12 et Ma, om. γ 13 expectantibus abeundi $M\theta$: ea spectantibus adeundi γ 15 non $M\theta$: nos γ 20 iis a: eis γ: his M 21 quasi $M\theta$, om. γ 22 iam $M\theta(q)$: tam γ adeo γ: ideo M 23 audiui cod. Paris. lat. 8620: audii θ: audi $M\gamma$ 24 ad . . . comoediae γ, om. M 25 an noris $M\theta$: minoris γ

elegantia, operum uarietate monstrabilis. Scripsit mimiambos **4**
tenuiter argute uenuste, atque in hoc genere eloquentissime; nullum est enim genus quod absolutum non possit
eloquentissimum dici. Scripsit comoedias Menandrum alios-
5 que aetatis eiusdem aemulatus; licet has inter Plautinas
Terentianasque numeres. Nunc primum se in uetere co- **5**
moedia, sed non tamquam inciperet ostendit. Non illi uis,
non granditas, non subtilitas, non amaritudo, non dulcedo,
non lepos defuit: ornauit uirtutes, insectatus est uitia; fictis
10 nominibus decenter, ueris usus est apte. Circa me tantum **6**
benignitate nimia modum excessit, nisi quod tamen poetis
mentiri licet. In summa extorquebo ei librum legendumque, **7**
immo ediscendum mittam tibi; neque enim dubito futurum,
ut non deponas si semel sumpseris. Vale.

15   XXII

                C. PLINIVS TIRONI SVO S.

Magna res acta est omnium qui sunt prouinciis praefuturi, **1**
magna omnium qui se simpliciter credunt amicis. Lustricius **2**
Bruttianus cum Montanium Atticinum comitem suum in
20 multis flagitiis deprehendisset, Caesari scripsit. Atticinus
flagitiis addidit, ut quem deceperat accusaret. Recepta cognitio est; fui in consilio. Egit uterque pro se, egit autem
carptim et κατὰ κεφάλαιον, quo genere ueritas statim ostenditur. Protulit Bruttianus testamentum suum, quod Atticini **3**
25 manu scriptum esse dicebat; hoc enim et arcana familiaritas

---

1 mimiambos γ: mimos .i. ambo M   6 uetere Ma: ueteri γ
7 illi uis Mθ(q): illius γ   8 granditas non subt. non γ, om. M
10 me Mθ: meum γ   11 nimia Mθ: nimium γ   13 neque γ: nec M
18 Lustricius M: Lustricus γ   20 deprehendisset γ: deprendisset M
Caesari Mθ: Caesar γ   21 addidit Ma: additis γ   23 ΚΑΤΑ
ΚΕΦΑΛΑΙΟΝ ι: -ΕΟΝ a (ΚΕΦΑΛΕΑ iam Catanaeus): ΚΑΤΑ
ΚΕCΗΛΛΙΟΝ γ, om. M   24 Atticini γ: Attici M

et querendi de eo, quem sic amasset, necessitas indicabatur.
4 Enumerauit crimina foeda manifesta; quae ille cum diluere
non posset, ita regessit, ut dum defenditur turpis, dum
accusat sceleratus probaretur. Corrupto enim scribae seruo
interceperat commentarios intercideratque, ac per summum 5
5 nefas utebatur aduersus amicum crimine suo. Fecit pulcherrime Caesar: non enim de Bruttiano, sed statim de Atticino
perrogauit. Damnatus et in insulam relegatus; Bruttiano
iustissimum integritatis testimonium redditum, quem quidem
6 etiam constantiae gloria secuta est. Nam defensus expeditis- 10
sime accusauit uehementer, nec minus acer quam bonus et
7 sincerus adparuit. Quod tibi scripsi, ut te sortitum prouinciam
praemonerem, plurimum tibi credas, nec cuiquam satis fidas,
deinde scias si quis forte te (quod abominor) fallat, paratam
ultionem. Qua tamen ne sit opus, etiam atque etiam attende; 15
8 neque enim tam iucundum est uindicari quam decipi
miserum. Vale.

XXIII

C. PLINIVS TRIARIO SVO S.

1   Impense petis ut agam causam pertinentem ad curam 20
tuam, pulchram alioqui et famosam. Faciam, sed non gratis.
'Qui fieri potest' inquis 'ut non gratis tu?' Potest: exigam
2 enim mercedem honestiorem gratuito patrocinio. Peto atque
etiam paciscor ut simul agat Cremutius Ruso. Solitum hoc
mihi et iam in pluribus claris adulescentibus factitatum; nam 25

---

1 indicabatur γ: indicabat M   2 enumerauit Mθ: et numerauit γ
3 regessit γ: recessit Ma: se gessit θ   5 intercideratque Mθ: incide-
ratque γ   7 enim Mθ, om. γ   8 in γ, om. M   9 iust. int.
testimonium γ: premium int. iust. M   13 nec Mθ: ne γ   15 opus
Mθ: huius γ   16 neque enim Mθ: que γ   19 Triario Mγ: Traiano
Itali   22 qui . . . gratis γ, om. M   tu? potest R. Agricola: tu
potes Mγ   24 Ruso Mγ: Rufo θ   25 claris Mθ: gladis γ (gladiis Itali)

mire concupisco bonos iuuenes ostendere foro, adsignare
famae. Quod si cui, praestare Rusoni meo debeo, ucl propter 3
natales ipsius uel proptcr eximiam mei caritatem; quem
magni aestimo in isdem iudiciis, ex isdem etiam partibus
5 conspici audiri. Obliga me, obliga ante quam dicat; nam cum 4
dixerit gratias ages. Spondeo sollicitudini tuae, spei meae,
magnitudini causae suffecturum. Est indolis optimae breui
producturus alios, si interim prouectus fuerit a nobis. Neque 5
enim cuiquam tam clarum statim ingenium ut possit emer-
10 gere, nisi illi materia occasio, fautor etiam commendatorque
contingat. Vale.

XXIV

C. PLINIVS MACRO SVO S.

Quam multum interest quid a quoque fiat! Eadem enim 1
15 facta claritate uel obscuritate facientium aut tolluntur altissime aut humillime deprimuntur. Nauigabam per Larium 2
nostrum, cum senior amicus ostendit mihi uillam, atque
etiam cubiculum quod in lacum prominet: 'Ex hoc' inquit
'aliquando municeps nostra cum marito se praecipitauit.'
20 Causam requisiui. Maritus ex diutino morbo circa uelanda 3
corporis ulceribus putrescebat; uxor ut inspiceret exegit;
neque enim quemquam fidelius indicaturum, possetne sanari.
Vidit desperauit hortata est ut moreretur, comesque ipsa 4
mortis, dux immo et exemplum et necessitas fuit; nam se
25 cum marito ligauit abiecitque in lacum. Quod factum ne 5
mihi quidem, qui municeps, nisi proxime auditum est, non
quia minus illo clarissimo Arriae facto, sed quia minor ipsa.
Vale.

2 Rusoni *My*: Rufoni *θ*   5 dicat *Mθ*: dicam *γ*   9 ut *My*: est
ut *a*   22 neque *Mθ*: nec *γ*   indicaturum *My*: iudicaturum *Itali*
(*ita a1*)   possetne *M*: posset nec *γ*   23 uidit *hic Ma, ante* sanari
θ; *om. γ*   27 ipsa *My*: est ipsa *a*

XXV

C. PLINIVS HISPANO SVO S.

1 Scribis Robustum, splendidum equitem Romanum, cum
Atilio Scauro amico meo Ocriculum usque commune iter
peregisse, deinde nusquam comparuisse; petis ut Scaurus 5
ueniat nosque, si potest, in aliqua inquisitionis uestigia in-
2 ducat. Veniet; uereor ne frustra. Suspicor enim tale nescio
quid Robusto accidisse quale aliquando Metilio Crispo muni-
3 cipi meo. Huic ego ordinem impetraueram atque etiam proficiscenti quadraginta milia nummum ad instruendum se 10
ornandumque donaueram, nec postea aut epistulas eius aut
4 aliquem de exitu nuntium accepi. Interceptusne sit a suis
an cum suis dubium: certe non ipse, non quisquam ex seruis
5 eius adparuit, ut ne Robusti quidem. Experiamur tamen,
accersamus Scaurum; demus hoc tuis, demus optimi adule- 15
scentis honestissimis precibus, qui pietate mira mira etiam
sagacitate patrem quaerit. Di faueant ut sic inueniat ipsum,
quemadmodum iam cum quo fuisset inuenit! Vale.

XXVI

C. PLINIVS SERVIANO SVO S.   20

1 Gaudeo et gratulor, quod Fusco Salinatori filiam tuam
destinasti. Domus patricia, pater honestissimus, mater pari
laude; ipse studiosus litteratus etiam disertus, puer simplicitate comitate iuuenis senex grauitate. Neque enim amore
2 decipior. Amo quidem effuse (ita officiis ita reuerentia 25

---

3 scribis $M\theta$: scribit γ 4 Scauro (Caro a) . . . usque γ, om. M
5 Scaurus $M\theta$: Carus γa 7 ueniet $M\theta(f)$: ueniat γ 9 ordinem
M: ordines γ 14 ut ne Robusti quidem $M\gamma$: utinam ne (in add. Itali)
Robusto idem θ 15 Scaurum $M\gamma$: Carum a 16 pietate $M\theta$:
pietatem γ mira bis M, semel γ 17 inueniat γ: inueniant M
23 ipse M: ipse est γ puer $M\theta$: etiam puer γ

meruit), iudico tamen, et quidem tanto acrius quanto magis
amo; tibique ut qui explorauerim spondeo, habiturum te
generum quo melior fingi ne uoto quidem potuit. Superest **3**
ut auum te quam maturissime similium sui faciat. Quam
5 felix tempus illud, quo mihi liberos illius nepotes tuos, ut
meos uel liberos uel nepotes, ex uestro sinu sumere et qu.
pari iure tenere continget! Vale.

XXVII

C. PLINIVS SEVERO SVO S.

10   Rogas ut cogitem, quid designatus consul in honorem **1**
principis censeas. Facilis inuentio, non facilis electio; est enim
ex uirtutibus eius larga materia. Scribam tamen uel (quod
malo) coram indicabo, si prius haesitationem meam ostendero.
Dubito num idem tibi suadere quod mihi debeam. Desi- **2**
15 gnatus ego consul omni hac, etsi non adulatione, specie tamen
adulationis abstinui, non tamquam liber et constans, sed tamquam intellegens principis nostri, cuius uidebam hanc esse
praecipuam laudem, si nihil quasi ex necessitate decernerem.
Recordabar etiam plurimos honores pessimo cuique delatos, **3**
20 a quibus hic optimus separari non alio magis poterat, quam
diuersitate censendi; quod ipsum non dissimulatione et silentio praeterii, ne forte non iudicium illud meum sed obliuio
uideretur. Hoc tunc ego; sed non omnibus eadem placent, **4**
ne conueniunt quidem. Praeterea faciendi aliquid non faci-
25 endiue ratio cum hominum ipsorum tum rerum etiam ac

---

1 iudico *Itali*: iudicio *Mγ*   2 tibique *Ma*: tibi quidem *γ*
4 similium *M*: simillimum *γ*   7 continget *Mθ*: -geret *γ*: -gat *a*
12 scribam tamen *Mθ*: tam *γ*   13 coram *Mθ*: quodam *γ*   14 suadere
Mθ: suadebo *γ*   18 decernerem *Mai*: -eret *γ*   19 pessimo *Mθ*:
pessime *γ*   20 alio *Mγ*: alio modo *ai*   24 ne *Gesner*: nec *Mγ* (*cf.* x
51. 2)   aliquid non faciendiue *Mθ*: uera *γ*

5 temporum condicione mutatur. Nam recentia opera maximi principis praebent facultatem, noua magna uera censendi. Quibus ex causis, ut supra scripsi, dubito an idem nunc tibi quod tunc mihi suadeam. Illud non dubito, debuisse me in parte consilii tui ponere, quid ipse fecissem. Vale.   5

XXVIII

C. PLINIVS PONTIO SVO S.

1 Scio quae tibi causa fuerit impedimento, quominus praecurrere aduentum meum in Campaniam posses. Sed quamquam absens totus huc migrasti: tantum mihi copiarum qua 10 urbanarum qua rusticarum nomine tuo oblatum est, quas **2** omnes improbe, accepi tamen. Nam me tui ut ita facerem rogabant, et uerebar ne et mihi et illis irascereris, si non fecissem. In posterum nisi adhibueritis modum ego adhibebo; et iam tuis denuntiaui, si rursus tam multa attulissent, omnia 15 **3** relaturos. Dices oportere me tuis rebus ut meis uti. Etiam: sed perinde illis ac meis parco. Vale.

XXIX

C. PLINIVS QVADRATO SVO S.

1 Auidius Quietus, qui me unice dilexit et (quo non minus 20 gaudeo) probauit, ut multa alia Thraseae (fuit enim familiaris) ita hoc saepe referebat, praecipere solitum suscipiendas esse causas aut amicorum aut destitutas aut ad exemplum perti**2** nentes. Cur amicorum, non eget interpretatione. Cur destitutas? quod in illis maxime et constantia agentis et humanitas 25 cerneretur. Cur pertinentes ad exemplum? quia plurimum

---

1 conditione *Mθ*: conditio (*ut uidetur*) *γ*   maximi *γ*: maxime *M*
5 parte *M*: partes *γ*   9 quamquam *γ*: umquam *M*   12 me *γ*: et *M*
13 et (*primum*) *Mθ*: ut *γ*   14 adhibueritis *M*: -eris *γ*   21 ut
γ: et *M*   22 solitum *Mθ*: solebat *γ*   23 ad *γ*, *om. M*

referret, bonum an malum induceretur. Ad haec ego genera **3**
causarum ambitiose fortasse, addam tamen claras et inlustres.
Aequum est enim agere non numquam gloriae et famae, id
est suam causam. Hos terminos, quia me consuluisti, dignitati
5 ac uerecundiae tuae statuo. Nec me praeterit usum et esse et **4**
haberi optimum dicendi magistrum; uideo etiam multos
paruo ingenio litteris nullis, ut bene agerent agendo conse-
cutos. Sed et illud, quod uel Pollionis uel tamquam Pollionis **5**
accepi, uerissimum experior: 'Commode agendo factum est
10 ut saepe agerem, saepe agendo ut minus commode', quia
scilicet adsiduitate nimia facilitas magis quam facultas, nec
fiducia sed temeritas paratur. Nec uero Isocrati quo minus **6**
haberetur summus orator offecit, quod infirmitate uocis
mollitia frontis ne in publico diceret impediebatur. Proinde
15 multum lege scribe meditare, ut possis cum uoles dicere:
dices cum uelle debebis. Hoc fere temperamentum ipse **7**
seruaui; non numquam necessitati quae pars rationis est
parui. Egi enim quasdam a senatu iussus, quo tamen in
numero fuerunt ex illa Thraseae diuisione, hoc est ad exem-
20 plum pertinentes. Adfui Baeticis contra Baebium Massam: **8**
quaesitum est, an danda esset inquisitio; data est. Adfui
rursus isdem querentibus de Caecilio Classico: quaesitum est,
an prouinciales ut socios ministrosque proconsulis plecti
oporteret; poenas luerunt. Accusaui Marium Priscum, qui lege **9**
25 repetundarum damnatus utebatur clementia legis, cuius seueritatem immanitate criminum excesserat; relegatus est. Tuitus **10**
sum Iulium Bassum, ut incustoditum nimis et incautum,

---

3 est enim *M*: enim est γ   id est *M*: idem γ   4 suam . . .
consuluisti *M*, *om.* γ   5 usum et *Mθ*: id usum γ   8 illud quod *Mθ*:
illos γ   uel tamquam Pollionis *Mθ*, *om.* γ   10 ut (*alterum*) *Ma*:
tum est ut γ   13 offecit γ: effecit *M*   17 seruaui *Mθ*: seruauit γ
necessitati *Mθ*: -tate γ   19 ex illa Thr. diuisione *Mθ*: exilia Thr.
diuisiones γ   20 Massam *Mθ*: Bassum γ   22 isdem *M*: iisdem *θ*:
idem γ   24 Marium γ: Marcum *M*   27 incautum *Ma*: cautum γ

ita minime malum; iudicibus acceptis in senatu reman-
11 sit. Dixi proxime pro Vareno postulante, ut sibi inuicem
euocare testes liceret; impetratum est. In posterum opto
ut ea potissimum iubear, quae me deceat uel sponte fecisse.
Vale.   5

XXX

C. PLINIVS FABATO PROSOCERO SVO S.

1 Debemus mehercule natales tuos perinde ac nostros celebrare, cum laetitia nostrorum ex tuis pendeat, cuius dili-
2 gentia et cura hic hilares istic securi sumus. Villa Camilliana, 10
quam in Campania possides, est quidem uetustate uexata;
et tamen, quae sunt pretiosiora, aut integra manent aut
3 leuissime laesa sunt. Attendimus ergo, ut quam saluberrime
reficiantur. Ego uideor habere multos amicos, sed huius
generis, cuius et tu quaeris et res exigit, prope neminem. 15
4 Sunt enim omnes togati et urbani; rusticorum autem praediorum administratio poscit durum aliquem et agrestem, cui
nec labor ille grauis nec cura sordida nec tristis solitudo
5 uideatur. Tu de Rufo honestissime cogitas; fuit enim filio
tuo familiaris. Quid tamen nobis ibi praestare possit ignoro, 20
uelle plurimum credo. Vale.

XXXI

C. PLINIVS CORNELIANO SVO S.

1 Euocatus in consilium a Caesare nostro ad Centum Cellas
2 (hoc loco nomen), magnam cepi uoluptatem. Quid enim 25
iucundius quam principis iustitiam grauitatem comitatem

3 euocare *Ma*: uocare *γ*   impetratum *Mθ*: imperatum *γ*   4 ut
ea *Ma*: ut *θ*: utinam *γ*   7 prosocero *γ*, *om. Ma*   9 tuis *Mθ*: suis *γ*
12 et *γ*: ea *a*, *om. M*   13 attendimus *Ma*: -emus *γ*   15 exigit *Mθ*:
exigens *γ*   19 honestissime *Mθ*: -imo *γ*   20 nobis ibi *Mθ*: noui sibi
γ   21 credo *γ*: scio *M*   25 magnam *Ma*: maximam *γ*

in secessu quoque ubi maxime recluduntur inspicere? Fuerunt uariae cognitiones et quae uirtutes iudicis per plures
species experirentur. Dixit causam Claudius Ariston princeps **3**
Ephesiorum, homo munificus et innoxie popularis; inde
5 inuidia et a dissimillimis delator immissus, itaque absolutus
uindicatusque est.

Sequenti die audita est Gallitta adulterii rea. Nupta haec **4**
tribuno militum honores petituro, et suam et mariti dignitatem centurionis amore maculauerat. Maritus legato con-
10 sulari, ille Caesari scripserat. Caesar excussis probationibus **5**
centurionem exauctorauit atque etiam relegauit. Supererat
crimini, quod nisi duorum esse non poterat, reliqua pars
ultionis; sed maritum non sine aliqua reprehensione patientiae
amor uxoris retardabat, quam quidem etiam post delatum
15 adulterium domi habuerat quasi contentus aemulum re-
mouisse. Admonitus ut perageret accusationem, peregit **6**
inuitus. Sed illam damnari etiam inuito accusatore necesse
erat: damnata et Iuliae legis poenis relicta est. Caesar et
nomen centurionis et commemorationem disciplinae militaris
20 sententiae adiecit, ne omnes eius modi causas reuocare ad se
uideretur.

Tertio die inducta cognitio est multis sermonibus et uario **7**
rumore iactata, Iuli Tironis codicilli, quos ex parte ueros esse
constabat, ex parte falsi dicebantur. Substituebantur crimini **8**
25 Sempronius Senecio eques Romanus et Eurythmus Caesaris
libertus et procurator. Heredes, cum Caesar esset in Dacia,
communiter epistula scripta, petierant ut susciperet cognitionem. Susceperat; reuersus diem dederat, et cum ex **9**

---

3 Ariston *M*: Aristion γ   5 a θ: ab *a*: ad γ, *om. M*   dissimillimis *Ma*: dissimilibus θ: dissimillimum γ   17 illam γ, *om. M*
20 ne *Mθ*: nec γ   causas *Mθ*: causa γ   25 Sempronius *Mθ*:
semiroronius γ   26 C(a)esar *Mθ*: Caesare γ   Dacia *Laetus*:
dacta γ: patia *M*   27 cognitionem susceperat γ, *om. M*   28 dederat
M: dixerat γ   ex γ, *om. M*

heredibus quidam quasi reuerentia Eurythmi omitterent
accusationem, pulcherrime dixerat: 'Nec ille Polyclitus est
nec ego Nero.' Indulserat tamen petentibus dilationem, cuius
10 tempore exacto consederat auditurus. A parte heredum
intrauerunt duo omnino; postulauerunt, omnes heredes 5
agere cogerentur, cum detulissent omnes, aut sibi quoque
11 desistere permitteretur. Locutus est Caesar summa grauitate
summa moderatione, cumque aduocatus Senecionis et Eurythmi dixisset suspicionibus relinqui reos, nisi audirentur,
'Non curo' inquit 'an isti suspicionibus relinquantur, ego 10
12 relinquor.' Dein conuersus ad nos: ''Επιστήσατε quid facere
debeamus; isti enim queri uolunt quod sibi licuerit non
accusari.' Tum ex consilii sententia iussit denuntiari heredibus omnibus, aut agerent aut singuli adprobarent causas non
agendi; alioqui se uel de calumnia pronuntiaturum.   15
13   Vides quam honesti, quam seueri dies; quos iucundissimae
remissiones sequebantur. Adhibebamur cotidie cenae; erat
modica, si principem cogitares. Interdum acroamata audie-
bamus, interdum iucundissimis sermonibus nox ducebatur.
14 Summo die abeuntibus nobis (tam diligens in Caesare 20
humanitas) xenia sunt missa. Sed mihi ut grauitas cognitio-
num, consilii honor, suauitas simplicitasque conuictus, ita
15 locus ipse periucundus fuit. Villa pulcherrima cingitur uiri-
dissimis agris, imminet litori, cuius in sinu fit cum maxime
portus. Huius sinistrum brachium firmissimo opere munitum 25

---

1 Eurythmi omitterent M: Eurithmio mitterent γ   4 tempore
Mθ: temporis γ   a parte Mθ: aperte γ   5 omnes M: ut
omnes γ: aut omnes Keil   11 ΕΙΙCΤΗCΑΤΑΙ M: ΕΝΙCΤΗ-
CΑΤΕ γ: ΕΠΙCΤΑCΘΕ a: ΕΙΙCΤΗCΑCΘΕ al. ΚΑΤΑCΤΗCΑΤΕ i
12 queri γ: quaeri M   13 accusari Guillemin: accusare Mγ   14 aut
(prius) γ (ut uidetur): ut M   adprobarent Ma: probarent θ: adprouo-
carent γ (cf. vii 9. 16)   17 remissiones Mθ: remissionis γ   cenae
Mθ: cena γ   18 cogitares Mγ: cogites θ   20 tam Mθ:
quam γ   21 humanitas Mγ: hum. fuit a   24 fit M:
fluit γ

est, dextrum elaboratur. In ore portus insula adsurgit, quae **16**
inlatum uento mare obiacens frangat, tutumque ab utroque
latere decursum nauibus praestet. Adsurgit autem arte
uisenda: ingentia saxa latissima nauis prouehit contra; haec
5 alia super alia deiecta ipso pondere manent ac sensim quodam
uelut aggere construuntur. Eminet iam et adparet saxeum **17**
dorsum impactosque fluctus in immensum elidit et tollit;
uastus illic fragor canumque circa mare. Saxis deinde pilae
adicientur quae procedente tempore enatam insulam imi-
10 tentur. Habebit hic portus, et iam habet nomen auctoris,
eritque uel maxime salutaris; nam per longissimum spatium
litus importuosum hoc receptaculo utetur. Vale.

XXXII

C. PLINIVS QVINTILIANO SVO S.

15 Quamuis et ipse sis continentissimus, et filiam tuam ita **1**
institueris ut decebat tuam filiam, Tutili neptem, cum tamen
sit nuptura honestissimo uiro Nonio Celeri, cui ratio ciuilium
officiorum necessitatem quandam nitoris imponit, debet
secundum condicionem mariti ⟨uti⟩ ueste comitatu, quibus
20 non quidem augetur dignitas, ornatur tamen et instruitur.
Te porro animo beatissimum, modicum facultatibus scio. **2**
Itaque partem oneris tui mihi uindico, et tamquam parens
alter puellae nostrae confero quinquaginta milia nummum
plus collaturus, nisi a uerecundia tua sola mediocritate
25 munusculi impetrari posse confiderem, ne recusares. Vale.

---

2 inlatum *Mθ*: in lacum γ   5 deiecta *Mθ*: delecta γ   6 eminet
iam *Mθ*: eminentia γ   saxeum dorsum γ: os saxeum *M*   9 procedente *Ma*: -denti γ   12 inportuosum γ: inaestuosum *M*   19 condicionem *M*: conditiones (*ut uidetur*) γ   uti *add. Mommsen*, augeri *post*
comitatu θ, *om.* Mγ   20 augetur *Mθ*: agitur γ   et instruitur *Mθ*:
instrui γ

XXXIII

C. PLINIVS ROMANO SVO S.

1 'Tollite cuncta' inquit 'coeptosque auferte labores!' Seu
scribis aliquid seu legis, tolli auferri iube et accipe orationem
meam ut illa arma diuinam (num superbius potui?), re uera 5
ut inter meas pulchram; nam mihi satis est certare mecum.
2 Est haec pro Attia Viriola, et dignitate personae et exempli
raritate et iudicii magnitudine insignis. Nam femina splendide nàta, nupta praetorio uiro, exheredata ab octogenario
patre intra undecim dies quam illi nouercam amore captus 10
3 induxerat, quadruplici iudicio bona paterna repetebat. Sedebant centum et octoginta iudices (tot enim quattuor consiliis
colliguntur), ingens utrimque aduocatio et numerosa subsellia, praeterea densa circumstantium corona latissimum
4 iudicium multiplici circulo ambibat. Ad hoc stipatum tri- 15
bunal, atque etiam ex superiore basilicae parte qua feminae
qua uiri et audiendi (quod difficile) et (quod facile) uisendi
studio imminebant. Magna exspectatio patrum, magna
5 filiarum, magna etiam nouercarum. Secutus est uarius
euentus; nam duobus consiliis uicimus, totidem uicti sumus. 20
Notabilis prorsus et mira eadem in causa, isdem iudicibus,
6 isdem aduocatis, eodem tempore tanta diuersitas. Accidit
casu, quod non casus uideretur: uicta est nouerca, ipsa heres
ex parte sexta, uictus Suburanus, qui exheredatus a patre

---

3 *Verg. Aen. viii 439*   5 diuinam *Iun. Maius*: diuina *Mγ*   num
Mθ: suum *γ*   6 pulchram *Mθ*: pulchra *γ*   7 Viriola *θ*:
Virriola *Mγ*   9 praetorio *M*: praetori *γ*   10 illi nouercam *M*:
ille nouercam ei *γ*   12 iudices *hic M, ante* centum *γ*   13 colliguntur *Mθ*: conscribuntur (*ita a1*) *γ*   aduocatio *M*: aduocatorum *γ*   14 praeterea densa circumstantium *M*: praestantium *γ*
17 et quod facile *a*: et facile *M*: et *θ, om. γ*   18 imminebant *γ*:
-ebat *M*   23 quod non *γ*: non quod *M*   24 Suburranus *Catanaeus*
(*ita 1*): Suberinus *Mθ*: Subberimus (*uel* Suberrimus) *γ*   a *Mθ, om. γ*

singulari impudentia alieni patris bona uindicabat, non ausus
sui petere.

Haec tibi exposui, primum ut ex epistula ʂcires, quae ex **7**
oratione non poteras, deinde (nam detegam artes) ut oratio-
5 nem libentius legeres, si non legere tibi sed interesse iudicio
uidereris; quam, sit licet magna, non despero gratiam breuis-
simae impetraturam. Nam et copia rerum et arguta diuisione **8**
et narratiunculis pluribus et eloquendi uarietate renouatur.
Sunt multa (non auderem nisi tibi dicere) elata, multa pu-
10 gnacia, multa subtilia. Interuenit enim acribus illis et erectis **9**
frequens necessitas computandi ac paene calculos tabulamque
poscendi, ut repente in priuati iudicii formam centumuirale
uertatur. Dedimus uela indignationi, dedimus irae, dedimus **10**
dolori, et in amplissima causa quasi magno mari pluribus
15 uentis sumus uecti. In summa solent quidam ex contubernali- **11**
bus nostris existimare hanc orationem (iterum dicam) ut
inter meas ὑπὲρ Κτησιφῶντος esse : an uere, tu facillime iudica-
bis, qui tam memoriter tenes omnes, ut conferre cum hac
dum hanc solam legis possis. Vale.

20   XXXIV

C. PLINIVS MAXIMO SVO S.

Recte fecisti quod gladiatorium munus Veronensibus **1**
nostris promisisti, a quibus olim amaris suspiceris ornaris.
Inde etiam uxorem carissimam tibi et probatissimam habuisti,
25 cuius memoriae aut opus aliquod aut spectaculum atque hoc
potissimum, quod maxime funeri, debebatur. Praeterea tanto **2**
consensu rogabaris, ut negare non constans, sed durum

---

2 sui *Mθ*: suis γ   8 narratiunculis *Mθ*: -cula γ   12 centumuirale
Ma: -alem γ   16 dicam γ: dicam praecipiam *M*   17 ΥΠΕΡ ΚΤΗΣ.
γ, *om. M*   25 aut (*prius*) *Mγ*: a te θ   aut spect. . . . quod *Mai*,
om. γ   26 funeri debebatur *Ma*: funebre debeatur (-batur *i*) γi

uideretur. Illud quoque egregie, quod tam facilis tam liberalis
in edendo fuisti; nam per haec etiam magnus animus ostendi-
3 tur. Vellem Africanae, quas coemeras plurimas, ad praefini-
tum diem occurrissent: sed licet cessauerint illae tempestate
detentae, tu tamen meruisti ut acceptum tibi fieret, quod 5
quo minus exhiberes, non per te stetit. Vale.

4 illae temp. detentae *Mθ*: illa temp. detenta *γ*

LIBER SEPTIMVS

I

C. PLINIVS GEMINO SVO S.

Terret me haec tua tam pertinax ualetudo, et quamquam **1**
te temperantissimum nouerim, uereor tamen ne quid illi
etiam in mores tuos liceat. Proinde moneo patienter resistas: **2**
hoc laudabile hoc salutare. Admittit humana natura quod
suadeo. Ipse certe sic agere sanus cum meis soleo: 'Spero **3**
quidem, si forte in aduersam ualetudinem incidero, nihil me
desideraturum uel pudore uel paenitentia dignum; si tamen
superauerit morbus, denuntio ne quid mihi detis, nisi per-
mittentibus medicis, sciatisque si dederitis ita uindicaturum,
ut solent alii quae negantur.' Quin etiam cum perustus **4**
ardentissima febre, tandem remissus unctusque, acciperem a
medico potionem, porrexi manum utque tangeret dixi, ad-
motumque iam labris poculum reddidi. Postea cum uicen- **5**
simo ualetudinis die balineo praepararer, mussantesque
medicos repente uidissem, causam requisiui. Responderunt
posse me tuto lauari, non tamen omnino sine aliqua suspi-
cione. 'Quid' inquam 'necesse est?' atque ita spe balinei, cui **6**
iam uidebar inferri, placide leniterque dimissa, ad abstinen-
tiam rursus, non secus ac modo ad balineum, animum uultumque composui. Quae tibi scripsi, primum ut te non sine **7**
exemplo monerem, deinde ut in posterum ipse ad eandem

3 Gemino $M\theta(f)$: Geminio γ: Restituto a 5 temperantissimum
M: -atissimum γ 6 tuos $M\theta$: suos γ 11 detis M, R. *Agricola*:
desit γ (*unde* detur *Itali*)   15 utque θ: ut quae M: ut quem γ:
ut a 19 aliqua $M\theta$: alia γ 21 leniterque γ: leuiterque M
ad γ, *om.* M 24 ipse γ: ipsi M

temperantiam adstringerer, cum me hac epistula quasi pi-
gnore obligauissem. Vale.

II

C. PLINIVS IVSTO SVO S.

1 Quemadmodum congruit, ut simul et adfirmes te adsiduis 5
occupationibus impediri, et scripta nostra desideres, quae uix
ab otiosis impetrare aliquid perituri temporis possunt?
2 Patiar ergo aestatem inquietam uobis exercitamque trans-
currere, et hieme demum, cum credibile erit noctibus
saltem uacare te posse, quaeram quid potissimum ex nugis 10
3 meis tibi exhibeam. Interim abunde est si epistulae non sunt
molestae; sunt autem et ideo breuiores erunt. Vale.

III

C. PLINIVS PRAESENTI SVO S.

1 Tantane perseuerantia tu modo in Lucania, modo in 15
Campania? 'Ipse enim' inquis 'Lucanus, uxor Campana.'
2 Iusta causa longioris absentiae, non perpetuae tamen. Quin
ergo aliquando in urbem redis? ubi dignitas honor amicitiae
tam superiores quam minores. Quousque regnabis? quousque
uigilabis cum uoles, dormies quamdiu uoles? quousque calcei 20
3 nusquam, toga feriata, liber totus dies? Tempus est te
reuisere molestias nostras, uel ob hoc solum ne uoluptates
istae satietate languescant. Saluta paulisper, quo sit tibi
iucundius salutari; terere in hac turba, ut te solitudo delectet.
4 Sed quid imprudens quem euocare conor retardo? Fortasse 25
enim his ipsis admoneris, ut te magis ac magis otio inuoluas;
5 quod ego non abrumpi sed intermitti uolo. Vt enim, si cenam

1 cum me *Mθ*(*f*), *om.* γ   2 obligauissem *a* (*confert Hagendahl* iii 7. 12
rogauisset, vii 18. 4 erogauisse): -assem *Mθ*, *om.* γ   7 possunt *Mθ*, *om.* γ
11 meis *Mθ*: si meis γ   19 regnabis (regna uis *a*) quousque *Ma*, *om.* γ
23 sit tibi *M*, *R. Agricola*: tibi sit γ   27 cenam tibi *Ma*: tibi cenam γ

198

tibi facerem, dulcibus cibis acres acutosque miscerem, ut
obtusus illis et oblitus stomachus his excitaretur, ita nunc
hortor ut iucundissimum genus uitae non nullis interdum
quasi acoribus condias. Vale.

5   I V

C. PLINIVS PONTIO SVO S.

Ais legisse te hendecasyllabos meos; requiris etiam quemad- **1**
modum coeperim scribere, homo ut tibi uideor seuerus, ut
ipse fateor non ineptus. Numquam a poetice (altius enim **2**
10 repetam) alienus fui; quin etiam quattuordecim natus annos
Graecam tragoediam scripsi. 'Qualem?' inquis. Nescio;
tragoedia uocabatur. Mox, cum e militia rediens in Icaria **3**
insula uentis detinerer, Latinos elegos in illud ipsum mare
ipsamque insulam feci. Expertus sum me aliquando et heroo,
15 hendecasyllabis nunc primum, quorum hic natalis haec causa
est. Legebantur in Laurentino mihi libri Asini Galli de
comparatione patris et Ciceronis. Incidit epigramma Ciceronis
in Tironem suum. Dein cum meridie (erat enim aestas) **4**
dormiturus me recepissem, nec obreperet somnus, coepi
20 reputare maximos oratores hoc studii genus et in oblectationibus habuisse et in laude posuisse. Intendi animum con- **5**
traque opinionem meam post longam desuetudinem perquam
exiguo temporis momento id ipsum, quod me ad scribendum
sollicitauerat, his uersibus exaraui:

25   Cum libros Galli legerem, quibus ille parenti   **6**
         ausus de Cicerone dare est palmamque decusque,
         lasciuum inueni lusum Ciceronis et illo
         spectandum ingenio, quo seria condidit et quo

---

4 acoribus γ: acrioribus *Mθ*(?)   9 fateor *Mθ*: patior γ   10 fui *Mθ*,
om. γ   quin *Mθ*(*f*): qui γ   16 Asini *M*: Asinii *θ*: Asiani γ   24 his
. . . parenti γ, om. *M*   26 ausus γ: rursus *M*   dare est *Casaubon*:
dare *a*: daret *Mγ*   27 inueni lusum *Mθ*: inuenit usum γ

humanis salibus multo uarioque lepore
magnorum ostendit mentes gaudere uirorum.
Nam queritur quod fraude mala frustratus amantem
paucula cenato sibi debita sauia Tiro
tempore nocturno subtraxerit. His ego lectis   5
'cur post haec' inquam 'nostros celamus amores
nullumque in medium timidi damus atque fatemur
Tironisque dolos, Tironis nosse fugaces
blanditias et furta nouas addentia flammas?'

7 Transii ad elegos; hos quoque non minus celeriter explicui, 10
addidi alios facilitate corruptus. Deinde in urbem reuersus
8 sodalibus legi; probauerunt. Inde plura metra si quid otii, ac
maxime in itinere temptaui. Postremo placuit exemplo
multorum unum separatim hendecasyllaborum uolumen
9 absoluere, nec paenitet. Legitur describitur cantatur etiam, 15
et a Graecis quoque, quos Latine huius libelli amor docuit,
10 nunc cithara nunc lyra personatur. Sed quid ego tam gloriose?
Quamquam poetis furere concessum est. Et tamen non de
meo sed de aliorum iudicio loquor; qui siue iudicant siue
errant, me delectat. Vnum precor, ut posteri quoque aut 20
errent similiter aut iudicent. Vale.

V

C. PLINIVS CALPVRNIAE SVAE S.

1   Incredibile est quanto desiderio tui tenear. In causa amor
primum, deinde quod non consueuimus abesse. Inde est quod 25
magnam noctium partem in imagine tua uigil exigo; inde

---

3 mala *Mθ*: male *γ*   7 timidi *Mθ*: timida *γ*   8 fugaces *Mγ*:
fugacis *cod. Paris. lat. 8620*   10 transii *M*: transi *γ*   11 alios *Mθ*:
altos *γ*   12 probauerunt *Mθ*: pronauerunt *γ*   ac *M*, *om. γ*
13 in *Mθ*: si in (?) *γ*   15 etiam et *M*: etiam *θ*: et tam et *γ*   18 furere
γ: fruere *M*   20 delectat *M*: delectant *γ*   26 uigil *Mθ*: uigilem *γ*

quod interdiu, quibus horis te uisere solebam, ad diaetam
tuam ipsi me, ut uerissime dicitur, pedes ducunt; quod
denique aeger et maestus ac similis excluso a uacuo limine
recedo. Vnum tempus his tormentis caret, quo in foro et
5 amicorum litibus conteror. Aestima tu, quae uita mea sit, 2
cui requies in labore, in miseria curisque solacium. Vale.

VI

C. PLINIVS MACRINO SVO S.

Rara et notabilis res Vareno contigit, sit licet adhuc dubia. 1
10 Bithyni accusationem eius ut temere incohatam omisisse
narrantur. 'Narrantur' dico? Adest prouinciae legatus, attulit
decretum concilii ad Caesarem, attulit ad multos principes
uiros, attulit etiam ad nos Vareni aduocatos. Perstat tamen 2
idem ille Magnus; quin etiam Nigrinum optimum uirum
15 pertinacissime exercet. Per hunc a consulibus postulabat, ut
Varenus exhibere rationes cogeretur. Adsistebam Vareno iam 3
tantum ut amicus et tacere decreueram. Nihil enim tam contrarium quam si aduocatus a senatu datus defenderem ut
reum, cui opus esset ne reus uideretur. Cum tamen finita 4
20 postulatione Nigrini consules ad me oculos rettulissent,
'Scietis' inquam 'constare nobis silentii nostri rationem, cum
ueros legatos prouinciae audieritis.' Contra Nigrinus: 'Ad
quem missi sunt?' Ego: 'Ad me quoque: habeo decretum
prouinciae.' Rursus ille: 'Potest tibi liquere.' Ad hoc ego: 5
25 'Si tibi ex diuerso liquet, potest et mihi quod est melius
liquere.' Tum legatus Polyaenus causas abolitae accusationis 6
exposuit, postulauitque ne cognitioni Caesaris praeiudicium

---

3 aeger et maestus *ai* (*om.* et *i*): egeret maestus *M*: egerer metus γ (*unde*
aeger metu θ)   ac *M*γ: et θ   4 et γ, *om. M*   6 solacium *M*γ: sol. est *a*
11 narrantur *bis M*θ, *semel* γ   13 aduocatos γ: -tus *M*   18 ut *M*θ:
et γ   21 cum *M*θ: sum γ   22 prouinciae *M*θ: prout in te (*uel* uite) γ
24 ad . . . tibi γ, *om. M*   26 liquere tum *Mai*: causa liqueretur γ

fieret. Respondit Magnus iterumque Polyaenus. Ipse raro et
breuiter interlocutus multum me intra silentium tenui.
7 Accepi enim non minus interdum oratorium esse tacere
quam dicere.

   Atque adeo repeto me quibusdam capitis reis uel magis 5
8 silentio quam oratione accuratissima profuisse. Mater amisso
filio (quid enim prohibet, quamquam alia ratio scribendae
epistulae fuerit, de studiis disputare?) libertos eius eosdemque
coheredes suos falsi et ueneficii reos detulerat ad principem,
9 iudicemque impetrauerat Iulium Seruianum. Defenderam 10
reos ingenti quidem coetu; erat enim causa notissima, praeterea utrimque ingenia clarissima. Finem cognitioni quaestio
10 imposuit, quae secundum reos dedit. Postea mater adiit
principem, adfirmauit se nouas probationes inuenisse. Praeceptum est Suburano, ut uacaret finitam causam retractanti, 15
11 si quid noui adferret. Aderat matri Iulius Africanus, nepos
illius oratoris, quo audito Passienus Crispus dixit: 'Bene
mehercule, bene; sed quo tam bene?' Huius nepos, iuuenis
ingeniosus sed non parum callidus, cum multa dixisset adsi-
gnatumque tempus implesset, 'Rogo' inquit, 'Suburane, per- 20
12 mittas mihi unum uerbum adicere.' Tum ego, cum omnes
me ut diu responsurum intuerentur, 'Respondissem' inquam
'si unum illud uerbum Africanus adiecisset, in quo non dubito
13 omnia noua fuisse.' Non facile me repeto tantum adsensum
agendo consecutum, quantum tunc non agendo.   25

   Similiter nunc et probatum et exceptum est, quod pro
14 Vareno hactenus tacui. Consules, ut Polyaenus postulabat,

---

2 me *M* (*sicut et Iun. Maius*), *om. γ*   tenui *Mθ*: tenus *γ*   13 quae
γ, om. M   15 retractanti *Mθ*(*f*): -andi *γ*   17 illius *Ma*: Iulius
γ   18 quo *a*: quod *M*: quidem *γ*: quid *θ*   19 sed *Mγ*: et *θ*
non *Mγ, del. R. Agricola*   callidus *γ*: gallus *M*   20 Suburane
Mθ: -ano *γ*   21 uerbum *Mθ*: uersum *γ*   adicere *γ*: dicere *Ma*
23 illud uerbum *Mθ*: illum uersum *γ*   27 tacui *R. Agricola* (*dubitasse
uidetur i*): non tacui *Mγ*

omnia integra principi seruauerunt; cuius cognitionem suspensus exspecto. Nam dies ille nobis pro Vareno aut securitatem et otium dabit aut intermissum laborem renouata
sollicitudine iniunget. Vale.

VII

C. PLINIVS SATURNINO SVO S.

Et proxime Prisco nostro et rursus, quia ita iussisti, gratias **1**
egi. Libentissime quidem: est enim mihi periucundum, quod
uiri optimi mihique amicissimi adeo cohaesistis, ut inuicem
uos obligari putetis. Nam ille quoque praecipuam se uolu- **2**
ptatem ex amicitia tua capere profitetur, certatque tecum
honestissimo certamine mutuae caritatis, quam ipsum tempus augebit. Te negotiis distineri ob hoc moleste fero, quod
deseruire studiis non potes. Si tamen alteram litem per
iudicem, alteram (ut ais) ipse finieris, incipies primum istic
otio frui, deinde satiatus ad nos reuerti. Vale.

VIII

C. PLINIVS PRISCO SVO S.

Exprimere non possum, quam iucundum sit mihi quod **1**
Saturninus noster summas tibi apud me gratias aliis super alias
epistulis' agit. Perge ut coepisti, uirumque optimum quam **2**
familiarissime dilige, magnam uoluptatem ex amicitia eius
percepturus nec ad breue tempus. Nam cum omnibus uirtuti- **3**
bus abundat, tum hac praecipue, quod habet maximam in
amore constantiam. Vale.

---

1 principi γ: principes *M*   8 mihi *Ma, om.* γ   9 mihique *Ma:*
uirique γ   15 ais *Mθ, om.* γ (?)

IX

C. PLINIVS FVSCO SVO S.

1 Quaeris quemadmodum in secessu, quo iam diu frueris,
2 putem te studere oportere. Vtile in primis, et multi praecipiunt, uel ex Graeco in Latinum uel ex Latino uertere in 5
Graecum. Quo genere exercitationis proprietas splendorque
uerborum, copia figurarum, uis explicandi, praeterea imita-
tione optimorum similia inueniendi facultas paratur; simul
quae legentem fefellissent, transferentem fugere non possunt.
3 Intellegentia ex hoc et iudicium adquiritur. Nihil offuerit 10
quae legeris hactenus, ut rem argumentumque teneas, quasi
aemulum scribere lectisque conferre, ac sedulo pensitare, quid
tu quid ille commodius. Magna gratulatio si non nulla tu,
magnus pudor si cuncta ille melius. Licebit interdum et no-
4 tissima eligere et certare cum electis. Audax haec, non tamen 15
improba, quia secreta contentio: quamquam multos uidemus
eius modi certamina sibi cum multa laude sumpsisse, quosque subsequi satis habebant, dum non desperant, antecessisse.
5 Poteris et quae dixeris post obliuionem retractare, multa
retinere plura transire, alia interscribere alia rescribere. 20
6 Laboriosum istud et taedio plenum, sed difficultate ipsa
fructuosum, recalescere ex integro et resumere impetum
fractum omissumque, postremo noua uelut membra peracto
7 corpori intexere nec tamen priora turbare. Scio nunc tibi esse
praecipuum studium orandi; sed non ideo semper pugnacem 25
hunc et quasi bellatorium stilum suaserim. Vt enim terrae
uariis mutatisque seminibus, ita ingenia nostra nunc hac
8 nunc illa meditatione recoluntur. Volo interdum aliquem ex

3 frueris *M* (*sicut et R. Agricola*): fueris γ   4 in primis *Mai*: mihi
primum γ   praecipiunt *Mai*: precipia erunt (*ut uidetur*) γ   10 intellegentia *Mθ*: intelligenti γ   13 tu (*alterum*) *Mθ*: tum γ   20 plura
Mθ(q): multa γ   24 tibi *Mθ*: te γ   26 bellatorium *Mθ*: bellarum γ
28 illa *Mθ*: illac γ

historia locum adprendas, uolo epistulam diligentius scribas.
Nam saepe in oratione quoque non historica modo sed prope
poetica descriptionum necessitas incidit, et pressus sermo
purusque ex epistulis petitur. Fas est et carmine remitti, non **9**
5 dico continuo et longo (id enim perfici nisi in otio non potest),
sed hoc arguto et breui, quod apte quantas libet occupationes
curasque distinguit. Lusus uocantur; sed hi lusus non minorem **10**
interdum gloriam quam seria consequuntur. Atque adeo (cur
enim te ad uersus non uersibus adhorter?)

10   ut laus est cerae, mollis cedensque sequatur   **11**
         si doctos digitos iussaque fiat opus
      et nunc informet Martem castamue Mineruam,
         nunc Venerem effingat, nunc Veneris puerum;
      utque sacri fontes non sola incendia sistunt,
15   saepe etiam flores uernaque prata iuuant,
      sic hominum ingenium flecti ducique per artes
         non rigidas docta mobilitate decet.

Itaque summi oratores, summi etiam uiri sic se aut exerce- **12**
bant aut delectabant, immo delectabant exercebantque. Nam **13**
20 mirum est ut his opusculis animus intendatur remittatur.
Recipiunt enim amores odia iras misericordiam urbanitatem,
omnia denique quae in uita atque etiam in foro causisque
uersantur. Inest his quoque eadem quae aliis carminibus **14**
utilitas, quod metri necessitate deuincti soluta oratione
25 laetamur, et quod facilius esse comparatio ostendit, libentius
scribimus.

    1 adprendas *γ*: adprehendas *Mθ*   2 oratione *θ et fortasse γ*: ora-
tiones *M*   3 descriptionum *M*: -one *γ*: -onis *θ*   6 quantas *Mθ*:
quanta *γ*   occupationes *Mθ*: -onis *γ*   10 cerae *Mθ*: c(a)esare *γ*
11 fiat *Mγ*: fingat *θ*   15 iuuant *Mθ*: lauant *γ*   16 hominum *Mθ*:
homines *γ*   17 rigidas docta *Mγ*: rigida doctas *Aem. Baehrens*   22 in
uita *Mθ*: ad uitam *γ*   24 deuincti *γ*: deuinctis *M*

15 Habes plura etiam fortasse quam requirebas; unum tamen
omisi. Non enim dixi quae legenda arbitrarer: quamquam
dixi, cum dicerem quae scribenda. Tu memineris sui cuiusque
generis auctores diligenter eligere. Aiunt enim multum legen-
16 dum esse, non multa. Qui sint hi adeo notum probatumque 5
est, ut demonstratione non egeat; et alioqui tam immodice
epistulam extendi, ut dum tibi quemadmodum studere
debeas suadeo, studendi tempus abstulerim. Quin ergo pugillares resumis, et aliquid ex his uel istud ipsum quod coeperas
scribis? Vale.   10

X

C. PLINIVS MACRINO SVO S.

1 Quia ipse, cum prima cognoui, iungere extrema quasi
auulsa cupio, te quoque existimo uelle de Vareno et Bithynis
reliqua cognoscere. Acta causa hinc a Polyaeno, inde a Magno. 15
2 Finitis actionibus Caesar 'Neutra' inquit 'pars de mora quere-
3 tur; erit mihi curae explorare prouinciae uoluntatem.' Multum interim Varenus tulit. Etenim quam dubium est an
merito accusetur, qui an omnino accusetur incertum est!
Superest ne rursus prouinciae quod damnasse dicitur placeat, 20
agatque paenitentiam paenitentiae suae. Vale.

XI

C. PLINIVS FABATO PROSOCERO SVO S.

1 Miraris quod Hermes libertus meus hereditarios agros, quos
ego iusseram proscribi, non exspectata auctione pro meo 25
quincunce ex septingentis milibus Corelliae addixerit. Adicis

3 tu γ: tum *M*   5 probatumque *M*: prouocatumque γ (*cf.* vi 31.
12)   9 resumis γ: resumes *M*: sumis *a*   aliquid *M*θ(*f*): aliquod γ
15 a (*alterum*) *M*θ, *om.* γ   16 Caesar *M*θ: caetar (*ut uidetur*) γ   inquit
(-id *M*) *M*θ: inquis γ   pars de mora *M*θ: per isdem ora γ   19 qui
an omnino *M*: quia nomino γ (*unde* qui quo nomine θ)

hos nongentis milibus posse uenire, ac tanto magis quaeris,
an quod gessit ratum seruem. Ego uero seruo: quibus ex 2
causis, accipe. Cupio enim et tibi probatum et coheredibus
meis excusatum esse, quod me ab illis maiore officio iubente
5 secerno. Corelliam cum summa reuerentia diligo, primum ut 3
sororem Corelli Rufi, cuius mihi memoria sacrosancta est,
deinde ut matri meae familiarissimam. Sunt mihi et cum 4
marito eius Minicio Iusto, optimo uiro, uetera iura; fuerunt
et cum filio maxima, adeo quidem ut praetore me ludis meis
10 praesederit. Haec, cum proxime istic fui, indicauit mihi 5
cupere se aliquid circa Larium nostrum possidere. Ego illi ex
praediis meis quod uellet et quanti uellet obtuli exceptis
maternis paternisque; his enim cedere ne Corelliae quidem
possum. Igitur cum obuenisset mihi hereditas in qua praedia 6
15 ista, scripsi ei uenalia futura. Has epistulas Hermes tulit
exigentique, ut statim portionem meam sibi addiceret, paruit.
Vides quam ratum habere debeam, quod libertus meus meis
moribus gessit. Superest ut coheredes aequo animo ferant 7
separatim me uendidisse, quod mihi licuit omnino non uen-
20 dere. Nec uero coguntur imitari meum exemplum: non enim 8
illis eadem cum Corellia iura. Possunt ergo intueri utilitatem
suam, pro qua mihi fuit amicitia. Vale.

XII

C. PLINIVS MINICIO SVO S.

25 Libellum formatum a me, sicut exegeras, quo amicus tuus, 1
immo noster (quid enim non commune nobis?), si res posceret

1 hos nong. mil. posse M: posse eos nong. mil. γ 2 gessit $M\gamma$: gesserit a 4 iubente $M\theta$: uiuente γ 8 Minicio M: Minutio θ: Militio
γ Iusto M: Susto ($ut\ uidetur$) γ ($unde$ Fusco $Itali$) 11 nostrum
$M\theta$: fecisti nostrum γ 15 tulit $M\theta$, $om.$ γ 17 habere debeam γ:
debeam habere M 19 quod mihi $M\theta$: quodam hi γ omnino
non Ma: omni non γ: omnino θ 24 Minicio $M\gamma$: Minutio θ
25 exegeras $M\theta$: egeras γ

uteretur, misi tibi ideo tardius ne tempus emendandi eum, id
2 est disperdendi, haberes. Habebis tamen, an emendandi
nescio, utique disperdendi. Ὑμεῖς γὰρ οἱ εὔζηλοι optima quae-
3 que detrahitis. Quod si feceris, boni consulam. Postea enim
illis ex aliqua occasione ut meis utar, et beneficio fastidi tui 5
ipse laudabor, ut in eo quod adnotatum inuenies et supra-
4 scripto aliter explicitum. Nam cum suspicarer futurum, ut
tibi tumidius uideretur, quoniam est sonantius et elatius,
non alienum existimaui, ne te torqueres, addere statim pressius quiddam et exilius, uel potius humilius et peius, uestro 10
5 tamen iudicio rectius. Cur enim non usquequaque tenui-
tatem uestram insequar et exagitem? Haec ut inter istas
6 occupationes aliquid aliquando rideres, illud serio: uide ut
mihi uiaticum reddas, quod impendi data opera cursore
dimisso. Ne tu, cum hoc legeris, non partes libelli, sed totum 15
libellum improbabis, negabisque ullius pretii esse, cuius pretium reposcaris. Vale.

XIII

C. PLINIVS FEROCI SVO S.

1   Eadem epistula et non studere te et studere significat. 20
Aenigmata loquor? Ita plane, donec distinctius quod sentio
2 enuntiem. Negat enim te studere, sed est tam polita quam
nisi a studente non potest scribi; aut es tu super omnes
beatus, si talia per desidiam et otium perficis. Vale.

1 eum id est *Mθ*: nescio utique *γ*   3 ΥΜΕΙϹ ... ΕΥΖΗΛΟΙ *γ*
(ΟΪ ’ΑΕΪ ’ΙϹΧΝΟΪ *ut uid. i*): si *M*   4 detrahitis *γ*: -axeris *M*   6 quod
Ma: quoque *γ*   9 torqueres *γ*: torqueris *M*   12 et *M R. Agricola,
om. γ*   13 uide *Mθ*: uideo *γ*   14 impendi data opera *Mθ*: impendita
(*unde* -dit *et* -di *Itali*) operam *γ*   17 reposcaris *scripsi*: -ceris *Mγ*:
-ceres *a*   20 te et studere *Mθ, om.* (*ut uidetur*) *γ*; et (te) studere *alius
alibi add. Itali*   22 negat *Mγ*: negas *θ*

XIV

C. PLINIVS CORELLIAE SVAE S.

Tu quidem honestissime, quod tam impense et rogas et **1**
exigis, ut accipi iubeam a te pretium agrorum non ex septin-
5 gentis milibus, quanti illos a liberto meo, sed ex nongentis,
quanti a publicanis partem uicensimam emisti. Inuicem ego **2**
et rogo et exigo, ut non solum quid te uerum etiam quid me
deceat adspicias, patiarisque me in hoc uno tibi eodem
animo repugnare, quo in omnibus obsequi soleo. Vale.

10 ## XV

C. PLINIVS SATVRNINO SVO S.

Requiris quid agam. Quae nosti: distringor officio, amicis **1**
deseruio, studeo interdum, quod non interdum sed solum
semperque facere, non audeo dicere rectius, certe beatius
15 erat. Te omnia alia quam quae uelis agere moleste ferrem, **2**
nisi ea quae agis essent honestissima. Nam et rei publicae suae
negotia curare et disceptare inter amicos laude dignissimum
est. Prisci nostri contubernium iucundum tibi futurum scie- **3**
bam. Noueram simplicitatem eius, noueram comitatem; eun-
20 dem esse (quod minus noram) gratissimum experior, cum tam
iucunde officiorum nostrorum meminisse eum scribas. Vale.

XVI

C. PLINIVS FABATO PROSOCERO SVO S.

Calestrium Tironem familiarissime diligo et priuatis mihi **1**
25 et publicis necessitudinibus implicitum. Simul militauimus, **2**

12 nosti *Mθ*: nostri γ distringor γ: destringor *M* 17 curare
Mθ, om. γ 18 tibi *Mθ*: mihi γ 20 quod *Mθ*: quo γ cum tam
Mθ: quo iam γ 24 familiarissime *Mθ*: -imum γ

simul quaestores Caesaris fuimus. Ille me in tribunatu
liberorum iure praecessit, ego illum in praetura sum consecutus, cum mihi Caesar annum remisisset. Ego in uillas
3 eius saepe secessi, ille in domo mea saepe conualuit. Hic nunc
pro consule prouinciam Baeticam per Ticinum est petiturus. 5
4 Spero, immo confido facile me impetraturum, ex itinere de-
flectat ad te, si uoles uindicta liberare, quos proxime inter
amicos manumisisti. Nihil est quod uerearis ne sit hoc illi
molestum, cui orbem terrarum circumire non erit longum
5 mea causa. Proinde nimiam istam uerecundiam pone, teque 10
quid uelis consule. Illi tam iucundum quod ego, quam mihi
quod tu iubes. Vale.

XVII

C. PLINIVS CELERI SVO S.

1   Sua cuique ratio recitandi; mihi quod saepe iam dixi, ut 15
2 si quid me fugit (ut certe fugit) admonear. Quo magis miror,
quod scribis fuisse quosdam qui reprehenderent quod orationes omnino recitarem; nisi uero has solas non putant
3 emendandas. A quibus libenter requisierim, cur concedant
(si concedunt tamen) historiam debere recitari, quae non 20
ostentationi sed fidei ueritatique componitur; cur tragoediam, quae non auditorium sed scaenam et actores; cur
lyrica, quae non lectorem sed chorum et lyram poscunt. At
4 horum recitatio usu iam recepta est. Num ergo culpandus est
ille qui coepit? Quamquam orationes quoque et nostri 25

2 consecutus *Mθ*: constitutus *γ*   5 pro consule *Mθ*: proconsuli *γ*:
proconsul *Itali*   6 ex *γ*: ut ex *Ma*   8 hoc illi molestum *γ*: illi
molestium hoc *M*   10 nimiam *Mθ*: nimis *γ*   11 quod ego *Mθ, om. γ*
16 certe *M*: certe me *θ*: cur te *γ*   17 reprehenderent *γ*: reprenderent
M   19 requisierim *Mθ*: -eris *γ*   21 ostentationi *Mθ*: -onis *γ*
22 actores *Ma*: actor et *γ* (*unde* actorem *Itali*)   23 poscunt *γ*: po-
scuntur *M*   at *θ*: ad *Mγ*   24 iam *Mθ*: nam *γ*   25 quoque
Ma: quaeque (*ut uidetur*) *γ, om. θ*

quidam et Graeci lectitauerunt. Superuacuum tamen est reci- 5
tare quae dixeris. Etiam, si eadem omnia, si isdem omnibus, si
statim recites; si uero multa inseras multa commutes, si quosdam nouos quosdam eosdem sed post tempus adsumas, cur
5 minus probabilis sit causa recitandi quae dixeris quam edendi?
Sed difficile est ut oratio dum recitatur satisfaciat. Iam hoc 6
ad laborem recitantis pertinet, non ad rationem non recitandi. Nec uero ego dum recito laudari, sed dum legor cupio. 7
Itaque nullum emendandi genus omitto. Ac primum quae
10 scripsi mecum ipse pertracto; deinde duobus aut tribus lego;
mox aliis trado adnotanda, notasque eorum, si dubito, cum
uno rursus aut altero pensito; nouissime pluribus recito, ac si
quid mihi credis tunc acerrime emendo; nam tanto dili- 8
gentius quanto sollicitius intendo. Optime autem reuerentia
15 pudor metus iudicant, idque adeo sic habe: Nonne si locuturus es cum aliquo quamlibet docto, uno tamen, minus com-
moueris quam si cum multis uel indoctis? Nonne cum 9
surgis ad agendum, tunc maxime tibi ipse diffidis, tunc com-
mutata non dico plurima sed omnia cupis? utique si latior
20 scaena et corona diffusior; nam illos quoque sordidos pullatosque reueremur. Nonne si prima quaeque improbari putas, 10
debilitaris et concidis? Opinor, quia in numero ipso est
quoddam magnum collatumque consilium, quibusque singulis iudicii parum, omnibus plurimum. Itaque Pomponius 11
25 Secundus (hic scriptor tragoediarum), si quid forte familiarior
amicus tollendum, ipse retinendum arbitraretur, dicere solebat: 'Ad populum prouoco', atque ita ex populi uel silentio

---

2 etiam *Mθ*: eam *γ*   omnia *γ*, *om. M*   4 nouos *Mθ*: tuos *γ*
11 adnotanda notasque *γ*: adnotandasque *M*   13 tunc *Mθ*, *om. γ*
14 quanto sollicitius *γ*, *om. M*   16 es *Ma*: esses *γ*   17 si *Mθ*, *om. γ*
nonne *Mθ*: ne *γ*   18 diffidis *γ*: diffides *M*   19 dico *Ma*, *om. γ*
20 pullatosque *γ*: pollutosque *M*   21 putas *Ma*: putes *γ*   25 hic
Ma, *om. γ*; hic scriptor tragoediarum *tamquam glossema seclusit Birt*
26 tollendum *Mθ*: tollet dum *γ*

12 uel adsensu aut suam aut amici sententiam sequebatur. Tantum
ille populo dabat; recte an secus, nihil ad me. Ego enim non
populum aduocare sed certos electosque soleo, quos intuear
quibus credam, quos denique et tamquam singulos obseruem
13 et tamquam non singulos timeam. Nam, quod M. Cicero de 5
stilo, ego de metu sentio: timor est, timor emendator asperri-
mus. Hoc ipsum quod nos recitaturos cogitamus emendat;
quod auditorium ingredimur emendat; quod pallemus hor-
14 rescimus circumspicimus emendat. Proinde non paenitet me
consuetudinis meae quam utilissimam experior, adeoque non 10
deterreor sermunculis istorum, ut ultro te rogem monstres
15 aliquid quod his addam. Nihil enim curae meae satis est.
Cogito quam sit magnum dare aliquid in manus hominum,
nec persuadere mihi possum non et cum multis et saepe
tractandum, quod placere et semper et omnibus cupias. Vale. 15

XVIII

C. PLINIVS CANINIO SVO S.

1   Deliberas mecum quemadmodum pecunia, quam muni-
cipibus nostris in epulum obtulisti, post te quoque salua sit.
Honesta consultatio, non expedita sententia. Numeres rei 20
publicae summam: uerendum est ne dilabatur. Des agros: ut
2 publici neglegentur. Equidem nihil commodius inuenio,
quam quod ipse feci. Nam pro quingentis milibus nummum,
quae in alimenta ingenuorum ingenuarumque promiseram,
agrum ex meis longe pluris actori publico mancipaui; eundem 25
3 uectigali imposito recepi, tricena milia annua daturus. Per

---

4 et tamquam *Mθ*: etiam quam *γ*   6 metu *γ*: me *M*; *Cicero de
oratore i 150, ubi legendum cum Iulio Victore (p. 444 Halm) stilus
est, stilus uidit Stangl*   7 emendat *Mθ*: emendo *γ*   21 uerendum
γ: uerecundum *M*   22 publici *γ*: publica *M*   neglegentur *Mai*:
negligenter *γ*   23 pro *Mai, om. γ*   24 ingenuarumque *Mai*: quae
γ, om. θ

hoc enim et rei publicae sors in tuto nec reditus incertus, et
ager ipse propter id quod uectigal large supercurrit, semper
dominum a quo exerceatur inueniet. Nec ignoro me plus **4**
aliquanto quam donasse uideor erogauisse, cum pulcherrimi
5 agri pretium necessitas uectigalis infregerit. Sed oportet **5**
priuatis utilitatibus publicas, mortalibus aeternas anteferre,
multoque diligentius muneri suo consulere quam facultatibus.
Vale.

XIX

10   C. PLINIVS PRISCO SVO S.

Angit me Fanniae ualetudo. Contraxit hanc dum adsidet **1**
Iuniae uirgini, sponte primum (est enim adfinis), deinde
etiam ex auctoritate pontificum. Nam uirgines, cum ui morbi **2**
atrio Vestae coguntur excedere, matronarum curae custodiae-
15 que mandantur. Quo munere Fannia dum sedulo fungitur,
hoc discrimine implicita est. Insident febres, tussis increscit; **3**
summa macies summa defectio. Animus tantum et spiritus
uiget Heluidio marito, Thrasea patre dignissimus; reliqua
labuntur, meque non metu tantum, uerum etiam dolore con-
20 ficiunt. Doleo enim feminam maximam eripi oculis ciuitatis, **4**
nescio an aliquid simile uisuris. Quae castitas illi, quae sanctitas, quanta grauitas quanta constantia! Bis maritum secuta
in exsilium est, tertio ipsa propter maritum relegata. Nam **5**
cum Senecio reus esset quod de uita Heluidi libros composuis-
25 set rogatumque se a Fannia in defensione dixisset, quaerente
minaciter Mettio Caro, an rogasset respondit: 'Rogaui'; an
commentarios scripturo dedisset: 'Dedi'; an sciente matre:
'Nesciente'; postremo nullam uocem cedentem periculo

2 uectigal *M* : uectigali γ   3 me γ: Romae *M*   4 pulcherrimi
agri γ: -mae rei *M*   11 hanc dum *Ma*: dudum γ   16 insident
Ma: insidens γ   19 metu tantum γ: tantum cura *M*   21 uisuris
M, R. Agricola: uisurus γ   illi quae sanctitas γ, *om. M*

213

6 emisit. Quin etiam illos ipsos libros, quamquam ex necessitate et metu temporum abolitos senatus consulto, publi-
catis bonis seruauit habuit, tulitque in exsilium exsili
7 causam. Eadem quam iucunda quam comis, quam denique
(quod paucis datum est) non minus amabilis quam ueneranda! 5
Eritne quam postea uxoribus nostris ostentare possimus? Erit
a qua uiri quoque fortitudinis exempla sumamus, quam sic
8 cernentes audientesque miremur, ut illas quae leguntur? Ac
mihi domus ipsa nutare, conuulsaque sedibus suis ruitura supra
uidetur, licet adhuc posteros habeat. Quantis enim uirtutibus 10
quantisque factis adsequentur, ut haec non nouissima occi-
9 derit? Me quidem illud etiam adfligit et torquet, quod
matrem eius, illam (nihil possum inlustrius dicere) tantae
feminae matrem, rursus uideor amittere, quam haec, ut reddit
ac refert nobis, sic auferet secum, meque et nouo pariter et 15
10 rescisso uulnere adficiet. Vtramque colui utramque dilexi:
utram magis nescio, nec discerni uolebant. Habuerunt officia
mea in secundis, habuerunt in aduersis. Ego solacium relega-
tarum, ego ultor reuersarum; non feci tamen paria atque eo
magis hanc cupio seruari, ut mihi soluendi tempora supersint. 20
11 In his eram curis, cum scriberem ad te; quas si deus aliquis in
gaudium uerterit, de metu non querar. Vale.

XX

C. PLINIVS TACITO SVO S.

1   Librum tuum legi et, quam diligentissime potui, adnotaui 25
quae commutanda, quae eximenda arbitrarer. Nam et ego
uerum dicere adsueui, et tu libenter audire. Neque enim
ulli patientius reprehenduntur, quam qui maxime laudari

---

1 quamquam γ: quos M   2 consulto γ: censuit M   3 exsili
poscunt numeri: exsilii Mγ   6 eritne γ: erit M   nostris γ, *om.* M
7 sic Mθ: si γ   15 auferet Mθ(*t*): auferat γ   18 secundis
habuerunt in γ, *om.* M   solatium γ: socius M   21 quas Mθ: quae γ

merentur. Nunc a te librum meum cum adnotationibus tuis **2**
exspecto. O iucundas, o pulchras uices! Quam me delectat
quod, si qua posteris cura nostri, usquequaque narrabitur,
qua concordia simplicitate fide uixerimus! Erit rarum et **3**
5 insigne, duos homines aetate dignitate propemodum aequales,
non nullius in litteris nominis (cogor enim de te quoque
parcius dicere, quia de me simul dico), alterum alterius studia
fouisse. Equidem adulescentulus, cum iam tu fama gloriaque **4**
floreres, te sequi, tibi 'longo sed proximus interuallo' et esse
10 et haberi concupiscebam. Et erant multa clarissima ingenia;
sed tu mihi (ita similitudo naturae ferebat) maxime imitabilis,
maxime imitandus uidebaris. Quo magis gaudeo, quod si quis **5**
de studiis sermo, una nominamur, quod de te loquentibus
statim occurro. Nec desunt qui utrique nostrum praeferan-
15 tur. Sed nos, nihil interest mea quo loco, iungimur; nam mihi **6**
primus, qui a te proximus. Quin etiam in testamentis debes
adnotasse: nisi quis forte alterutri nostrum amicissimus,
eadem legata et quidem pariter accipimus. Quae omnia huc **7**
spectant, ut inuicem ardentius diligamus, cum tot uinculis
20 nos studia mores fama, suprema denique hominum iudicia
constringant. Vale.

XXI

C. PLINIVS CORNVTO SVO S.

Pareo, collega carissime, et infirmitati oculorum ut iubes **1**
25 consulo. Nam et huc tecto uehiculo undique inclusus quasi
in cubiculo perueni et hic non stilo modo uerum etiam
lectionibus difficulter sed abstineo, solisque auribus studeo.

---

1 a *Mθ*, *om.* γ   2 o (*alterum*) γ: et *M*   4 et *Mθ*, *om.* γ   5 dignitate
Mθ, *om.* γ   6 nullius in litt. nominis γ, *om. M*   9 *Verg. Aen. v 320*
11 ita *Mθ*: ista γ   imitabilis maxime γ, *om. M*   13 una *Mθ*: unus
γ   14 occurro *Ma*: occurris γ   16 qui . . . proximus γ, *om. M*
17 alterutri γ: alter uti *M*   18 eadem . . . accipimus *Mai*, *om.* γ
24 ut *Mθ*, *om.* γ

2 Cubicula obductis uelis opaca nec tamen obscura facio. Cryptoporticus quoque adopertis inferioribus fenestris tantum umbrae quantum luminis habet. Sic paulatim lucem **3** ferre condisco. Balineum adsumo quia prodest, uinum quia non nocet, parcissime tamen. Ita adsueui, et nunc custos 5 adest. **4** Gallinam ut a te missam libenter accepi; quam satis acribus oculis, quamquam adhuc lippus, pinguissimam uidi. Vale.

XXII   10

C. PLINIVS FALCONI SVO S.

1 Minus miraberis me tam instanter petisse, ut in amicum meum conferres tribunatum, cum scieris quis ille qualisque. Possum autem iam tibi et nomen indicare et describere ipsum, **2** postquam polliceris. Est Cornelius Minicianus, ornamentum 15 regionis meae seu dignitate seu moribus. Natus splendide abundat facultatibus, amat studia ut solent pauperes. Idem rectissimus iudex, fortissimus aduocatus, amicus fidelissimus. **3** Accepisse te beneficium credes, cum propius inspexeris hominem omnibus honoribus, omnibus titulis (nihil uolo 20 elatius de modestissimo uiro dicere) parem. Vale.

XXIII

C. PLINIVS FABATO PROSOCERO SVO S.·

1 Gaudeo quidem esse te tam fortem, ut Mediolani occurrere Tironi possis, sed ut perseueres esse tam fortis, rogo ne 25 tibi contra rationem aetatis tantum laboris iniungas. Quin

---

1 obscura γ: obscurae *M*   2 quoque *Mθ*: quaeque γ   3 lucem ferre *Mθ*: luce fere γ   4 quia (*alterum*) *Ma*, *om.* γ   6 adest *Mθ*: adesi γ   8 lippus *M*γ: lippis *aθ*   16 seu (*prius*) *Mθ*: sed γ 18 iudex fortissimus γ, *om. M*

immo denuntio, ut illum et domi et intra domum atque
etiam intra cubiculi limen exspectes. Etenim, cum a me ut **2**
frater diligatur, non debet ab eo quem ego parentis loco
obseruo, exigere officium quod parenti suo remisisset. Vale.

5   XXIV

C. PLINIVS GEMINO SVO S.

Vmmidia Quadratilla paulo minus octogensimo aetatis **1**
anno decessit usque ad nouissimam ualetudinem uiridis, atque
etiam ultra matronalem modum compacto corpore et robusto.
10 Decessit honestissimo testamento: reliquit heredes ex besse **2**
nepotem, ex tertia parte neptem. Neptem parum noui,
nepotem familiarissime diligo, adulescentem singularem nec
iis tantum, quos sanguine attingit, inter propinquos aman-
dum. Ac primum conspicuus forma omnes sermones mali- **3**
15 gnorum et puer et iuuenis euasit, intra quartum et uicensimum
annum maritus, et si deus adnuisset pater. Vixit in contubernio auiae delicatae seuerissime, et tamen obsequentissime.
Habebat illa pantomimos fouebatque, effusius quam principi **4**
feminae conuenit. Hos Quadratus non in theatro, non domi
20 spectabat, nec illa exigebat. Audiui ipsam cum mihi com- **5**
mendaret nepotis sui studia, solere se, ut feminam in illo otio
sexus, laxare animum lusu calculorum, solere spectare pantomimos suos, sed cum factura esset alterutrum, semper se
nepoti suo praecepisse abiret studeretque; quod mihi non
25 amore eius magis facere quam reuerentia uidebatur.

Miraberis, et ego miratus sum. Proximis sacerdotalibus **6**
ludis, productis in commissione pantomimis, cum simul theatro ego et Quadratus egrederemur, ait mihi: 'Scis me hodie

1 domi γ: Comi *M*   2 etiam *Ma, om.* γ   6 Gemino *M*: Geminio
γ   7 Vmmidia γ: Commidia *M*   19 conuenit *M*: conueniret γ
domi *M*θ: domo γ   20 audiui *M*: audii (*ut uidetur*) γ

primum uidisse saltantem auiae meae libertum ?' Hoc nepos.
7 At hercule alienissimi homines in honorem Quadratillae
(pudet me dixisse honorem) per adulationis officium in theatrum cursitabant exsultabant plaudebant mirabantur ac deinde
singulos gestus dominae cum canticis reddebant; qui nunc 5
exiguissima legata, theatralis operae corollarium, accipient
8 ab herede, qui non spectabat. Haec, quia soles si quid incidit
noui non inuitus audire, deinde quia iucundum est mihi quod
ceperam gaudium scribendo retractare. Gaudeo enim pietate
defunctae, honore optimi iuuenis; laetor etiam quod domus 10
aliquando C. Cassi, huius qui Cassianae scholae princeps et
9 parens fuit, seruiet domino non minori. Implebit enim illam
Quadratus meus et decebit, rursusque ei pristinam dignitatem celebritatem gloriam reddet, cum tantus orator inde
procedet, quantus iuris ille consultus. Vale.   15

XXV

C. PLINIVS RVFO SVO S.

1   O quantum eruditorum aut modestia ipsorum aut quies
operit ac subtrahit famae! At nos eos tantum dicturi aliquid
aut lecturi timemus, qui studia sua proferunt, cum illi qui 20
tacent hoc amplius praestent, quod maximum opus silentio
2 reuerentur. Expertus scribo quod scribo. Terentius Iunior,
equestribus militiis atque etiam procuratione Narbonensis
prouinciae integerrime functus, recepit se in agros suos,
3 paratisque honoribus tranquillissimum otium praetulit. Hunc 25
ego inuitatus hospitio ut bonum patrem familiae, ut diligen-

---

4 plaudebant $M\theta$, om. γ 7 haec $M\gamma$: haec scripsi primum *e coniectura* θ 9 ceperam Ma: ceperim γ 11 G. Cassi M: C. Cassii γ
12 fuit $M\theta$, om. γ implebit Ma: -euit γ 13 decebit Ma: decedit
γ ei Ma: et γ 14 celebritatem gloriam γ: celebritatemque M
19 at $M\theta$: ad γ 20 lecturi γ: lectituri M 24 recepit γ: recipit M
25 paratisque γ: spiratisque M: speratisque a

tem agricolam intuebar, de his locuturus, in quibus illum
uersari putabam; et coeperam, cum ille me doctissimo sermone reuocauit ad studia. Quam tersa omnia, quam Latina, **4**
quam Graeca! Nam tantum utraque lingua ualet, ut ea magis
5 uideatur excellere, qua cum maxime loquitur. Quantum ille
legit, quantum tenet! Athenis uiuere hominem, non in uilla
putes. Quid multa? Auxit sollicitudinem meam effecitque **5**
ut illis quos doctissimos noui, non minus-hos seductos et quasi
rusticos uerear. Idem suadeo tibi: sunt enim ut in castris sic **6**
10 etiam in litteris nostris, plures cultu pagano quos cinctos et
armatos, et quidem ardentissimo ingenio, diligenter scrutatus
inuenies. Vale.

XXVI

C. PLINIVS MAXIMO SVO S.

15   Nuper me cuiusdam amici languor admonuit, optimos esse **1**
nos dum infirmi sumus. Quem enim infirmum aut auaritia
aut libido sollicitat? Non amoribus seruit, non adpetit **2**
honores, opes neglegit et quantulumcumque, ut relicturus,
satis habet. Tunc deos tunc hominem esse se meminit, inuidet
20 nemini, neminem miratur neminem despicit, ac ne sermonibus quidem malignis aut attendit aut alitur: balinea ima-
ginatur et fontes. Haec summa curarum, summa uotorum **3**
mollemque in posterum et pinguem, si contingat euadere, hoc
est innoxiam beatamque destinat uitam. Possum ergo quod **4**
25 plurimis uerbis, plurimis etiam uoluminibus philosophi docere
conantur, ipse breuiter tibi mihique praecipere, ut tales esse
sani perseueremus, quales nos futuros profitemur infirmi.
Vale.

3 quam Lat. quam *M*γ: qua Lat. qua *C. F. W. Mueller*   5 qua
*M*θ: quam (*ut uidetur*) γ   10 cinctos *M*θ: cunctos γ   11 diligenter
M: diligentius γ   18 opes γ: spes *M*   25 plurimis u. plurimis *M*γ:
pluribus u. pluribus θ   27 infirmi γ, *om. M*

XXVII

C. PLINIVS SVRAE SVO S.

1   Et mihi discendi et tibi docendi facultatem otium praebet.
Igitur perquam uelim scire, esse phantasmata et habere propriam figuram numenque aliquod putes an inania et uana ex 5
2 metu nostro imaginem accipere. Ego ut esse credam in primis
eo ducor, quod audio accidisse Curtio Rufo. Tenuis adhuc et
obscurus, obtinenti Africam comes haeserat. Inclinato die
spatiabatur in porticu; offertur ei mulieris figura humana
grandior pulchriorque. Perterrito Africam se futurorum 10
praenuntiam dixit: iturum enim Romam honoresque ge-
sturum, atque etiam cum summo imperio in eandem prouin-
3 ciam reuersurum, ibique moriturum. Facta sunt omnia.
Praeterea accedenti Carthaginem egredientique naue eadem
figura in litore occurrisse narratur. Ipse certe implicitus 15
morbo futura praeteritis, aduersa secundis auguratus, spem
salutis nullo suorum desperante proiecit.

4   Iam illud nonne et magis terribile et non minus mirum est
5 quod exponam ut accepi? Erat Athenis spatiosa et capax
domus sed infamis et pestilens. Per silentium noctis sonus 20
ferri, et si attenderes acrius, strepitus uinculorum longius
primo, deinde e proximo reddebatur: mox adparebat idolon,
senex macie et squalore confectus, promissa barba horrenti
capillo; cruribus compedes, manibus catenas gerebat quatie-
6 batque. Inde inhabitantibus tristes diraeque noctes per 25
metum uigilabantur; uigiliam morbus et crescente formidine
mors sequebatur. Nam interdiu quoque, quamquam abscesse-
rat imago, memoria imaginis oculis inerrabat, longiorque

---

4 et *Mθ*: sed *γ*   5 numenque *γ*: nomenque *M*   an inania et
uana *Mai*: inane sed (seu *θ*) uanam *γ*   7 eo ducor *γ*: educor *M*
9 offertur *γ*: offerebatur *M*   11 iturum enim *Mθ*: et uenturum *γ*
20 per ... strepitus *γ, om. M*   22 e *M, om. γ*   25 diraeque *M (sicut
et Iun. Maius)*: dureque (*ut uidetur*) *γ*   28 inerrabat *Mγ*: inherebat *Itali*

causis timoris timor erat. Deserta inde et damnata solitudine
domus totaque illi monstro relicta; proscribebatur tamen, seu
quis emere seu quis conducere ignarus tanti mali uellet.
Venit Athenas philosophus Athenodorus, legit titulum audito- **7**
5 que pretio, quia suspecta uilitas, percunctatus omnia docetur
ac nihilo minus, immo tanto magis conducit. Vbi coepit
aduesperascere, iubet sterni sibi in prima domus parte, poscit
pugillares stilum lumen, suos omnes in interiora dimittit;
ipse ad scribendum animum oculos manum intendit, ne
10 uacua mens audita simulacra et inanes sibi metus fingeret.
Initio, quale ubique, silentium noctis; dein concuti ferrum, **8**
uincula moueri. Ille non tollere oculos, non remittere stilum,
sed offirmare animum auribusque praetendere. Tum crebre-
scere fragor, aduentare et iam ut in limine, iam ut intra limen
15 audiri. Respicit, uidet agnoscitque narratam sibi effigiem.
Stabat innuebatque digito similis uocanti. Hic contra ut **9**
paulum exspectaret manu significat rursusque ceris et stilo
incumbit. Illa scribentis capiti catenis insonabat. Respicit
rursus idem quod prius innuentem, nec moratus tollit lumen
20 et sequitur. Ibat illa lento gradu quasi grauis uinculis. Post- **10**
quam deflexit in aream domus, repente dilapsa deserit comitem. Desertus herbas et folia concerpta signum loco ponit.
Postero die adit magistratus, monet ut illum locum effodi **11**
iubeant. Inueniuntur ossa inserta catenis et implicita, quae
25 corpus aeuo terraque putrefactum nuda et exesa reliquerat
uinculis; collecta publice sepeliuntur. Domus postea rite
conditis manibus caruit.

Et haec quidem adfirmantibus credo; illud adfirmare aliis **12**
possum. Est libertus mihi non inlitteratus. Cum hoc minor

1 timoris γ, *om. M*   solitudine *M*γ: solitudini *N. Heinsius*   3 emere
seu quis *M*θ, *om.* γ   7 in γ, *om. M*   11 initio quale ubique
*M*θ: initioque leubique γ (le *del. Itali*)   14 in *M*θ, *om.* γ   25 reliquerat γ: -erant *M*   29 cum *M*θ: .M. cum γ

221

frater eodem lecto quiescebat. Is uisus est sibi cernere quendam in toro residentem, admouentemque capiti suo cultros,
atque etiam ex ipso uertice amputantem capillos. Vbi inluxit,
ipse circa uerticem tonsus, capilli iacentes reperiuntur.

13 Exiguum temporis medium, et rursus simile aliud priori 5
fidem fecit. Puer in paedagogio mixtus pluribus dormiebat.
Venerunt per fenestras (ita narrat) in tunicis albis duo cuban-
temque detonderunt et qua uenerant recesserunt. Hunc quo-

14 que tonsum sparsosque circa capillos dies ostendit. Nihil
notabile secutum, nisi forte quod non fui reus, futurus, si 10
Domitianus sub quo haec acciderunt diutius uixisset. Nam in
scrinio eius datus a Caro de me libellus inuentus est; ex quo
coniectari potest, quia reis moris est summittere capillum,
recisos meorum capillos depulsi quod imminebat periculi
signum fuisse.   15

15 Proinde rogo, eruditionem tuam intendas. Digna res est
quam diu multumque consideres; ne ego quidem indignus,

16 cui copiam scientiae tuae facias. Licet etiam utramque in
partem (ut soles) disputes, ex altera tamen fortius, ne me
suspensum incertumque dimittas, cum mihi consulendi 20
causa fuerit, ut dubitare desinerem. Vale.

XXVIII

C. PLINIVS SEPTICIO SVO S.

1 Ais quosdam apud te reprehendisse, tamquam amicos meos

2 ex omni occasione ultra modum laudem. Agnosco crimen, 25
amplector etiam. Quid enim honestius culpa benignitatis?

---

2 residentem admouentemque *Mθ*: residentemque γ   6 paedagogio
Mθ: predagio γ   10 futurus *Mθ, om.* γ   11 haec *M*: hoc *an*
haec γ *incertum*   acciderunt *Ma*: -erit γ: -erat θ   12 scrinio *Mθ*:
crine γ   a Caro *Mθ*: ac ro. γ   14 depulsi *M (sicut et Laetus)*:
depulsis γ   quod *Mθ*: quid γ   17 ne *Mθ, om.* γ   20 incertumque γ, *om. M*   24 tamquam *Mi*: tamquam si γ: quod *a*

Qui sunt tamen isti, qui amicos meos melius norint? Sed, ut norint, quid inuident mihi felicissimo errore? Vt enim non sint tales quales a me praedicantur, ego tamen beatus quod mihi uidentur. Igitur ad alios hanc sinistram diligentiam **3** 5 conferant; nec sunt parum multi, qui carpere amicos suos iudicium uocant. Mihi numquam persuadebunt ut meos amari a me nimium putem. Vale.

XXIX

C. PLINIVS MONTANO SVO S.

10 Ridebis, deinde indignaberis, deinde ridebis, si legeris, quod **1** nisi legeris non potes credere. Est uia Tiburtina intra pri- **2** mum lapidem (proxime adnotaui) monimentum Pallantis ita inscriptum: 'Huic senatus ob fidem pietatemque erga patronos ornamenta praetoria decreuit et sestertium centies quin- 15 quagies, cuius honore contentus fuit.' Equidem numquam **3** sum miratus quae saepius a fortuna quam a iudicio proficiscerentur; maxime tamen hic me titulus admonuit, quam essent mimica et inepta, quae interdum in hoc caenum, in has sordes abicerentur, quae denique ille furcifer et recipere ausus est et 20 recusare, atque etiam ut moderationis exemplum posteris prodere. Sed quid indignor? Ridere satius, ne se magnum aliquid **4** adeptos putent, qui huc felicitate perueniunt ut rideantur. Vale.

1 tamen *Mθ(q)*, *om. γ* sed ut norint *Mai*, *om. γ* 2 inuident *Mθ*: inuidet *γ* 3 quales *Ma*, *om. γ* (ut *add. Itali*) 4 uidentur *Ma*: uidetur *γ* 5 parum multi *Ma*: parum *γ* (*unde pauci Itali*) 7 nimium *Mθ*: nimis umquam *γ* putem *γ*: autem *M* 13 ob fidem *Mθ*: obsidem *γ* (?) 16 a (*alterum*) *Ma*, *om. γ* 18 mimica *Mi et* 'ex *antiquis codicibus*' (*Π scilicet*) *Budaeus*: inimica *γa* hoc *Ma*, *om. γ* in *γ*, *om. M* 19 abicerentur *Mθ*: adicerentur *γ* quae *Mai*: quid *γ* 20 prodere *Ma*: proderit *γ* 21 satius *Mγ*: satius est *a* 22 adeptos *Mθ*: adeptis *γ*

XXX

C. PLINIVS GENITORI SVO S.

1 Torqueor quod discipulum, ut scribis, optimae spei amisisti. Cuius et ualetudine et morte impedita studia tua quidni sciam ? cum sis omnium officiorum obseruantissimus, cumque 5

2 omnes quos probas effusissime diligas. Me huc quoque urbana negotia persequuntur; non desunt enim qui me iudicem aut

3 arbitrum faciant. Accedunt querelae rusticorum, qui auribus meis post longum tempus suo iure abutuntur. Instat et necessitas agrorum locandorum, perquam molesta: adeo rarum est 10

4 inuenire idoneos conductores. Quibus ex causis precario studeo, studeo tamen. Nam et scribo aliquid et lego; sed cum lego, ex comparatione sentio quam male scribam, licet tu mihi

5 bonum animum facias, qui libellos meos de ultione Heluidi orationi Demosthenis κατὰ Μειδίου confers. Quam sane, cum 15 componerem illos, habui in manibus, non ut aemularer (improbum enim ac paene furiosum), sed tamen imitarer et sequerer, quantum aut diuersitas ingeniorum maximi et minimi, aut causae dissimilitudo pateretur. Vale.

XXXI   20

C. PLINIVS CORNVTO SVO S.

1 Claudius Pollio amari a te cupit dignus hoc ipso quod cupit, deinde quod ipse te diligit; neque enim fere quisquam exigit istud nisi qui facit. Vir alioqui rectus integer quietus ac paene

2 ultra modum (si quis tamen ultra modum) uerecundus. Hunc, 25 cum simul militaremus, non solum ut commilito inspexi.

---

2 Genitori γ: Montano M   4 quidni sciam M: quid nesciam γ
6 huc θ: hoc Mγ   7 desunt Mθ(q): debuit sunt γ   me Mγ: me
aut a   11 precario γ: raro Mθ   12 nam γ, om. M
14 facias Mθ: facis γ   Heluidi Itali: -dii Mγ   18 quantum Mθ:
tantum γ

Praeerat alae miliariae; ego iussus a legato consulari rationes
alarum et cohortium excutere, ut magnam quorundam foe-
damque auaritiam, neglegentiam parem, ita huius summam
integritatem, sollicitam diligentiam inueni. Postea promotus 3
5 ad amplissimas procurationes, nulla occasione corruptus
ab insito abstinentiae amore deflexit; numquam secundis
rebus intumuit; numquam officiorum uarietate continuam
laudem humanitatis infregit, eademque firmitate animi laboribus suffecit, qua nunc otium patitur. Quod quidem paulisper 4
10 cum magna sua laude intermisit et posuit, a Corellio nostro
ex liberalitate imperatoris Neruae emendis diuidendisque
agris adiutor adsumptus. Etenim qua gloria dignum est,
summo uiro in tanta eligendi facultate praecipue placuisse!
Idem quam reuerenter, quam fideliter amicos colat, multo- 5
15 rum supremis iudiciis, in his Anni Bassi grauissimi ciuis,
credere potes, cuius memoriam tam grata praedicatione pro-
rogat et extendit, ut librum de uita eius (nam studia quoque
sicut alias bonas artes ueneratur) ediderit. Pulchrum istud et 6
raritate ipsa probandum, cum plerique hactenus defunctorum
20 meminerint ut querantur. Hunc hominem adpetentissimum 7
tui, mihi crede, complectere adprehende, immo et inuita, ac
sic ama tamquam gratiam referas. Neque enim obligandus sed
remunerandus est in amoris officio, qui prior coepit. Vale.

XXXII

25   C. PLINIVS FABATO PROSOCERO SVO S.

Delector iucundum tibi fuisse Tironis mei aduentum; quod 1
uero scribis oblata occasione proconsulis plurimos manumissos,

---

1 miliarie γ: militari Mθ   15 in his Hanni (Annii a) Ma: Musanni γ
16 potes Mθ: potest γ   grata Mθ: gratam grata γ   18 ediderit . . .
querantur γ, om. M   istud et a: sollicet et θ: studet γ   21 tui Ma:
tu γ   22 sed remunerandus Ma, om. γ

unice laetor. Cupio enim patriam nostram omnibus quidem rebus augeri, maxime tamen ciuium numero: id enim
2 oppidis firmissimum ornamentum. Illud etiam me non ut
ambitiosum sed tamen iuuat, quod adicis te meque et gra-
tiarum actione et laude celebratos. Est enim, ut Xenophon 5
ait, ἥδιστον ἄκουσμα ἔπαινος, utique si te mereri putes. Vale.

XXXIII

C. PLINIVS TACITO SVO S.

1 Auguror nec me fallit augurium, historias tuas immortales
2 futuras; quo magis illis (ingenue fatebor) inseri cupio. Nam si 10
esse nobis curae solet ut facies nostra ab optimo quoque
artifice exprimatur, nonne debemus optare, ut operibus no-
3 stris similis tui scriptor praedicatorque contingat? Demonstro
ergo quamquam diligentiam tuam fugere non possit, cum sit
in publicis actis, demonstro tamen quo magis credas, iucun- 15
dum mihi futurum si factum meum, cuius gratia periculo
creuit, tuo ingenio tuo testimonio ornaueris.
4 Dederat me senatus cum Herennio Senecione aduocatum
prouinciae Baeticae contra Baebium Massam, damnatoque
Massa censuerat, ut bona eius publice custodirentur. Senecio, 20
cum explorasset consules postulationibus uacaturos, conuenit
me et 'Qua concordia' inquit 'iniunctam nobis accusationem
exsecuti sumus, hac adeamus consules petamusque, ne bona
5 dissipari sinant, quorum esse in custodia debent.' Respondi:

---

1 nostram *Mθ*, *om. γ*   4 adicis te *Mθ(f)*: adicisse *γ*   5 actione
Mθ: actionem *γ*   ut Xenophon ait ΗΔΙϹΤΟΝ ΑΚΟΥϹΜΑ
ΕΠΑΙΝΟϹ *a et (quoad Graeca)* *i*: ut ex enopho ait nos *M*: Xenophai
ΤΗΑΙϹΤ ΗΚΟΥϹΜΑ ΕΠΑΙΝΟϹ *γ*; *Xen. mem. ii 1. 31*   6 si te
mereri *Mθ*: sit emereri *γ*   12 nostris *M*, *om. γ*   14 ergo *Mγ*: itaque *a*
possit cum sit *Ma*: possum *γ* (cum sit *add. i*)   17 creuit tuo *Mθ*:
credit suo *γ*   ornaueris *Ma*, *om. γ*   18 dederat ... Herennio *Mθ*,
om. γ   19 damnatoque *Mθ*: damnato quam est *γ*   20 censuerat
Mθ: consueuerat *γ*   22 qua *Mθ*: quasi *γ*

'Cum simus aduocati a senatu dati, dispice num peractas putes partes nostras senatus cognitione finita.' Et ille: 'Tu quem uoles tibi terminum statues, cui nulla cum prouincia necessitudo nisi ex beneficio tuo et hoc recenti; ipse et natus 5 ibi et quaestor in ea fui.' Tum ego: 'Si fixum tibi istud ac 6 deliberatum, sequar te ut, si qua ex hoc inuidia, non tantum tua.' Venimus ad consules; dicit Senecio quae res ferebat, 7 aliqua subiungo. Vixdum conticueramus, et Massa questus Senecionem non aduocati fidem sed inimici amaritudinem 10 implesse, impietatis reum postulat. Horror omnium; ego 8 autem 'Vereor' inquam, 'clarissimi consules, ne mihi Massa silentio suo praeuaricationem obiecerit, quod non et me reum postulauit.' Quae uox et statim excepta, et postea multo sermone celebrata est. Diuus quidem Nerua (nam priuatus quo- 9 15 que attendebat his quae recte in publico fierent) missis ad me grauissimis litteris non mihi solum, uerum etiam saeculo est gratulatus, cui exemplum (sic enim scripsit) simile antiquis contigisset. Haec, utcumque se habent, notiora clariora 10 maiora tu facies; quamquam non exigo ut excedas actae rei 20 modum. Nam nec historia debet egredi ueritatem, et honeste factis ueritas sufficit. Vale.

1 simus *Mθ*: sumus γ   a *Mθ, om.* γ   dispice γ: despice *M*   2 finita *Mθ*: finitas γ   tu *Mθ*: et tu γ   6 tantum tua *M*: tua tantum θ (sit *add. ai*): tua tantum sequar te γ   12 et *Ma, om.* γ   13 et (*prius*) *Ma*: est γ   14 nam priuatus quoque *Mθ*: iam priuatusque γ 15 quae recte in publico (-cum *ai*) fierent *Mai, om.* γ   missis ad me *Ma, om.* γ   18 contigisset *Mθ*: -isse γ   19 excedas *M Itali*: excedat γ   actae rei *Mθ*: accera ei γ   20 nam *Ma, om.* γ

LIBER OCTAVVS

I

C. PLINIVS SEPTICIO SVO S.

1 Iter commode explicui, excepto quod quidam ex meis
aduersam ualetudinem feruentissimis aestibus contraxerunt. 5
2 Encolpius quidem lector, ille seria nostra ille deliciae, exaspe-
ratis faucibus puluere sanguinem reiecit. Quam triste hoc
ipsi, quam acerbum mihi, si is cui omnis ex studiis gratia
inhabilis studiis fuerit! Quis deinde libellos meos sic leget,
3 sic amabit? Quem aures meae sic sequentur? Sed di laetiora 10
promittunt. Stetit sanguis, resedit dolor. Praeterea continens
ipse, nos solliciti, medici diligentes. Ad hoc salubritas caeli,
secessus quies tantum salutis quantum otii pollicentur. Vale.

II

C. PLINIVS CALVISIO SVO S. 15

1 Alii in praedia sua proficiscuntur ut locupletiores reuertan-
tur, ego ut pauperior. Vendideram uindemias certatim nego-
tiatoribus ementibus. Inuitabat pretium, et quod tunc et quod
2 fore uidebatur. Spes fefellit. Erat expeditum omnibus remittere aequaliter, sed non satis aequum. Mihi autem egregium 20
in primis uidetur ut foris ita domi, ut in magnis ita in paruis,
ut in alienis ita in suis agitare iustitiam. Nam si paria peccata,
3 pares etiam laudes. Itaque omnibus quidem, ne quis 'mihi
non donatus abiret', partem octauam pretii quo quis emerat
concessi; deinde iis, qui amplissimas summas emptionibus 25

---

8 si is *ai*: sit *Mθ*   9 inhabilis *a₁*: si inhabilis *Mθ*   10 meae *ai*:
meos *θ, om. M*   18 pretium . . . fore (forte *a*) uidebatur *ai, om. Mθ*
21 uidetur *aθ*: uideretur *M*   24 donatus *aθ*: donatis *M*; *Verg. Aen. v*
305.   25 iis *a*: his *Mθ*(?)

228

occupauerant, separatim consului. Nam et me magis iuuerant, et maius ipsi fecerant damnum. Igitur iis qui pluris quam 4 decem milibus emerant, ad illam communem et quasi publicam octauam addidi decimam eius summae, qua decem milia 5 excesserant. Vereor ne parum expresserim: apertius calculo 5 ostendam. Si qui forte quindecim milibus emerant, hi et quindecim milium octauam et quinque milium decimam tulerunt. Praeterea, cum reputarem quosdam ex debito ali- 6 quantum, quosdam aliquid, quosdam nihil reposuisse, nequa- 10 quam uerum arbitrabar, quos non aequasset fides solutionis, hos benignitate remissionis aequari. Rursus ergo iis qui 7 soluerant eius quod soluerant decimam remisi. Per hoc enim aptissime et in praeteritum singulis pro cuiusque merito gratia referri, et in futurum omnes cum ad emendum tum 15 etiam ad soluendum allici uidebantur. Magno mihi seu ratio 8 haec seu facilitas stetit, sed fuit tanti. Nam regione tota et nouitas remissionis et forma laudatur. Ex ipsis etiam quos non una, ut dicitur, pertica sed distincte gradatimque tractaui, quanto quis melior et probior, tanto mihi obligatior abiit 20 expertus non esse apud me ⟨ἐν δὲ ἰῇ τιμῇ ἠμὲν κακὸς ἠδὲ καὶ ἐσθλός⟩. Vale.

III

C. PLINIVS SPARSO SVO S.

Librum quem nouissime tibi misi, ex omnibus meis uel 1 25 maxime placere significas. Est eadem opinio cuiusdam erudi- tissimi. Quo magis adducor ut neutrum falli putem, quia non 2 est credibile utrumque falli, et quia tamen blandior mihi.

---

2 iis *aθ*: his *M*   4 qua *M*: quam *θ*: quae *ai*   5 excesserant *Mθ*: -erat *ai*   calculo *Mθ*: calculos *a*: calculos tendam *an latine dicatur nescio, ut numeris satis fiat*   11 aequari *a*: aequare *Mθ*   iis *aθ*: his *M*   12 eius quod soluerant *aθ, om. M*   18 sed *aθ, om. M*   19 abiit *Mθ*: abit *a*   20 ἐν . . . ἐσθλός *ai, om. Mθ; Hom. Il. ix 319*   25 placere *aθ*: placare *M*

Volo enim proxima quaeque absolutissima uideri, et ideo iam nunc contra istum librum faueo orationi, quam nuper in publicum dedi communicaturus tecum, ut primum diligen-
3 tem tabellarium inuenero. Erexi exspectationem tuam, quam uereor ne destituat oratio in manus sumpta. Interim tamen 5 tamquam placituram (et fortasse placebit) exspecta. Vale.

IV

C. PLINIVS CANINIO SVO S.

1 Optime facis, quod bellum Dacicum scribere paras. Nam quae tam recens tam copiosa tam elata, quae denique tam 10 poetica et quamquam in uerissimis rebus tam fabulosa materia?
2 Dices immissa terris noua flumina, nouos pontes fluminibus iniectos, insessa castris montium abrupta, pulsum regia pulsum etiam uita regem nihil desperantem; super haec actos bis triumphos, quorum alter ex inuicta gente primus, alter 15
3 nouissimus fuit. Vna sed maxima difficultas, quod haec aequare dicendo arduum immensum, etiam tuo ingenio, quamquam altissime adsurgat et amplissimis operibus increscat. Non nullus et in illo labor, ut barbara et fera nomina, in
4 primis regis ipsius, Graecis uersibus non resultent. Sed nihil 20 est quod non arte curaque, si non potest uinci, mitigetur. Praeterea, si datur Homero et mollia uocabula et Graeca ad leuitatem uersus contrahere extendere inflectere, cur tibi similis audentia praesertim non delicata sed necessaria non
5 detur? Proinde iure uatum inuocatis dis, et inter deos ipso, 25 cuius res opera consilia dicturus es, immitte rudentes, pande uela ac, si quando alias, toto ingenio uehere. Cur enim non
6 ego quoque poetice cum poeta? Illud iam nunc paciscor:

10 elata *i*: lata *a*θ: late *M*   quae (*alterum*) *ai*, *om. M*θ   12 terris *a*θ: terras *M*   18 amplissimis *M*θ: -ime *a*   20 sed *a*, *om. M*θ   24 non detur *M*θ: negetur *a*   25 deos *a*θ: eos *M*   26 dicturus *M*θ: dictaturus *a*

prima quaeque ut absolueris mittito, immo etiam ante quam
absoluas, sicut erunt recentia et rudia et adhuc similia nascentibus. Respondebis non posse perinde carptim ut contexta, **7**
perinde incohata placere ut effecta. Scio. Itaque et a me
5 aestimabuntur ut coepta, spectabuntur ut membra, extre-
mamque limam tuam opperientur in scrinio nostro. Patere
hoc me super cetera habere amoris tui pignus, ut ea quoque
norim quae nosse neminem uelles. In summa potero fortasse **8**
scripta tua magis probare laudare, quanto illa tardius cautius-
10 que, sed ipsum te magis amabo magisque laudabo, quanto
celerius et incautius miseris. Vale.

<h2 style="text-align:center">V</h2>

<h3 style="text-align:center">C. PLINIVS GEMINO SVO S.</h3>

Graue uulnus Macrinus noster accepit: amisit uxorem singu- **1**
15 laris exempli, etiam si olim fuisset. Vixit cum hac triginta
nouem annis sine iurgio sine offensa. Quam illa reuerentiam
marito suo praestitit, cum ipsa summam mereretur! quot
quantasque uirtutes, ex diuersis aetatibus sumptas, collegit et
miscuit! Habet quidem Macrinus grande solacium, quod **2**
20 tantum bonum tam diu tenuit, sed hinc magis exacerbatur
quod amisit; nam fruendis uoluptatibus crescit carendi dolor.
Ero ergo suspensus pro homine amicissimo, dum admittere **3**
auocamenta et cicatricem pati possit, quam nihil aeque ac
necessitas ipsa et dies longa et satietas doloris inducit. Vale.

<h2 style="text-align:center">25   VI</h2>

<h3 style="text-align:center">C. PLINIVS MONTANO SVO S.</h3>

Cognouisse iam ex epistula mea debes, adnotasse me nuper **1**
monumentum Pallantis sub hac inscriptione: 'Huic senatus

1 mittito $M\theta(c)$: mitte *ai*   2 et rudia et $M\theta$: si rudia si *a*
10 magisque $M\theta$: magis *a*   13 Gemino $M\theta$: Geminio *a*   20 hinc
$M\theta$: hoc *a*   21 fruendis *a*: fruendi $M\theta$ 22 ero *ai, om. Mθ*
23 auocamenta *Mi Budaeus*: aduoc- *aθ*

ob fidem pietatemque erga patronos ornamenta praetoria
decreuit et sestertium centies quinquagies, cuius honore
2 contentus fuit.' Postea mihi uisum est pretium operae ipsum
senatus consultum quaerere. Inueni tam copiosum et effusum,
ut ille superbissimus titulus modicus atque etiam demissus 5
uideretur. Conferant se misceantque, non dico illi ueteres,
Africani Achaici Numantini, sed hi proximi Marii Sullae
Pompei (nolo progredi longius): infra Pallantis laudes iace-
3 bunt. Vrbanos qui illa censuerunt putem an miseros? Dicerem
urbanos, si senatum deceret urbanitas; miseros, sed nemo 10
tam miser est ut illa cogatur. Ambitio ergo et procedendi
libido? Sed quis adeo demens, ut per suum, per publicum
dedecus procedere uelit in ea ciuitate, in qua hic esset usus
florentissimae dignitatis, ut primus in senatu laudare Pallan-
4 tem posset? Mitto quod Pallanti seruo praetoria ornamenta 15
offeruntur (quippe offeruntur a seruis), mitto quod censent
non exhortandum modo uerum etiam compellendum ad
usum aureorum anulorum; erat enim contra maiestatem sena-
5 tus, si ferreis praetorius uteretur. Leuia haec et transeunda,
illa memoranda quod nomine Pallantis senatus (nec expiata 20
postea curia est), Pallantis nomine senatus gratias agit Caesari, quod et ipse cum summo honore mentionem eius prosecutus esset et senatui facultatem fecisset testandi erga eum
6 beneuolentiam suam. Quid enim senatui pulchrius, quam ut
erga Pallantem satis gratus uideretur? Additur: 'Vt Pallas, 25
cui se omnes pro uirili parte obligatos fatentur, singularis
fidei singularis industriae fructum meritissimo ferat'. Pro-
latos imperî fines, redditos exercitus rei publicae credas.

3 operae *Mθ*: curae *a*   6 conferant se misceantque *a*: conferantque
se *Mθ*   8 Pompei *Ma*: Pompeii *θ*   9 dicerem . . . miseros *Mai*,
om. θ   10 deceret *a*: diceret *M*   12 per suum per *Mθ*: aut per
suum aut per *a*   13 uelit *M*: uult *θ*: uellet *a*   15 mitto *Mθ*:
omitto *a*   20 nec . . . senatus *Ma*, *om. θ*   21 curia *M*: ea iniuria *a*
24 suam *ai*, *om. Mθ*   26 fatentur *a*: faterentur *M*1: fateretur *θ*

Adstruitur his: 'Cum senatui populoque Romano liberalitatis 7
gratior repraesentari nulla materia posset, quam si abstinen-
tissimi fidelissimique custodis principalium opum facultates
adiuuare contigisset'. Hoc tunc uotum senatus, hoc praeci-
5 puum gaudium populi, haec liberalitatis materia gratissima,
si Pallantis facultates adiuuare publicarum opum egestione
contingeret. Iam quae sequuntur? Voluisse quidem senatum 8
censere dandum ex aerario sestertium centies quinquagies et
quanto ab eius modi cupiditatibus remotior eius animus
10 esset, tanto impensius petere a publico parente, ut eum com-
pelleret ad cedendum senatui. Id uero deerat, ut cum Pal- 9
lante auctoritate publica ageretur, Pallas rogaretur ut senatui
cederet, ut illi superbissimae abstinentiae Caesar ipse patronus, ipse aduocaretur, ne sestertium centies quinquagies
15 sperneret. Spreuit, quod solum potuit tantis opibus publice
oblatis adrogantius facere, quam si accepisset. Senatus tamen 10
id quoque similis querenti laudibus tulit, his quidem uerbis:
sed cum princeps optimus parensque publicus rogatus a
Pallante eam partem sententiae, quae pertinebat ad dandum
20 ei ex aerario sestertium centies quinquagies, remitti uoluisset,
testari senatum, et se libenter ac merito hanc summam inter
reliquos honores ob fidem diligentiamque Pallanti decernere
coepisse, uoluntati tamen principis sui, cui in nulla re fas
putaret repugnare, in hac quoque re obsequi. Imaginare Pal- 11
25 lantem uelut intercedentem senatus consulto moderantem-
que honores suos et sestertium centies quinquagies ut nimium
recusantem, cum praetoria ornamenta tamquam minus rece-
pisset; imaginare Caesarem liberti precibus uel potius imperio 12
coram senatu obtemperantem (imperat enim libertus patrono,

1 Romano *ai*, *om. Mθ*   2 gratior *ai*: gratiae *Mθ*   posset *ai*:
possit *Mθ*   11 uero *Mθ*, *om. a*   13 patronus ipse *a*, *om. Mθ*
14 aduocaretur *a*: aduocatus esset *Mθ*   17 querenti *aθ*: quaerenti *M*
21 et se *Ma*: etsi *θ*   23 coepisse *Mθa*: -isset *i*

233

quem in senatu rogat); imaginare senatum usquequaque testantem merito libenterque se hanc summam inter reliquos honores Pallanti coepisse decernere et perseueraturum fuisse, nisi obsequeretur principis uoluntati, cui non esset fas in ulla re repugnare. Ita ne sestertium centies quinquagies Pallas ex 5 aerario ferret, uerecundia ipsius obsequio senatus opus fuit in hoc praecipue non obsecuturi, si in ulla re putasset fas esse non obsequi.

13 Finem existimas? Mane dum et maiora accipe: 'Vtique, cum sit utile principis benignitatem promptissimam ad laudem 10 praemiaque merentium inlustrari ubique et maxime iis locis, quibus incitari ad imitationem praepositi rerum eius curae possent, et Pallantis spectatissima fides atque innocentia exemplo prouocare studium tam honestae aemulationis posset, ea quae x kal. Februarias quae proximae fuissent in 15 amplissimo ordine optimus princeps recitasset senatusque consulta de iis rebus facta in aere inciderentur, idque aes

14 figeretur ad statuam loricatam diui Iulii'. Parum uisum tantorum dedecorum esse curiam testem: delectus est celeberrimus locus, in quo legenda praesentibus, legenda futuris 20 proderentur. Placuit aere signari omnes honores fastidiosissimi mancipî, quosque repudiasset quosque quantum ad decernentes pertinet gessit. Incisa et insculpta sunt publicis aeternisque monumentis praetoria ornamenta Pallantis, sic

15 quasi foedera antiqua, sic quasi sacrae leges. Tanta principis, 25 tanta senatus, tanta Pallantis ipsius—quid dicam nescio, ut

---

3 fuisse $M\theta$: fuisse se a 6 ferret $M\theta$: referret a 7 in ulla Mi: nulla θ: in nulla a putasset ai: -sent $M\theta$ 10 principis ai: principi $M\theta$ 11 ubique ai: ubi $M\theta$ iis ai: his $M\theta(c)$ 12 curae $M\theta$: cura a 15 .X. $M\theta$: quarto a febrarias M: februarii a (*de* θ *non liquet*)   proximae M: -me a 17 iis M: his a 22 mancipî *Brakman*: -pii $M\theta a$ 23 gessit *scripsi*: gessisset $M\theta a$ insculpta $M\theta$: insculpta a 26 senatus tanta ai, *om.* $M\theta$ ut ai: si $M\theta$: ut si *C. F. W. Mueller*

uellent in oculis omnium figi Pallas insolentiam suam, patientiam Caesar, humilitatem senatus. Nec puduit rationem turpitudini obtendere, egregiam quidem pulchramque rationem,
ut exemplo Pallantis praemiorum ad studium aemulationis
5 ceteri prouocarentur. Ea honorum uilitas erat, illorum etiam **16**
quos Pallas non dedignabatur. Inueniebantur tamen honesto
loco nati, qui peterent cuperentque quod dari liberto promitti
seruis uidebant.

Quam iuuat quod in tempora illa non incidi, quorum sic **17**
10 me tamquam illis uixerim pudet! Non dubito similiter adfici
te. Scio quam sit tibi uiuus et ingenuus animus: ideo facilius
est ut me, quamquam indignationem quibusdam in locis
fortasse ultra epistulae modum extulerim, parum doluisse
quam nimis credas. Vale.

15   VII

C. PLINIVS TACITO SVO S.

Neque ut magistro magister neque ut discipulo discipulus **1**
(sic enim scribis), sed ut discipulo magister (nam tu magister,
ego contra; atque adeo tu in scholam reuocas, ego adhuc
20 Saturnalia extendo) librum misisti. Num potui longius hyper- **2**
baton facere, atque hoc ipso probare eum esse me qui non
modo magister tuus, sed ne discipulus quidem debeam dici?
Sumam tamen personam magistri, exseramque in librum
tuum ius quod dedisti, eo liberius quod nihil ex me   interim
25 missurus sum tibi in quo te ulciscaris. Vale.

---

2 turpitudini . . . rationem *Ma*, *om.* θ   11 uiuus *Mai*: uis θ:
uiuidus *F. Walter* (*coll. Paneg. 44. 6*)   ideo *M*θ: ideoque *a*   12 indignationem *a*: -one *M*θ   18 nam tu magister *ai*, *om. M*θ   20 extendo *a*θ: extento *M*   num *M*: non *a*θ   21 me *M*θ, *om. a*
23 tamen *M*θ, *om. a*   24 quod (*alterum*) *M*θ: quo *a*

VIII

C. PLINIVS ROMANO SVO S.

1 Vidistine aliquando Clitumnum fontem? Si nondum (et puto nondum: alioqui narrasses mihi), uide; quem ego 2 (paenitet tarditatis) proxime uidi. Modicus collis adsurgit, 5 antiqua cupressu nemorosus et opacus. Hunc subter exit fons et exprimitur pluribus uenis sed imparibus, eluctatusque quem facit gurgitem lato gremio patescit, purus et uitreus, ut 3 numerare iactas stipes et relucentes calculos possis. Inde non loci deuexitate, sed ipsa sui copia et quasi pondere impellitur, 10 fons adhuc et iam amplissimum flumen, atque etiam nauium patiens; quas obuias quoque et contrario nisu in diuersa tendentes transmittit et perfert, adeo ualidus ut illa qua properat ipse, quamquam per solum planum, remis non adiuuetur, idem aegerrime remis contisque superetur aduersus. 15 4 Iucundum utrumque per iocum ludumque fluitantibus, ut flexerint cursum, laborem otio otium labore uariare. Ripae fraxino multa, multa populo uestiuntur, quas perspicuus amnis uelut mersas uiridi imagine adnumerat. Rigor aquae 5 certauerit niuibus, nec color cedit. Adiacet templum pri- 20 scum et religiosum. Stat Clitumnus ipse amictus ornatusque praetexta; praesens numen atque etiam fatidicum indicant sortes. Sparsa sunt circa sacella complura, totidemque di. Sua cuique ueneratio suum nomen, quibusdam uero etiam fontes. Nam praeter illum quasi parentem ceterorum sunt 25 minores capite discreti; sed flumini miscentur, quod ponte 6 transmittitur. Is terminus sacri profanique: in superiore parte

---

4 uide *a, om. Mθ*   6 cupressu *aθ*: -so *M*   exit fons *Mθ*: fons exit *a*   7 eluctatusque (-que *om. θ, add. i*) quem *Mθ*: eluctatusque (*addito* qui *post* gurgitem) *a*   12 patiens] *hinc usque ad ep. 18. 11 hortos om. θ; silet igitur i, accedit I*   14 quamquam *M*: tanquam *aI*   18 multa *bis Ma, semel I*   19 uelut *aI*: ut *M*   25 fontes *aI*: fontis *M*

nauigare tantum, infra etiam natare concessum. Balineum
Hispellates, quibus illum locum diuus Augustus dono dedit,
publice praebent, praebent et hospitium. Nec desunt uillae
quae secutae fluminis amoenitatem margini insistunt. In **7**
5 summa nihil erit, ex quo non capias uoluptatem. Nam stude-
bis quoque: leges multa multorum omnibus columnis omnibus
parietibus inscripta, quibus fons ille deusque celebratur. Plura
laudabis, non nulla ridebis; quamquam tu uero, quae tua
humanitas, nulla ridebis. Vale.

10 # IX

C. PLINIVS VRSO SVO S.

Olim non librum in manus, non stilum sumpsi, olim nescio **1**
quid sit ōtium quid quies, quid denique illud iners quidem,
iucundum tamen nihil agere nihil esse: adeo multa me negotia
15 amicorum nec secedere nec studere patiuntur. Nulla enim **2**
studia tanti sunt, ut amicitiae officium deseratur, quod religiosissime custodiendum studia ipsa praecipiunt. Vale.

X

C. PLINIVS FABATO PROSOCERO SVO S.

20 Quo magis cupis ex nobis pronepotes uidere, hoc tristior **1**
audies neptem tuam abortum fecisse, dum se praegnantem
esse puellariter nescit, ac per hoc quaedam custodienda praegnantibus omittit, facit omittenda. Quem errorem magnis
documentis expiauit, in summum periculum adducta. Igitur, **2**
25 ut necesse est grauiter accipias senectutem tuam quasi paratis
posteris destitutam, sic debes agere dis gratias, quod ita tibi

---

1 tantum infra etiam *aI, om. M*   3 praebent et] praebent *M*: et
aI   5 capias *M*: captes *aI*   6 leges *M*: et leges *aI*
14 nihil (*piius*) *M*: nil *aI*   15 secedere *MI*: sedere *a*   16 sunt
aI, om. M   19 prosoc. (*sic*) *aI, om. M*   22 praegnantibus *MI²*:
praegnationibus *aI*

in praesentia pronepotes negauerunt, ut seruarent neptem,
illos reddituri, quorum nobis spem certiorem haec ipsa quam-
3 quam parum prospere explorata fecunditas facit. Isdem nunc
ego te quibus ipsum me hortor moneo confirmo. Neque enim
ardentius tu pronepotes quam ego liberos cupio, quibus 5
uideor a meo tuoque latere pronum ad honores iter et audita
latius nomina et non subitas imagines relicturus. Nascantur
modo et hunc nostrum dolorem gaudio mutent. Vale.

XI
C. PLINIVS HISPVLLAE SVAE S.   10

1 Cum adfectum tuum erga fratris filiam cogito etiam
materna indulgentia molliorem, intellego prius tibi quod est
posterius nuntiandum, ut praesumpta laetitia sollicitudini
locum non relinquat. Quamquam uereor ne post gratulationem quoque in metum redeas, atque ita gaudeas periculo 15
2 liberatam, ut simul quod periclitata sit perhorrescas. Iam
hilaris, iam sibi iam mihi reddita incipit refici, transmissum-
que discrimen conualescendo metiri. Fuit alioqui in summo
discrimine, (impune dixisse liceat) fuit nulla sua culpa, aetatis
aliqua. Inde abortus et ignorati uteri triste experimentum. 20
3 Proinde etsi non contigit tibi desiderium fratris amissi aut
nepote eius aut nepte solari, memento tamen dilatum magis
istud quam negatum, cum salua sit ex qua sperari potest.
Simul excusa patri tuo casum, cui paratior apud feminas
uenia. Vale.   25

XII
C. PLINIVS MINICIANO SVO S.

1 Hunc solum diem excuso: recitaturus est Titinius Capito,
quem ego audire nescio magis debeam an cupiam. Vir est opti-

3 *an* fecit?   6 uideor *MI*²: uideo *aI*   a *aI, om.* M   7 nomina
aI: omnia M   16 iam *aI, om.* M   18 metiri *M*: remetiri *aI*
alioqui in *aI*: alioquin M   22 aut nepte *aI, om.* M   25 uenia *M*:
uenia est *aI*   28 Tittinius *aI*: Tinius M

ınus et inter praecipua saeculi ornamenta numerandus. Colit
studia, studiosos amat fouet prouehit, multorum qui aliqua
componunt portus sinus gremium, omnium exemplum, ipsa-
rum denique litterarum iam senescentium reductor ac refor-
5 mator. Domum suam recitantibus praebet, auditoria non apud **2**
se tantum benignitate mira frequentat; mihi certe, si modo
in urbe, defuit numquam. Porro tanto turpius gratiam non
referre, quanto honestior causa referendae. An si litibus **3**
tererer, obstrictum esse me crederem obeunti uadimonia mea,
10 nunc, quia mihi omne negotium omnis in studiis cura, minus
obligor tanta sedulitate celebranti, in quo obligari ego, ne
dicam solo, certe maxime possum? Quod si illi nullam uicem **4**
nulla quasi mutua officia deberem, sollicitarer tamen uel
ingenio hominis pulcherrimo et maximo et in summa seueri-
15 tate dulcissimo, uel honestate materiae. Scribit exitus inlu-
strium uirorum, in his quorundam mihi carissimorum. Videor **5**
ergo fungi pio munere, quorumque exsequias celebrare non
licuit, horum quasi funebribus laudationibus seris quidem
sed tanto magis ueris interesse. Vale.

20   XIII

C. PLINIVS GENIALI SVO S.

Probo quod libellos meos cum patre legisti. Pertinet ad **1**
profectum tuum a disertissimo uiro discere, quid laudandum
quid reprehendendum, simul ita institui, ut uerum dicere
25 adsuescas. Vides quem sequi, cuius debeas implere uestigia. **2**
O te beatum, cui contigit unum atque idem optimum et

---

2 multorum *aI*: multorumque *M*   3 gremium *G. H. Schaefer*: praemium *MaI*   7 urbe *M*: urbe est *aI*   8 referendae *MI*: -da *a*
9 tererer *M*: terrerer *aI*   obeunti *M*: obeunti ad *aI*   11 quo
aI: qua *M*   12 solo *I*: soleo *Ma*   15 materiae *MI²*: -ria *aI*
16 his *M*: iis *aI*   18 funebribus *M*: funeribus *aI*

coniunctissimum exemplar, qui denique eum potissimum
imitandum habes, cui natura esse te simillimum uoluit! Vale.

XIV

C. PLINIVS ARISTONI SVO S.

1   Cum sis peritissimus et priuati iuris et publici, cuius pars 5
senatorium est, cupio ex te potissimum audire, errauerim in
senatu proxime necne, non ut in praeteritum (serum enim),
2 uerum ut in futurum si quid simile inciderit erudiar. Dices:
'Cur quaeris quod nosse debebas?' Priorum temporum seruitus ut aliarum optimarum artium, sic etiam iuris senatorii 10
3 obliuionem quandam et ignorantiam induxit. Quotus enim
quisque tam patiens, ut uelit discere, quod in usu non sit
habiturus? Adde quod difficile est tenere quae acceperis nisi
exerceas. Itaque reducta libertas rudes nos et imperitos
deprehendit; cuius dulcedine accensi, cogimur quaedam 15
4 facere ante quam nosse. Erat autem antiquitus institutum,
ut a maioribus natu non auribus modo uerum etiam oculis
disceremus, quae facienda mox ipsi ac per uices quasdam
5 tradenda minoribus haberemus. Inde adulescentuli statim
castrensibus stipendiis imbuebantur ut imperare parendo, 20
duces agere dum sequuntur adsuescerent; inde honores peti-
turi adsistebant curiae foribus, et consilii publici spectatores
6 ante quam consortes erant. Suus cuique parens pro magistro,
aut cui parens non erat maximus quisque et uetustissimus pro
parente. Quae potestas referentibus, quod censentibus ius, 25
quae uis magistratibus, quae ceteris libertas, ubi cedendum
ubi resistendum, quod silentii tempus, quis dicendi modus,

---

4 Aristoni *aI*: -nio *M*   5 pars *MI*: par *a*   9 debebas
Gronouius: debeas *MaI*   11 ignorantiam *MI*: ignorationem *a*
16 autem *aI*: ante *M*   24 erat *aI, om. M*   27 silentii (*aptis numeris*)
aI: silendi *M*

quae distinctio pugnantium sententiarum, quae exsecutio prioribus aliquid addentium, omnem denique senatorium morem (quod fidissimum percipiendi genus) exemplis doce-bantur. At nos iuuenes fuimus quidem in castris; sed cum **7** 5 suspecta uirtus, inertia in pretio, cum ducibus auctoritas nulla, nulla militibus uerecundia, nusquam imperium nusquam obsequium, omnia soluta turbata atque etiam in contrarium uersa, postremo obliuiscenda magis quam tenenda. Iidem **8** prospeximus curiam, sed curiam trepidam et elinguem, cum 10 dicere quod uelles periculosum, quod nolles miserum esset. Quid tunc disci potuit, quid didicisse iuuit, cum senatus aut ad otium summum aut ad summum nefas uocaretur, et modo ludibrio modo dolori retentus numquam seria, tristia saepe censeret? Eadem mala iam senatores, iam participes **9** 15 malorum multos per annos uidimus tulimusque; quibus ingenia nostra in posterum quoque hebetata fracta con-tusa sunt. Breue tempus (nam tanto breuius omne quanto **10** felicius tempus) quo libet scire quid simus, libet exercere quod scimus. Quo iustius peto primum ut errori, si quis est 20 error, tribuas ueniam, deinde medearis scientia tua cui semper fuit curae, sic iura publica ut priuata sic antiqua ut recentia sic rara ut adsidua tractare. Atque ego arbitror illis **11** etiam, quibus plurimarum rerum agitatio frequens nihil esse ignotum patiebatur, genus quaestionis quod adfero ad te aut 25 non satis tritum aut etiam inexpertum fuisse. Hoc et ego excusatior si forte sum lapsus, et tu dignior laude, si potes id quoque docere quod in obscuro est an didiceris.

Referebatur de libertis Afrani Dextri consulis incertum **12** sua an suorum manu, scelere an obsequio perempti. Hos

3 fidissimum *M*: fidelissimum *aI*   5–6 nulla *bis Ma, semel I*   8 iidem *I²*: idem *MaI*   18 quo *M*: quod *aI*   simus *Ma*: scimus *I*   19 scimus *Reifferscheid*: sumus *MaI*   quo *MI²*: quod *aI*   errori *MI*: -ris *a* 21 semper fuit *MI*: superfuit *a*   curae *aI*: cura *M*   26 si (*alterum*) *Ma, om. I*

alius (Quis? Ego; sed nihil refert) post quaestionem supplicio
liberandos, alius in insulam relegandos, alius morte puniendos
arbitrabatur. Quarum sententiarum tanta diuersitas erat, ut
13 non possent esse nisi singulae. Quid enim commune habet
occidere et relegare? Non hercule magis quam relegare et 5
absoluere; quamquam propior aliquanto est sententiae relegantis, quae absoluit, quam quae occidit (utraque enim ex
illis uitam relinquit, haec adimit), cum interim et qui morte
puniebant et qui relegabant, una sedebant et temporaria
14 simulatione concordiae discordiam differebant. Ego postu- 10
labam, ut tribus sententiis constaret suus numerus, nec se
breuibus indutiis duae iungerent. Exigebam ergo ut qui capi-
tali supplicio adficiendos putabant, discederent a relegante,
nec interim contra absoluentes mox dissensuri congregaren-
tur, quia paruolum referret an idem displiceret, quibus non 15
15 idem placuisset. Illud etiam mihi permirum uidebatur, eum
quidem qui libertos relegandos, seruos supplicio adficiendos
censuisset, coactum esse diuidere sententiam; hunc autem qui
libertos morte multaret, cum relegante numerari. Nam si
oportuisset diuidi sententiam unius, quia res duas compre- 20
hendebat, non reperiebam quamadmodum posset iungi sententia duorum tam diuersa censentium.

16 Atque adeo permitte mihi sic apud te tamquam ibi, sic
peracta re tamquam adhuc integra rationem iudicii mei reddere, quaeque tunc carptim multis obstrepentibus dixi, nunc 25
17 per otium iungere. Fingamus tres omnino iudices in hanc
causam datos esse; horum uni placuisse perire libertos, alteri
relegari, tertio absolui. Vtrumne sententiae duae collatis
uiribus nouissimam periment, an separatim una quaeque

1 alius quis *I* (*in margine*) *a*: alioquis *I* (*in contextu*): alius inquis *M*:
alius. Quis? inquis *dubitanter Cortius*   5 non *MI*²: et non *aI*
6 quamquam *aI*: quam *M*   sententiae relegantis *aI*: -tia religatis *M*
7 absoluit *M*: absoluerit *a*: soluit *I*   12 ergo *aI*: ego *M*   27 causam
aI: causa *M*   29 periment *I*² (-erent *I*): prement *a*: perimant *M*

tantundem quantum altera ualebit, nec magis poterit cum
secunda prima conecti quam secunda cum tertia? Igitur in **18**
senatu quoque numerari tamquam contrariae debent, quae
tamquam diuersae dicuntur. Quodsi unus atque idem et per-
5 dendos censeret et relegandos, num ex sententia unius et
perire possent et relegari? Num denique omnino una sententia
putaretur, quae tam diuersa coniungeret? Quemadmodum **19**
igitur, cum alter puniendos, alter censeat relegandos, uideri
potest una sententia quae dicitur a duobus, quae non uide-
10 retur una, si ab uno diceretur? Quid? lex non aperte docet
dirimi debere sententias occidentis et relegantis, cum ita
discessionem fieri iubet: 'Qui haec censetis, in hanc partem,
qui alia omnia, in illam partem ite qua sentitis'? Examina
singula uerba et expende: 'qui haec censetis', hoc est qui rele-
15 gandos putatis, 'in hanc partem', id est in eam in qua sedet
qui censuit relegandos. Ex quo manifestum est non posse in **20**
eadem parte remanere eos, qui interficiendos arbitrantur.
'Qui alia omnia': animaduertis, ut non contenta lex dicere
'alia' addiderit 'omnia'. Num ergo dubium est alia omnia sen-
20 tire eos qui occidunt quam qui relegant? 'In illam partem
ite qua sentitis': nonne uidetur ipsa lex eos qui dissentiunt
in contrariam partem uocare cogere impellere? Non consul
etiam, ubi quisque remanere, quo transgredi debeat, non
tantum sollemnibus uerbis, sed manu gestuque demonstrat?
25 At enim futurum est ut si diuidantur sententiae interficientis **21**
et relegantis, praeualeat illa quae absoluit. Quid istud ad cen-
sentes? quos certe non decet omnibus artibus, omni ratione
pugnare, ne fiat quod est mitius. Oportet tamen eos qui
puniunt et qui relegant, absoluentibus primum, mox inter se
30 comparari. Scilicet ut in spectaculis quibusdam sors aliquem

---

9 quae (*prius*) *aI*: quia *M*   10 quid *aI*: quod *M*   12 censetis
Mommsen: sentitis *MaI*   in hanc . . . sentitis *aI, om. M*   19 dubium *aI*: durum *M*   22 consul *M*: consulere *aI*

seponit ac seruat, qui cum uictore contendat, sic in senatu
sunt aliqua prima, sunt secunda certamina, et ex duabus
sententiis eam, quae superior exstiterit, tertia exspectat.
22 Quid, quod prima sententia comprobata ceterae perimuntur?
Qua ergo ratione potest esse non unus atque idem locus sen- 5
23 tentiarum, quarum nullus est postea? Planius repetam. Nisi
dicente sententiam eo qui relegat, illi qui puniunt capite initio
statim in alia discedant, frustra postea dissentient ab eo cui
24 paulo ante consenserint. Sed quid ego similis docenti? cum
discere uelim, an sententias diuidi an iri in singulas opor- 10
tuerit. Obtinui quidem quod postulabam; nihilo minus tamen
quaero, an postulare debuerim. Quemadmodum obtinui?
Qui ultimum supplicium sumendum esse censebat, nescio an
iure, certe aequitate postulationis meae uictus, omissa sententia sua accessit releganti, ueritus scilicet ne, si diuiderentur 15
sententiae, quod alioqui fore uidebatur, ea quae absoluendos esse censebat numero praeualeret. Etenim longe plures in
25 hac una quam in duabus singulis erant. Tum illi quoque qui
auctoritate eius trahebantur, transeunte illo destituti reliquerunt sententiam ab ipso auctore desertam, secutique sunt 20
26 quasi transfugam quem ducem sequebantur. Sic ex tribus
sententiis duae factae, tenuitque ex duabus altera tertia
expulsa, quae, cum ambas superare non posset, elegit ab utra
uinceretur. Vale.

XV

25

C. PLINIVS IVNIORI SVO S.

1   Oneraui te tot pariter missis uoluminibus, sed oneraui
primum quia exegeras, deinde quia scripseras tam graciles istic

---

3 eam quae *al*: eum qui *M*   exstiterit *M*: exierit *al*   4 comprobata *al*: conparata *M*   perimuntur *al*: peremuntur *M*   8 discedant *M*:
-dunt *al*   10 an (*alterum*) *MaI*: et *I²*   12 debuerim *MI*: debuerim
an abstinere *a*   optinui *M*: abstinuit is *aI*   15 ne si *aI*: nisi *M*
16 absoluendos *al*: soluendos *M*   22 altera tertia *aI*: alteram tertiam *M*

uindemias esse, ut plane scirem tibi uacaturum, quod uulgo
dicitur, librum legere. Eadem ex meis agellis nuntiantur. 2
Igitur mihi quoque licebit scribere quae legas, sit modo unde
chartae emi possint; aut necessario quidquid scripserimus
5 boni maliue delebimus. Vale.

XVI

C. PLINIVS PATERNO SVO S.

Confecerunt me infirmitates meorum, mortes etiam, et 1
quidem iuuenum. Solacia duo nequaquam paria tanto dolori,
10 solacia tamen: unum facilitas manumittendi (uideor enim
non omnino immaturos perdidisse, quos iam liberos perdidi),
alterum quod permitto seruis quoque quasi testamenta facere,
eaque ut legitima custodio. Mandant rogantque quod uisum; 2
pareo ut iussus. Diuidunt donant relinquunt, dumtaxat intra
15 domum; nam seruis res publica quaedam et quasi ciuitas
domus est. Sed quamquam his solaciis adquiescam, debilitor 3
et frangor eadem illa humanitate, quae me ut hoc ipsum permitterem induxit. Non ideo tamen uelim durior fieri. Nec
ignoro alios eius modi casus nihil amplius uocare quam da-
20 mnum, eoque sibi magnos homines et sapientes uideri. Qui an
magni sapientesque sint, nescio; homines non sunt. Hominis 4
est enim adfici dolore sentire, resistere tamen et solacia
admittere, non solaciis non egere. Verum de his plura fortasse 5
quam debui; sed pauciora quam uolui. Est enim quaedam
25 etiam dolendi uoluptas, praesertim si in amici sinu defleas,
apud quem lacrimis tuis uel laus sit parata uel uenia. Vale.

---

4 *post* possint *sine codicum suffragio add.* quae si scabrae, bibulaeue
sint, aut non scribendum *a*   scripserimus *MaI*: scripseris *I*²   5 maliue
deleuimus (-bimus *I*²) *aI*: mali uidebimus *M*   12 quod *M*: cum *aI*
14 ut iussus *M*: ocius. Suis *aI*   20 uideri . . . sapientes *aI*, *om*. *M*
22 dolore *aI*: dolere *M*

XVII

C. PLINIVS MACRINO SVO S.

1 Num istic quoque immite et turbidum caelum? Hic adsiduae tempestates et crebra diluuia. Tiberis alueum excessit
2 et demissioribus ripis alte superfunditur; quamquam fossa 5 quam prouidentissimus imperator fecit exhaustus, premit ualles, innatat campis, quaque planum solum, pro solo cernitur. Inde quae solet flumina accipere et permixta deuehere, uelut obuius retro cogit, atque ita alienis aquis operit
3 agros, quos ipse non tangit. Anio, delicatissimus amnium ideo- 10 que adiacentibus uillis uelut inuitatus retentusque, magna ex parte nemora quibus inumbratur fregit et rapuit; subruit montes, et decidentium mole pluribus locis clausus, dum amissum iter quaerit, impulit tecta ac se super ruinas eiecit
4 atque extulit. Viderunt quos excelsioribus terris illa tempestas 15 deprehendit, alibi diuitum adparatus et grauem supellectilem, alibi instrumenta ruris, ibi boues aratra rectores, hic soluta et libera armenta, atque inter haec arborum truncos aut uillarum trabes atque culmina uarie lateque fluitantia.
5 Ac ne illa quidem malo uacauerunt, ad quae non ascendit 20 amnis. Nam pro amne imber adsiduus et deiecti nubibus turbines, proruta opera quibus pretiosa rura cinguntur, quassata atque etiam decussa monumenta. Multi eius modi casibus debilitati obruti obtriti, et aucta luctibus damna.
6 Ne quid simile istic, pro mensura periculi uereor, teque 25

---

9 retro *aI*: sistere *M*   10 Anio *aI*² (Auio *I*): ante *M*   amnium *Ma*: omnium *I*   11 uillis *aI*: illis *M*   12 inumbratur *aI*: umbratur *M*   fregit *MI*: et fregit *a*   14 eiecit *MI*: euexit *a et I in margine*   15 quos *MI*: hi quos *a*   16 deprehendit *MI*: non depr. *a*   apparatus *Ma et I in margine*: paratus *I*   19 atque culmina *a et I in margine, om. MI fortasse recte*   20 malo *I*: mala *M*: loca malo *a*   ad quae *a et I in margine*: quae *MI*   21 deiecti *aI*: deiectis *M*

rogo, si nihil tale, quam maturissime sollicitudini meae consulas, sed et si tale, id quoque nunties. Nam paruolum differt,
patiaris aduersa an exspectes; nisi quod tamen est dolendi
modus, non est timendi. Doleas enim quantum scias accidisse,
5 timeas quantum possit accidere. Vale.

XVIII

C. PLINIVS RVFINO SVO S.

Falsum est nimirum quod creditur uulgo, testamenta homi- **1**
num speculum esse morum, cum Domitius Tullus longe melior
10 adparuerit morte quam uita. Nam cum se captandum prae- **2**
buisset, reliquit filiam heredem, quae illi cum fratre communis, quia genitam fratre adoptauerat. Prosecutus est
nepotes plurimis iucundissimisque legatis, prosecutus etiam
proneptem. In summa omnia pietate plenissima ac tanto
15 magis inexspectata sunt. Ergo uarii tota ciuitate sermones: **3**
alii fictum ingratum immemorem loquuntur, seque ipsos dum
insectantur illum turpissimis confessionibus produnt, ut qui
de patre auo proauo quasi de orbo querantur; alii contra hoc
ipsum laudibus ferunt, quod sit frustratus improbas spes
20 hominum, quos sic decipi pro moribus temporum est. Addunt etiam non fuisse ei liberum alio testamento mori: neque
enim reliquisse opes filiae sed reddidisse, quibus auctus per
filiam fuerat. Nam Curtilius Mancia perosus generum suum **4**
Domitium Lucanum (frater is Tulli) sub ea condicione filiam
25 eius neptem suam instituerat heredem, si esset manu patris

---

1 tale *M*: tale est *aI*   2 paruulum *aI*: paulum *M*   14 proneptem
M: pronepotem *aI*   15 magis *MI*: magis quoniam *a*   inexpectata *aI*:
exspectata *M*   17 ut *M, om. aI*   18 de (*prius*) *MI*: de illo uti de *a*
de orbo *MI*: orbi *a*   20 quos *aI*: quod *M*   decipi *I²* (-pit
I): decipere *a, om. M*   temporum *MI*: temp. prudentia *a*   23 Curtilius *Casaubon*: Curtius *MaI*   Mancia *M*: Mancipia *aI*   24 is *M*:
est *aI*   Tulli *aI*: Tullii *M*   filiam *MI*: ut filiam (*et mox* institueret) *a*

emissa. Emiserat pater, adoptauerat patruus, atque ita cir-
cumscripto testamento consors frater in fratris potestatem
emancipatam filiam adoptionis fraude reuocauerat et quidem
5 cum opibus amplissimis. Fuit alioqui fratribus illis quasi fato
datum ut diuites fierent, inuitissimis a quibus facti sunt. Quin 5
etiam Domitius Afer, qui illos in nomen adsumpsit, reliquit
testamentum ante decem et octo annos nuncupatum, adeoque postea improbatum sibi, ut patris eorum bona pro-
6 scribenda curauerit. Mira illius asperitas, mira felicitas horum :
illius asperitas, qui numero ciuium excidit, quem socium 10
etiam in liberis habuit; felicitas horum, quibus successit in
7 locum patris, qui patrem abstulerat. Sed haec quoque hereditas Afri, ut reliqua cum fratre quaesita, transmittenda erant
filiae fratris, a quo Tullus ex asse heres institutus praelatusque
filiae fuerat, ut conciliaretur. Quo laudabilius testamentum 15
est, quod pietas fides pudor scripsit, in quo denique omnibus
adfinitatibus pro cuiusque officio gratia relata est, relata et
8 uxori. Accepit amoenissimas uillas, accepit magnam pecuniam uxor optima et patientissima ac tanto melius de uiro
merita, quanto magis est reprehensa quod nupsit. Nam mulier 20
natalibus clara, moribus proba, aetate decliuis, diu uidua
mater olim, parum decore secuta matrimonium uidebatur
diuitis senis ita perditi morbo, ut esse taedio posset uxori,
9 quam iuuenis sanusque duxisset. Quippe omnibus membris
extortus et fractus, tantas opes solis oculis obibat, ac ne in 25
lectulo quidem nisi ab aliis mouebatur; quin etiam (foedum
miserandumque dictu) dentes lauandos fricandosque praebe-
bat. Auditum frequenter ex ipso, cum quereretur de con-

2 fratris potestatem *M* : patris potestate (-tem *I*²) *aI*   3 et . . .
amplissimis *aI*, *om. M*   6 nomen *MI*² : numen *aI*   7 decim et
octo *M* : octo et decem *aI*   8 patris *aI* : patres *M*   9 curauerit
aI : -rint *M*   14 fratris *aI* : fratres *M*   22 decore *aI* : decora *M*
27 fricandosque *Ma* : fricandos *I*   28 auditum *M* : auditum est *aI*
ex *M* : ab *aI*

tumeliis debilitatis suae, digitos se seruorum suorum cotidie
lingere. Viuebat tamen et uiuere uolebat, sustentante maxime 10
uxore, quae culpam incohati matrimonii in gloriam perseuerantia uerterat.

5 Habes omnes fabulas urbis; nam sunt omnes fabulae Tullus. 11
Exspectatur auctio: fuit enim tam copiosus, ut amplissimos
hortos eodem quo emerat die instruxerit plurimis et anti-
quissimis statuis; tantum illi pulcherrimorum operum in
horreis quae neglegebat. Inuicem tu, si quid istic epistula
10 dignum, ne grauare. Nam cum aures hominum nouitate 12
laetantur, tum ad rationem uitae exemplis erudimur. Vale.

XIX

C. PLINIVS MAXIMO SVO S.

Et gaudium mihi et solacium in litteris, nihilque tam 1
15 laetum quod his laetius, tam triste quod non per has minus
triste. Itaque et infirmitate uxoris et meorum periculo,
quorundam uero etiam morte turbatus, ad unicum doloris
leuamentum studia confugi, quae praestant ut aduersa magis
intellegam sed patientius feram. Est autem mihi moris, quod 2
20 sum daturus in manus hominum, ante amicorum iudicio exa-
minare, in primis tuo. Proinde si quando, nunc intende libro
quem cum hac epistula accipies, quia uereor ne ipse ut tristis
parum intenderim. Imperare enim dolori ut scriberem potui;
ut uacuo animo laetoque, non potui. Porro ut ex studiis
25 gaudium sic studia hilaritate proueniunt. Vale.

1 se *MI*, *om. a* 5 omnes fabulae Tullus *MI*: uenales tabulae
Tulli *a* 6 exspectatur *Ma*: expectabatur *I* 7 hortos] *post hoc uerbum*
redit θ 9 quae *Ma*: quasi *I* neglegebat *Mθ*: neclegebantur *I*:
neglegebatur *a et I in margine* istic *M*, *om. aI* 10 grauare *Mθ(c) aI*:
grauere θ (*fq, fort. e coniectura*) gr. scribere *Laetus a* 15 tam *Mθ*:
nihil tam *aI* 18 confugi *Mθ*: confugio *aI* 22 ipse *Mθ*: ipsi *aI*

XX

C. PLINIVS GALLO SVO S.

1   Ad quae noscenda iter ingredi, transmittere mare solemus,
ea sub oculis posita neglegimus, seu quia ita natura comparatum, ut proximorum incuriosi longinqua sectemur, seu 5
quod omnium rerum cupido languescit, cum facilis occasio,
seu quod differimus tamquam saepe uisuri, quod datur uidere
2 quotiens uelis cernere. Quacumque de causa, permulta in
urbe nostra iuxtaque urbem non oculis modo sed ne auribus
quidem nouimus, quae si tulisset Achaia Aegyptos Asia aliaue 10
quaelibet miraculorum ferax commendatrixque terra, audita
3 perlecta lustrata haberemus. Ipse certe nuper, quod nec
audieram ante nec uideram, audiui pariter et uidi. Exegerat
prosocer meus, ut Amerina praedia sua inspicerem. Haec
perambulanti mihi ostenditur subiacens lacus nomine Vadi- 15
4 monis; simul quaedam incredibilia narrantur. Perueni ad
ipsum. Lacus est in similitudinem iacentis rotae circumscri-
ptus et undique aequalis: nullus sinus, obliquitas nulla, omnia
dimensa paria, et quasi artificis manu cauata et excisa. Color
caerulo albidior, uiridior et pressior; sulpuris odor saporque 20
medicatus; uis qua fracta solidantur. Spatium modicum,
5 quod tamen sentiat uentos, et fluctibus intumescat. Nulla in
hoc nauis (sacer enim), sed innatant insulae, herbidae omnes
harundine et iunco, quaeque alia fecundior palus ipsaque illa
extremitas lacus effert. Sua cuique figurá ut modus; cunctis 25
margo derasus, quia frequenter uel litori uel sibi inlisae terunt
terunturque. Par omnibus altitudo, par leuitas; quippe in
6 speciem carinae humili radice descendunt. Haec ab omni latere

    3 mare] *cum hoc uerbo desinit l*   .7 seu $M\theta$: est seu *a*   10 Aegy-
ptos *M*: (A)egyptus *a*θ   20 uiridior $M\theta$, *om. a*   sulphuris $M\theta$:
sulphure *ai*   23 enim $M\theta$: enim est *a*   25 ut *ai*: uel $M\theta$ 26 litori
*a*₁: litore $M\theta$.

perspicitur, eadem aqua pariter suspensa et mersa. Interdum
iunctae copulataeque et continenti similes sunt, interdum
discordantibus uentis digeruntur, non numquam destitutae
tranquillitate singulae fluitant. Saepe minores maioribus uelut **7**
5 cumbulae onerariis adhaerescunt, saepe inter se maiores
minoresque quasi cursum certamenque desumunt; rursus
omnes in eundem locum adpulsae, qua steterunt promouent
terram, et modo hac modo illa lacum reddunt auferuntque,
ac tum demum cum medium tenuere non contrahunt. Con- **8**
10 stat pecora herbas secuta sic in insulas illas ut in extremam
ripam procedere solere, nec prius intellegere mobile solum
quam litori abrepta quasi inlata et imposita circumfusum
undique lacum paueant; mox quo tulerit uentus egressa, non
magis se descendisse sentire, quam senserint ascendisse. Idem **9**
15 lacus in flumen egeritur, quod ubi se paulisper oculis dedit
specu mergitur alteque conditum meat ac, si quid antequam
subduceretur accepit, seruat et profert. Haec tibi scripsi, quia **10**
nec minus ignota quam mihi nec minus grata credebam. Nam
te quoque ut me nihil aeque ac naturae opera delectant.
20 Vale.

XXI

C. PLINIVS ARRIANO SVO S.

Vt in uita sic in studiis pulcherrimum et humanissimum **1**
existimo seueritatem comitatemque miscere, ne illa in tristi-
25 tiam, haec in petulantiam excedat. Qua ratione ductus graui- **2**
ora opera lusibus iocisque distinguo. Ad hos proferendos et

---

1 eadem aqua *ai*: eademque *Mθ*   7 eundem *ai*, *om*. *Mθ*   8 illa
M: illac *aθ*   9 ac tum *θ*: ac dum *M*: auctum *a*   contrahunt
ai: trahuntur *Mθ*   12 litori *Mθ*: litore *a*   quasi *aθ*: quas *M*
13 paueant *Mθ*: pauent *ai*   14 sentire . . . ascendisse *ai*, *om*. *Mθ*
15 flumen egeritur *ai*: flumine geritur *M*: flumen erigitur *θ*   24 existimo *Mθ*: aestimo *a*   25 excedat *M*: excidat *θ*: procedat *ai*

tempus et locum opportunissimum elegi, utque iam nunc
adsuescerent et ab otiosis et in triclinio audiri, Iulio mense,
quo maxime lites interquiescunt, positis ante lectos cathedris
3 amicos collocaui. Forte accidit ut eodem die mane in aduocationem subitam rogarer, quod mihi causam praeloquendi 5
dedit. Sum enim deprecatus, ne quis ut inreuerentem operis
argueret, quod recitaturus, quamquam et amicis et paucis, id
est iterum amicis, foro et negotiis non abstinuissem. Addidi
hunc ordinem me et in scribendo sequi, ut necessitates
uoluptatibus, seria iucundis anteferrem, ac primum amicis 10
4 tum mihi scriberem. Liber fuit et opusculis uarius et metris.
Ita solemus, qui ingenio parum fidimus, satietatis periculum
fugere. Recitaui biduo. Hoc adsensus audientium exegit; et
tamen ut alii transeunt quaedam imputantque quod trans-
eant, sic ego nihil praetereo atque etiam non praeterire me 15
dico. Lego enim omnia ut omnia emendem, quod contingere
5 non potest electa recitantibus. At illud modestius et fortasse
reuerentius; sed hoc simplicius et amantius. Amat enim qui
se sic amari putat, ut taedium non pertimescat; et alioqui
quid praestant sodales, si conueniunt uoluptatis suae causa? 20
Dēlicatus ac similis ignoto est, qui amici librum bonum
6 mauult audire quam facere. Non dubito cupere te pro cetera
mei caritate quam maturissime legere hunc adhuc museum
librum. Leges, sed retractatum, quae causa recitandi fuit; et
tamen non nulla iam ex eo nosti. Haec emendata postea uel, 25
quod interdum longiore mora solet, deteriora facta quasi noua
rursus et rescripta cognosces. Nam plerisque mutatis ea quoque mutata uidentur, quae manent. Vale.

4 eodem *Mθ*: eo *a*   6 inreuerentem *aθ*: inreuerenti *M*   9 me
et *a*: me *Mθ*   10 anteferrem *ai*: simul ferrem *Mθ*   16 dico *Mθ*:
testor *ai*   19 et *Mθ*, *om. a*   20 sodales *aθ*: sodalis *M*
24 leges *a·* legis *Mθ*   recitandi *ai*: retractandi *Mθ*   25 haec *Mθ*:
haec uel *a*   uel *a*: ut *Mθ*   26 longiore *Laetus a*: -ori *θ*:
-ora *M*

XXII

C. PLINIVS GEMINO SVO S.

Nostine hos qui omnium libidinum serui, sic aliorum uitiis **1**
irascuntur quasi inuideant, et grauissime puniunt, quos
5 maxime imitantur? cum eos etiam, qui non indigent clementia ullius, nihil magis quam lenitas deceat. Atque ego optim.um **2**
et emendatissimum existimo, qui ceteris ita ignoscit, tamquam ipse cotidie peccet, ita peccatis abstinet tamquam
nemini ignoscat. Proinde hoc domi hoc foris hoc in omni **3**
10 uitae genere teneamus, ut nobis implacabiles simus, exora-
biles istis etiam qui dare ueniam nisi sibi nesciunt, man-
demusque memoriae quod uir mitissimus et ob hoc quoque
maximus Thrasea crebro dicere solebat: 'Qui uitia odit,
homines odit.' Quaeris fortasse quo commotus haec scribam.
15 Nuper quidam—sed melius coram; quamquam ne tunc qui- **4**
dem. Vereor enim ne id quod improbo consectari carpere
referre huic quod cum maxime praecipimus repugnet.
Quisquis ille qualiscumque sileatur, quem insignire exempli
nihil, non insignire humanitatis plurimum refert. Vale.

20
XXIII

C. PLINIVS MARCELLINO SVO S.

Omnia mihi studia, omnes curas, omnia auocamenta **1**
exemit excussit eripuit dolor, quem ex morte Iuni Auiti
grauissimum cepi. Latum clauum in domo mea induerat, **2**

---

2 Gemino *M*: Geminio *aθ*   8 abstinet *a*: -neat *Mθ*   14 quaeris
fortasse *Mθ*: fortasse quaeris *a*   quo *M*: quod *aθ*   haec *M*: hoc *a*,
om. θ   15 nuper *Mθ*, *om. a*   16 consectari *C. F. W. Mueller*:
eos sectari *aθ*: eos insectari *M*   17 referre *aι*: fere *Mθ*   cum *Mθ*:
quam *aι*   23 Iuni *M*: Iunii *aθ*

suffragio meo adiutus in petendis honoribus fuerat; ad hoc ita
me diligebat, ita uerebatur, ut me formatore morum, me quasi
3 magistro uteretur. Rarum hoc in adulescentibus nostris. Nam
quotus quisque uel aetati alterius uel auctoritati ut minor
cedit? Statim sapiunt, statim sciunt omnia, neminem ueren- 5
tur, neminem imitantur, atque ipsi sibi exempla sunt. Sed
non Λuitus, cuius haec praecipua prudentia, quod alios pru-
dentiores arbitrabatur, haec praecipua eruditio quod discere
4 uolebat. Semper ille aut de studiis aliquid aut de officiis uitae
consulebat, semper ita recedebat ut melior factus; et erat 10
factus uel eo quod audierat, uel quod omnino quaesierat.
5 Quod ille obsequium Seruiano exactissimo uiro praestitit!
quem legatum tribunus ita et intellexit et cepit, ut ex Germania in Pannoniam transeuntem non ut commilito sed ut
comes adsectatorque sequeretur. Qua industria qua modestia 15
quaestor, consulibus suis (et plures habuit) non minus iucundus et gratus quam utilis fuit! Quo discursu, qua uigilantia
hanc ipsam aedilitatem cui praereptus est petiit! Quod uel
6 maxime dolorem meum exulcerat. Obuersantur oculis cassi
labores, et infructuosae preces, et honor quem meruit tantum; 20
redit animo ille latus clauus in penatibus meis sumptus,
redeunt illa prima illa postrema suffragia mea, illi sermones
7 illae consultationes. Adficior adulescentia ipsius, adficior
necessitudinum casu. Erat illi grandis natu parens, erat uxor
quam ante annum uirginem acceperat, erat filia quam paulo 25
ante sustulerat. Tot spes tot gaudia dies unus in diuersa con-
8 uertit. Modo designatus aedilis, recens maritus recens pater
intactum honorem, orbam matrem, uiduam uxorem, filiam

2 diligebat *MΘ*: dilexerat *a*   3 in *MΘ, om. a*   4 aetati *MΘ*:
aetate *Laetus a*   auctoritati *M*: -tate *aΘ*   5 nem. uerentur nem.
imitantur] *sic et numeris satis fit, et codicum errori paratur uenia*; uerentur
nem. *om. MΘ*: nem. uerentur imitantur nem. *a*   13 cepit *MΘ*:
excepit *a*   17 utilis *MΘ*: usui *a*   19 exulcerat *MΘ*: uicerat *a*
cassi *M*: passi *a*   24 illi *MΘ*: ille *a*   26 diuersa *a*: aduersa *MΘ*

pupillam ignaram patris reliquit. Accedit lacrimis meis quod
absens et impendentis mali nescius, pariter aegrum pariter
decessisse cognoui, ne grauissimo dolori timore consuescerem.
In tantis tormentis eram cum scriberem haec ⟨ut haec⟩ scri-
5 berem sola; neque enim nunc aliud aut cogitare aut loqui
possum. Vale.

XXIV

C. PLINIVS MAXIMO SVO S.

Amor in te meus cogit, non ut praecipiam (neque enim **1**
10 praeceptore eges), admoneam tamen, ut quae scis teneas et
obserues, aut nescire melius. Cogita te missum in prouinciam **2**
Achaiam, illam ueram et meram Graeciam, in qua primum
humanitas litterae, etiam fruges inuentae esse creduntur;
missum ad ordinandum statum liberarum ciuitatum, id est
15 ad homines maxime homines, ad liberos maxime liberos, qui
ius a natura datum uirtute meritis amicitia, foedere denique
et religione tenuerunt. Reuerere conditores deos et nomina **3**
deorum, reuerere gloriam ueterem et hanc ipsam senectutem,
quae in homine uenerabilis, in urbibus sacra. Sit apud te
20 honor antiquitati, sit ingentibus factis, sit fabulis quoque.
Nihil ex cuiusquam dignitate, nihil ex libertate, nihil etiam
ex iactatione decerpseris. Habe ante oculos hanc esse terram, **4**
quae nobis miserit iura, quae leges non uictis sed petentibus
dederit, Athenas esse quas adeas, Lacedaemonem esse quam
25 regas; quibus reliquam umbram et residuum libertatis nomen eripere durum ferum barbarum est. Vides a medicis, **5**

---

1 ignaram *Keıl*: ignaram aui *Mθ*: ignaramque *a*   3 timore *a*:
tempore *Mθ*   4 ut haec scrib. sola *D. S. Robertson*: scrib. sola *Mθ*,
om. *a*   11 nescire *Mθ*: me scire *ı*: scias *Catanaeus a*   12 in qua
primum *Mθ*: ubi *a*   14 lib. ciuitatium *aı*, om. *Mθ*   15 homines ad
lib. maxime *Mθ(c)*, om. *a*   qui *a*: quod *Mθ(c)*   17 et nomina *Mθ(c)*ı:
numina *a*   19 sacra *M*: sacra est *aθ*   20 antiquitati *θ*: -tatis *Ma*
21 etiam ex *Mθ(c)*: ex cuiusquam *cum Iıalis a*   23 uictis *M*: inuictis
θ(c), *unde* inuitis *Italı*: uicta *a*   26 barbarum *Mθ*: -rumque *a*

quamquam in aduersa ualetudine nihil serui ac liberi differant,
mollius tamen liberos clementiusque tractari. Recordare quid
quaeque ciuitas fuerit, non ut despicias quod esse desierit;
6 absit superbia asperitas. Nec timueris contemptum. An contemnitur qui imperium qui fasces habet, nisi humilis et 5
sordidus, et qui se primus ipse contemnit? Male uim suam
potestas aliorum contumeliis experitur, male terrore ueneratio adquiritur, longeque ualentior amor ad obtinendum quod
uelis quam timor. Nam timor abit si recedas, manet amor, ac
7 sicut ille in odium hic in reuerentiam uertitur. Te uero etiam 10
atque etiam (repetam enim) meminisse oportet officii tui
titulum ac tibi ipsum interpretari, quale quantumque sit
ordinare statum liberarum ciuitatum. Nam quid ordinatione
8 ciuilius, quid libertate pretiosius? Porro quam turpe, si
ordinatio euersione, libertas seruitute mutetur! Accedit quod 15
tibi certamen est tecum: onerat te quaesturae tuae fama,
quam ex Bithynia optimam reuexisti; onerat testimonium
principis; onerat tribunatus, praetura atque haec ipsa legatio
9 quasi praemium data. Quo magis nitendum est ne in longinqua prouincia quam suburbana, ne inter seruientes quam 20
liberos, ne sorte quam iudicio missus, ne rudis et incognitus
quam exploratus probatusque humanior melior peritior fuisse
uidearis, cum sit alioqui, ut saepe audisti saepe legisti, multo
deformius amittere quam non adsequi laudem.
10   Haec uelim credas, quod initio dixi, scripsisse me admonen- 25
tem, non praecipientem; quamquam praecipientem quoque.
Quippe non uereor, in amore ne modum excesserim. Neque
enim periculum est ne sit nimium quod esse maximum debet.
Vale.

5 nisi *Mθ*: nisi qui *a*   13 ciuitatum *Mθ*: -tatium *a1*   19 longinqua prouincia *Mθ*: -quam -ciam *a*   20 suburbana *Mθ* (in sub. *Itali*):
-anam *a*   21 sorte *a*: forte *Mθ*   23 audisti *Mθ*: audiuisti *a*

LIBER NONVS

I

C. PLINIVS MAXIMO SVO S.

Saepe te monui, ut libros quos uel pro te uel in Plantam, **1**
5 immo et pro te et in illum (ita enim materia cogebat), compo-
suisti quam maturissime emitteres; quod nunc praecipue
morte eius audita et hortor et moneo. Quamuis enim legeris **2**
multis legendosque dederis, nolo tamen quemquam opinari
defuncto demum incohatos, quos incolumi eo peregisti.
10 Salua sit tibi constantiae fama. Erit autem, si notum aequis **3**
iniquisque fuerit non post inimici mortem scribendi tibi
natam esse fiduciam, sed iam paratam editionem morte prae-
uentam. Et simul uitabis illud οὐχ ὁσίη φθιμένοισι. Nam **4**
quod de uiuente scriptum de uiuente recitatum est, in de-
15 functum quoque tamquam uiuentem adhuc editur, si editur
statim. Igitur si quid aliud in manibus, interim differ; hoc
perfice, quod nobis qui legimus olim absolutum uidetur. Sed
iam uideatur et tibi, cuius cunctationem nec res ipsa desiderat, et temporis ratio praecidit. Vale.

20

II

C. PLINIVS SABINO SVO S.

Facis iucunde quod non solum plurimas epistulas meas **1**
uerum etiam longissimas flagitas; in quibus parcior fui partim

4 te (*prius*) γ, *om. M*   7 enim γ, *om. M*   legeris Mθ: legeres γ
8 tamen γ, *om. M*   10 constantiae fama Mθ: -tia et fama *a*: constantia
γ   13 et M, *om.* γ   *Hom. Od. xxii 412*   14 de uiuente recitatum
a et (*post* est) *i*, *om. M*γ   15 si editur M*a, om.* γ   16 aliud Mθ:
aliquid γ   interim differ *M*: differt (differ θ) interim γ   22 n. s.
plurimas epistulas meas u. e. longissimas γ: n. s. epistulas u. e. plurimas
M

quia tuas occupationes ucrebar, partim quia ipse multum
distringebar plerumque frigidis negotiis quae simul et auocant
animum et comminuunt. Praeterea nec materia plura scri-
2 bendi dabatur. Neque enim eadem nostra condicio quae
M. Tulli, ad cuius exemplum nos uocas. Illi enim et copiosis- 5
simum ingenium, et par ingenio qua uarietas rerum qua
3 magnitudo largissime suppetebat; nos quam angustis terminis claudamur etiam tacente me perspicis, nisi forte uolumus scholasticas tibi atque, ut ita dicam, umbraticas litteras
4 mittere. Sed nihil minus aptum arbitramur, cum arma uestra 10
cum castra, cum denique cornua tubas sudorem puluerem
5 soles cogitamus. Habes, ut puto, iustam excusationem, quam
tamen dubito an tibi probari uelim. Est enim summi amoris
negare ueniam breuibus epistulis amicorum, quamuis scias
illis constare rationem. Vale.   15

III

C. PLINIVS PAVLINO SVO S.

1   Alius aliud: ego beatissimum existimo, qui bonae man-
suraeque famae praesumptione perfruitur, certusque posteritatis cum futura gloria uiuit. Ac mihi nisi praemium aeternitatis 20
2 ante oculos, pingue illud altumque otium placeat. Etenim
omnes homines arbitror oportere aut immortalitatem suam
aut mortalitatem cogitare, et illos quidem contendere eniti,

---

    1 uerebar *M R. Agricola a, om. γ*   2 simul *Mθ(q)*: plerumque *γ*
auocant *Mθ*: auocans *γ*   3 et *Mθ, om. γ*   5 tulli *M*: tullii *γ*
nos *Ma, om. γ*   6 et par ingenio *a*: et ingenio *γ, om. M*   qua (1)
Mγ: materia quanta *a*   qua (2) *Mγ*: quam *a*   11 cum (*alterum*) *M, om. γ*
puluerem *γ, om. M*   13 est *Mθ*: et *uel* eat (*ut uidetur*) *γ*   enim *γ*:
enim tibi *M*   14 breuibus *Mθ*: breuius *γ*   scias *γ*: sciam *M*
18 aliud *Mγ* (*quod Plinium sapit*): alium *Itali et a* (*quod legit Sidonius
Ep. vi 12. 1 aliquis aliquem*)   20 uiuit *Mθ*: uiuet *fortasse γ*   mihi
Mθ: nihil *γ*   21 etenim *Mθ*: haec enim *γ*   23 eniti *Mθ*: enim *γ*

hos quiescere remitti, nec breuem uitam caducis laboribus
fatigare, ut uideo multos misera simul et ingrata imagine
industriae ad uilitatem sui peruenire. Haec ego tecum quae **3**
cotidie mecum, ut desinam mecum, si dissenties tu; quam-
5 quam non dissenties, ut qui semper clarum aliquid et immortale meditere. Vale.

IV

C. PLINIVS MACRINO SVO S.

Vererer ne immodicam orationem putares, quam cum hac **1**
10 epistula accipies, nisi esset generis eius ut saepe incipere saepe
desinere uideatur. Nam singulis criminibus singulae uelut
causae continentur. Poteris ergo, undecumque coeperis ubi- **2**
cumque desieris, quae deinceps sequentur et quasi incipientia
legere et quasi cohaerentia, meque in uniuersitate longis-
15 simum, breuissimum in partibus iudicare. Vale.

V

C. PLINIVS TIRONI SVO S.

Egregie facis (inquiro enim) et perseuera, quod iustitiam **1**
tuam prouincialibus multa humanitate commendas; cuius
20 praecipua pars est honestissimum quemque complecti, atque
ita a minoribus amari, ut simul a principibus diligare. Pleri- **2**
que autem dum uerentur, ne gratiae potentium nimium
impertire uideantur, sinisteritatis atque etiam malignitatis

---

1 remitti *Mθ(f)*: non remitti *γ*   2 misera *Mθ*: miserat *γ*   ingrata
Mθ: integrata *γ*   3 uilitatem *M R. Agricola a*: utilitatem *γ*   tecum
Mθ: tanquam *γ*   4 tu (*om. θ*) quamquam non dissenties *aθ, om. Mγ*
6 meditere *M*: -teris *θ*: -tetur *γ*: -taris *Catanaeus*: -tare *a*   10 accipies *Mγ*: accepisses *a*   incipere saepe *ai, om. Mγ*   11 nam . . .
continentur *γ, om. M*   12 undecumque *Ma*: ut *γ*   coeperis *γ*,
om. M   13 desieris quae deinceps *γ*: desinere deinceps quae *M*
14 meque in *γ*: me quoque *M*   18 perseuera *Mγ*: -ero *θ*   22 ne
Mθ: ut *γ*   nimium *Ma, om. γ*

3 famam consequuntur. A quo uitio tu longe recessisti, scio, sed
temperare mihi non possum quominus laudem similis monenti,
quod eum modum tenes ut discrimina ordinum dignitatum-
que custodias; quae si confusa turbata permixta sunt, nihil
est ipsa aequalitate inaequalius. Vale.   5

VI

C. PLINIVS CALVISIO SVO S.

1   Omne hoc tempus inter pugillares ac libellos iucundissima
quiete transmisi. 'Quemadmodum' inquis 'in urbe potuisti?'
Circenses erant, quo genere spectaculi ne leuissime quidem 10
teneor. Nihil nouum nihil uarium, nihil quod non semel
2 spectasse sufficiat. Quo magis miror tot milia uirorum tam
pueriliter identidem cupere currentes equos, insistentes curri-
bus homines uidere. Si tamen aut uelocitate equorum aut
hominum arte traherentur, esset ratio non nulla; nunc fauent 15
panno pannum amant, et si in ipso cursu medioque certamine
hic color illuc ille huc transferatur, studium fauorque trans-
ibit, et repente agitatores illos equos illos, quos procul nosci-
3 tant, quorum clamitant nomina relinquent. Tanta gratia
tanta auctoritas in una uilissima tunica, mitto apud uulgus, 20
quod uilius tunica, sed apud quosdam graues homines; quos
ego cum recordor, in re inani frigida adsidua, tam insatia-
biliter desidere, capio aliquam uoluptátem, quod hac uolu-
4 ptate non capior. Ac per hos dies libentissime otium meum in
litteris colloco, quos alii otiosissimis occupationibus perdunt. 25
Vale.

4 turbata *Ma*: et γ   sunt *M*γ: sint *a*   5 ipsa aeq. *Ma*: aeq.
ipsa γ   8 iucundissima *M*θ: iucundum γ   13 cupere *M*θ(*q*), *om.* γ
currentes . . . insistentes *M*: -tis . . . -tis γ   14 aut (*prius*) *M*θ, *om.* γ
15 esset *M*θ: esiet γ   16 medioque *M*θ: mediocri γ   19 relinquent γ:
-quunt *M*   21 tunica sed *M*θ: t. est sed *a*: tunicas et γ   24 capior
M: capiar γ   hos γ: hoc *M*   meum γ, *om. M*

VII

C. PLINIVS ROMANO SVO S.

Aedificare te scribis. Bene est, inueni patrocinium; aedifico 1
enim iam ratione quia tecum. Nam hoc quoque non dissimile
5 quod ad mare tu, ego ad Larium lacum. Huius in litore plures 2
meae uillae, sed duae maxime ut delectant ita exercent.
Altera imposita saxis more Baiano lacum prospicit, altera 3
aeque more Baiano lacum tangit. Itaque illam tragoediam,
hanc adpellare comoediam soleo, illam quod quasi cothurnis,
10 hanc quod quasi socculis sustinetur. Sua utrique amoenitas,
et utraque possidenti ipsa diuersitate iucundior. Haec lacu 4
propius, illa latius utitur; haec unum sinum molli curuamine
amplectitur, illa editissimo dorso duos dirimit; illic recta
gestatio longo limite super litus extenditur, hic spatiosissimo
15 xysto leuiter inflectitur; illa fluctus non sentit haec frangit;
ex illa possis despicere piscantes, ex hac ipse piscari, hamum-
que de cubiculo ac paene etiam de lectulo ut e naucula iacere.
Hae mihi causae utrique quae desunt adstruendi ob ea quae
supersunt. Etsi quid ego rationem tibi? apud quem pro 5
20 ratione erit idem facere. Vale.

VIII

C. PLINIVS AVGVRINO SVO S.

Si laudatus a te laudare te coepero, uereor ne non tam pro- 1
ferre iudicium meum quam referre gratiam uidear. Sed licet

3 te γ: ut *M*   4 nam *Ma, om.* γ   6 meae uillae (*quod
numeris satis facit*) γ: uillae meae *Ma*   maxime ut *M*: ut maxime γ
7 baiano *Mθ*: baitano γ (*idem infra*)   prospicit . . . lacum γ, *om. M*
8 aeque *ed. Veneta an. 1492 et a*: neque γ (*unde* quoque θ)   9 cothurnis . . . quasi γ, *om. M*   10 socculis *Mθ*: oculis γ   11 utraque
possidenti *Mθ*: utranque possidentis γ   12 unum sinum *Mθ*: illum
unum γ   13 illa edit. *Mθ*: ille dit. γ   duos dirimit *Mθ*: diripuit γ
illic *Mγ*: hic (*an e coniectura?*) θ   recta *Mθ*: retia γ   14 limite
Mθ: mitte *uel aliquid simile* γ   hic (illic θ) . . . inflectitur *Mθ, om.* γ
17 de (*prius*) *M*: e γ   de (*alterum*) *M, om.* γ   18 utrique quae γ:
utique *M*   19 etsi γ: et *M*: sed θ   22 Augurino *Ma*: Auguri γ

uidear, omnia scripta tua pulcherrima existimo, maxime
2 tamen illa de nobis. Accidit hoc una eademque de causa.
Nam et tu, quae de amicis, optime scribis, et ego, quae de me,
ut optima lego. Vale.

IX   5

C. PLINIVS COLONO SVO S.

1   Vnice probo quod Pompei Quintiani morte tam dolenter
adficeris, ut amissi caritatem desiderio extendas, non ut plerique qui tantum uiuentes amant seu potius amare se simulant,
ac ne simulant quidem nisi quos florentes uident; nam mise- 10
rorum non secus ac defunctorum obliuiscuntur. Sed tibi peren-
nis fides tantaque in amore constantia, ut finiri nisi tua morte
2 non possit. Et hercule is fuit Quintianus, quem diligi deceat
ipsius exemplo. Felices amabat, miseros tuebatur, desiderabat
amissos. Iam illa quanta probitas in ore, quanta in sermone 15
cunctatio, quam pari libra grauitas comitasque! quod studium
litterarum, quod iudicium! qua pietate cum dissimillimo
patre uiuebat! quam non obstabat illi, quo minus uir optimus
3 uideretur, quod erat optimus filius! Sed quid dolorem tuum
exulcero? Quamquam sic amasti iuuenem ut hoc potius quam 20
de illo sileri uelis, a me praesertim cuius praedicatione putas
uitam eius ornari, memoriam prorogari, ipsamque illam qua
est raptus aetatem posse restitui. Vale.

X

C. PLINIVS TACITO SVO S.   25

1   Cupio praeceptis tuis parere; sed aprorum tanta penuria
est, ut Mineruae et Dianae, quas ais pariter colendas, con-

---

3 quae de me *Mθ*: de me quae (*ut uidetur*) γ   4 ut γ, *om.* M
6 Colono *M*: Coloni γ   10 ac ne simulant *Mθ, om.* γ   quos *Mθ*:
quod γ   11 sed *Mθ*: et γ   12 finiri *Mθ*: finire γ   15 illa *M*γ: illi θ
16 libra *Mθ*: libro γ   17 quod iudicium *Ma* (*ante* quod studium θ),
om. γ   18 patre *Ma*: parente γ   20 iuuenem *M*γ: uiuentem *Itali*
quam γ, *om.* M

262

uenire non possit. Itaque Mineruae tantum seruiendum est, **2**
delicate tamen ut in secessu et aestate. In uia plane non nulla
leuiora statimque delenda ea garrulitate qua sermones in uehiculo seruntur extendi. His quaedam addidi in uilla, cum aliud
5 non liberet. Itaque poemata quiescunt, quae tu inter nemora
et lucos commodissime perfici putas. Oratiunculam unam **3**
alteram retractaui; quamquam id genus operis inamabile inamoenum, magisque laboribus ruris quam uoluptatibus simile.
Vale.

10   XI

C. PLINIVS GEMINO SVO S.

Epistulam tuam iucundissimam accepi, eo maxime quod **1**
aliquid ad te scribi uolebas, quod libris inseri posset. Obueniet
materia uel haec ipsa quam monstras, uel potior alia. Sunt
15 enim in hac offendicula non nulla: circumfer oculos et occur-
rent. Bibliopolas Lugduni esse non putabam ac tanto liben- **2**
tius ex litteris tuis cognoui uenditari libellos meos, quibus
peregre manere gratiam quam in urbe collegerint delector.
Incipio enim satis absolutum existimare, de quo tanta diuer-
20 sitate regionum discreta hominum iudicia consentiunt. Vale.

XII

C. PLINIVS IVNIORI SVO S.

Castigabat quidam filium suum quod paulo sumptuosius **1**
equos et canes emeret. Huic ego iuuene digresso: 'Heus tu,

---

3 delenda ea *Mθ*: delende a *γ*   4 seruntur *Ma*: feruntur *γ*   5 quiescunt *γ*: -cent *M*   7 id *Mθ*: et *γ*   inamabile *Mθ*: infamabile *γ*
inamoenum *Ma*: et amoenum *γ*: et inam. *θ*   11 Gemino *M*:
Geminio (*ut uidetur*) *γ*   12 iucundissimam *M Laetus*: -ime *γ*   accepi *M*: recepi *γ*   13 ad *γ*: a *M*   obueniet *Mγ*: -iat *a*   14 potior
Mθ(*f*): potiora *γ*   15 in hac *θ*: in hanc *M*, *om. γ*   17 quibus
Mθ: qui *γ*   18 collegerint *Mθ*: legerint *γ*   delector *Mθ*, *om. γ* (*an
laetor scribendum?*)   20 consentiunt *Mθ*: diss- *γ*   22 Iuniori *γ*:
Iunio *M*   24 emeret *Mθ*: emerit *γ*

numquamne fecisti, quod a patre corripi posset? "Fecisti"
dico? Non interdum facis quod filius tuus, si repente pater
ille tu filius, pari grauitate reprehendat? Non omnes homines
aliquo errore ducuntur? Non hic in illo sibi, in hoc alius indul-
2 get?' Haec tibi admonitus immodicae seueritatis exemplo, pro 5
amore mutuo scripsi, ne quando tu quoque filium tuum acerbius duriusque tractares. Cogita et illum puerum esse et te
fuisse, atque ita hoc quod es pater utere, ut memineris et
hominem esse te et hominis patrem. Vale.

XIII   10

C. PLINIVS QVADRATO SVO S.

1   Quanto studiosius intentiusque legisti libros quos de Heluidi ultione composui, tanto impensius postulas, ut per-
scribam tibi quaeque extra libros quaeque circa libros, totum
denique ordinem rei cui per aetatem non interfuisti.   15
2   Occiso Domitiano statui mecum ac deliberaui, esse magnam pulchramque materiam insectandi nocentes, miseros
uindicandi, se proferendi. Porro inter multa scelera multorum nullum atrocius uidebatur, quam quod in senatu
senator senatori, praetorius consulari, reo iudex manus intu- 20
3 lisset. Fuerat alioqui mihi cum Heluidio amicitia, quanta
potuerat esse cum eo, qui metu temporum nomen ingens
paresque uirtutes secessu tegebat; fuerat cum Arria et Fannia,
quarum altera Heluidi nouerca, altera mater nouercae. Sed
non ita me iura priuata, ut publicum fas et indignitas facti 25
4 et exempli ratio incitabat. Ac primis quidem diebus redditae

---

3 reprehendat *Mθ*: -das *γ*   4 alius *Mθ*: alios *γ*   5 pro amore
Ma: amore *θ*: more *γ*   6 acerbius duriusque *Ma*: durius acerbiusque *γ*
8 et hom. esse te *M*: te hom. esse *γ*: hom. te esse *a*   14 quaeque
(*prius*) *γ*: quae *M*   quaeque circa libros *γ*, *om*. *M*   18 se *γ*: seu *M*
23 tegebat *Mθ*: regebat (*ut uidetur*) *γ*   24 Heluidi *M*: -dii *θ*: -dio *γ*
25 non *M R. Agricola a*, *om*. *γ*   26 primis *Mθ*: primum *γ*

libertatis pro se quisque inimicos suos, dumtaxat minores,
incondito turbidoque clamore postulauerat simul et oppresserat. Ego et modestius et constantius arbitratus immanis-
simum reum non communi temporum inuidia, sed proprio
5 crimine urgere, cum iam satis primus ille impetus defremuisset et languidior in dies ira ad iustitiam redisset, quamquam
tum maxime tristis amissa nuper uxore, mitto ad Anteiam
(nupta haec Heluidio fuerat); rogo ut ueniat, quia me recens
adhuc luctus limine contineret. Vt uenit, 'Destinatum est' 5
10 inquam 'mihi maritum tuum non inultum pati. Nuntia Arriae
et Fanniae' (ab exsilio redierant), 'consule te, consule illas,
an uelitis adscribi facto, in quo ego comite non egeo; sed non
ita gloriae meae fauerim, ut uobis societate eius inuideam.'
Perfert Anteia mandata, nec illae morantur.
15   Opportune senatus intra diem tertium. Omnia ego semper 6
ad Corellium rettuli, quem prouidentissimum aetatis nostrae
sapientissimumque cognoui: in hoc tamen contentus consilio
meo fui ueritus ne uetaret; erat enim cunctantior cautiorque.
Sed non sustinui inducere in animum, quominus illi eodem
20 die facturum me indicarem, quod an facerem non delibera-
bam, expertus usu de eo quod destinaueris non esse consulen-
dos quibus consultis obsequi debeas. Venio in senatum, ius 7
dicendi peto, dico paulisper maximo adsensu. Vbi coepi crimen attingere, reum destinare, adhuc tamen sine nomine,

2 postulauerat . . . oppresserat γ: -rant . . . -rant M   5 primus ille
M: ille primus γ   defremuisset M: deferuisset γ   7 ad Anteiam θ:
ad Anteam M: ante iam γ   9 contineret Mθ: -ere γ   11 ab
exsilio redibant (redierant Laetus) . . . adscribi Mθ: abtis ad scripto γ
(supra, p. x)   13 ita Ma: tam γ   societate Mγ: -tem uel
-tis Itali (θ?)   eius Mθ(f): ius γ   14 perfert Anteia (-tea M)
Mθ: perfert tanta γ   15 ego semper Ma: semper ego γ   17 in hic
Mγ, ante consilio a   18 ne uetaret Mθ: euetaret γ   cunctantior M R. Agricola a: -atior γ   19 inducere Mθ: -ceret γ   eodem
Mθ: eadem γ   20 me γ: ne M   indicarem Mθ, om. γ   22 debeas
Mθ: debes γ

undique mihi reclamari. Alius: 'Sciamus, quis sit de quo
extra ordinem referas', alius: 'Quis est ante relationem reus?',
8 alius: 'Salui simus, qui supersumus.' Audio imperturbatus
interritus: tantum susceptae rei honestas ualet, tantumque
ad fiduciam uel metum differt, nolint homines quod facias an 5
non probent. Longum est omnia quae tunc hinc inde iacta
9 sunt recensere. Nouissime consul: 'Secunde, sententiae loco
dices, si quid uolueris.' 'Permiseras' inquam 'quod usque
10 adhuc omnibus permisisti.' Resido; aguntur alia. Interim me
quidam ex consularibus amicis, secreto curatoque sermone, 10
quasi nimis fortiter incauteque progressum corripit reuocat,
monet ut desistam, adicit etiam: 'Notabilem te futuris prin-
11 cipibus fecisti.' 'Esto' inquam 'dum malis.' Vix ille disces-
serat, rursus alter: 'Quid audes? quo ruis? quibus te periculis
obicis? quid praesentibus confidis incertus futurorum? Laces- 15
sis hominem iam praefectum aerarii et breui consulem, praeterea qua gratia quibus amicitiis fultum!' Nominat quendam,
qui tunc ad orientem amplissimum exercitum non sine ma-
12 gnis dubiisque rumoribus obtinebat. Ad haec ego: '"Omnia
praecepi atque animo mecum ante peregi" nec recuso, si ita 20
casus attulerit, luere poenas ob honestissimum factum, dum
flagitiosissimum ulciscor.'
13   Iam censendi tempus. Dicit Domitius Apollinaris consul
designatus, dicit Fabricius Veiento, Fabius Postuminus,

1 sciamus γ, om. M   quis Mθ: quid γ: qui Iun. Maius   3 simus
Mθ: sumus γ   imperturbatus Mθ(ʃ): inter- γ   6 iacta γ: facta M
7 secunde γ: secundae M   8 dices M R. Agricola a: dies (ut uidetur)
γ: diceres fortasse θ   10 sermone Mθ: -oni γ   12 desistam γ:
sistam M   adicit Mθ: adigit γ: adiecit a   te γ: me M   13 fecisti
γ, om. M   esto Mθ: est γ   15 confidis γ: -des M   17 nominat
quendam . . . sine γ: nomina quae M   18 tunc a: tum γ   post
amplissimum add. et famosissimum a, om. γ   19 rumoribus Ma:
sermonibus γ   ad γ, om. M   Vergil. Aen. vi 105   21 ob Mθ:
ad γ   23 consul Mθ: quos γ   24 dicit Mθ: dici γ   Posthumi-
nus a (-mius R. Agricola): Postumius γ: Maximinus M

Bittius Proculus collega Publici Certi, de quo agebatur, uxoris
autem meae quam amiseram uitricus, post hos Ammius Flac-
cus. Omnes Certum nondum a me nominatum ut nominatum
defendunt crimenque quasi in medio relictum defensione
5 suscipiunt. Quae praeterea dixerint, non est necesse narrare: **14**
in libris habes; sum enim cuncta ipsorum uerbis persecutus.
Dicunt contra Auidius Quietus, Cornutus Tertullus: Quietus, **15**
iniquissimum esse querelas dolentium excludi, ideoque Arriae
et Fanniae ius querendi non auferendum, nec interesse cuius
10 ordinis quis sit, sed quam causam habeat; Cornutus, datum **16**
se a consulibus tutorem Heluidi filiae petentibus matre eius
et uitrico; nunc quoque non sustinere deserere officii sui
partes, in quo tamen et suo dolori modum imponere et optimarum feminarum perferre modestissimum adfectum; quas
15 contentas esse admonere senatum Publici Certi cruentae
adulationis et petere, si poena flagitii manifestissimi remittatur, nota certe quasi censoria inuratur. Tum Satrius Rufus **17**
medio ambiguoque sermone 'Puto' inquit 'iniuriam factam
Publicio Certo, si non absoluitur; nominatus est ab amicis
20 Arriae et Fanniae, nominatus ab amicis suis. Nec debemus
solliciti esse; idem enim nos, qui bene sentimus de homine,
et iudicaturi sumus. Si innocens est, sicut et spero et malo et,
donec aliquid probetur, credo, poteritis absoluere.' Haec illi **18**
quo quisque ordine citabantur. Venitur ad me. Consurgo,
25 utor initio quod in libro est, respondeo singulis. Mirum qua
intentione, quibus clamoribus omnia exceperint, qui modo
reclamabant: tanta conuersio uel negotii dignitatem uel pro-

---

1 Bittius *Mθ*: Vittius *γ*: Vectius *Itali*   publici *M*: -cii *γ*   2 autem
γ, om. M   3 certum *M R. Agricola a*: certe *γ*   ut nominatum *Ma,
om. γ*   4 medio *Mθ*: medium *γ*   7 Auidius *γ, om. M*   quietus
M, om. γ   13 et (*prius*) *Mθ*: ei *γ*   20 Arriae . . . amicis *γ, om. M*
suis *Mθ, om. γ*   21 enim *Mθ*: et *γ*   22 et (*prius*) *M, om. γ*   et
(*alterum*) *γ, om. M*   23 haec *Mθ(f)*: hoc *γ*   illi *γ*: ille *M*   26 qui
modo reclamabant *γ, om. M*

19 uentum orationis uel actoris constantiam subsecuta est. Finio. Incipit respondere Veiento; nemo patitur; obturbatur obstrepitur, adeo quidem ut diceret: 'Rogo, patres conscripti, ne me cogatis implorare auxilium tribunorum.' Et statim Murena tribunus: 'Permitto tibi, uir clarissime Veiento, dicere.' Tunc 5

20 quoque reclamatur. Inter moras consul citatis nominibus et peracta discessione mittit senatum, ac paene adhuc stantem temptantemque dicere Veientonem reliquit. Multum ille de hac (ita uocabat) contumelia questus est Homerico uersu:

21 *Ὦ γέρον, ἦ μάλα δή σε νέοι τείρουσι μαχηταί.* Non fere 10 quisquam in senatu fuit, qui non me complecteretur exoscularetur certatimque laude cumularet, quod intermissum iam diu morem in publicum consulendi susceptis propriis simultatibus reduxissem; quod denique senatum inuidia liberassem, qua flagrabat apud ordines alios, quod seuerus in 15 ceteros senatoribus solis dissimulatione quasi mutua parceret.

22 Haec acta sunt absente Certo; fuit enim seu tale aliquid suspicatus siue, ut excusabatur, infirmus. Et relationem quidem de eo Caesar ad senatum non remisit; obtinui tamen quod

23 intenderam: nam collega Certi consulatum, successorem Cer- 20 tus accepit, planeque factum est quod dixeram in fine: 'Reddat praemium sub optimo principe, quod a pessimo accepit.' Postea actionem meam utcumque potui recollegi, addidi

24 multa. Accidit fortuitum, sed non tamquam fortuitum, quod editis libris Certus intra paucissimos dies implicitus morbo 25

25 decessit. Audiui referentes hanc imaginem menti eius hanc

2 incipit *Mθ(q)*: incepit γ   5 tunc *Mθ(q)*: tum γ   7 discessione *Ma*: dissensione γ   stantem γ: statim *M*   9 uocabat *M*γ: uocitabat *a*   10 Ω ΜΑΛΑ ΔΗ *M*, om. γ; *Hom. Il. viii 102*   ΜΑΧΗΤΑΙ *M*: ΜΑΧΗ γ   11 non me *Ma*: me non γ   13 iam *Ma*: tam γ   16 mutua *Mθ*: mutu γ   17 fuit *M*γ: abfuit *a*   18 relationem *Ma*: -onis γ   19 ad senatum non remisit *Ma*: adsit γ (*unde* relationi . . . affuit *e coniectura* θ)   23 addidi *Mθ*: -dit γ   25 editis *Mθ*: deditis γ   26 referentes *M*: -tis γ   menti *Mθ*: mentis γ

oculis oberrasse, tamquam uideret me sibi cum ferro imminere. Verane haec, adfirmare non ausim; interest tamen
exempli, ut uera uideantur.

Habes epistulam, si modum epistulae cogites, libris quos **26**
5 legisti non minorem; sed imputabis tibi qui contentus libris
non fuisti. Vale.

XIV

C. PLINIVS TACITO SVO S.

Nec ipse tibi plaudis, et ego nihil magis ex fide quam de te
10 scribo. Posteris an aliqua cura nostri, nescio; nos certe mere-
mur, ut sit aliqua, non dico ingenio (id enim superbum), sed
studio et labore et reuerentia posterorum. Pergamus modo
itinere instituto, quod ut paucos in lucem famamque prouexit, ita multos e tenebris et silentio protulit. Vale.

15   ## XV

C. PLINIVS FALCONI SVO S.

Refugeram in Tuscos, ut omnia ad arbitrium meum face- **1**
rem. At hoc ne in Tuscis quidem: tam multis undique rusticorum libellis et tam querulis inquietor, quos aliquanto magis
20 inuitus quam meos lego; nam et meos inuitus. Retracto enim **2**
actiunculas quasdam, quod post intercapedinem temporis et
frigidum et acerbum est. Rationes quasi absente me negle-
guntur. Interdum tamen equum conscendo et patrem familiae **3**

---

1 oberrasse θ: -asset *M*: inesse γ   me sibi cum ferro imminere *M*:
heluidium respondere mihi γ   4 modum *M R. Agricola a*:
modo γ   cogites *Ma*: -tas γ   libris *M*θ: libros γ   10 posteris γ: posteris quibus *M*   nostri *M*θ, *om.* γ   11 ingenio . . .
studio *M*θ, *om.* γ   id *Ma*: id est θ   12 et (*prius*) *M*γ: sed θ
reuerentia γ: -tiam *M*   13 famamque *Ma*: fama γ   14 e *ed.
Romana an. 1474*: ex *R. Agricola*: et *M*γ   16 Falconi γ: Malliano (*ex
ep. 16*) *M*   18 at γ: ad *M*   19 querulis γ: quaerulus *M*:
querelis (*omisso* tam) θ   22 rationes *M*γ: arationes *Iun. Maius*:
ratiocinationes *a*   me *M*θ, *om.* γ

hactenus ago, quod aliquam partem praediorum, sed pro
gestatione percurro. Tu consuetudinem serua, nobisque sic
rusticis urbana acta perscribe. Vale.

XVI

C. PLINIVS MAMILIANO SVO S.   5

1   Summam te uoluptatem percepisse ex isto copiosissimo
genere uenandi non miror, cum historicorum more scribas
numerum iniri non potuisse. Nobis uenari nec uacat nec libet:
non uacat quia uindemiae in manibus, non libet quia exiguae.
2 Deuehimus tamen pro nouo musto nouos uersiculos tibique 10
iucundissime exigenti ut primum uidebuntur deferuisse mit-
temus. Vale.

XVII

C. PLINIVS GENITORI SVO S.

1   Recepi litteras tuas quibus quereris taedio tibi fuisse quam- 15
uis lautissimam cenam, quia scurrae cinaedi moriones mensis
2 inerrabant. Vis tu remittere aliquid ex rugis? Equidem nihil
tale habeo, habentes tamen fero. Cur ergo non habeo? Quia
nequaquam me ut inexspectatum festiuumue delectat, si quid
molle a cinaedo, petulans a scurra, stultum a morione profer- 20
3 tur. Non rationem sed stomachum tibi narro. Atque adeo
quam multos putas esse, quos ea quibus ego et tu capimur et
ducimur, partim ut inepta partim ut molestissima offendant!
Quam multi, cum lector aut lyristes aut comoedus inductus
est, calceos poscunt aut non minore cum taedio recubant, 25

---

5 Mamiliano *ai*: Mamelliano *M* (*in hac ep. deest* γ, *silet* θ)   9 non
uacat . . . non libet *ai*, *om. M*   10 deuehimus *M*: -emus *ai*
tibique *M*: tibi quos *a*: tibi cui *i*   17 rugis γ: nugis *M*   equidem *M*θ: siquidem γ   18 habentes *M*: -tis γ   22 et tu *M*θ, *om.* γ
23 ut (*prius*) γ, *om. M*   24 multi *M*θ: multa γ   25 recubant *a*:
recusant *M*: cubant γ

quam tu ista (sic enim adpellas) prodigia perpessus es! Demus **4**
igitur alienis oblectationibus ueniam, ut nostris impetremus.
Vale.

XVIII

5   C. PLINIVS SABINO SVO S.

Qua intentione, quo studio, qua denique memoria legeris **1**
libellos meos, epistula tua ostendit. Ipse igitur exhibes negotium tibi qui elicis et inuitas, ut quam plurima communicare
tecum uelim. Faciam, per partes tamen et quasi digesta, ne **2**
10 istam ipsam memoriam, cui gratias ago, adsiduitate et copia
turbem oneratamque et quasi oppressam cogam pluribus singula posterioribus priora dimittere. Vale.

XIX

C. PLINIVS RVSONI SVO S.

15   Significas legisse te in quadam epistula mea iussisse Ver- **1**
ginium Rufum inscribi sepulcro suo:

Hic situs est Rufus, pulso qui Vindice quondam
imperium adseruit non sibi sed patriae.

Reprehendis quod iusserit, addis etiam melius rectiusque
20 Frontinum, quod uetuerit omnino monumentum sibi fieri,
meque ad extremum quid de utroque sentiam consulis.
Vtrumque dilexi, miratus sum magis quem tu reprehendis, **2**
atque ita miratus ut non putarem satis umquam posse laudari,
cuius nunc mihi subeunda defensio est. Omnes ego qui ma- **3**
25 gnum aliquid memorandumque fecerunt, non modo uenia
uerum etiam laude dignissimos iudico, si immortalitatem

1 ista γ: ita *M*   appellas γ: -lo *M*   7 ipse *M*γ: ipsi *a*
8 elicis θ: eligis *M*: deligis γ   10 istam *M*θ: iam γ   14 Rusoni *a*:
Rufoni γ: Rusonio *M*   16 sepulchro γ: sed pulchro *M*   22 quem *M*θ:
quam γ (ℙ)   23 ita *M a*, *om.* γ   miratus *M R. Agricola* (*ante* atque *a*):
miraris γ

quam meruere sectantur, uicturique nominis famam supre-
4 mis etiam titulis prorogare nituntur. Nec facile quemquam
nisi Verginium inuenio, cuius tanta in praedicando uerecun-
5 dia quanta gloria ex facto. Ipse sum testis, familiariter ab eo
dilectus probatusque, semel omnino me audiente prouectum, 5
ut de rebus suis hoc unum referret, ita secum aliquando
Cluuium locutum: 'Scis, Vergini, quae historiae fides debeatur; proinde si quid in historiis meis legis aliter ac uelis
rogo ignoscas.' Ad hoc ille: 'Tune ignoras, Cluui, ideo me
fecisse quod feci, ut esset liberum uobis scribere quae libuis- 10
6 set?' Age dum, hunc ipsum Frontinum in hoc ipso, in quo
tibi parcior uidetur et pressior, comparemus. Vetuit exstrui
monumentum, sed quibus uerbis? 'Impensa monumenti superuacua est; memoria nostri durabit, si uita meruimus.' An
restrictius arbitraris per orbem terrarum legendum dare 15
duraturam memoriam suam quam uno in loco duobus uersi-
7 culis signare quod feceris? Quamquam non habeo propositum
illum reprehendendi, sed hunc tuendi; cuius quae potest apud
te iustior esse defensio, quam ex collatione eius quem praetu-
8 listi? Meo quidem iudicio neuter culpandus, quorum uterque 20
ad gloriam pari cupiditate, diuerso itinere contendit, alter
dum expetit debitos titulos, alter dum mauult uideri con-
tempsisse. Vale.

XX

C. PLINIVS VENATORI SVO S.   25

1   Tua uero epistula tanto mihi iucundior fuit quanto longior
erat, praesertim cum de libellis meis tota loqueretur; quos
tibi uoluptati esse non miror, cum omnia nostra perinde ac

---

2 facile *MΘ*: facie *γ* .   3 praedicando *θ*: -andi *γ*: praecando *M*
5 prouectum *γ*: -tus *M*   6 referret *MΘ*: referre *γ*   8 uelis *M*: uelles
γ   9 ille tune ignoras cluui *M*: tu cluuio cluui cluui nec tu ignoras *γ*:
tu o cluui tune tu ignoras *θ*   10 uobis *MΘ*: nobis *γ*   15 legendum
γ: -da *M*   20 neuter *M R. Agricola a*: neuter quidem *γ*

272

nos ames. Ipse cum maxime uindemias graciles quidem, 2
uberiores tamen quam exspectaueram colligo, si colligere est
non numquam decerpere uuam, torculum inuisere, gustare
de lacu mustum, obrepere urbanis, qui nunc rusticis praesunt
5 meque notariis et lectoribus reliquerunt. Vale.

XXI

C. PLINIVS SABINIANO SVO S.

Libertus tuus, cui suscensere te dixeras, uenit ad me 1
aduolutusque pedibus meis tamquam tuis haesit. Fleuit mul-
10 tum, multum rogauit, multum etiam tacuit, in summa fecit
mihi fidem paenitentiae uerae: credo emendatum quia deliquisse se sentit. Irasceris, scio, et irasceris merito, id quoque 2
scio; sed tunc praecipua mansuetudinis laus, cum irae causa
iustissima est. Amasti hominem et, spero, amabis: interim 3
15 sufficit ut exorari te sinas. I icebit rursus irasci, si meruerit,
quod exoratus excusatius facies. Remitte aliquid adulescentiae
ipsius, remitte lacrimis, remitte indulgentiae tuae. Ne torseris
illum, ne torseris etiam te; torqueris enim cum tam lenis
irasceris. Vereor ne uidear non rogare sed cogere, si precibus 4
20 eius meas iunxero; iungam tamen tanto plenius et effusius,
quanto ipsum acrius seueriusque corripui, destricte minatus
numquam me postea rogaturum. Hoc illi, quem terreri
oportebat, tibi non idem; nam fortasse iterum rogabo, impetrabo iterum: sit modo tale, ut rogare me, ut praestare te
25 deceat. Vale.

1 maxime $M\gamma$: absim θ 3 gustare γ: degustare M 9 multum
bis Ma, semel γ 11 uerae (non uere) antecedentibus subiungendum
docent numeri   13 tunc Ma: tunc quoque γ causa semel γ, bis M
14 iustissima Ma: -ime γ 16 aliquid adul. ipsius remitte γ, om. M
17 tuae M, om. γ 18 illum ne torseris $M\theta(?)$, om. γ enim $M\theta$,
om. γ 19 sed cogere si (si ipse θ) $M\theta$: se cogeris ipse γ 23 impetrabo
iterum M: iterum impetrabo γ 24 rogare me ut Ma: rogarem et
egit γ te Ma, om. γ

XXII

C. PLINIVS SEVERO SVO S.

1 Magna me sollicitudine àdfecit Passenni Pauli ualetudo,
et quidem plurimis iustissimisque de causis. Vir est optimus
honestissimus, nostri amantissimus; praeterea in litteris 5
ueteres aemulatur exprimit reddit, Propertium in primis, a
quo genus ducit, uera suboles eoque simillima illi in quo ille
2 praecipuus. Si elegos eius in manus sumpseris, leges opus
tersum molle iucundum, et plane in Properti domo scriptum.
Nuper ad lyrica deflexit, in quibus ita Horatium ut in illis 10
illum alterum effingit: putes si quid in studiis cognatio ualet,
et huius propinquum. Magna uarietas magna mobilitas:
amat ut qui uerissime, dolet ut qui impatientissime, laudat ut
qui benignissime, ludit ut qui facetissime, omnia denique
3 tamquam singula absoluit. Pro hoc ego amico, pro hoc ingenio 15
non minus aeger animo quam corpore ille, tandem illum
tandem me recepi. Gratulare mihi, gratulare etiam litteris
ipsis, quae ex periculo eius tantum discrimen adierunt, quantum ex salute gloriae consequentur. Vale.

XXIII   20

C. PLINIVS MAXIMO SVO S.

1 Frequenter agenti mihi euenit, ut centumuiri cum diu se
intra iudicum auctoritatem grauitatemque tenuissent, omnes
repente quasi uicti coactique consurgerent laudarentque;

3 passenni *Haupt* (*cf.* vi 15. 1): passieni *My*: passenis *a*   5 honestissimus *hic Ma, post* amantissimus *γ*   6 aemulatur *Mθ*: emulationes *γ*
8 si elegos *Mθ*: lego *γ*   manus *M*: manum *θ*: manu *γ*   9 properti
(-tii *a*) domo *Ma*: propertum idque optimo *γ*   11 effingit *M*: effingi
γ   putes *γ*: potest *M*   12 propinquum *γ*: -quus *M R. Agricola*
mobilitas *Mθ*: mollitas *γ*   15 ego *γ*: aequo *M*   ingenio *γ*:
aequo ingenio *M*   16 aeger *γ*: aequae sanus *M*   ille tandem *a*:
tandem *M, om. γ*   17 mihi gratulare *Ma* (gratulare *legisse uidetur R.
Agricola*), *om. γ*   23 iudicum *R. Agricola*: iudicium *My*   omnes
Mθ: omnia *γ*

frequenter e senatu famam qualem maxime optaueram ret- **2**
tuli: numquam tamen maiorem cepi uoluptatem, quam nuper
ex sermone Corneli Taciti. Narrabat sedisse secum circen-
sibus proximis equitem Romanum. Hunc post uarios erudi-
5 tosque sermones requisisse: 'Italicus es an prouincialis?' Se
respondisse: 'Nosti me, et quidem ex studiis.' Ad hoc illum: **3**
'Tacitus es an Plinius?' Exprimere non possum, quam sit
iucundum mihi quod nomina nostra quasi litterarum propria,
non hominum, litteris redduntur, quod uterque nostrum his
10 etiam ex studiis notus, quibus aliter ignotus est.

Accidit aliud ante pauculos dies simile. Recumbebat mecum **4**
uir egregius, Fadius Rufinus, super eum municeps ipsius, qui
illo die primum uenerat in urbem; cui Rufinus demonstrans
me: 'Vides hunc?' Multa deinde de studiis nostris; et ille
15 'Plinius est' inquit. Verum fatebor, capio magnum laboris **5**
mei fructum. An si Demosthenes iure laetatus est, quod illum
anus Attica ita noscitauit: Οὗτός ἐστι Δημοσθένης, ego celebritate nominis mei gaudere non debeo? Ego uero et gaudeo
et gaudere me dico. Neque enim uereor ne iactantior uidear, **6**
20 cum de me aliorum iudicium non meum profero, praesertim
apud te qui nec ullius inuides laudibus et faues nostris. Vale.

XXIV

C. PLINIVS SABINIANO SVO S.

Bene fecisti quod libertum aliquando tibi carum reducenti-
25 bus epistulis meis in domum in animum recepisti. Iuuabit

1 optaueram γ: captaueram M   3 corneli M: -elii γ   secum
a: se cum quodam M, om. γ   4 eq. r. (sic) γ, om. M   6 et
quidem γ: equidem M   7 es Mθ, om. γ   10 aliter a: alter Mγ
11 mecum hic γ, post illo die M   12 fadius M: fidius a: fabius
γ   13 uenerat Mγ, om. a   urbem γ: urbe M   cui Ma, om. γ
16 Demosthenes γ: -enis M   quod γ: quid M   17 anus Mθ:
manus γ   noscitauit Mγ: demonstrauit a   ΕϹΤΙ γ: ΕϹΤΙΝ M
21 ullius Mγ: illius a

hoc te; me certe iuuat, primum quod te tam tractabilem uideo, ut in ira regi possis, deinde quod tantum mihi tribuis, ut uel auctoritati meae pareas uel precibus indulgeas. Igitur et laudo et gratias ago; simul in posterum moneo, ut te erroribus tuorum, etsi non fuerit qui deprecetur, placabilem 5 praestes. Vale.

XXV

C. PLINIVS MAMILIANO SVO S.

1 Quereris de turba castrensium negotiorum et, tamquam summo otio perfruare, lusus et ineptias nostras legis amas 10 flagitas, meque ad similia condenda non mediocriter incitas.
2 Incipio enim ex hoc genere studiorum non solum oblectationem uerum etiam gloriam petere, post iudicium tuum uiri
3 eruditissimi grauissimi ac super ista uerissimi. Nunc me rerum actus modice sed tamen distringit; quo finito aliquid 15 earundem Camenarum in istum benignissimum sinum mittam. Tu passerculis et columbulis nostris inter aquilas uestras dabis pennas, si tamen et tibi placebunt; si tantum sibi, continendos cauea nidoue curabis. Vale.

XXVI   20

C. PLINIVS LVPERCO SVO S.

1 Dixi de quodam oratore saeculi nostri recto quidem et sano, sed parum grandi et ornato, ut opinor, apte: 'Nihil peccat,
2 nisi quod nihil peccat.' Debet enim orator erigi attolli,

---

1 tam tractabilem *M*γ: talem *a*   2 quod γ: quum *M*   4 et (*prius*) γ, *om. M*   ut te γ: uter *M*   12 enim *M*a, *om.* γ   non solum . . . uerissimi γa, *om. M*   14 erud. grau. γ: grau. erud. *a*   15 distringit γ: destringit *M*   17 uestras dabis γ: nostras dealibus *M*   18 et tibi θ: et sibi γ: sibi et tibi *M*: et sibi et tibi *a*   continendos γ: -das *M*

interdum etiam efferuescere ecferri, ac saepe accedere ad
praeceps; nam plerumque altis et excelsis adiacent abrupta.
Tutius per plana sed humilius et depressius iter; frequentior
currentibus quam reptantibus lapsus, sed his non labentibus
5 nulla, illis non nulla laus etiamsi labantur. Nam ut quasdam 3
artes ita eloquentiam nihil magis quam ancipitia commendant.
Vides qui per funem in summa nituntur, quantos soleant
excitare clamores, cum iam iamque casuri uidentur. Sunt 4
enim maxime mirabilia quae maxime insperata, maxime
10 periculosa utque Graeci magis exprimunt, παράβολα. Ideo
nequaquam par gubernatoris est uirtus, cum placido et cum
turbato mari uehitur: tunc admirante nullo, inlaudatus inglorius subit portum, at cum stridunt funes curuatur arbor
gubernacula gemunt, tunc ille clarus et dis maris proximus.
15 Cur haec? Quia uisus es mihi in scriptis meis adnotasse quae- 5
dam ut tumida quae ego sublimia, ut improba quae ego audentia, ut nimia quae ego plena arbitrabar. Plurimum autem
refert, reprehendenda adnotes an insignia. Omnis enim aduer- 6
tit, quod eminet et exstat; sed acri intentione diiudicandum
20 est, immodicum sit an grande, altum an enorme. Atque ut
Homerum potissimum attingam, quem tandem alterutram

1 hec ferri M: efferri γ   ac M et (ut uidetur) θ: aut γ   3 frequentior Mθ: -ter γ   4 sed Mθ: et γ   labentibus Mθ: habenti-
bus γ   5 nulla (prius) Mγ: nulla laus a   laus Mθ: uis γ, om. a
6 quam Mθ, om. γ   7 per Ma, om. γ   nituntur γ: -antur
M   8 iam γ, om. M   uidentur Mθ, om. γ   9 insperata M:
expectata γ: inexpectata f R. Agricola: inspectata qa   10 Graeci
Mθ: graece γ   ΠΑΡΑΒΟΛΑ Mγ: ΠΑΡΑΔΟΞΑ R. Agricola
11 et Ma: aut γ   12 admirante Ma: inlaudante γ   inglorius γ:
ingloriosus M   13 at γ: ad M   curuatur Ma: turbatur
γ: labat (e coniectura?) θ   15 cur γ, om. M   es Ma: est γ
16 quae ego (prius) M R. Agricola a: quaedam ut γ   ut M: aut γ
quae ego (alterum) Ma: quae R. Agricola, om. γ   audentia R. Agricola:
audientia Ma: audienti γ   17 ut M: aut γ   19 diiudicandum
Ma: iud- γ   21 tandem Mθ: tantundem γ   alterutram γ:
alteram M

in partem potest fugere ἀμφὶ δὲ σάλπιγξεν μέγας οὐρανός,
ἠέρι δ᾽ ἔγχος ἐκέκλιτο et totum illud οὔτε θαλάσσης κῦμα
7 τόσον βοάᾳ? Sed opus est examine et libra, incredibilia
sint haec et inania an magnifica caelestia. Nec nunc ego me
his similia aut dixisse aut posse dicere puto (non ita insanio), 5
sed hoc intellegi uolo, laxandos esse eloquentiae frenos, nec
angustissimo gyro ingeniorum impetus refringendos.

8   'At enim alia condicio oratorum, alia poetarum.' Quasi uero
M. Tullius minus audeat! Quamquam hunc omitto; neque
enim ambigi puto. Sed Demosthenes ipse, ille norma oratoris et 10
regula, num se cohibet et comprimit, cum dicit illa notissima:
ἄνθρωποι μιαροί, κόλακες καὶ ἀλάστορες et rursus οὐ λίθοις
ἐτείχισα τὴν πόλιν οὐδὲ πλίνθοις ἐγώ et statim οὐκ ἐκ μὲν
θαλάττης τὴν Εὔβοιαν προβαλέσθαι πρὸ τῆς Ἀττικῆς et alibi:
ἐγὼ δὲ οἶμαι μέν, ὦ ἄνδρες Ἀθηναῖοι, νὴ τοὺς θεοὺς ἐκεῖνον 15
9 μεθύειν τῷ μεγέθει τῶν πεπραγμένων? Iam quid audentius illo
pulcherrimo ac longissimo excessu: νόσημα γάρ...? Quid haec
breuiora superioribus, sed audacia paria: τότε ἐγὼ μὲν τῷ
Πύθωνι θρασυνομένῳ καὶ πολλῷ ῥέοντι καθ᾽ ἡμῶν? Ex eadem
nota ὅταν δὲ ἐκ πλεονεξίας καὶ πονηρίας ⟨τις⟩ ὥσπερ οὗτος 20

1 Hom. Il. xxi 388; v 356; xiv 394; quae in Graecis suppleuerunt
de suo Catanaeus et Aldus, omisimus   2 ΗΕΡΙ M: ΠΕΡΙ γ
ΘΑΛΑΣΣΗΣ ΚΥΜΑ ΤΟΣΣΟΝ ΒΟΑ M: ΚΥΜΑΤΟΣ ΟΜΒΡΟΝ
γ   3 et libra Mθ (libra inquid M), om. γ   4 sint
Mθ: sunt γ   caelestia γ: et cael. Ma   me his Ma: mei γ (unde me
ei θ)   6 hoc γ: ita M   nec ... refringendos γ, om. M
8 at γ: alia M   11 cohibet γ: -bebit M   et conprimit Mθ:
cumprimum γ   12 ΜΙΑΡΟΙ ΚΟΛΑ ΚΑΙ ΑΛΑΣΤΟΡ M: ΚΑΙ
ΠΟΛΕΙΣ γ; Demosth. de Corona 296   ΟΥ ΛΙΘΟΙΣ ... ΕΓΩ
(om. ΠΟΛΙΝ) M: ΕΤΕΙΧΙΣΑΤΕ ΤΗΝ ΠΟΛΙΝ ΟΥΔ᾽ΕΝ ΛΙΘΟΙΣ
ΕΓΩ γ; ibid. 299   13 ΟΥΚ ΕΚ ΜΕΝ ΘΑΛΑΤ M: ΟΥ ΚΕ-
ΚΤΗΜΕΘΑ γ; ibid. 301   15 ΔΕ ΟΙΜΑΙ ΜΕΝ M (qui cum his uerbis
desinit): ΜΕΝ uel ΩΙΜΗΝ γ; Demosth. I Phil. 49   17 ac
longissimo a, om. γ   id. de Falsa legatione 259   18 ΜΕΝ ΤΩ
ΠΥΘΩΝΙ a: ΤΩ ΠΥ γ; id. de Cor. 136   19 ΚΑΘ ΗΜΩΝ a:
ΟΚΑ ΕΥ ΛΑΛΕΙΝ γ   20 ΤΙΣ om. γa; id. II Olynth. 9

ἰσχύσῃ, ἡ πρώτη πρόφασις καὶ μικρὸν πταῖσμα ἅπαντα ἀνεχαί-
τισε καὶ διέλυσε. Simile his ἀπεσχοινισμένος ἅπασι τοῖς ἐν τῇ
πόλει δικαίοις et ibidem σὺ τὸν εἰς ταῦτα ἔλεον προὔδωκας,
Ἀριστόγειτον, μᾶλλον δ' ἀνήρηκας ὅλως. μὴ δή, πρὸς οὓς αὐτὸς
5 ἔχωσας λιμένας καὶ προβόλων ἐνέπλησας, πρὸς τούτους ὁρμίζου.
Et dixerat: τούτῳ δ' οὐδένα ὁρῶ τῶν τόπων τούτων βάσιμον
ὄντα, ἀλλὰ πάντα ἀπόκρημνα, φάραγγας, βάραθρα. Et deinceps:
δέδοικα, μὴ δόξητέ τισι τὸν ἀεὶ βουλόμενον εἶναι πονηρὸν τῶν
ἐν τῇ πόλει παιδοτριβεῖν, nec satis: οὐδὲ γὰρ τοὺς προγόνους
10 ὑπολαμβάνω τὰ δικαστήρια ταῦτα ὑμῖν οἰκοδομῆσαι, ἵνα τοὺς
τοιούτους ἐν αὐτοῖς μοσχεύητε, ad hoc: εἰ δὲ κάπηλός ἐστι
πονηρίας καὶ παλιγκάπηλος καὶ μεταβολεύς et mille talia, ut
praeteream quae ab Aeschine θαύματα, non ῥήματα uocantur.

In contrarium incidi: dices hunc quoque ob ista culpari. 10
15 Sed uide, quanto maior sit, qui reprehenditur, ipso reprehen-
dente et maior ob haec quoque; in aliis enim uis, in his
granditas eius elucet. Num autem Aeschines ipse eis, quae 11
in Demosthene carpebat, abstinuit? ⟨Χρὴ γάρ, ὦ ἄνδρες
Ἀθηναῖοι, τὸ αὐτὸ⟩ φθέγγεσθαι τὸν ῥήτορα καὶ τὸν νόμον· ὅταν
20 δὲ ἑτέραν μὲν φωνὴν ἀφιῇ ὁ νόμος, ἑτέραν δὲ ὁ ῥήτωρ . . . .
Alio loco: ἔπειτα ἀναφαίνεται περὶ πάντων ἐν τῷ ψηφίσματι.

2 id. I in Aristog. 28   3 ΕΛΕΟΝ a: ΕΛΑΙΟΝ γ; ibid. 84
4 ΜΑΛΛΟΝ . . . ΟΛΩC a: ΜΟΝΛΕΛΗΑΜΠΡΕCΟC uel aliquid
eiusmodi γ   ΜΗ ΔΗ a: ΜΗΔΕ γ   5 ΠΡΟCΒΟΛΩΝ
ΕΝΕΠΛΗCΑC a: ΠΡΟΒΑΛΙΜΝΗΝ ΕΠΛΗCΑC γ   ΤΟΥ-
ΤΟΥC ΟΡΜΙΖΟΥ a: ΤΟΙC ΟΡΜΙΖΟΥCΙ γ   6 ΤΟΥΤΩ a:
ΤΟΥ γ; ibid. 76   8 ΤΟΝ ΑΕΙ . . . ΠΟΝΗΡΟΝ a: ΤΩΝΔΕ . . .
ΠΟΝΗΡΩΝ γ; ibid. 7   10 ΥΠΟΛΑΜΒΑΝΩ a: ΥΜΩΝ
ΛΑΜΒΑΝΩ γ; ibid. 48   11 ΜΟCΧΕΥΗΤΕ a: ΜΟΙΧΕΥΕCΘΑΙ
γ   ad hoc] adhuc γa   ibid. 46   13 ΘΑΥΜΑΤΑ non a:
ΘΑΥΜΑΤΟΠΟΙΩΝ (uel -ΠΟΙΑ) γ; Aesch. in Ctes. 167   14 dices a:
dicens γ   culpari R. Agricola a: -aris γ   16 hoc quoque a:
haec γ   18 ΧΡΗ . . . ΑΥΤΟ Catanaeus a, om. γ; ibid. 16
21 ΕΠΕΙΤΑ Catanaeus a: est ita γ; ibid. 101   ΨΗΦΙCΜΑΤΙ Cat. a:
ΦΩΤΙ γ

Iterum alio: ἀλλ' ἐγκαθήμενοι καὶ ἐνεδρεύοντες ἐν τῇ ἀκροάσει
12 εἰσελαύνετε αὐτὸν εἰς τοὺς παρανόμους λόγους. Quod adeo
probauit, ut repetat: ἀλλ' ὥσπερ ἐν ταῖς ἱπποδρομίαις εἰς τὸν
τοῦ πράγματος αὐτὸν δρόμον εἰσελαύνετε. Iam illa custoditius
pressiusque: σὺ δὲ ἑλκοποιεῖς, ⟨καὶ μᾶλλόν σοι μέλει τῶν 5
αὐθημέρων λόγων ἢ τῆς σωτηρίας τῆς πόλεως, altius illa: οὐκ
ἀποπέμψεσθε τὸν ἄνθρωπον ὡς κοινὴν τῶν Ἑλλήνων συμφορὰν;
ἢ συλλαβόντες ὡς⟩ λῃστὴν τῶν πραγμάτων ⟨ἐπ' ὀνομάτων⟩ διὰ
13 τῆς πολιτείας πλέοντα ⟨τιμωρήσεσθε⟩; Exspecto, ut quaedam
ex hac epistula ut illud 'gubernacula gemunt' et 'dis maris 10
proximus' isdem notis quibus ea, de quibus scribo, confodias; intellego enim me, dum ueniam prioribus peto, in
illa ipsa quae adnotaueras incidisse. Sed confodias licet, dum
modo iam nunc destines diem, quo et de illis et de his coram
exigere possimus. Aut enim tu me timidum aut ego te 15
temerarium faciam. Vale.

XXVII

C. PLINIVS PATERNO SVO S.

1   Quanta potestas, quanta dignitas, quanta maiestas, quantum denique numen sit historiae, cum frequenter alias tum 20
proxime sensi. Recitauerat quidam uerissimum librum, par-
2 temque eius in alium diem reseruauerat. Ecce amici cuiusdam
orantes obsecrantesque, ne reliqua recitaret. Tantus audiendi

1 ΑΛΛ' ΕΓΚΑΘΗΜΕΝΟΙ Cat. a: ΑΛΛΑ ΚΑΘΗΜΕΝΟΙ γ; ibid.
206   ΑΚΡΟΑCΕΙ γ: ΕΚΚΛΗCΙΑΙ Cat. a   2 ΠΑΡΑΝΟ-
ΜΟΥC γ: ΤΟΥ ΠΑΡΑΝΟΜΟΥ Cat. a   4 ΑΥΤΟΝ ΔΡΟΜΟΝ
ΕΙCΕΛΑΥΝΕΤΕ Cat. a: ΑΥΤΟΥ ΔΡΟΜΕΝΟΙC ΑΔΥΝΑΤΑ γ; id.
in Timarch. 176   custoditius a: commodius γ   5 ΚΑΙ ΜΑΛΛΟΝ
. . . CΥΛΛΑΒΟΝΤΕC ΩC Cat. a, om. γ; id. in Ctes. 208 et 253
8 ΕΠ ΟΝΟΜΑΤΩΝ om. Cat. a et γ   ΔΙΑ ΤΗC ΠΟΛΙΤΕΙΑC
Cat. a: et alia ΤΗC ΠΟΝΤΙΑC γ   9 ΤΙΜΩΡΗCΑCΘΕ Cat. a
(om. γ); deinde habent et alia, quod uerbi ΔΙΑ in textu uulgato male lecti
uestigium esse suspicor   23 orantes obsecrantesque θ: -tis -tisque γ

quae fecerint pudor, quibus nullus faciendi quae audire eru-
bescunt. Ft ille quidem praestitit quod rogabatur (sinebat
fides); liber tamen ut factum ipsum manet manebit legetur-
que semper, tanto magis quia non statim. Incitantur enim
5 homines ad noscenda quae differuntur. Vale.

XXVIII

C. PLINIVS ROMANO SVO S.

Post longum tempus epistulas tuas, sed tres pariter recepi, **1**
omnes elegantissimas amantissimas, et quales a te uenire
10 praesertim desideratas oportebat. Quarum una iniungis mihi
iucundissimum ministerium, ut ad Plotinam sanctissimam
feminam litterae tuae perferantur: perferentur. Eadem com- **2**
mendas Popilium Artemisium: statim praestiti quod petebat.
Indicas etiam modicas te uindemias collegisse: communis
15 haec mihi tecum, quamquam in diuersissima parte terrarum,
querela est. Altera epistula nuntias multa te nunc dictare **3**
nunc scribere, quibus nos tibi repraesentes. Gratias ago;
agerem magis si me illa ipsa, quae scribis aut dictas, legere
uoluisses. Et erat aequum ut te mea ita me tua scripta co-
20 gnoscere, etiamsi ad alium quam ad me pertinerent. Polli- **4**
ceris in fine, cum certius de uitae nostrae ordinatione aliquid
audieris, futurum te fugitiuum rei familiaris statimque ad
nos euolaturum, qui iam tibi compedes nectimus, quas perfringere nullo modo possis. Tertia epistula continebat esse **5**

---

3 manebit γ: -bitque a   4 incitantur θ: citantur γ   5 gno-
scenda γ: cognoscenda *Itali* (θ?): agnoscenda a   8 sed tres a: tres *uel*
et res γ   11 ut θ, *om.* γ   12 litterae tuae θ, *om.* γ   perferentur
a, *om.* γ   13 Popilium a: pupillum γ   15 diuersissima
parte θ: -mam partem γ   17 tibi a, *om.* γ   18 dictas θ:
dicta γ   19 uoluisses a: potuisses γ   et θ: sed γ   21 fine γ:
finem a   cum θ: cur γ   certius a: certi γ   23 perfringere
a: effringere γ

tibi redditam orationem pro Clario eamque uisam uberiorem,
quam dicente me audiente te fuerit. Est uberior; multa enim
postea inserui. Adicis alias te litteras curiosius scriptas misisse;
an acceperim quaeris. Non accepi et accipere gestio. Proinde
prima quaque occasione mitte adpositis quidem usuris, quas 5
ego (num parcius possum?) centesimas computabo. Vale.

XXIX

C. PLINIVS RVSTICO SVO S.

1   Vt satius unum aliquid insigniter facere quam plura mediocriter, ita plurima mediocriter, si non possis unum aliquid 10
insigniter. Quod intuens ego uariis me studiorum generibus
2 nulli satis confisus experior. Proinde, cum hoc uel illud leges,
ita singulis ueniam ut non singulis dabis. An ceteris artibus
excusatio in numero, litteris durior lex, in quibus difficilior
effectus est? Quid autem ego de uenia quasi ingratus? Nam 15
si ea facilitate proxima acceperis qua priora, laus potius
speranda quam uenia obsecranda est. Mihi tamen uenia
sufficit. Vale.

XXX

C. PLINIVS GEMINO SVO S.   20

1   Laudas mihi et frequenter praesens et nunc per epistulas
Nonium tuum, quod sit liberalis in quosdam: et ipse laudo,

---

1 pro Clario *Iun. Maius et a*: proclamo γ (*unde* pro c. lamo, pro
clanio, pro c. lanio *Itali*)   eamque uisam θ: quis eam γ   2 dicente me θ: dicentem γ   enim *a*: est enim (*ut uidetur*) γ (*unde* etenim θ)
4 accepi et *a*: accepi eas *uel* accipies γ   6 num *a*: nunc γ: non θ
possum *Laetus a*: possim γ   centesima (-mas *Catanaeus*) computabo θ:
centesimam putabo γ   9 satius γ: satius est θ   facere quam plurima
θ: quam facerem plura γ   10 ita plurima mediocriter θ, *om.* γ
12 leges γ: legis *a*   13 ueniam θ: ita γ   16 proxima γ: haec
proxima *a*   20 Gemino γ*a*: Geminio *Itali*   22 Nonium θ:
nosum *uel* non sum γ   in quosdam ... liberalis θ, *om.* γ

si tamen non in hos solos. Volo enim cum, qui sit uere liberalis, tribuere patriae propinquis, adfinibus amicis, sed amicis dico pauperibus, non ut isti qui iis potissimum donant, qui donare maxime possunt. Hos ego uiscatis hamatisque **2** 5 muneribus non sua promere puto sed aliena corripere. Sunt ingenio simili qui quod huic donant auferunt illi, famamque liberalitatis auaritia petunt. Primum est autem suo esse con- **3** tentum, deinde, quos praecipue scias indigere, sustentantem fouentemque orbe quodam socialitatis ambire. Quae cuncta 10 si facit iste, usquequaque laudandus est; si unum aliquid, minus quidem, laudandus tamen: tam rarum est etiam imper- **4** fectae liberalitatis exemplar. Ea inuasit homines habendi cupido, ut possideri magis quam possidere uideantur. Vale.

XXXI

15   C. PLINIVS SARDO SVO S.

Postquam a te recessi, non minus tecum, quam cum ad te **1** fui. Legi enim librum tuum identidem repetens ea maxime (non enim mentiar), quae de me scripsisti, in quibus quidem percopiosus fuisti. Quam multa, quam uaria, quam non 20 eadem de eodem nec tamen diuersa dixisti! Laudem pariter **2** et gratias agam? Neutrum satis possum et, si possem, timerem ne adrogans esset ob ea laudare, ob quae gratias agerem. Vnum illud addam, omnia mihi tanto laudabiliora uisa quanto iucundiora, tanto iucundiora quanto laudabiliora 25 erant. Vale.

1 hos θ: nos *a*   3 amicis θ(*q*): tamen iis (*uel* his) γ   isti θ: istis γ   iis θ: is γ   potissimum ... donare θ, *om.* γ   5 promere puto θ: pro me reputo γ   6 ingenio θ: ingenii γ   8 susten- tantem θ: sustentatus γ   9 socialitatis γ: societatis *a*   11 rarum *a*: parum γ (*unde* paruum θ; rara sunt ... exempla *scripserat R. Agricola*) 12 ea θ: ex γ   16 ad γ: apud θ   19 uaria θ: uarie γ   20 nec θ: iugo γ   22 laudare *a*: l. tibi γ: l. te θ   agerem θ: agere γ

XXXII

C. PLINIVS TITIANO SVO S.

Quid agis, quid acturus es? Ipse uitam iucundissimam (id
est, otiosissimam) uiuo. Quo fit, ut scribere longiores epistulas
nolim, uelim legere, illud tamquam delicatus, hoc tamquam 5
otiosus. Nihil est enim aut pigrius delicatis aut curiosius
otiosis. Vale.

XXXIII

C. PLINIVS CANINIO SVO S.

1 Incidi in materiam ueram sed simillimam fictae, dignam- 10
que isto laetissimo altissimo planeque poetico ingenio; incidi
autem, dum super cenam uaria miracula hinc inde referuntur.
Magna auctori fides: tametsi quid poetae cum fide? Is tamen
2 auctor, cui bene uel historiam scripturus credidisses. Est in
Africa Hipponensis colonia mari proxima. Adiacet nauigabile 15
stagnum; ex hoc in modum fluminis aestuarium emergit, quod
uice alterna, prout aestus aut repressit aut impulit, nunc
3 infertur mari, nunc redditur stagno. Omnis hic aetas piscandi
nauigandi atque etiam natandi studio tenetur, maxime pueri,
quos otium lususque sollicitat. His gloria et uirtus altissime 20
prouehi: uictor ille, qui longissime ut litus ita simul natantes
4 reliquit. Hoc certamine puer quidam audentior ceteris in
ulteriora tendebat. Delphinus occurrit, et nunc praecedere
puerum nunc sequi nunc circumire, postremo subire deponere
iterum subire, trepidantemque perferre primum in altum, 25

---

3 acturus es ipse θ: agituribus se (*ut uidetur*) γ   4 uiuo θ,
om. γ   5 uelim θ, *om.* γ   11 isto laetissimo *a*: stolatissimo γ: isto θ
13 auctori γ: autoris *a*   tametsi quid poetae θ: tamen si quid poeta γ
14 scripturus θ: -rum γ   15 adiacet γ: adiacet ei *a*   16 ex hoc γ:
quod *a*   emergit θ: demergit γ   18 aetas *a*: (a)estus γ
20 lususque γ: ludusque *a*   sollicitat γ: solicitant θ(q) *a*   21 natantes reliquit γ: nanteis relinquit *a*   23 occurrit *a*: incurrit γ

mox flectit ad litus, redditque terrae et aequalibus. Serpit per 5
coloniam fama; concurrere omnes, ipsum puerum tamquam
miraculum adspicere, interrogare audire narrare. Postero die
obsident litus, prospectant mare et si quid est mari simile.
5 Natant pueri, inter hos ille, sed cautius. Delphinus rursus ad
tempus, rursus ad puerum. Fugit ille cum ceteris. Delphinus,
quasi inuitet et reuocet, exsilit mergitur, uariosque orbes
implicat expeditque. Hoc altero die, hoc tertio, hoc pluribus, 6
donec homines innutritos mari subiret timendi pudor. Acce-
10 dunt et adludunt et adpellant, tangunt etiam pertrectantque
praebentem. Crescit audacia experimento. Maxime puer,
qui primus expertus est, adnatat nanti, insilit tergo, fertur
referturque, agnosci se amari putat, amat ipse; neuter timet,
neuter timetur; huius fiducia, mansuetudo illius augetur.
15 Nec non alii pueri dextra laeuaque simul eunt hortantes 7
monentesque. Ibat una (id quoque mirum) delphinus alius,
tantum spectator et comes. Nihil enim simile aut faciebat
aut patiebatur, sed alterum illum ducebat reducebat, ut
puerum ceteri pueri. Incredibile, tam uerum tamen quam 8
20 priora, delphinum gestatorem collusoremque puerorum in
terram quoque extrahi solitum, harenisque siccatum, ubi in-
caluisset in mare reuolui. Constat Octauium Auitum, legatum 9
proconsulis, in litus educto religione praua superfudisse un-
guentum, cuius illum nouitatem odoremque in altum refu-
25 gisse, nec nisi post multos dies uisum languidum et maestum,
mox redditis uiribus priorem lasciuiam et solita ministeria

6 puerum *a*: puerum fugit uenit puer γ   delphinus θ: -nis γ   7 et
γ, *om. a*   exilit θ: exiliunt γ   8 implicat γ: implicitat
a   11 audacia *a*: audacia et γ   12 adnatat nanti *a*: adnatanti γ
insilit *R. Agricola et a*: insiliit γ   tergo θ: ergo γ   13 agnosci
θ: -scit γ   amari putat amat ipse θ: ex mari putata meatis se γ
timet neuter θ, *om.* γ   15 alii θ: aut γ   16 ibat una θ: ita
tima (*ut uidetur*) γ   18 reducebat *a*: -batque γ   22 in θ: iam γ
auitum θ: (h)abitum γ   23 proconsulis θ: procos (*ut uidetur*) γ
26 solita ministeria θ: solitam uississe seria *uel aliquid eiusmodi* γ

10 repetisse. Confluebant omnes ad spectaculum magistratus,
quorum aduentu et mora modica res publica nouis sumptibus
atterebatur. Postremo locus ipse quietem suam secretumque
11 perdebat: placuit occulte interfici, ad quod coibatur. Haec
tu qua miseratione, qua copia deflebis ornabis attolles! Quam- 5
quam non est opus adfingas aliquid aut adstruas; sufficit ne
ea quae sunt uera minuantur. Vale.

XXXIV

C. PLINIVS TRANQVILLO SVO S.

1   Explica aestum meum: audio me male legere, dumtaxat 10
uersus; rationes enim commode, sed tanto minus uersus.
Cogito ergo recitaturus familiaribus amicis experiri libertum
meum. Hoc quoque familiare, quod elegi non bene sed
2 melius (scio) lecturum, si tamen non fuerit perturbatus. Est
enim tam nouus lector quam ego poeta. Ipse nescio, quid illo 15
legente interim faciam, sedeam defixus et mutus et similis
otioso an, ut quidam, quae pronuntiabit, murmure oculis
manu prosequar. Sed puto me non minus male saltare quam
legere. Iterum dicam, explica aestum meum uereque rescribe,
num sit melius pessime legere quam ista uel non facere uel 20
facere. Vale.

XXXV

C. PLINIVS †ATRIO† SVO S.

1   Librum, quem misisti, recepi et gratias ago. Sum tamen
hoc tempore occupatissimus. Ideo nondum eum legi, cum 25

1 omnes ad spect. γ: ad spect. omnes a   2 nouis sumptibus R.
Agricola: sumptibus θ: nouissimum partibus γ   4 occulte γ: secrete a
6 adstruas γ: struas a   11 commode sed a: commodis et γ   13 sed
θ: sit γ   14 scio θ, om. γ   16 et (prius) a, om. γ   23 Atrio an
Appio γ, incertum (silet florilegium): Oppio a: 'fortasse Attio' Keil, Satrio
Stangl   24 recepi θ, om. γ

alioqui ualdissime cupiam. Sed eam reuerentiam cum litteris
ipsis tum scriptis tuis debeo, ut sumere illa nisi uacuo animo
inreligiosum putem. Diligentiam tuam in retractandis operi- **2**
bus ualde probo. Est tamen aliquis modus, primum quod
5 nimia cura deterit magis quam emendat, deinde quod nos a
recentioribus reuocat simulque nec absoluit priora et inco-
hare posteriora non patitur. Vale.

XXXVI

C. PLINIVS FVSCO SVO S.

10   Quaeris, quemadmodum in Tuscis diem aestate disponam. **1**
Euigilo cum libuit, plerumque circa horam primam, saepe
ante, tardius raro. Clausae fenestrae manent; mire enim
silentio et tenebris ab iis quae auocant abductus et liber et mihi
relictus, non oculos animo sed animum oculis sequor, qui
15 eadem quae mens uident, quotiens non uident alia. Cogito si **2**
quid in manibus, cogito ad uerbum scribenti emendantique
similis, nunc pauciora nunc plura, ut uel difficile uel facile
componi teneriue potuerunt. Notarium uoco et die admisso
quae formaueram dicto; abit rursusque reuocatur rursusque
20 dimittitur. Vbi hora quarta uel quinta (neque enim certum **3**
dimensumque tempus), ut dies suasit, in xystum me uel
cryptoporticum confero, reliqua meditor et dicto. Vehicu-
lum ascendo. Ibi quoque idem quod ambulans aut iacens;
durat intentio mutatione ipsa refecta. Paulum redormio, dein
25 ambulo, mox orationem Graecam Latinamue clare et intente
non tam uocis causa quam stomachi lego; pariter tamen et

---

1 alioqui *θ*: aliquid *γ*   ualid- *γa* (*cf.* i 20. 22)   **2** tum *θ, om.* *γ*
5 a *θ, om.* *γ*   **13** silentio et tenebris *θ*: cum silentium et tenebre *γ*
abductus *θ*: abductis *γ*   **14** sequor *θ*: sequar *γ*   **17** pauciora
nunc *θ, om.* *γ*   **18** die *θ*: diem *γ*   **19** dicto abit rursusque *a, om.* *γ*
20 dimittitur *γ*: remit- *a*   **22** cryptoporticum *θ*: -icus *γ*   reliqua
meditor et dicto *θ*: reliquam medetur edicto *γ*   **24** dein *a*: deinde *γ*
26 lego . . . firmatur *a*: lego *θ, om* *γ*

4 illa firmatur. Iterum ambulo ungor exerceor lauor. Cenanti
mihi, si cum uxore uel paucis, liber legitur; post cenam
comoedia aut lyristes; mox cum meis ambulo, quorum in
numero sunt eruditi. Ita uariis sermonibus uespera extendi-
5 tur, et quamquam longissimus dies bene conditur. Non num- 5
quam ex hoc ordine aliqua mutantur; nam, si diu·iacui uel
ambulaui, post somnum demum lectionemque non uehiculo
sed, quod breuius quia uelocius, equo gestor. Interueniunt
amici ex proximis oppidis, partemque diei ad se trahunt
interdumque lasso mihi opportuna interpellatione subueni- 10
6 unt. Venor aliquando, sed non sine pugillaribus, ut quamuis
nihil ceperim non nihil referam. Datur et colonis, ut
uidetur ipsis, non satis temporis, quorum mihi agrestes
querelae litteras nostras et haec urbana opera commendant.
Vale.   15

XXXVII

C. PLINIVS PAVLINO SVO S.

1   Nec tuae naturae est translaticia haec et quasi publica
officia a familiaribus amicis contra ipsorum commodum
exigere, et ego te constantius amo quam ut uerear, ne aliter 20
ac uelim accipias, nisi te kalendis statim consulem uidero,
praesertim cum me necessitas locandorum praediorum plures
annos ordinatura detineat, in qua mihi noua consilia sumenda
2 sunt. Nam priore lustro, quamquam post magnas remissiones,
reliqua creuerunt: inde plerisque nulla iam cura minuendi 25
aeris alieni, quod desperant posse persolui; rapiunt etiam

---

1 ungor θ: urgeor γ   2 si γ: sic a   3 comoedia θ: -diam γ:
-dus R. Agricola   in numero θ: numero a: in numerum γ   4 ita
θ, om. γ   5 bene γ: cito θ   non θ, om. γ   6 iacui θ: tacui γa
8 quia a: quod γ   10 lasso γ: lassato a   18 translaticia θ: -tiua γ
19 a R. Agricola a, om. γ   21 nisi te θ: ni me γ   22 locandorum a:
tuscianorum γ (-canorum θ)   23 mihi γ, om. a   24 lustro θ: iusto γ
25 plerisque Iun. Maius et a: plerique γ   26 quod θ: quid γ

consumuntque quod natum est, ut qui iam putent se non
sibi parcere. Occurrendum ergo augescentibus uitiis et 3
medendum est. Medendi una ratio, si non nummo sed partibus locem ac deinde ex meis aliquos operis exactores, custodes
5 fructibus ponam. Et alioqui nullum iustius genus reditus,
quam quod terra caelum annus refert. At hoc magnam 4
fidem acres oculos numerosas manus poscit. Experiundum
tamen et quasi in ueteri morbo quaelibet mutationis auxilia
temptanda sunt. Vides, quam non delicata me causa obire 5
10 primum consulatus tui diem non sinat; quem tamen hic quoque ut praesens uotis gaudio gratulatione celebrabo. Vale.

XXXVIII

C. PLINIVS SATVRNINO SVO S.

Ego uero Rufum nostrum laudo, non quia tu ut ita facerem
15 petisti sed quia est ille dignissimus. Legi enim librum
omnibus numeris absolutum, cui multum apud me gratiae
amor ipsius adiecit. Iudicaui tamen; neque enim soli iudicant
qui maligne legunt. Vale.

XXXIX

C. PLINIVS MVSTIO SVO S.
20

Haruspicum monitu reficienda est mihi aedes Cereris in 1
praediis in melius et in maius, uetus sane et angusta, cum sit
alioqui stato die frequentissima. Nam idibus Septembribus 2
magnus e regione tota coit populus, multae res aguntur,
25 multa uota suscipiuntur, multa redduntur; sed nullum in

---

1 natum θ: natura γ   putent θ(f)a: putant γ   2 parcere a:
placere γ   occurrendum θ: occurrere dum γ   3 est a: est et γ
4 locem θ: locum γ   operis ex. γ: ex. operi a   5 iustius θ: istius
γ   6 at Catanaeus: ad γa   10 non θ: nomen γ   14 nostrum
θ, om. γ   21 monitu θ, om. γ   22 et (prius) θ, om. γ   23 alioqui
stato θ: aliquid cum statio γ

3 proximo suffugium aut imbris aut solis. Videor ergo munifice
simul religioseque facturus, si aedem quam pulcherrimam ex-
struxero, addidero porticus aedi, illam ad usum deae has ad
4 hominum. Velim ergo emas quattuor marmoreas columnas,
cuius tibi uidebitur generis, emas marmora quibus solum, 5
quibus parietes excolantur. Erit etiam faciendum ipsius
deae signum, quia antiquum illud e ligno quibusdam sui par-
5 tibus uetustate truncatum est. Quantum ad porticus, nihil
interim occurrit, quod uideatur istinc esse repetendum,
nisi tamen ut formam secundum rationem loci scribas. 10
Neque enim possunt circumdari templo: nam solum templi
6 hinc flumine et abruptissimis ripis, hinc uia cingitur. Est ultra
uiam latissimum pratum, in quo satis apte contra templum
ipsum porticus explicabuntur; nisi quid tu melius inuenies,
qui soles locorum difficultates arte superare. Vale.   15

XL

C. PLINIVS FVSCO SVO S.

1   Scribis pergratas tibi fuisse litteras meas, quibus cognouisti
quemadmodum in Tuscis otium aestatis exigerem; requiris
2 quid ex hoc in Laurentino hieme permutem. Nihil, nisi quod 20
meridianus somnus eximitur multumque de nocte uel ante
uel post diem sumitur, et, si agendi necessitas instat, quae
frequens hieme, non iam comoedo uel lyristae post cenam
locus, sed illa, quae dictaui, identidem retractantur, ac simul
3 memoriae frequenti emendatione proficitur. Habes aestate 25

---

2 aedem *a*: eandem *γ*   6 faciendum *γ*: uel faciendum uel emendum
a (*cf. p. xix, adn.*)   7 sui part. uet. *Iun. Maius et a*: uet. sui part. *γ*
11 possunt circumdari *a*: possum circumdare *γ*   14 ipsum . . . melius
θ, om. γ   inuenies *γ*: inueneris *a*   20 permutem *θ*: -tet *γ*
24 dictaui *θ*: dicta ut *γ*

hieme consuetudinem; addas huc licet uer et autumnum,
quae inter hiemem aestatemque media, ut nihil de die perdunt, de nocte paruolum adquirunt. Vale.

1 addas *R. Agricola*: non addas *ya*   uer et autumnum quae *R. Agricola*: uere (*om. a*) tantum numquae *ya*   2 aestatemque media
R. Agricola: statim (*om. a*) aestatemque mediam *ya*

LIBER DECIMVS

AD TRAIANVM IMPERATOREM

CVM EIVSDEM RESPONSIS

I

C. PLINIVS TRAIANO IMPERATORI 5

1 Tva quidem pietas, imperator sanctissime, optauerat, ut quam tardissime succederes patri; sed di immortales festinauerunt uirtutes tuas ad gubernacula rei publicae quam **2** susceperas admouere. Precor ergo ut tibi et per te generi humano prospera omnia, id est digna saeculo tuo contingant. 10 Fortem te et hilarem, imperator optime, et priuatim et publice opto.

II

C. PLINIVS TRAIANO IMPERATORI

1 Exprimere, domine, uerbis non possum, quantum mihi 15 gaudium attuleris, quod me dignum putasti iure trium liberorum. Quamuis enim Iuli Seruiani, optimi uiri tuique amantissimi, precibus indulseris, tamen etiam ex rescripto intellego libentius hoc ei te praestitisse, quia pro me rogabat. **2** Videor ergo summam uoti mei consecutus, cum inter initia 20 felicissimi principatus tui probaueris me ad peculiarem indulgentiam tuam pertinere; eoque magis liberos concupisco, quos habere etiam illo tristissimo saeculo uolui, sicut potes **3** duobus matrimoniis meis credere. Sed di melius, qui omnia integra bonitati tuae reseruarunt; malui hoc potius tempore 25 me patrem fieri, quo futurus essem et securus et felix.

25 malui *a* (*deest adhuc I*): maluere *Ernesti*: -erunt *Keil*

III A

C. PLINIVS TRAIANO IMPERATORI

Vt primum me, domine, indulgentia uestra promouit ad **1**
praefecturam aerarii Saturni, omnibus aduocationibus, qui-
5 bus alioqui numquam eram promiscue functus, renuntiaui, ut
toto animo delegato mihi officio uacarem. Qua ex causa, cum **2**
patronum me prouinciales optassent contra Marium Priscum,
et petii ueniam huius muneris et impetraui. Sed cum postea
consul designatus censuisset agendum nobiscum, quorum
10 erat excusatio recepta, ut essemus in senatus potestate
pateremurque nomina nostra in urnam conici, conuenientissimum esse tranquillitati saeculi tui putaui praesertim tam
moderatae uoluntati amplissimi ordinis non repugnare. Cui **3**
obsequio meo opto ut existimes constare rationem, cum
15 omnia facta dictaque mea probare sanctissimis moribus tuis
cupiam.

III B

TRAIANVS PLINIO

Et ciuis et senatoris boni partibus functus es obsequium
20 amplissimi ordinis, quod iustissime exigebat, praestando.
Quas partes impleturum te secundum susceptam fidem
confido.

IV

C. PLINIVS TRAIANO IMPERATORI

25 Indulgentia tua, imperator optime, quam plenissimam **1**
experior, hortatur me, ut audeam tibi etiam pro amicis
obligari; inter quos sibi uel praecipuum locum uindicat
Voconius Romanus, ab ineunte aetate condiscipulus et contubernalis. Quibus ex causis et a diuo patre tuo petieram, ut **2**

---

9 censuisset agendum *Gruter*: -ses tacendum *a*   12 tranquillitati *a*²:
-tate *a*   28 contubernalis *I*: cont. meus *a*

illum in amplissimum ordinem promoueret. Sed hoc uotum
meum bonitati tuae reseruatum est, quia mater Romani
liberalitatem sestertii quadragies, quod conferre se filio
codicillis ad patrem tuum scriptis professa fuerat, nondum
satis legitime peregerat; quod postea fecit admonita a nobis. 5
3 Nam fundos emancipauit, et cetera quae in emancipatione
4 implenda solent exigi consummauit. Cum sit ergo finitum,
quod spes nostras morabatur, non sine magna fiducia subsigno
apud te fidem pro moribus Romani mei, quos et liberalia
studia exornant et eximia pietas, quae hanc ipsam matris 10
liberalitatem et statim patris hereditatem et adoptionem a
5 uitrico meruit. Auget haec et natalium et paternarum facul-
tatium splendor; quibus singulis multum commendationis
accessurum etiam ex meis precibus indulgentiae tuae credo.
6 Rogo ergo, domine, ut me exoptatissimae mihi gratulationis 15
compotem facias et honestis, ut spero, adfectibus meis
praestes, ut non in me tantum uerum et in amico gloriari
iudiciis tuis possim.

V

C. PLINIVS TRAIANO IMPERATORI   20

1 Proximo anno, domine, grauissima ualetudine usque ad
periculum uitae uexatus iatralipten adsumpsi; cuius sollicitudini et studio tuae tantum indulgentiae beneficio referre
2 gratiam parem possum. Quare rogo des ei ciuitatem Romanam. Est enim peregrinae condicionis manumissus a 25
peregrina. Vocatur ipse Arpocras, patronam habuit Ther-
muthin Theonis, quae iam pridem defuncta est. Item rogo

---

3 quadragiens *I* (*in margine* uel quadragies uel quadringenties) *et
Budaeus in libro de Asse*: quadringenties *a*   6 nam *I*: nam et *a*
9 apud te *a²*: aduerte *I*: adit te *a*   11 patris *I*: patriis *a*   22 solici-
tudini *a²*: -dine *Ia*   26 Arpocras *I*: Harp. *a* (*idem in epp.* 6, 7, 10)
patronam habuit *Cat.²*: matronam habet *Ia*

des ius Quiritium libertis Antoniae Maximillae, ornatissimae feminae, Hediae et Antoniae Harmeridi; quod a te petente patrona peto.

VI

C. PLINIVS TRAIANO IMPERATORI

Ago gratias, domine, quod et ius Quiritium libertis neces- **1** sariae mihi feminae et ciuitatem Romanam Arpocrati, iatraliptae meo, sine mora indulsisti. Sed cum annos eius et censum sicut praeceperas ederem, admonitus sum a peritioribus debuisse me ante ei Alexandrinam ciuitatem impetrare, deinde Romanam, quoniam esset Aegyptius. Ego autem, quia inter **2** Aegyptios ceterosque peregrinos nihil interesse credebam, contentus fueram hoc solum scribere tibi, esse eum a peregrina manumissum patronamque eius iam pridem decessisse. De qua ignorantia mea non queror, per quam stetit ut tibi pro eodem homine saepius obligarer. Rogo itaque, ut beneficio tuo legitime frui possim, tribuas ei et Alexandrinam ciuitatem [et Romanam]. Annos eius et censum, ne quid rursus indulgentiam tuam moraretur, libertis tuis quibus iusseras misi.

VII

TRAIANVS PLINIO

Ciuitatem Alexandrinam secundum institutionem principum non temere dare proposui. Sed cum Arpocrati, iatraliptae tuo, iam ciuitatem Romanam impetraueris, huic quoque petitioni tuae negare non sustineo. Tu, ex quo nomo sit, notum mihi facere debebis, ut epistulam tibi ad Pompeium Plantam praefectum Aegypti amicum meum mittam.

---

1 Quiritium *ai*: -tum *I* (*idem in epp.* 6. 1, 11. 2, 104, 105)   2 Antoniae Harmeridi *Ia*: Agathemeridi *Mommsen*   3 patrona *ia²*: -nam *Ia* 6 necessariae *ai*: -iis *I*   13 esse eum *i*: et si eum *I*: eum scilicet *a* 18 et Romanam *seclusit Bohm*   24 Harpocrati *a*: Arpocrae *I*

VIII

C. PLINIVS TRAIANO IMPERATORI

1 Cum diuus pater tuus, domine, et oratione pulcherrima
et honestissimo exemplo omnes ciues ad munificentiam esset
cohortatus, petii ab eo, ut statuas principum, quas in longin- 5
quis agris per plures successiones traditas mihi quales acceperam custodiebam, permitteret in municipium transferre
2 adiecta sua statua. Quod quidem ille mihi cum plenissimo
testimonio indulserat; ego statim decurionibus scripseram,
ut adsignarent solum in quo templum pecunia mea ex- 10
struerem; illi in honorem operis ipsius electionem loci mihi
3 obtulerant. Sed primum mea, deinde patris tui ualetudine,
postea curis delegati a uobis officii retentus, nunc uideor
commodissime posse in rem praesentem excurrere. Nam et
menstruum meum kalendis Septembribus finitur, et sequens 15
4 mensis complures dies feriatos habet. Rogo ergo ante omnia
permittas mihi opus quod incohaturus sum exornare et tua
statua; deinde, ut hoc facere quam maturissime possim, in-
5 dulgeas commeatum. Non est autem simplicitatis meae
dissimulare apud bonitatem tuam obiter te plurimum col- 20
laturum utilitatibus rei familiaris meae. Agrorum enim, quos
in eadem regione possideo, locatio, cum alioqui cccc excedat,
adeo non potest differri, ut proximam putationem nouus co-
lonus facere debeat. Praeterea continuae sterilitates cogunt
me de remissionibus cogitare; quarum rationem nisi praesens 25
6 inire non possum. Debebo ergo, domine, indulgentiae tuae
et pietatis meae celeritatem et status ordinationem, si mihi
ob utraque haec dederis commeatum xxx dierum. Neque

---

8 quod quidem *Keil*: quodque *Ia*: quod cum *Gruter*: quod *Keil
secundis curis*   11 honorem *Cortius*: honore *Ia*   13 officii *ai*:
-ciis *I*   15 Septembribus *I*: -bris *a*   22 locatio cum *Cat.*²:
locationem *Ia*   26 debebo *Gronouius*: debeo *Ia*   27 pietatis
Gronouius: -tati *Ia*

enim angustius tempus praefinire possum, cum et municipium et agri de quibus loquor sint ultra centesimum et
quinquagesimum lapidem.

IX

5   TRAIANVS PLINIO

   Et multas et omnes publicas causas petendi commeatus
reddidisti; mihi autem uel sola uoluntas tua suffecisset.
Neque enim dubito te, ut primum potueris, ad tam distri-
ctum officium reuersurum. Statuam poni mihi a te eo quo
10 desideras loco, quamquam eius modi honorum parcissimus
tamen patior, ne impedisse cursum erga me pietatis tuae
uidear.

X

                C. PLINIVS TRAIANO IMPERATORI

15   Exprimere, domine, uerbis non possum, quanto me gaudio 1
adfecerint epistulae tuae, ex quibus cognoui te Arpocrati,
iatraliptae meo, et Alexandrinam ciuitatem tribuisse, quamuis secundum institutionem principum non temere eam dare
proposuisses. Esse autem Arpocran νομοῦ Μεμφίτου indico tibi.
20 Rogo ergo, indulgentissime imperator, ut mihi ad Pompeium 2
Plantam praefectum Aegypti amicum tuum, sicut promisisti,
epistulam mittas. Obuiam iturus, quo maturius, domine,
exoptatissimi aduentus tui gaudio frui possim, rogo permittas
mihi quam longissime occurrere tibi.

---

6 et multas et omnes *Ia* (*uix sanum*): priuatas *ante* multas *add. Cat.²*:
ante *ante* omnes *Schnelle*: omnes *seclusit Keil* ('*fortasse* multas et priuatas
et publicas')   9 quo *a²*: quod *Ia*   18 institutionem *a*: -nes *I*
19 esse *a*: ecce *I*   Harpocran *a*: Arpocratem *i* (-ati *I*)   μενφίτου
I: μεμφύτου *a* (νομὸν μεμφιτικόν *Cat.²*)   23 exoptatissimi *Gronouius*:
-ime *Ia*

XI

C. PLINIVS TRAIANO IMPERATORI

1 Proxima infirmitas mea, domine, obligauit me Postumio
Marino medico; cui parem gratiam referre beneficio tuo possum, si precibus meis ex consuetudine bonitatis tuae indul- 5
2 seris. Rogo ergo, ut propinquis eius des ciuitatem, Chrysippo
Mithridatis uxorique Chrysippi, Stratonicae Epigoni, item
liberis eiusdem Chrysippi, Epigono et Mithridati, ita ut sint
in patris potestate utque iis in libertos seruetur ius patro-
norum. Item rogo indulgeas ius Quiritium L. Satrio Aba- 10
scanto et P. Caesio Phosphoro et Panchariae Soteridi; quod
a te uolentibus patronis peto.

XII

C. PLINIVS TRAIANO IMPERATORI

1 Scio, domine, memoriae tuae, quae est bene faciendi 15
tenacissima, preces nostras inhaerere. Quia tamen in hoc quoque indulsisti, admoneo simul et impense rogo, ut Attium
2 Suram praetura exornare digneris, cum locus uacet. Ad quam
spem alioqui quietissimum hortatur et natalium splendor et
summa integritas in paupertate et ante omnia felicitas tem- 20
porum, quae bonam conscientiam ciuium tuorum ad usum
indulgentiae tuae prouocat et attollit.

XIII

C. PLINIVS TRAIANO IMPERATORI

Cum sciam, domine, ad testimonium laudemque morum 25
meorum pertinere tam boni principis iudicio exornari, rogo

8 epigono *ai*: -oni· *I*   11 Panchariae *a*: Panchay ːaẹ ac (*sic!*) *I*:
Anchariae *Mommsen*   17 Attium *I*: Accium *a*

dignitati, ad quam me prouexit indulgentia tua, uel auguratum uel septemuiratum, quia uacant, adicere digneris, ut
iure sacerdotii precari deos pro te publice possim, quos nunc
precor pietate priuata.

XIV

C. PLINIVS TRAIANO IMPERATORI

Victoriae tuae, optime imperator, maximae, pulcherrimae,
antiquissimae et tuo nomine et rei publicae gratulor, deosque
immortales precor, ut omnes cogitationes tuas tam laetus
10 sequatur euentus, cum uirtutibus tantis gloria imperii et
nouetur et augeatur.

XV

C. PLINIVS TRAIANO IMPERATORI

Quia confido, domine, ad curam tuam pertinere, nuntio
15 tibi me ·Ephesum cum omnibus meis ὑπὲρ Μαλέαν nauigasse
quamuis contrariis uentis retentum. Nunc destino partim
orariis nauibus, partim uehiculis prouinciam petere. Nam
sicut itineri graues aestus, ita continuae nauigationi etesiae
reluctantur.

XVI

TRAIANVS PLINIO

Recte renuntiasti, mi Secunde carissime. Pertinet enim ad
animum meum, quali itinere prouinciam peruenias. Pru-
denter autem constituis interim nauibus, interim uehiculis
25 uti, prout loca suaserint.

---

2 uacant *Cat.*[2]: uacat *Ia*   7 maximae *I*: Maxime *a*   10 cum
I: ut *a*   15 ὑπὲρ Μαλέαν *ai*, *om. I*   16 retentum. *H. Stephanus*:
retentus, *Ia*   18 itineri *a*[2]: itinere *Ia*   23 in prouinciam *Cat.*[2]

XVII A
C. PLINIVS TRAIANO IMPERATORI

1 Sicut saluberrimam nauigationem, domine, usque Ephe-
sum expertus ita inde, postquam uehiculis iter facere coepi,
grauissimis aestibus atque etiam febriculis uexatus Pergami 5
2 substiti. Rursus, cum transissem in orarias nauculas, contrariis
uentis retentus aliquanto tardius quam speraueram, id est
xv kal. Octobres, Bithyniam intraui. Non possum tamen de
mora queri, cum mihi contigerit, quod erat auspicatissimum,
3 natalem tuum in prouincia celebrare. Nunc rei publicae 10
Prusensium impendia, reditus, debitores excutio; quod ex
ipso tractatu magis ac magis necessarium intellego. Multae
enim pecuniae uariis ex causis a priuatis detinentur; praeterea
4 quaedam minime legitimis sumptibus erogantur. Haec tibi,
domine, in ipso ingressu meo scripsi.   15

XVII B
C. PLINIVS TRAIANO IMPERATORI

1 Quinto decimo kal. Octob., domine, prouinciam intraui,
quam in eo obsequio, in ea erga te fide, quam de genere
2 humano mereris, inueni. Dispice, domine, an necessarium 20
putes mittere huc mensorem. Videntur enim non mediocres
pecuniae posse reuocari a curatoribus operum, si mensurae
fideliter agantur. Ita certe prospicio ex ratione Prusensium,
quam cum maxime tracto.

XVIII   25
TRAIANVS PLINIO

1 Cuperem sine querela corpusculi tui et tuorum peruenire
in Bithyniam potuisses, ac simile tibi iter ab Epheso ei naui-

---

6 nauculas *scripsi* (*cf.* iii 16. 9): nauiculas *Ia*   11 redditus *Ia*
12 tractatu *I in margine*, tractu *Ia*   13 pecuniae *a, om. I*   23 agantur
I: -untur *a*   24 maxime *I*: Maximo *a*   28 ei *Catanaeus*: et *I*: ut *a*

gationi fuisset, quam expertus usque illo eras. Quo autem die **2**
peruenisses in Bithyniam, cognoui, Secunde carissime, litteris
tuis. Prouinciales, credo, prospectum sibi a me intellegent.
Nam et tu dabis operam, ut manifestum sit illis electum te
5 esse, qui ad eosdem mei loco mittereris. Rationes autem **3**
in primis tibi rerum publicarum excutiendae sunt; nam et
esse eas uexatas satis constat. Mensores uix etiam iis operibus,
quae aut Romae aut in proximo fiunt, sufficientes habeo; sed
in omni prouincia inueniuntur, quibus credi possit, et ideo
10 non deerunt tibi, modo uelis diligenter excutere.

XIX

C. PLINIVS TRAIANO IMPERATORI

Rogo, domine, consilio me regas haesitantem, utrum per **1**
publicos ciuitatium seruos, quod usque adhuc factum, an
15 per milites adseruare custodias debeam. Vereor enim, ne et
per publicos parum fideliter custodiantur, et non exiguum
militum numerum haec cura distringat. Interim publicis **2**
seruis paucos milites addidi. Video tamen periculum esse, ne
id ipsum utrisque neglegentiae causa sit, dum communem
20 culpam hi in illos, illi in hos regerere posse confidant.

XX

TRAIANVS PLINIO

Nihil opus sit, mi Secunde carissime, ad continendas cu- **1**
stodias plures commilitones conuerti. Perseueremus in ea
25 consuetudine, quae isti prouinciae est, ut per publicos seruos
custodiantur. Etenim, ut fideliter hoc faciant, in tua seueri- **2**

---

5 mei *I in margine a*: in *I in contextu*   8 sufficientes *I*: -ter *a*
10 excutere *Ia*: exquirere *I in margine*   14 ciuitatium *a*: -tum *I*
16 per *I*: per seruos *a*   20 hi *a*: ii *I*   regerere *I*: regere *a*
23 sit *Ia*: est *Cat.*²

tate ac diligentia positum est. In primis enim, sicut scribis,
uerendum est, ne, si permisceantur seruis publicis milites,
mutua inter se fiducia neglegentiores sint; sed et illud haereat
nobis, quam paucissimos a signis auocandos esse.

XXI   5

C. PLINIVS TRAIANO IMPERATORI

1 Gauius Bassus praefectus orae Ponticae et reuerentissime
et officiosissime, domine, uenit ad me et compluribus diebus
fuit mecum, quantum perspicere potui, uir egregius et indulgentia tua dignus. Cui ego notum feci praecepisse te ut 10
ex cohortibus, quibus me praeesse uoluisti, contentus esset
2 beneficiariis decem, equitibus duobus, centurione uno. Respondit non sufficere sibi hunc numerum, idque se scripturum
tibi. Hoc in causa fuit, quominus statim reuocandos putarem,
quos habet supra numerum.   15

XXII

TRAIANVS PLINIO

1 Et mihi scripsit Gauius Bassus non sufficere sibi eum militum numerum, qui ut daretur illi, mandatis meis complexus
sum. Cui quae rescripsissem, ut notum haberes, his litteris 20
subici iussi. Multum interest, res poscat an hoc nomine eis
2 uti latius uelit. Nobis autem utilitas demum spectanda est, et,
quantum fieri potest, curandum ne milites a signis absint.

---

4 paucissimos *I*: pauc. milites *a*   7 Gauius *Carrio*: Gabius *Ia*
(*idem epp.* 22 *et* 86A)   19 illi *a*: illis *I*   20 cui quae rescripsissem
Keil (quoi quae rescripserim *iam Gebauer*): quid quaeris scripsisse me *Ia*
21 res *Cat.²*: te *Ia*   hoc nomine eis *Sherwin-White*: hoc munere *Keil*:
homines in se *Ia*   22 uti *Orelli*: ut *Ia*   uelit *I*: uelint *a*

XXIII

C. PLINIVS TRAIANO IMPERATORI

Prusenses, domine, balineum habent; est sordidum et 1
uetus. Itaque magni aestimant nouum fieri; quod uideris
5 mihi desiderio eorum indulgere posse. Erit enim pecunia, ex 2
qua fiat, primum ea quam reuocare a priuatis et exigere iam
coepi; deinde quam ipsi erogare in oleum soliti parati sunt
in opus balinei conferre; quod alioqui et dignitas ciuitatis et
saeculi tui nitor postulat.

10   ## XXIV

TRAIANVS PLINIO

Si instructio noui balinei oneratura uires Prusensium non
est, possumus desiderio eorum indulgere, modo ne quid ideo
aut intribuatur aut minus illis in posterum fiat ad necessarias
15 erogationes.

XXV

C. PLINIVS TRAIANO IMPERATORI

Seruilius Pudens legatus, domine, VIII kal. Decembres
Nicomediam uenit meque longae exspectationis sollicitudine
20 liberauit.

XXVI

C. PLINIVS TRAIANO IMPERATORI

Rosianum Geminum, domine, artissimo uinculo mecum 1
tua in me beneficia iunxerunt; habui enim illum quaestorem

---

3 est *Ia*: et *Cat.*[2]: sed *Kukula*   4 magni *Sherwin-White*: tamen *Ia*
aestimant *Hardy*: -mans *Ia* (-mamus *I nondum correctus*). *Locum ita
refecit a*: ⟨id⟩ itaque ⟨indulgentia tua restituere desyderant, ego⟩ tamen
aestimans nouum fieri ⟨debere,⟩ uideris   5 erit *a*: erat *I*   14 intribuatur *a*[2]: -antur *Ia*   18 Pudens *a*: prudens *I*

in consulatu. Mei sum obseruantissimum expertus; tantam
mihi post consulatum reuerentiam praestat, et publicae
2 necessitudinis pignera priuatis cumulat officiis. Rogo ergo,
ut ipse apud te pro dignitate eius precibus meis faueas. Cui
et, si quid mihi credis, indulgentiam tuam dabis; dabit ipse 5
operam ut in iis, quae ei mandaueris, maiora mereatur. Par-
ciorem me in laudando facit, quod spero tibi et integritatem
eius et probitatem et industriam non solum ex eius honoribus,
quos in urbe sub oculis tuis gessit, uerum etiam ex commilitio
3 esse notissimam. Illud unum, quod propter caritatem eius 10
nondum mihi uideor satis plene fecisse, etiam atque etiam
facio teque, domine, rogo, gaudere me exornata quaestoris
mei dignitate, id est per illum mea, quam maturissime uelis.

XXVII

C. PLINIVS TRAIANO IMPERATORI   15

Maximus libertus et procurator tuus, domine, praeter
decem beneficiarios, quos adsignari a me Gemellino optimo
uiro iussisti, sibi quoque confirmat necessarios esse milites
sex. Hos interim, sicut inueneram, in ministerio eius re-
linquendos existimaui, praesertim cum ad frumentum com- 20
parandum iret in Paphlagoniam. Quin etiam tutelae causa,
quia ita desiderabat, addidi duos equites. In futurum, quid
seruari uelis, rogo rescribas.

XXVIII

TRAIANVS PLINIO   25

Nunc quidem proficiscentem ad comparationem frumen-
torum Maximum libertum meum recte militibus instruxisti.

---

1 sum *Gronouius*: summe *Ia*   5 dabit ipse *a*: dabitque *I*   6 iis
a²: his *Ia*   10 unum *a*: enim *I*   13 mea *a²*: meam *Ia*   19 sex
hos *Sherwin-White*: sex tris *Mommsen*: ex his *Ia*

Fungebatur enim et ipse extraordinario munere. Cum ad
pristinum actum reuersus fuerit, sufficient illi duo a te dati
milites et totidem a Virdio Gemellino procuratore meo,
quem adiuuat.

5 ## XXIX

C. PLINIVS TRAIANO IMPERATORI

Sempronius Caelianus, egregius iuuenis, repertos inter 1
tirones duos seruos misit ad me; quorum ego supplicium
distuli, ut te conditorem disciplinae militaris firmatorem-
10 que consulerem de modo poenae. Ipse enim dubito ob hoc 2
maxime quod, ut iam dixerant sacramento, ita nondum
distributi in numeros erant. Quid ergo debeam sequi rogo,
domine, scribas, praesertim cum pertineat ad exemplum.

XXX

15 ### TRAIANVS PLINIO

Secundum mandata mea fecit Sempronius Caelianus mit- 1
tendo ad te eos, de quibus cognosci oportebit, an capitale
supplicium meruisse uideantur. Refert autem, uoluntarii se
obtulerint an lecti sint uel etiam uicarii dati. Lecti ⟨si⟩ sunt, 2
20 inquisitio peccauit; si uicarii dati, penes eos culpa est qui
dederunt; si ipsi, cum haberent condicionis suae conscientiam, uenerunt, animaduertendum in illos erit. Neque enim
multum interest, quod nondum per numeros distributi sunt.
Ille enim dies, quo primum probati sunt, ueritatem ab iis
25 originis suae exegit.

---

10 hoc *Keil*: haec *Ia*   11 sacramento *ai*: -tum *I*   ita *I*:
militari.*a*   17 de quibus *a*: quibus de *I*   19 si *add. Cat.*², *om. Ia*
24 quo *i*: pro quo *Ia*   iis *Orelli*: his *Ia*

XXXI

C. PLINIVS TRAIANO IMPERATORI

1 Salua magnitudine tua, domine, descendas oportet ad meas curas, cum ius mihi dederis referendi ad te, de quibus dubito.

2 In plerisque ciuitatibus, maxime Nicomediae et Nicaeae, quidam uel in opus damnati uel in ludum similiaque his genera poenarum publicorum seruorum officio ministerioque funguntur, atque etiam ut publici serui annua accipiunt. Quod ego cum audissem, diu multumque haesitaui, quid

3 facere deberem. Nam et reddere poenae post longum tempus plerosque iam senes et, quantum adfirmatur, frugaliter modesteque uiuentes nimis seuerum arbitrabar, et in publicis officiis retinere damnatos non satis honestum putabam; eosdem rursus a re publica pasci otiosos inutile, non pasci etiam

4 periculosum existimabam. Necessario ergo rem totam, dum te consulerem, in suspenso reliqui. Quaeres fortasse, quem ad modum euenerit, ut poenis in quas damnati erant exsoluerentur: et ego quaesii, sed nihil comperi, quod adfirmare tibi possim. Vt decreta quibus damnati erant proferebantur, ita

5 nulla monumenta quibus liberati probarentur. Erant tamen, qui dicerent deprecantes iussu proconsulum legatorumue dimissos. Addebat fidem, quod credibile erat neminem hoc ausum sine auctore.

XXXII

TRAIANVS PLINIO

1 Meminerimus idcirco te in istam prouinciam missum, quoniam multa in ea emendanda adparuerint. Erit autem uel hoc maxime corrigendum, quod qui damnati ad poenam

.4 de *ai*, *om. I*   6 similiaque *i*: similia in *Ia*   16 reliqui *I*: relinqui *a*   17 poenis *ai*: potius *I*   damnati *a*: dati uel damnati *I*
21 qui *a*²: quod *I*: quid *a*   26 meminerimus *Ia*: -neris *i*   27 quoniam multa *a*, *om. I*   28 quod *i*: quo *Ia*

erant, non modo ea sine auctore, ut scribis, liberati sunt, sed
etiam in condicionem proborum ministrorum retrahuntur.
Qui igitur intra hos proximos decem annos damnati nec ullo 2
idoneo auctore liberati sunt, hos oportebit poenae suae reddi;
5 si qui uetustiores inuenientur et senes ante annos decem
damnati, distribuamus illos in ea ministeria, quae non longe
a poena sint. Solent et ad balineum, ad purgationes cloa-
carum, item munitiones uiarum et uicorum dari.

XXXIII

10   C. PLINIVS TRAIANO IMPERATORI

Cum diuersam partem prouinciae circumirem, Nicomediae 1
uastissimum incendium multas priuatorum domos et duo
publica opera, quamquam uia interiacente, Gerusian et
Iseon absumpsit. Est autem latius sparsum, primum uiolentia 2
15 uenti, deinde inertia hominum quos satis constat otiosos et
immobiles tanti mali spectatores perstitisse; et alioqui nullus
usquam in publico sipo, nulla hama, nullum denique instru-
mentum ad incendia compescenda. Et haec quidem, ut iam
praecepi, parabuntur; tu, domine, dispice an instituendum 3
20 putes collegium fabrorum dumtaxat hominum CL. Ego
attendam, ne quis nisi faber recipiatur neue iure concesso in
aliud utantur; nec erit difficile custodire tam paucos.

XXXIV

TRAIANVS PLINIO

25   Tibi quidem secundum exempla complurium in mentem 1
uenit posse collegium fabrorum apud Nicomedenses constitui.

2 retrahuntur *Gesner*: -hantur *Ia*   7 et *I*: enim eiusmodi *a*   12 et
a, om. I   13 et Isson *a*: netisson *I*: et Isaeum *Catanaeus*   15 quos
Rittershusius: quod *Ia*   18 et *a*²: ut *Ia*   19 parabuntur *Cellarius*:
-bantur *Ia*   22 utantur *Mommsen*: utatur *Ia*   25 complurium *Cat.*²:
complurimum (cumpl. *I*) *Ia*

Sed meminerimus prouinciam istam et praecipue eas ciuitates
eius modi factionibus esse uexatas. Quodcumque nomen ex
quacumque causa dederimus iis, qui in idem contracti
2 fuerint, hetaeriae eaeque breui fient. Satius itaque est comparari ea, quae ad coercendos ignes auxilio esse possint, ad- 5
monerique dominos praediorum, ut et ipsi inhibeant ac, si
res poposcerit, adcursu populi ad hoc uti.

XXXV

C. PLINIVS TRAIANO IMPERATORI

Sollemnia uota pro incolumitate tua, qua publica salus 10
continetur, et suscepimus, domine, pariter et soluimus precati deos, ut uelint ea semper solui semperque signari.

XXXVI

TRAIANVS PLINIO

Et soluisse uos cum prouincialibus dis immortalibus uota 15
pro mea salute et incolumitate et nuncupasse libenter, mi
Secunde carissime, cognoui ex litteris tuis.

XXXVII

C. PLINIVS TRAIANO IMPERATORI

1   In aquae ductum, domine, Nicomedenses impenderunt 20
HS |xxx| c̅c̅c̅xviii, qui imperfectus adhuc omissus, destructus
etiam est; rursus in alium ductum erogata sunt c̅c̅. Hoc
quoque relicto nouo impendio est opus, ut aquam habeant,

---

1 eas *Ia*: eius *Hanslik* (*retento cum I* ciuitatis): ipsas *Sherwin-White* (eam
ciuitatem . . . uexatam *Keil*)   4 eaeque *Schuster*: aeque *J. B. Light-
foot:* utique *Brakman*: quae *Ia*   breui *Orelli*: breues *Ia*   11 suscepimus *Gierig*: -cipimus *Ia*   20 ductum *ed. Basil.* (*an. 1521*):
ductu *Ia*   21 cccxviii *I*: -xviiii *a*   omissus *Schuster*: emissum *I*
(-sus *i*): relictus *a*   destr. etiam *I*: ac etiam destr. *a*

qui tantam pecuniam male perdiderunt. Ipse perueni ad **2**
fontem purissimum, ex quo uidetur aqua debere perduci,
sicut initio temptatum erat, arcuato opere, ne tantum ad
plana ciuitatis et humilia perueniat. Manent adhuc paucis-
5 simi arcus: possunt et erigi quidam lapide quadrato, qui ex
superiore opere detractus est; aliqua pars, ut mihi uidetur,
testaceo opere agenda erit, id enim et facilius et uilius. Sed **3**
in primis necessarium est mitti a te uel aquilegem uel architectum, ne rursus eueniat quod accidit. Ego illud unum
10 adfirmo, et utilitatem operis et pulchritudinem saeculo tuo
esse dignissimam.

XXXVIII

TRAIANVS PLINIO

Curandum est, ut aqua in Nicomedensem ciuitatem per-
15 ducatur. Vere credo te ea, qua debebis, diligentia hoc opus
adgressurum. Sed medius fidius ad eandem diligentiam tuam
pertinet inquirere, quorum uitio ad hoc tempus tantam
pecuniam Nicomedenses perdiderint, ne, dum inter se
gratificantur, et incohauerint aquae ductus et reliquerint.
20 Quid itaque compereris, perfer in notitiam meam.

XXXIX

C. PLINIVS TRAIANO IMPERATORI

Theatrum, domine, Nicaeae maxima iam parte con- **1**
structum, imperfectum tamen, sestertium (ut audio; neque
25 enim ratio operis excussa est) amplius centies hausit: uereor
ne frustra. Ingentibus enim rimis desedit et hiat, siue in **2**

---

7 testaceo opere *a*: testacei operis *I* (*in margine* testaceo peragenda)
sed *G. H. Schaefer*: et *Ia*   18 dum *Gronouius*: cum *Ia*   19 *Verba*
aquae ductus et reliquerint *inter per- et -fer collocant Ia; corr. Cat.*[2]
20 quid *Ia*: quidquid *G. H. Schaefer*: quod *Ernesti*   25 operis *C. F. W.*
Mueller: plus *Ia*   26 desedit *i*: descendit *Ia*

causa solum umidum et molle, siue lapis ipse gracilis et putris:
dignum est certe deliberatione, sitne faciendum an sit relinquendum an etiam destruendum. Nam fulturae ac sub-
structiones, quibus subinde suscipitur, non tam firmae mihi
3 quam sumptuosae uidentur. Huic theatro ex priuatorum 5
pollicitationibus multa debentur, ut basilicae circa, ut porticus supra caueam. Quae nunc omnia differuntur cessante
4 eo, quod ante peragendum est. Iidem Nicaeenses gymnasium
incendio amissum ante aduentum meum restituere coeperunt,
longe numerosius laxiusque quam fuerat, et iam aliquantum 10
erogauerunt; periculum est, ne parum utiliter; incompositum
enim et sparsum est. Praeterea architectus, sane aemulus eius
a quo opus incohatum est, adfirmat parietes quamquam
uiginti et duos pedes latos imposita onera sustinere non posse,
quia sint caemento medii farti nec testaceo opere praecincti. 15
5 Claudiopolitani quoque in depresso loco, imminente etiam
monte ingens balineum defodiunt magis quam aedificant, et
quidem ex ea pecunia, quam buleutae additi beneficio tuo
aut iam obtulerunt ob introitum aut nobis exigentibus con-
6 ferent. Ergo cum timeam ne illic publica pecunia, hic, quod 20
est omni pecunia pretiosius, munus tuum male collocetur,
cogor petere a te non solum ob theatrum, uerum etiam ob
haec balinea mittas architectum, dispecturum utrum sit
utilius post sumptum qui factus est quoquo modo consum-
mare opera, ut incohata sunt, an quae uidentur emendanda 25
corrigere, quae transferenda transferre, ne dum seruare
uolumus quod impensum est, male impendamus quod
addendum est.

2 an sit *Cellarius*: aut sit *Ia* (*cf. infra* 6 *et Paneg.* 84. 1)   8 iidem
a: idem *I*   Nicenses *et hic et in ep.* 40 *Ia*   10 etiam *Ia*   14 uiginti
et duos *suspectum*; duos *Lehmann–Hartleben*   15 sint *Ia*: sine *ed. Basil.*
(*an. 1552*)   18 additi *Casaubon*: addit *I*: adduunt *a*   19 conferent
I: -unt *a*   24 modo *ai, om. I*   25 an *a*: aut *I*   28 est
delendum esse suspicor

XL

TRAIANVS PLINIO

Quid oporteat fieri circa theatrum, quod incohatum apud **1**
Nicaeenses est, in re praesenti optime deliberabis et con-
5 stitues. Mihi sufficiet indicari, cui sententiae accesseris: Tunc
autem a priuatis exige opera, cum theatrum, propter quod
illa promissa sunt, factum erit. Gymnasiis indulgent Graeculi; **2**
ideo forsitan Nicaeenses maiore animo constructionem eius
adgressi sunt: sed oportet illos eo contentos esse, quod possit
10 illis sufficere. Quid Claudiopolitanis circa balineum quod **3**
parum, ut scribis, idoneo loco incohauerunt suadendum sit,
tu constitues. Architecti tibi deesse non possunt. Nulla
prouincia non et peritos et ingeniosos homines habet; modo
ne existimes breuius esse ab urbe mitti, cum ex Graecia etiam
15 ad nos uenire soliti sint.

XLI

C. PLINIVS TRAIANO IMPERATORI

Intuenti mihi et fortunae tuae et animi magnitudinem **1**
conuenientissimum uidetur demonstrari opera non minus
20 aeternitate tua quam gloria digna, quantumque pulchri-
tudinis tantum utilitatis habitura. Est in Nicomedensium **2**
finibus amplissimus lacus. Per hunc marmora fructus ligna
materiae et sumptu modico et labore usque ad uiam nauibus,
inde magno labore maiore impendio uehiculis ad mare
25 deuehuntur . . . hoc opus multas manus poscit. At eae porro

3 quid *a*: quod *I*   6 exige *Sherwin-White*: exigi *Ia*   opera cum
i: operactum *I*: opera tibi curae sit cum *a*   8 constructionem *a*:
constitutionem *I*   9 possit *ai, om. I*   10 illis *i*: illi *Ia*   13 non *etc.*
et non . . . habet *I*: est quae non . . . habeat *a*   15 sint *ed. Basil.*: sint
sunt *I*: sunt *a*   17 *Cum ep.* 41 *incipit A; desinit ergo I*   23 modico
*Cat.*²: immodico *Aa*   25 *Post* deuehuntur *lacunam statuit Ernesti*
opus *A*: opus sed *a*   eae *i*: heae *A*: hae *a*

non desunt. Nam et in agris magna copia est hominum et
maxima in ciuitate, certaque spes omnes libentissime ad-
3 gressuros opus omnibus fructuosum. Superest ut tu libratorem uel architectum si tibi uidebitur mittas, qui diligenter
exploret, sitne lacus altior mari, quem artifices regionis huius 5
4 quadraginta cubitis altiorem esse contendunt. Ego per
eadem loca inuenio fossam a rege percussam, sed incertum
utrum ad colligendum umorem circumiacentium agrorum an
ad committendum flumini lacum; est enim imperfecta. Hoc
quoque dubium, intercepto rege mortalitate an desperato 10
5 operis effectu. Sed hoc ipso (feres enim me ambitiosum pro
tua gloria) incitor et accendor, ut cupiam peragi a te quae
tantum coeperant reges.

XLII

TRAIANVS PLINIO 15

Potest nos sollicitare lacus iste, ut committere illum mari
uelimus; sed plane explorandum est diligenter, ne si emissus
in mare fuerit totus effluat certe, quantum aquarum et unde
accipiat. Poteris a Calpurnio Macro petere libratorem, et
ego hinc aliquem tibi peritum eius modi operum mittam. 20

XLIII

C. PLINIVS TRAIANO IMPERATORI

1   Requirenti mihi Byzantiorum rei publicae impendia, quae
maxima fecit, indicatum est, domine, legatum ad te salutandum annis omnibus cum psephismate mitti, eique dari 25
2 nummorum duodena milia. Memor ergo propositi tui
legatum quidem retinendum, psephisma autem mittendum

---

11 operis effectu *a*: operi affectu *A* (eff- *i*)   17 emissus *Sherwin-*
White: dimissus *A*: immissus *a*: demissus *Cat.*   24 salutandum *ai*:
-di *A*

putaui, ut simul et sumptus leuaretur et impleretur publicum
officium. Eidem ciuitati imputata sunt terna milia, quae **3**
uiatici nomine annua dabantur legato eunti ad eum qui
Moesiae praeest publice salutandum. Haec ego in posterum
5 circumcidenda existimaui. Te, domine, rogo ut quid sentias **4**
rescribendo aut consilium meum confirmare aut errorem
emendare digneris.

XLIV

TRAIANVS PLINIO

10   Optime fecisti, Secunde carissime, duodena ista Byzantiis
quae ad salutandum me in legatum impendebantur remit-
tendo. Fungentur his partibus, etsi solum psephisma per te
missum fuerit. Ignoscet illis et Moesiae praeses, si minus illum
sumptuose coluerint.

15   XLV

C. PLINIVS TRAIANO IMPERATORI

Diplomata, domine, quorum dies praeterît, an omnino
obseruari et quam diu uelis, rogo scribas meque haesitatione
liberes. Vereor enim, ne in alterutram partem ignorantia
20 lapsus aut inlicita confirmem aut necessaria impediam.

XLVI

TRAIANVS PLINIO

Diplomata, quorum praeteritus est dies, non debent esse
in usu. Ideo inter prima iniungo mihi, ut per omnes prouin-
25 cias ante mittam noua diplomata, quam desiderari possint.

---

4 Maesiae *Aa* (*et ep.* 44)   haec *ai*: nec *A*   11 quae *Ber. a*: qui *A*
12 fungentur *Kukula*: fungetur *ai*: perpetuo *A*   solum *A*: solum eorum *a*
17 praeteriit an *Orelli* (-ît *Schuster*): praeterita *Aa*: -ita an *Cat.*[2]   23 *ita*
A: in usu esse non debent *a*

XLVII

C. PLINIVS TRAIANO IMPERATORI

1 Cum uellem, domine, Apameae cognoscere publicos debitores et reditum et impendia, responsum est mihi cupere quidem uniuersos, ut a me rationes coloniae legerentur, numquam tamen esse lectas ab ullo proconsulum; habuisse priuilegium et uetustissimum morem arbitrio suo rem **2** publicam administrare. Exegi ut quae dicebant quaeque recitabant libello complecterentur; quem tibi qualem acceperam misi, quamuis intellegerem pleraque ex illo ad id, de **3** quo quaeritur, non pertinere. Te rogo ut mihi praeire digneris, quid me putes obseruare debere. Vereor enim ne aut excessisse aut non implesse officii mei partes uidear.

XLVIII

TRAIANVS PLINIO

1 Libellus Apamenorum, quem epistulae tuae iunxeras, remisit mihi necessitatem perpendendi qualia essent, propter quae uideri uolunt eos, qui pro consulibus hanc prouinciam obtinuerunt, abstinuisse inspectatione rationum suarum, cum **2** ipse ut eas inspiceres non recusauerint. Remuneranda est igitur probitas eorum, ut iam nunc sciant hoc, quod inspecturus es, ex mea uoluntate saluis, quae habent, priuilegiis esse facturum.

3 domine Apam. *A*: Apam. domine *a*   5 rationes *ai*: stationes *A* 10 ad id *Ber.*: addi *Aa*   11 quaeritur *a*: queritur *A*   praeire *ai*: praecipere *A*   16 libellus Apamenorum *A*: -lum Apamaeorum *a* iunxeras *Ber. a*: iniunxeras *A*   17 perpendendi *Ber.*: perpendi *Aa*: perpendi enim *i*   19 inspectatione *Aa*: inspectione *i*   20 ipse *Ai*: ipsum te *a*   recusauerint *ai*: -rim *A*

XLIX

C. PLINIVS TRAIANO IMPERATORI

Ante aduentum meum, domine, Nicomedenses priori foro 1
nouum adicere coeperunt, cuius in angulo est aedes uetustis-
5 sima Matris Magnae aut reficienda aut transferenda, ob hoc
praecipue quod est multo depressior opere eo quod cum
maxime surgit. Ego cum quaererem, num esset aliqua lex 2
dicta templo, cognoui alium hic, alium apud nos esse morem
dedicationis. Dispice ergo, domine, an putes aedem, cui
10 nulla lex dicta est, salua religione posse transferri; alioqui
commodissimum est, si religio non impedit.

L

TRAIANVS PLINIO

Potes, mi Secunde carissime, sine sollicitudine religionis,
15 si loci positio uidetur hoc desiderare, aedem Matris Deum
transferre in eam quae est accommodatior; nec te moueat,
quod lex dedicationis nulla reperitur, cum solum peregrinae
ciuitatis capax non sit dedicationis, quae fit nostro iure.

LI

C. PLINIVS TRAIANO IMPERATORI

20

Difficile est, domine, exprimere uerbis, quantam per- 1
ceperim laetitiam, quod et mihi et socrui meae praestitisti,
ut adfinem eius Caelium Clementem in hanc prouinciam
transferres. Ex illo enim et mensuram beneficii tui penitus 2
25 intellego, cum tam plenam indulgentiam cum tota domo
mea experiar, cui referre gratiam parem ne audeo quidem,

6 quod cum *Gruter*: quo cum *a*: quod nunc *A*   7 ego *Cat.* (*an. 1510*)
ergo *Aa*   8 dicta *ai*: dicata *A*   23 adfinem *Ber. i*: ad finem *Aa*
24 et *A, om. a*   26 ne audeo *Gronouius*: nec audeo *Aa* (*cf. ep.* vi 27.
4): ne gaudio *Mommsen*

quamuis maxime possim. Itaque ad uota confugio deosque
precor, ut iis, quae in me adsidue confers, non indignus
existimer.

LII

C. PLINIVS TRAIANO IMPERATORI   5

Diem, domine, quo seruasti imperium, dum suscipis,
quanta mereris laetitia celebrauimus, precati deos ut te
generi humano, cuius tutela et securitas saluti tuae innisa
est, incolumem florentemque praestarent. Praeiuimus et
commilitonibus ius iurandum more sollemni, eadem prouincia- 10
libus certatim pietate iurantibus.

LIII

TRAIANVS PLINIO

Quanta religione et laetitia commilitones cum prouincialibus te praeeunte diem imperii mei celebrauerint, libenter, 15
mi Secunde carissime, agnoui litteris tuis.

LIV

C. PLINIVS TRAIANO IMPERATORI

1 Pecuniae publicae, domine, prouidentia tua et ministerio
nostro et iam exactae sunt et exiguntur; quae uereor ne 20
otiosae iaceant. Nam et praediorum comparandorum aut
nulla aut rarissima occasio est, nec inueniuntur qui uelint
debere rei publicae, praesertim duodenis assibus, quanti a
2 priuatis mutuantur. Dispice ergo, domine, numquid minu-

---

1 maxime possim *A*: Maximo possum *a*: maximo possum *Mommsen*
7 te *A, om. a*   8 innisa *ai*: immissa *A*   9 praeiuimus *i*[2]: prae-
iimus *ai*: praebuimus *A*   11 certatim *Ber. i*: certante *Mommsen*:
certant *A. Locum ita refecit a*: solenni ⟨praestantibus et⟩ prouincialibus
⟨qui⟩ eadem certa⟨ru⟩nt pietate iurantibus   16 agnoui *A*: cognoui *a*
21 otiosae *ai*: ociose *A*   24 mutuantur *ai*: muniantur *Ai*[2]

endam usuram ac per hoc idoneos debitores inuitandos putes,
et, si nec sic reperiuntur, distribuendam inter decuriones
pecuniam, ita ut recte rei publicae caueant; quod quamquam
inuitis et recusantibus minus acerbum erit leuiore usura
5 constituta.

LV

TRAIANVS PLINIO

Et ipse non aliud remedium dispicio, mi Secunde carissime,
quam ut quantitas usurarum minuatur, quo facilius pecuniae
10 publicae collocentur. Modum eius, ex copia eorum qui
mutuabuntur, tu constitues. Inuitos ad accipiendum compel-
lere, quod fortassis ipsis otiosum futurum sit, non est ex
iustitia nostrorum temporum.

LVI

15   ### C. PLINIVS TRAIANO IMPERATORI

Summas, domine, gratias ago, quod inter maximas oc- 1
cupationes ⟨in⟩ iis, de quibus te consului, me quoque regere
dignatus es; quod nunc quoque facias rogo. Adiit enim me 2
quidam indicauitque aduersarios suos a Seruilio Caluo,
20 clarissimo uiro, in triennium relegatos in prouincia morari:
illi contra ab eodem se restitutos adfirmauerunt edictumque
recitauerunt. Qua causa necessarium credidi rem integram
ad te referre. Nam, sicut mandatis tuis cautum est, ne resti- 3
tuam ab alio aut a me relegatos, ita de iis, quos alius et rele-
25 gauerit et restituerit, nihil comprehensum est. Ideo tu,
domine, consulendus fuisti, quid obseruare me uelles, tam
hercule quam de iis qui in perpetuum relegati nec restituti

2 nec i: ne *Aa*   distribuendam *ai*: -dum *A*   9 quo *Ber. a*: qui *A*
11 mutuabuntur *ai*: mutab- *A*   16 quod *Cat. a*: qui *A*   17 in iis
Ernesti: iis *Aa*   27 quam de his *A* (iis *uulgo*): de his quam de illis *a*

4 in prouincia deprehenduntur. Nam haec quoque species incidit in cognitionem meam. Est enim adductus ad me in
perpetuum relegatus ⟨a⟩ Iulio Basso proconsule. Ego, quia
sciebam acta Bassi rescissa datumque a senatu ius omnibus,
de quibus ille aliquid constituisset, ex integro agendi, dum- 5
taxat per biennium, interrogaui hunc, quem relegauerat, an
5 adisset docuissetque proconsulem. ⟨Negauit.⟩ Per quod
effectum est, ut te consulerem, reddendum eum poenae suae
an grauius aliquid et quid potissimum constituendum putares
et in hunc et in eos, si qui forte in simili condicione inueni- 10
rentur. Decretum Calui et edictum, item decretum Bassi his
litteris subieci.

LVII

TRAIANVS PLINIO

1   Quid in persona eorum statuendum sit, qui a P. Seruilio 15
Caluo proconsule in triennium relegati et mox eiusdem edicto
restituti in prouincia remanserunt, proximẹ tibi rescribam,
2 cum causas eius facti a Caluo requisiero. Qui a Iulio Basso in
perpetuum relegatus est, cum per biennium agendi facultatem
habuerit, si existimat se iniuria relegatum, neque id fecerit 20
atque in prouincia morari perseuerarit, uinctus mitti ad prae-
fectos praetorii mei debet. Neque enim sufficit eum poenae
suae restitui, quam contumacia elusit.

LVIII

C. PLINIVS TRAIANO IMPERATORI   25

1   Cum citarem iudices, domine, conuentum incohaturus,
Flauius Archippus uacationem petere coepit ut philosophus.

---

3 a *Cat. a, om. A*   4 datumque *a*: dictumque *A*   7 negauit
add. *Cat., om. Aa*   15 persona *A*: -nam *a*   18 eius *A*: huius *a*
21 perseuerarit *A*: -auerit *Cat. a*   23 quam *i*: quem *Aa*   27 uacationem *ai*: uoc- *A*

Fuerunt qui dicerent non liberandum eum iudicandi neces- 2
sitate, sed omnino tollendum de iudicum numero redden-
dumque poenae, quam fractis uinculis euasisset. Recitata est 3
sententia Veli Pauli proconsulis, qua probabatur Archippus
5 crimine falsi damnatus in metallum: ille nihil proferebat,
quo restitutum se doceret; adlegabat tamen pro restitutione
et libellum a se Domitiano datum et epistulas eius ad honorem
suum pertinentes et decretum Prusensium. Addebat his et
tuas litteras scriptas sibi, addebat et patris tui edictum et
10 epistulam, quibus confirmasset beneficia a Domitiano data.
Itaque, quamuis eidem talia crimina adplicarentur, nihil 4
decernendum putaui, donec te consulerem de eo, quod mihi
constitutione tua dignum uidebatur. Ea quae sunt utrimque
recitata his litteris subieci.

15   EPISTVLA DOMITIANI AD TERENTIVM MAXIMVM

Flauius Archippus philosophus impetrauit a me, ut agrum 5
ei ad c̄ circa Prusiadam†, patriam suam, emi iuberem, cuius
reditu suos alere posset. Quod ei praestari uolo. Summam
expensam liberalitati meae feres.

20   EIVSDEM AD LAPPIVM MAXIMVM

Archippum philosophum, bonum uirum et professioni 6
suae etiam moribus respondentem, commendatum habeas
uelim, mi Maxime, et plenam ei humanitatem tuam praestes
in iis, quae uerecunde a te desierauerit.

1 non *A*: non modo *a*: non modo non *Cat.*   4 Velii *Aa*   8 et
(*prius*) *Cat. a, om. A*   9 tui *ai*: sui *A*   11 talia *Aa*: et alia *Madvig*
(*haud scio an recte*)   12 te *a, om. A*   17 ad .C̄. 1: .DC. *a*: adderem
A   Prusiadam *Aa*: -dem *Cellarius*: Prusiam *Cat.* (*cf. ep.* 81. 6)   emi
iuberem *ai*: tam uberem *A*   18 redditu *Aa*   praestari *ai*: -are *A*
20 Lappium *Hanslik e Fastis Ostiensibus*: L. Appium *Aa*   21 professioni suae *A*: -one sua *Cat. ai*   22 moribus *Rittershusius*: maioribus
Aa

EDICTVM DIVI NERVAE

7   Quaedam sine dubio, Quirites, ipsa felicitas temporum
edicit, nec exspectandus est in iis bonus princeps, quibus illum
intellegi satis est, cum hoc sibi ciuium meorum spondere
possit uel non admonita persuasio, me securitatem omnium 5
quieti meae praetulisse, ut et noua beneficia conferrem et ante
8 me concessa seruarem. Ne tamen aliquam gaudiis publicis
adferat haesitationem uel eorum qui impetrauerunt diffidentia uel eius memoria qui praestitit, necessarium pariter
credidi ac laetum obuiam dubitantibus indulgentiam meam 10
9 mittere. Nolo existimet quisquam, quod alio principe uel
priuatim uel publice consecutus ⟨sit⟩ ideo saltem a me
rescindi, ut potius mihi debeat. Sint rata et certa, nec
gratulatio ullius instauratis egeat precibus, quem fortuna
imperii uultu meliore respexit. Me nouis beneficiis uacare 15
patiantur, et ea demum sciant roganda esse quae non habent.

EPISTVLA EIVSDEM AD TVLLIVM IVSTVM

10   Cum rerum omnium ordinatio, quae prioribus temporibus
incohatae consummatae sunt, obseruanda sit, tum epistulis
etiam Domitiani standum est.   20

LIX

C. PLINIVS TRAIANO IMPERATORI

Flauius Archippus per salutem tuam aeternitatemque petit
a me, ut libellum quem mihi dedit mitterem tibi. Quod ego

---

3 quibus illum intellegi (-gis *A*1²) *A Cat.* 1: qui pusillum intelligit *a*
4 sibi *A*: sibi quisque *a*   5 uel non adm. persuasio *A, om. a*   6 ut
et *i*: tu tot *A*: uel libenter *a*   conferrem *Cat.* 1: conferre *Aa*   7 seruarem *A*: seruare dum *a*   12 sit *add. Orelli, om. Aa*   13 rescindi
*Cat. a*1: -dit *A*   sint rata *Ber.* 1²: si rata *Cat.* 1: si ingrata *A*: si enim
grata *a*   14 egeat *Ber.*: eget *Aa*   *Ante* quem *add.* nec qui non
habent me, *ante* nouis *om.* me *a*   16 et *A*: sed *a*   19 consummatae *A*: -taeque *a*

sic roganti praestandum putaui, ita tamen ut missurum me
notum accusatrici eius facerem, a qua et ipsa acceptum libellum his epistulis iunxi, quo facilius uelut audita utraque
parte dispiceres, quid statuendum putares.

5

LX

TRAIANVS PLINIO

Potuit quidem ignorasse Domitianus, in quo statu esset 1
Archippus, cum tam multa ad honorem eius pertinentia
scriberet; sed meae naturae accommodatius est credere etiam
10 statui eius subuentum interuentu principis, praesertim cum
etiam statuarum ei honor totiens decretus sit ab iis, qui ⟨non⟩
ignorabant, quid de illo Paulus proconsul pronuntiasset.
Quae tamen, mi Secunde carissime, non eo pertinent, ut si 2
quid illi noui criminis obicitur, minus de eo audiendum putes.
15 Libellos Furiae Primae accusatricis, item ipsius Archippi,
quos alteri epistulae tuae iunxeras, legi.

LXI

C. PLINIVS TRAIANO IMPERATORI

Tu quidem, domine, prouidentissime uereris, ne commissus 1
20 flumini atque ita mari lacus effluat; sed ego in re praesenti
inuenisse uideor, quem ad modum huic periculo occurrerem.
Potest enim lacus fossa usque ad flumen adduci nec tamen in 2
flumen emitti, sed relicto quasi margine contineri pariter et
dirimi. Sic consequemur, ut neque aqua uiduetur flumini
25 mixtus, et sit perinde ac si misceatur. Erit enim facile per

11 non *add. Ernesti, om. Aa*   16 iunxeras *Ber. a*: iniunxeras *A* (*cf.
ep.* 48. 1)   20 praesenti *Ber. a*: praestanti *A*   21 periculo *a*: cuniculo
A   24 sic *Ber. a*: si *A*   neque aqua uiduetur fl. immixtus *Sherwin-
White*: nec uacuo uideatur fl. mixtus *Aa*

illam breuissimam terram, quae interiacebit, aduecta fossa
3 onera transponere in flumen. Quod ita fiet si necessitas coget,
et (spero) non coget. Est enim et lacus ipse satis altus et nunc
in contrariam partem flumen emittit, quod interclusum inde
et quo uolumus auersum, sine ullo detrimento lacus tantum 5
aquae quantum nunc portat effundet. Praeterea per id
spatium, per quod fossa fodienda est, incidunt riui; qui si
diligenter colligantur, augebunt illud quod lacus dederit.
4 Enimuero, si placeat fossam longius ducere et altius pressam
mari aequare nec in flumen, sed in ipsum mare emittere, 10
repercussus maris seruabit et reprimet, quidquid e lacu
ueniet. Quorum si nihil nobis loci natura praestaret, expedi-
5 tum tamen erat cataractis aquae cursum temperare. Verum
et haec et alia multo sagacius conquiret explorabitque libra-
tor, quem plane, domine, debes mittere, ut polliceris. Est 15
enim res digna et magnitudine tua et cura. Ego interim Calpurnio Macro clarissimo uiro auctore te scripsi, ut libratorem
quam maxime idoneum mitteret.

LXII

TRAIANVS PLINIO   20

Manifestum, mi Secunde carissime, nec prudentiam nec
diligentiam tibi defuisse circa istum lacum, cum tam multa
prouisa habeas, per quae nec periclitetur exhauriri et magis
in usu nobis futurus sit. Elige igitur id quod praecipue res
ipsa suaserit. Calpurnium Macrum credo facturum, ut te 25
libratore instruat, neque prouinciae istae his artificibus carent.

---

5 ullo *ed. Basil.* (*an. 1552*): ullius *Aa*   6 effundet *Cat. a*: -dit *A*
7 fodienda *i*: fienda *A*: facienda *Ber. a*   9 altius *Gierig*: artius *Aa*
21 manifestum *A*: man. est *a*   23 habeas *A*: habeat *a*   24 usu
Cat.: usus *Aa*   elige *Gruter*: elice *Aa*

LXIII

C. PLINIVS TRAIANO IMPERATORI

Scripsit mihi, domine, Lycormas libertus tuus ut, si qua
legatio a Bosporo uenisset urbem petitura, usque in aduentum
5 suum retineretur. Et legatio quidem, dumtaxat in eam
ciuitatem, in qua ipse sum, nulla adhuc uenit, sed uenit
tabellarius Sauromatae ⟨regis⟩, quem ego usus opportunitate,
quam mihi casus obtulerat, cum tabellario qui Lycormam ex
itinere praecessit mittendum putaui, ut posses ex Lycormae
10 et regis epistulis pariter cognoscere, quae fortasse pariter
scire deberes.

LXIV

C. PLINIVS TRAIANO IMPERATORI

Rex Sauromates scripsit mihi esse quaedam, quae deberes
15 quam maturissime scire. Qua ex causa festinationem tabellarii,
quem ad te cum epistulis misit, diplomate adiuui.

LXV

C. PLINIVS TRAIANO IMPERATORI

Magna, domine, et ad totam prouinciam pertinens 1
20 quaestio est de condicione et alimentis eorum, quos uocant
θρεπτούς. In qua ego auditis constitutionibus principum, quia 2
nihil inueniebam aut proprium aut uniuersale, quod ad
Bithynos referretur, consulendum te existimaui, quid obseruari uelles; neque putaui posse me in eo, quod auctoritatem
25 tuam posceret, exemplis esse contentum. Recitabatur autem 3

3 Lycormas *a*: Lycorinas *A*: -imas *Ber.*,(*idem et infra*)   5 et *A*:
sed *a*   6 sed uenit *a*: sed ueniet *A*   7 Sauromatae (*addito* regis)
A. Schaefer: Sauromata *Aa*   quem *ai*: cuius *A*   9 posses *Ernesti*:
possis *Aa*   10 et *A*: et ex *a*   21 θρεπτούς *ai*, *om. A*   23 referretur
Keil: ferretur *A*: feretur *a*   24 neque *A*: neque enim *a*   25 exemplis
ai: exemplum *A*

apud me edictum, quod dicebatur diui Augusti, ad Andaniam
pertinens; recitatae et epistulae diui Vespasiani ad Lacedaemonios et diui Titi ad eosdem et Achaeos et Domitiani
ad Auidium Nigrinum et Armenium Brocchum proconsules,
item ad Lacedaemonios; quae ideo tibi non misi, quia et 5
parum emendata et quaedam non certae fidei uidebantur, et
quia uera et emendata in scriniis tuis esse credebam.

LXVI

TRAIANVS PLINIO

1 Quaestio ista, quae pertinet ad eos qui liberi nati expositi, 10
deinde sublati a quibusdam et in seruitute educati sunt,
saepe tractata est, nec quicquam inuenitur in commentariis
eorum principum, qui ante me fuerunt, quod ad omnes
2 prouincias sit constitutum. Epistulae sane sunt Domitiani
ad Auidium Nigrinum et Armenium Brocchum, quae for- 15
tasse debeant obseruari: sed inter eas prouincias, de quibus
rescripsit, non est Bithynia; et ideo nec adsertionem dene-
gandam iis qui ex eius modi causa in libertatem uindica-
buntur puto, neque ipsam libertatem redimendam pretio
alimentorum.   20

LXVII

C. PLINIVS TRAIANO IMPERATORI

1 Legato Sauromatae regis, cum sua sponte Nicaeae, ubi me
inuenerat, biduo substitisset, longiorem moram faciendam,
domine, non putaui, primum quod incertum adhuc erat, 25
quando libertus tuus Lycormas uenturus esset, deinde quod

---

1 Andaniam *Cuntz*: Anniam *Aa*: Achaiam *Mommsen*: Asiam *Hardy*
3 et (*alterum*) *i*: dein ad *a, om. A*   6 emendata *Ber. i*: -tae *Aa*
certae *ai*: certe *A*   16 debeant *A*: -ebant *a*   17 non *a*: inter
quas *A*   18 iis *Cat. a*: his *A*

ipse proficiscebar in diuersam prouinciae partem, ita officii
necessitate exigente. Haec in notitiam tuam perferenda 2
existimaui, quia proxime scripseram petisse Lycormam, ut
legationem, si qua uenisset a Bosporo, usque in aduentum
5 suum retinerem. Quod diutius faciendi nulla mihi probabilis
ratio occurrit, praesertim cum epistulae Lycormae, quas
detinere, ut ante praedixi, nolui, aliquot diebus hinc legatum
antecessurae uiderentur.

LXVIII

10 ### C. PLINIVS TRAIANO IMPERATORI

Petentibus quibusdam, ut sibi reliquias suorum aut propter
iniuriam uetustatis aut propter fluminis incursum aliaque his
similia quocumque secundum exemplum proconsulum transferre permitterem, quia sciebam in urbe nostra ex eius modi
15 causa collegium pontificum adiri solere, te, domine, maximum pontificem consulendum putaui, quid obseruare me
uelis.

LXIX

TRAIANVS PLINIO

20 Durum est iniungere necessitatem prouincialibus pontificum adeundorum, si reliquias suorum propter aliquas iustas
causas transferre ex loco in alium locum uelint. Sequenda
ergo potius tibi exempla sunt eorum, qui isti prouinciae
praefuerunt, et ut causa cuique, ita aut permittendum aut
25 negandum.

LXX

C. PLINIVS TRAIANO IMPERATORI

Quaerenti mihi, domine, Prusae ubi posset balineum quod 1

7 hinc *i*: huic *A*: hunc *Ber. a*   13 quocumque *Kukula*: quaec- *Aa*
15 causa *A*: caussis *a*   16 obseruare *a*: cons- *A*   24 praefuerunt
ai: prof- *A*   et ut *Keil*: et ex *Cat.*: ex *Aa*

indulsisti fieri, placuit locus in quo fuit aliquando domus, ut
audio, pulchra, nunc deformis ruinis. Per hoc enim consequemur, ut foedissima facies ciuitatis ornetur, atque etiam
ut ipsa ciuitas amplietur nec ulla aedificia tollantur, sed quae
2 sunt uetustate sublapsa relaxentur in melius. Est autem huius 5
domus condicio talis: legauerat eam Claudius Polyaenus
Claudio Caesari iussitque in peristylio templum ei fieri, reliqua ex domo locari. Ex ea reditum aliquandiu ciuitas per-
cepit; deinde paulatim partim spoliata, partim neglecta cum
peristylio domus tota collapsa est, ac iam paene nihil ex ea 10
nisi solum superest; quod tu, domine, siue donaueris ciuitati
siue uenire iusseris, propter opportunitatem loci pro summo
3 munere accipiet. Ego, si permiseris, cogito in area uacua
balineum collocare, eum autem locum, in quo aedificia
fuerunt, exedra et porticibus amplecti atque tibi consecrare, 15
cuius beneficio elegans opus dignumque nomine tuo fiet.
4 Exemplar testamenti, quamquam mendosum, misi tibi; ex
quo cognosces multa Polyaenum in eiusdem domus ornatum
reliquisse, quae ut domus ipsa perierunt, a me tamen in
quantum potuerit requirentur.   20

LXXI

TRAIANVS PLINIO

Possumus apud Prusenses area ista cum domo collapsa,
quam uacare scribis, ad exstructionem balinei uti. Illud tamen
parum expressisti, an aedes in peristylio Claudio facta esset. 25
Nam, si facta est, licet collapsa sit, religio eius occupauit
solum.

5 relaxentur *A*: reparentur *a*   8 ea *A*: quo *a*   13 accipiet *Ber*.:
accipi et *Aa*   15 et *A*: ex *a*   atque tibi *a*: quae tibi *A*: quem tibi *i*:
tibique *Cat*.   17 exemplar *Cat*. *a*: exempla *A*   18 eiusdem *a*:
eundem *A*   24 ad *Cat*. ai, *om*. *A*   uti *Cat*. *a*: ut *A*   26 est *A*:
aedes esset *a*

LXXII

C. PLINIVS TRAIANO IMPERATORI

Postulantibus quibusdam, ut de agnoscendis liberis re-
stituendisque natalibus et secundum epistulam Domitiani
5 scriptam Minicio Rufo et secundum exempla proconsulum
ipse cognoscerem, respexi ad senatus consultum pertinens
ad eadem genera causarum, quod de iis tantum prouinciis
loquitur, quibus proconsules praesunt; ideoque rem integram distuli, dum ⟨tu⟩, domine, praeceperis, quid obseruare
10 me uelis.

LXXIII

TRAIANVS PLINIO

Si mihi senatus consultum miseris quod haesitationem tibi
fecit, aestimabo an debeas cognoscere de agnoscendis liberis
15 et natalibus ueris restituendis.

LXXIV

C. PLINIVS TRAIANO IMPERATORI

Appuleius, domine, miles qui est in statione Nicomedensi, 1
scripsit mihi quendam nomine Callidromum, cum detinere-
20 tur a Maximo et Dionysio pistoribus, quibus operas suas
locauerat, confugisse ad tuam statuam perductumque ad
magistratus indicasse, seruisse aliquando Laberio Maximo,
captumque a Susago in Moesia et a Decibalo muneri missum
Pacoro Parthiae regi, pluribusque annis in ministerio eius
25 fuisse, deinde fugisse, atque ita in Nicomediam peruenisse.
Quem ego perductum ad me, cum eadem narrasset, mitten- 2

3 agnoscendis *Budaeus a*: cogn- *A*   7 iis *Cat.²*: his *Aa*   9 tu
add. Cat., om. Aa   13 haesitationem *ai*: -one *A*   15 ueris *A*: suis *a*
et (*ut uidetur*) *i*   22 seruisse se *C. F. W. Mueller*

dum ad te putaui; quod paulo tardius feci, dum requiro gem-
mam, quam sibi habentem imaginem Pacori et quibus ornatus
3 fuisset subtractam indicabat. Volui enim hanc quoque, si
inueniri potuisset, simul mittere, sicut glebulam misi, quam
se ex Parthico metallo attulisse dicebat. Signata est anulo 5
meo, cuius est aposphragisma quadriga.

LXXV

C. PLINIVS TRAIANO IMPERATORI

1 Iulius, domine, Largus ex Ponto nondum mihi uisus ac *ne*
auditus quidem (scilicet iudicio tuo credidit) dispensationem 10
quandam mihi erga te pietatis suae ministeriumque mandauit.
2 Rogauit enim testamento, ut hereditatem suam adirem cerne-
remque, ac deinde praeceptis quinquaginta milibus nummum
reliquum omne Heracleotarum et Tianorum ciuitatibus red-
derem, ita ut esset arbitrii mei utrum opera facienda, quae 15
honori tuo consecrarentur, putarem an instituendos quin-
quennales agonas, qui Traiani adpellarentur. Quod in notitiam tuam perferendum existimaui ob hoc maxime, ut
dispiceres quid eligere debeam.

LXXVI

TRAIANVS PLINIO

Iulius Largus fidem tuam quasi te bene nosset elegit. Quid
ergo potissimum ad perpetuitatem memoriae eius faciat,
secundum cuiusque loci condicionem ipse dispice et quod
optimum existimaueris, id sequere. 25

---

10 credidit *Ber.*: credit *Aa*   13 praeceptis *Thomas*: perceptis *Aa*
14 Tianorum *ed. Basil. (an. 1552)*: Theanorum *Aa*   17 qui *ai*: quae *A*
appellarentur *Cat.*: -lantur *A*: -lentur *Ber. a*   19 dispiceres *Ber. a*:
desp- *A*   24 quod optimum *ai*: quid potissimum *A*   25 id
sequere *Riuinus*: insequere *Aa*

LXXVII

C. PLINIVS TRAIANO IMPERATORI

Prouidentissime, domine, fecisti, quod praecepisti Cal- **1**
purnio Macro clarissimo uiro, ut legionarium centurionem
5 Byzantium mitteret. Dispice an etiam Iuliopolitanis simili **2**
ratione consulendum putes, quorum ciuitas, cum sit per-
exigua, onera maxima sustinet tantoque grauiores iniurias
quanto est infirmior patitur. Quidquid autem Iuliopolitanis **3**
praestiteris, id etiam toti prouinciae proderit. Sunt enim
10 in capite Bithyniae, plurimisque per eam commeantibus
transitum praebent.

LXXVIII

TRAIANVS PLINIO

Ea condicio est ciuitatis Byzantiorum confluente undique **1**
15 in eam commeantium turba, ut secundum consuetudinem
praecedentium temporum honoribus eius praesidio centurionis legionarii consulendum habuerimus. ⟨Si⟩ Iuliopolitanis **2**
succurrendum eodem modo putauerimus, onerabimus nos
exemplo; plures enim eo quanto infirmiores erunt idem
20 petent. Fiduciam ⟨eam⟩ diligentiae ⟨tuae⟩ habeo, ut credam
te omni ratione id acturum, ne sint obnoxii iniuriis. Si qui **3**
autem se contra disciplinam meam gesserint, statim coerce-
antur; aut, si plus admiserint quam ut in re praesenti satis

---

5 mitteret *Ber.*: -eretur *A*: -eret ut *ai*   dispice an *Cat.*²: dispice *Ber.*:
dispicias an *ai*: dispiciebam *A (unde* disp. etiam an *Cat.)*   8 est *ai*:
et *A*   9 sunt *Ber. ai*: suum *A*   15 eam *Cat. a*: ea *A*   17 si *add.*
*bic Cat.*², *post* modo *Cat. i, om. Aa*   19 eo *Kukula*: et *A*   20 petent
Ber. i, om. Aa   eam *add. bic Orelli, om. A*   tuae *add. Cat., om. Aa*
Locum ita refecit a: plures enim ⟨tanto magis eadem requirent⟩ quanto
infirmiores erunt. Tibi eam fiduciam dil. habeo   22 gesserint *Ber. a*:
-rit *A*   23 admiserint *Cat. ai*: amiserint *A*   satis *A*: sit satis *a*

puniantur, si milites erunt, legatis eorum quod deprehenderis
notum facies aut, si in urbem uersus uenturi erunt, mihi
scribes.

LXXIX

C. PLINIVS TRAIANO IMPERATORI   5

1   Cautum est, domine, Pompeia lege quae Bithynis data est,
ne quis capiat magistratum neue sit in senatu minor annorum
triginta. Eadem lege comprehensum est, ut qui ceperint
2 magistratum sint in senatu. Secutum est dein edictum diui
Augusti, quo permisit minores magistratus ab annis duobus 10
3 et uiginti capere. Quaeritur ergo an, qui minor triginta
annorum gessit magistratum, possit a censoribus in senatum
legi, et, si potest, an ii quoque, qui non gesserint, possint per
eandem interpretationem ab ea aetate senatores legi, a qua
illis magistratum gerere permissum est; quod alioqui facti- 15
tatum adhuc et esse necessarium dicitur, quia sit aliquanto
melius honestorum hominum liberos quam e plebe in curiam
4 admitti. Ego a destinatis censoribus quid sentirem inter-
rogatus eos quidem, qui minores triginta annis gessissent magistratum, putabam posse in senatum et secundum 20
edictum Augusti et secundum legem Pompeiam legi, quoniam
Augustus gerere magistratus minoribus annis triginta per-
misisset, lex senatorem esse uoluisset qui gessisset magi-
5 stratum. De iis autem qui non gessissent, quamuis essent
aetatis eiusdem cuius illi quibus gerere permissum est, haesi- 25
tabam; per quod effectum est ut te, domine, consulerem,
quid obseruari uelles. Capita legis, tum edictum Augusti
litteris subieci.

---

8 ceperint *ai*: coeperint *A*   10 duobus et uiginti *Aa*: xxv *Nipperdey*
12 magistratum *Keil*: -tus *Aa*   a *Ber. ai, om. A*   13 ii *uulgo*: hi *A*
Locum ita refecit a: an ⟨ex⟩ iis qui quoque non gesserint possit ⟨quis⟩ per
14 senatores *Ber. i*: -tor *Aa*   19 quidem *Ber. ai*: quidam *A*
24 iis *uulgo*: his *Aa*

LXXX

TRAIANVS PLINIO

Interpretationi tuae, mi Secunde carissime, idem existimo:
hactenus edicto diui Augusti nouatam esse legem Pompeiam,
5 ut magistratum quidem capere possent ii, qui non minores
duorum et uiginti annorum essent, et qui cepissent, in
senatum cuiusque ciuitatis peruenirent. Ceterum non capto
magistratu eos, qui minores triginta annorum sint, quia
magistratum capere possint, in curiam etiam loci cuiusque
10 non existimo legi posse.

LXXXI

C. PLINIVS TRAIANO IMPERATORI

Cum Prusae ad Olympum, domine, publicis negotiis intra 1
hospitium eodem die exiturus uacarem, Asclepiades magistra-
15 tus indicauit adpellatum me a Claudio Eumolpo. Cum Cocceianus Dion in bule adsignari ciuitati opus cuius curam
egerat uellet, tum Eumolpus adsistens Flauio Archippo
dixit exigendam esse a Dione rationem operis, ante quam rei
publicae traderetur, quod aliter fecisset ac debuisset. Adiecit 2
20 etiam esse in eodem positam tuam statuam et corpora sepul-
torum, uxoris Dionis et filii, postulauitque ut cognoscerem
pro tribunali. Quod cum ego me protinus facturum dilatu- 3
rumque profectionem dixissem, ut longiorem diem ad struendam causam darem utque in alia ciuitate cognoscerem petiit.

---

3 idem *Cat. ai*: ut *A*; *lacunam ante* ut *statuit Keil*   6 duorum *Cat.*
a: duo *A*: quinque *Nipperdey*   qui coepissent *Ber.*: quia coep. *A*:
qui accepissent *a*   15 Cocceianus *Cat. ai* (-ianus): cocciamis *A*
16 Dion in bule *ai*: diambulae *A*   17 adsistens *Cat.*: adsistente (abs-
A) *Aai*   20 eodem *i*: eodem opere *a*: aedem *A*   23 ad struendam
i: adstruendam *A*: ad adstr. *a*: ad instr. *Ber.*   24 alia ciuitate *Cat.*:
aliam -tatem *Aa*   petiit *a*: petit *A*

4 Ego me auditurum Nicaeae respondi. Vbi cum consedissem
cogniturus, idem Eumolpus tamquam si adhuc parum in-
structus dilationem petere coepit, contra Dion ut audiretur
5 exigere. Dicta sunt utrimque multa, etiam de causa. Ego cum
dandam dilationem et ⟨te⟩ consulendum existimarem in re 5
ad exemplum pertinenti, dixi utrique parti ut postulationum
suarum libellos darent. Volebam enim te ipsorum potissi-
6 mum uerbis ea quae erant proposita cognoscere. Et Dion
quidem se daturum dixit. Eumolpus respondit complexurum
se libello quae rei publicae peteret, ceterum quod ad sepultos 10
pertineret non accusatorem se sed aduocatum Flaui Archippi,
cuius mandata pertulisset. Archippus, cui Eumolpus sicut
Prusiade adsistebat, dixit se libellum daturum. At nec Eumolpus nec Archippus quam⟨quam⟩ plurimis diebus exspectati
adhuc mihi libellos dederunt; Dion dedit, quem huic epistu- 15
7 lae iunxi. Ipse in re praesenti fui et uidi tuam quoque
statuam in bibliotheca positam, id autem in quo dicuntur
sepulti filius et uxor Dionis in area collocatum, quae porti-
8 cibus includitur. Te, domine, rogo ut me in hoc praecipue
genere cognitionis regere digneris, cum alioqui magna sit 20
exspectatio, ut necesse est in ea re quae et in confessum uenit
et exemplis defenditur.

LXXXII

TRAIANVS PLINIO

1   Potuisti non haerere, mi Secunde carissime, circa id de quo 25
me consulendum existimasti, cum propositum meum optime

---

1 cum consedissem *Orelli*: cum sed- *a*: consed- *A*   2 si *A, om. a*
5 te *add. G. H. Schaefer, om. Aa*   8 cognoscere *A*: recog- *a*   9 dixit
Cat.: dixit et *Aa*: dixit at *Stangl*   11 pertineret *G. H. Schaefer*: pertinet
Aa   12 cui *a*: qui *A*   sicut *ai*: sinit *A*   13 at *A. Schaefer*: ita *Aa*
14 quamquam *Keil*: quam *Aa*   expectati *a*: -atis *A*   18 filius *Thomas*:
filii eius *Aa*   21 est *Orelli*: sit *A et (addito* deliberare *post* defenditur*) a*

nosses, non ex metu nec terrore hominum aut criminibus maiestatis reuerentiam nomini meo adquiri. Omissa ergo ea **2** quaestione, quam non admitterem etiam si exemplis adiuuaretur, ratio totius operis effecti sub cura Cocceiani Dionis 5 excutiatur, cum et utilitas ciuitatis exigat nec aut recuset Dion aut debeat recusare.

LXXXIII

C. PLINIVS TRAIANO IMPERATORI

Rogatus, domine, a Nicaeensibus publice per ea, quae mihi 10 et sunt et debent esse sanctissima, id est per aeternitatem tuam salutemque, ut preces suas ad te perferrem, fas non putaui negare acceptumque ab iis libellum huic epistulae iunxi.

LXXXIV

15   TRAIANVS PLINIO

Nicaeensibus, qui intestatorum ciuium suorum concessam uindicationem bonorum a diuo Augusto adfirmant, debebis uacare contractis omnibus personis ad idem negotium pertinentibus, adhibitis Virdio Gemellino et Epimacho liberto 20 meo procuratoribus, ut aestimatis etiam iis, quae contra dicuntur, quod optimum credideritis, statuatis.

LXXXV

C. PLINIVS TRAIANO IMPERATORI

Maximum libertum et procuratorem tuum, domine, per 25 omne tempus, quo fuimus una, probum et industrium et

---

4 cura *Keil*: curatura *Orelli*: cura tua *Aa*   5 ciuitatis *ai*: ei litis *A*
12 iis *uulgo*: his *Aa*   19 Gemellino *a*: Pem- *A*   24 tuum *Cat. a*: meum *A*

333

diligentem ac sicut rei tuae amantissimum ita disciplinae tenacissimum expertus, libenter apud te testimonio prosequor, ea fide quam tibi debeo.

LXXXVI A

C. PLINIVS TRAIANO IMPERATORI   5

Gauium Bassum, domine, praefectum orae Ponticae integrum probum industrium atque inter ista reuerentissimum mei expertus, uoto pariter et suffragio prosequor, ea fide quam tibi debeo.

LXXXVI B   10

⟨C. PLINIVS TRAIANO IMPERATORI⟩

. . . quam ea quae speret instructum commilitio tuo, cuius disciplinae debet, quod indulgentia tua dignus est. Apud me et milites et pagani, a quibus iustitia eius et humanitas penitus inspecta est, certatim ei qua priuatim qua publice testi- 15 monium perhibuerunt. Quod in notitiam tuam perfero, ea fide quam tibi debeo.

LXXXVII

C. PLINIVS TRAIANO IMPERATORI

1 Nymphidium Lupum, domine, primipilarem commili- 20 tonem habui, cum ipse tribunus essem ille praefectus: inde familiariter diligere coepi. Creuit postea caritas ipsa mutuae 2 uetustate amicitiae. Itaque et quieti eius inieci manum et exegi, ut me in Bithynia consilio instrueret. Quod ille

6 Ponticae *Cat.*²: Ponti *Aa*   12 quam *A*: quam abunde *ai*: quem ad *Ber.*, *qui haec cum praecedentibus continuant; initium nouae epistulae ita constituit Cat.*: Fabium Valentem instr. comm. tuo ualde probo, cuius *eqs.* 15 testimonium *Cat. a*: -nio *A*   16 perhibuerunt *Hardy*: pertrib. *Aa* 24 exegi ut *ai*: exuit *A*   instrueret *ai*: extrueret *A*

amicissime et otii et senectutis ratione postposita et iam fecit
et facturus est. Quibus ex causis necessitudines eius inter 3
meas numero, filium in primis, Nymphidium Lupum, iuuenem probum industrium et egregio patre dignissimum,
5 suffecturum indulgentiae tuae, sicut primis eius experimentis
cognoscere potes, cum praefectus cohortis plenissimum
testimonium meruerit Iuli Ferocis et Fusci Salinatoris
clarissimorum uirorum. Meum gaudium, domine, meamque
gratulationem filii honore cumulabis.

10   LXXXVIII

C. PLINIVS TRAIANO IMPERATORI

Opto, domine, et hunc natalem et plurimos alios quam
felicissimos agas aeternaque laude florentem uirtutis tuae
gloriam ... quam incolumis et fortis aliis super alia operibus
15 augebis.

LXXXIX

TRAIANVS PLINIO

Agnosco uota tua, mi Secunde carissime, quibus precaris,
ut plurimos et felicissimos natales florente statu rei publicae
20 nostrae agam.

XC

C. PLINIVS TRAIANO IMPERATORI

Sinopenses, domine, aqua deficiuntur; quae uidetur et 1
bona et copiosa ab sexto decimo miliario posse perduci. Est

---

2 necessitudines *as*: -nis *A*   3 filium *A*: et fil. *a*   Nymphidium
initium nouae ep. in A, corr. ai   5 primis *a*: primus *A*   8 domine *ai, om. A*   meamque *A*: meam *a*   9 cumulabis *Maguinness*:
continerent *Aa*: -ebis *i Cat.*   14 quam *Aa*: et *Cat.², del. Keil*
15 augebis *Aa*: augeas (*inuitis numeris*) *Cat.²*

tamen statim ab capite paulo amplius passus mille locus
suspectus et mollis, quem ego interim explorari modico
2 impendio iussi, an recipere et sustinere opus possit. Pecunia
curantibus nobis contracta non deerit, si tu, domine, hoc
genus operis et salubritati et amoenitati ualde sitientis colo- 5
niae indulseris.

XCI

TRAIANVS PLINIO

Vt coepisti, Secunde carissime, explora diligenter, an locus
ille quem suspectum habes sustinere opus aquae ductus possit. 10
Neque dubitandum puto, quin aqua perducenda sit in coloniam Sinopensem, si modo et uiribus suis adsequi potest, cum
plurimum ea res et salubritati et uoluptati eius collatura sit.

XCII

C. PLINIVS TRAIANO IMPERATORI   15

Amisenorum ciuitas libera et foederata beneficio indulgentiae tuae legibus suis utitur. In hac datum mihi libellum ad
ἐράνους pertinentem his litteris subieci, ut tu, domine, dispiceres quid et quatenus aut permittendum aut prohibendum
putares.   20

XCIII

TRAIANVS PLINIO

Amisenos, quorum libellum epistulae tuae iunxeras, si legibus istorum, quibus beneficio foederis utuntur, concessum
est eranum habere, possumus quo minus habeant non impe- 25

---

1 tamen statim *ai*: statim tamen *A*   passus mille *i*: mille passibus *a*:
mille *A*   2 suspectus *ai*: susceptus *A*   explorari *Gesner*: -are *Aa*
5 amoenitati *A*: -tate *a*   10 suspectum *a*: susceptum *A*   11 neque
A: neque enim *a*   12 et *Aa*: id *Cat.*   suis *A*: suis ipsa id *a*
16 libera *A*: et liberata *a*   17 mihi *A*: mihi publice *a*   18 Eranos
a: heranos *A*: ЄΡΑΝΟΥϹ *i*   24 beneficio *Kukula*: de officio *Aa*
25 Eranum *ai*: Eia num *A*   quo *Cat.*: qui *Aa*

dire, eo facilius si tali collatione non ad turbas et ad inlicitos
coetus, sed ad sustinendam tenuiorum inopiam utuntur. In
ceteris ciuitatibus, quae nostro iure obstrictae sunt, res huius
modi prohibenda est.

5   XCIV

C. PLINIVS TRAIANO IMPERATORI

Suetonium Tranquillum, probissimum honestissimum eru- 1
ditissimum uirum, et mores eius secutus et studia iam pridem,
domine, in contubernium adsumpsi, tantoque magis diligere
10 coepi quanto nunc propius inspexi. Huic ius trium liberorum 2
necessarium faciunt duae causae; nam et iudicia amicorum
promeretur et parum felix matrimonium expertus est, im-
petrandumque a bonitate tua per nos habet quod illi
fortunae malignitas denegauit. Scio, domine, quantum bene- 3
15 ficium petam, sed peto a te cuius in omnibus desideriis meis
indulgentiam experior. Potes enim colligere quanto opere
cupiam, quod non rogarem absens si mediocriter cuperem.

                               XCV

TRAIANVS PLINIO

20   Quam parce haec beneficia tribuam, utique, mi Secunde
carissime, haeret tibi, cum etiam in senatu adfirmare soleam
non excessisse me numerum, quem apud amplissimum
ordinem suffecturum mihi professus sum. Tuo tamen desiderio subscripsi et dedisse me ius trium liberorum Suetonio
25 Tranquillo ea condicione, qua adsueui, referri in commentarios meos iussi.

1 ad (*alterum*) *A, om. a*   2 sed *A, om. a*   10 nunc *von Winterfeld*:
hunc *Aa*: *del. Keil*   15 sed *A*: quod *a*   16 indulgentiam *A*: plenissimam ind. *a*   enim *A*: autem *a*   23 professus sum *Cat. ai*: professus *Ber.*: -sum *A*

XCVI

C. PLINIVS TRAIANO IMPERATORI

1 Sollemne est mihi, domine, omnia de quibus dubito ad te
referre. Quis enim potest melius uel cunctationem meam
regere uel ignorantiam instruere? Cognitionibus de Chri-5
stianis interfui numquam: ideo nescio quid et quatenus aut
2 puniri soleat aut quaeri. Nec mediocriter haesitaui, sitne
aliquod discrimen aetatum, an quamlibet teneri nihil a robu-
stioribus differant; detur paenitentiae uenia, an ei, qui omnino
Christianus fuit, desisse non prosit; nomen ipsum, si flagitiis 10
careat, an flagitia cohaerentia nomini puniantur. Interim, ⟨in⟩
iis qui ad me tamquam Christiani deferebantur, hunc sum
3 secutus modum. Interrogaui ipsos an essent Christiani. Con-
fitentes iterum ac tertio interrogaui supplicium minatus:
perseuerantes duci iussi. Neque enim dubitabam, qualecum-15
que esset quod faterentur, pertinaciam certe et inflexibilem
4 obstinationem debere puniri. Fuerunt alii similis amentiae,
quos, quia ciues Romani erant, adnotaui in urbem remittendos.
Mox ipso tractatu, ut fieri solet, diffundente se crimine plures
5 species inciderunt. Propositus est libellus sine auctore mul-20
torum nomina continens. Qui negabant esse se Christianos
aut fuisse, cum praeeunte me deos adpellarent et imagini
tuae, quam propter hoc iusseram cum simulacris numinum
adferri, ture ac uino supplicarent, praeterea male dicerent
Christo, quorum nihil cogi posse dicuntur qui sunt re uera 25
6 Christiani, dimittendos putaui. Alii ab indice nominati esse

---

5 instruere *ai*: extruere *A*: excutere *Ber.*   7 quaeri *Cat.*: queri *Aa*
8 aetatum *Aa*: -tium *i*   9 detur *A*: deturne *a*   10 si *A*: etiam si *a*
11 cohaerentia *Ber. i*: -enti *Aa*   in *add. Cat.*², *om. Aa*   12 iis *a*: his
A   16 pertinaciam *A*: peruicaciam *a*   21 negabant *Keil*: negant *Aa*:
negarent *Casaubon*   esse se *A*: se esse *Cat. a*   25 cogi posse *a*: posse
cogi *A*   26 putaui *a*: esse putaui *A*   indice *Cat. ai*: iudice *A*

se Christianos dixerunt et mox negauerunt; fuisse quidem sed
desisse, quidam ante triennium, quidam ante plures annos,
non nemo etiam ante uiginti. ⟨Hi⟩ quoque omnes et imaginem
tuam deorumque simulacra uenerati sunt et Christo male
5 dixerunt. Adfirmabant autem hanc fuisse summam uel culpae 7
suae uel erroris, quod essent soliti stato die ante lucem conuenire, carmenque Christo quasi deo dicere secum inuicem
seque sacramento non in scelus aliquod obstringere, sed ne
furta ne latrocinia ne adulteria committerent, ne fidem fal-
10 lerent, ne depositum adpellati abnegarent. Quibus peractis
morem sibi discedendi fuisse rursusque coeundi ad capiendum
cibum, promiscuum tamen et innoxium; quod ipsum facere
desisse post edictum meum, quo secundum mandata tua
hetaerias esse uetueram. Quo magis necessarium credidi ex 8
15 duabus ancillis, quae ministrae dicebantur, quid esset ueri,
et per tormenta quaerere. Nihil aliud inueni quam supersti-
tionem prauam et immodicam.

Ideo dilata cognitione ad consulendum te decucurri. Visa 9
est enim mihi res digna consultatione, maxime propter peri-
20 clitantium numerum. Multi enim omnis aetatis, omnis ordinis,
utriusque sexus etiam uocantur in periculum et uocabuntur.
Neque ciuitates tantum, sed uicos etiam atque agros super-
stitionis istius contagio peruagata est; quae uidetur sisti et
corrigi posse. Certe satis constat prope iam desolata templa 10
25 coepisse celebrari, et sacra sollemnia diu intermissa repeti
passimque uenire ⟨carnem⟩ uictimarum, cuius adhuc raris-

2 desisse *a*: desiisse *A*   3 uiginti. Hi quoque *Keil*: uig. quoque *Aa*:
uig. quinque *Rittershusius*   4 et *Keil*: ii et *Aa*   11 coeundi *ai*,
om. *A*   14 etaerias *ai*: et caeras *A*   16 nihil *A*: sed nihil
a   17 et *a* (*fauentibus numeris in hac ep. solito curatioribus*), om. *A*
18 ideo *A*: ideoque *a*   decucurri *Cat. a*: decurri *A*   22 neque *A*:
neque enim *a*   26 passimque *ai*: passumque *A*: pastumque *Ber.*
uictimarum cuius *A* (carnem *add. Körte, sed post* uictimarum *inuitis
numeris*): uictimas quarum *a*

339

simus emptor inueniebatur. Ex quo facile est opinari, quae
turba hominum emendari possit, si sit paenitentiae locus.

XCVII

TRAIANVS PLINIO

1 Actum quem debuisti, mi Secunde, in excutiendis causis 5
eorum, qui Christiani ad te delati fuerant, secutus es. Neque
enim in uniuersum aliquid, quod quasi certam formam habeat,
2 constitui potest. Conquirendi non sunt; si deferantur et
arguantur, puniendi sunt, ita tamen ut, qui negauerit se
Christianum esse idque re ipsa manifestum fecerit, id est 10
supplicando dis nostris, quamuis suspectus in praeteritum,
ueniam ex paenitentia impetret. Sine auctore uero propositi
libelli ⟨in⟩ nullo crimine locum habere debent. Nam et pessimi
exempli nec nostri saeculi est.

XCVIII   15

C. PLINIVS TRAIANO IMPERATORI

1 Amastrianorum ciuitas, domine, et elegans et ornata habet
inter praecipua opera pulcherrimam eandemque longissimam plateam; cuius a latere per spatium omne porrigitur
nomine quidem flumen, re uera cloaca foedissima, ac sicut 20
turpis immundissimo adspectu, ita pestilens odore taeter-
2 rimo. Quibus ex causis non minus salubritatis quam decoris
interest eam contegi; quod fiet si permiseris curantibus nobis,
ne desit quoque pecunia operi tam magno quam necessario.

---

8 deferantur *Cat. ai*: -entur *A*   11 praeteritum *A*: pr. fuerit *a*
13 in *add. Gierig, om. Aa*   20 uera *Ber.*: uero *Aa*   ac *A*: quae *a*   sicut
a: situ *A*   21 immundissimo *A*: et immundissima *a*   pestilens *A*:
pest. est *a*   23 eam *Ber.*: ea *Aa*

XCIX

TRAIANVS PLINIO

Rationis est, mi Secunde carissime, contegi aquam istam,
quae per ciuitatem Amastrianorum fluit, si intecta salubritati
5 obest. Pecunia ne huic operi desit, curaturum te secundum
diligentiam tuam certum habeo.

C

C. PLINIVS TRAIANO IMPERATORI

Vota, domine, priore anno nuncupata alacres laetique
10 persoluimus nouaque rursus certante commilitonum et prouin-
cialium pietate suscepimus, precati deos ut te remque publicam florentem et incolumem ea benignitate seruarent, quam
super magnas plurimasque uirtutes praecipua sanctitate
obsequio deorum honore meruisti.

15   ## CI

TRAIANVS PLINIO

Soluisse uota dis immortalibus te praeeunte pro mea
incolumitate commilitones cum prouincialibus laetissimo consensu et in futurum nuncupasse libenter, mi Secunde caris-
20 sime, cognoui litteris tuis.

CII

C. PLINIVS TRAIANO IMPERATORI

Diem, quo in te tutela generis humani felicissima succes-
sione translata est, debita religione celebrauimus, commen-
25 dantes dis imperii tui auctoribus et uota publica et gaudia.

---

9 priore anno *Mommsen* : priorum annorum *Aa*   10 certante *Cellarius* :
curante *Aa*   14 obsequio *Ber.* : obsequi *Aa* : consequi *Cat.*   23 quo
in te *i* : quae in *A* : in quem *Ber. a*

CIII

TRAIANVS PLINIO

Diem imperii mei debita laetitia et religione commilitonibus et prouincialibus praeeunte te celebratum libenter
cognoui litteris tuis.   5

CIV

C. PLINIVS TRAIANO IMPERATORI

Valerius, domine, Paulinus excepto Paulino ius Latinorum
suorum mihi reliquit; ex quibus rogo tribus interim ius
Quiritium des. Vereor enim, ne sit immodicum pro omnibus 10
pariter inuocare indulgentiam tuam, qua debeo tanto modestius uti, quanto pleniorem experior. Sunt autem pro quibus
peto: C. Valerius Astraeus, C. Valerius Dionysius, C. Valerius
Aper.

CV   15

TRAIANVS PLINIO

Cum honestissime iis, qui apud fidem tuam a Valerio
Paulino depositi sunt, consultum uelis mature per me, iis
interim, quibus nunc petisti, dedisse me ius Quiritium referri
in commentarios meos iussi idem facturus in ceteris, pro 20
quibus petieris.

CVI

C. PLINIVS TRAIANO IMPERATORI

Rogatus, domine, a P. Accio Aquila, centurione cohortis
sextae equestris, ut mitterem tibi libellum per quem indul- 25

---

4 *Post* libenter *add.* mi Secunde carissime *a*   8 Paulino *A*: uno *a*
12 pleniorem *Ber. a*: -ore me *A*   13 Astraeus *Orelli*: Aestreus *A*:
Aestiaeus *a*   14 Aper *a*: Axer *A* ('*an* Asper?' *Merrill*)   18 mature
Ber.: -ra *Aa*; *aliquid excidisse suspicor*

gentiam pro statu filiae suae implorat, durum putaui negare, cum scirem quantam soleres militum precibus patientiam humanitatemque praestare.

CVII

Libellum P. Accii Aquilae, centurionis sextae equestris, quem mihi misisti, legi; cuius precibus motus dedi filiae eius ciuitatem Romanam. Libellum rescriptum, quem illi redderes, misi tibi.

CVIII

Quid habere iuris uelis et Bithynas et Ponticas ciuitates 1 in exigendis pecuniis, quae illis uel ex locationibus uel ex uenditionibus aliisue causis debeantur, rogo, domine, rescribas. Ego inueni a plerisque proconsulibus concessam iis protopraxian eamque pro lege ualuisse. Existimo tamen tua 2 prouidentia constituendum aliquid et sanciendum per quod utilitatibus eorum in perpetuum consulatur. Nam quae sunt ab illis instituta, sint licet sapienter indulta, breuia tamen et infirma sunt, nisi illis tua contingit auctoritas.

CIX

Quo iure uti debeant Bithynae uel Ponticae ciuitates in iis pecuniis, quae ex quaque causa rei publicae debebuntur, ex lege cuiusque animaduertendum est. Nam, siue habent priuilegium, quo ceteris creditoribus anteponantur, custodiendum

---

2 quantam *Ber. ai*: quantum *A*   6 sextae *A*: cohortis sextae *Ber. a*
8 rescriptum *Vidman*: -ti *Aa*   16 protopraxian *ai*: -iam *A*
20 contingit *A*: -gat *Cat. a*   23 iis *a*: his *A*

est, siue non habent, in iniuriam priuatorum id dari a me non oportebit.

CX

C. PLINIVS TRAIANO IMPERATORI

1 Ecdicus, domine, Amisenorum ciuitatis petebat apud me 5 a Iulio Pisone denariorum circiter quadraginta milia donata ei publice ante uiginti annos bule et ecclesia consentiente, utebaturque mandatis tuis, quibus eius modi donationes 2 uetantur. Piso contra plurima se in rem publicam contulisse ac prope totas facultates erogasse dicebat. Addebat etiam 10 temporis spatium postulabatque, ne id, quod pro multis et olim accepisset, cum euersione reliquae dignitatis reddere cogeretur. Quibus ex causis integram cognitionem differendam existimaui, ut te, domine, consulerem, quid sequendum putares.   15

CXI

TRAIANVS PLINIO

Sicut largitiones ex publico fieri mandata prohibent, ita, ne multorum securitas subruatur, factas ante aliquantum temporis retractari atque in inritum uindicari non oportet. 20 Quidquid ergo ex hac causa actum ante uiginti annos erit, omittamus. Non minus enim hominibus cuiusque loci quam pecuniae publicae consultum uolo.

CXII

C. PLINIVS TRAIANO IMPERATORI   25

1 Lex Pompeia, domine, qua Bithyni et Pontici utuntur, eos, qui in bulen a censoribus leguntur, dare pecuniam non

---

1 in *Ber. i, om. Aa*   5 ecdicus *Cat.*²: medicus *Aa*   6 milia *ai, om. A*
7 bule *Cat. i*: et bule *a*: boyali *A*   8 utebaturque *Cat.*: -banturque
Aa: nitebaturque *ed. Basil.* (*an. 1552*)   27 bulen *Cat. ai*: bulena *A*

iubet; sed ii, quos indulgentia tua quibusdam ciuitatibus
super legitimum numerum adicere permisit, et singula milia
denariorum et bina intulerunt. Anicius deinde Maximus pro- **2**
consul eos etiam, qui a censoribus legerentur, dumtaxat in
5 paucissimis ciuitatibus aliud aliis iussit inferre. Superest ergo, **3**
ut ipse dispicias, an in omnibus ciuitatibus certum aliquid
omnes, qui deinde buleutae legentur, debeant pro introitu
dare. Nam, quod in perpetuum mansurum est, a te constitui
decet, cuius factis dictisque debetur aeternitas.

10   CXIII

TRAIANVS PLINIO

Honorarium decurionatus omnes, qui in quaque ciuitate
Bithyniae decuriones fiunt, inferre debeant necne, in uniuersum a me non potest statui. Id ergo, quod semper tutissi-
15 mum est, sequendam cuiusque ciuitatis legem puto, sed
uerius eos, qui inuitati fiunt decuriones, id existimo acturos,
ut praestatione ceteris praeferantur.

                            CXIV

C. PLINIVS TRAIANO IMPERATORI

20   Lege, domine, Pompeia permissum Bithynicis ciuitatibus **1**
adscribere sibi quos uellent ciues, dum ne quem earum ciuitatium, quae sunt in Bithynia. Eadem lege sancitur, quibus

---

1 ii *Ber.*: iis *Aa*   tua *Cat.*: tua a *Aa*   7 legentur *G. H. Schaefer*:
-untur *Aa*   12 in *ai, om. A*   13 in *Ber. a, om. A*   15 sed *i*: scilicet
Aa   16 uerius *Sherwin-White*: aduersus *Aa*   inuitati *Sherwin-
White*: inuiti *Aa*   id existimo *A*: existimo id *a*   17 praestatione
Hardy (praestatio *iam Orelli*): praefatio *A*: erogatio *Cat. a*   praeferantur *i*: -atur *Aa*   21 ne quem earum *i*: neque merum *A*
ciuitatis non sint alienae, sed suarum quisque matrum *a*   ciuitatium
ai: -tum *A* (*sicut et ep.* 115)

2 de causis e senatu a censoribus eiciantur. Inde me quidam ex censoribus consulendum putauerunt, an eicere deberent eum **3** qui esset alterius ciuitatis. Ego quia lex sicut adscribi ciuem alienum uetabat, ita eici e senatu ob hanc causam non iubebat, praeterea, quod adfirmabatur mihi in omni ciuitate 5 plurimos esse buleutas ex aliis ciuitatibus, futurumque ut multi homines multaeque ciuitates concuterentur ea parte legis, quae iam pridem consensu quodam exoleuisset, necessarium existimaui consulere te, quid seruandum putares. Capita legis his litteris subieci.   10

CXV

TRAIANVS PLINIO

Merito haesisti, Secunde carissime, quid a te rescribi oporteret censoribus consulentibus, an ⟨manere deberent⟩ in senatu aliarum ciuitatium, eiusdem tamen prouinciae ciues. Nam et 15 legis auctoritas et longa consuetudo usurpata contra legem in diuersum mouere te potuit. Mihi hoc temperamentum eius placuit, ut ex praeterito nihil nouaremus, sed manerent quamuis contra legem adsciti quarumcumque ciuitatium ciues, in futurum autem lex Pompeia obseruaretur; cuius 20 uim si retro quoque uelimus custodire, multa necesse est perturbari.

---

1 e *a, om. A*   a *Ber. a, om. A*   *Post* eiciantur *add.* inter quas nihil de ciue alieno cauetur *a*   5 quod *Ber.*: quibus *A*: quia ab aliquibus *a*   7 ea parte legis *a*: ea pars legis *A*: eaque pars legis (*om.* quae) *Ber.* i: reducta *uel* reperta lege *Sherwin-White*   8 consensu *Ber. a*: consensui *A*   13 a *Cat. a*: ad *A*   14 censoribus *Cat. ai*: temporibus *A*   manere deberent in senatu *Hardy*: in sen. manere possent *Cat.*: an in senatum *A*: an legerent in senatu *ai*   18 nouaremus *ai*: moueremus *Ber.*: noueremus *A*

CXVI

C. PLINIVS TRAIANO IMPERATORI

Qui uirilem togam sumunt uel nuptias faciunt uel ineunt **1**
magistratum uel opus publicum dedicant, solent totam bulen
5 atque etiam e plebe non exiguum numerum uocare binosque
denarios uel singulos dare. Quod an celebrandum et quatenus
putes, rogo scribas. Ipse enim, sicut arbitror, praesertim ex **2**
sollemnibus causis, concedendum ius istud inuitationis, ita
uereor ne ii qui mille homines, interdum etiam plures
10 uocant, modum excedere et in speciem διανομῆς incidere
uideantur.

CXVII

TRAIANVS PLINIO

Merito uereris, ne in speciem διανομῆς incidat inuitatio,
15 quae et in numero modum excedit et quasi per corpora, non
uiritim singulos ex notitia ad sollemnes sportulas contrahit.
Sed ego ideo prudentiam tuam elegi, ut formandis istius
prouinciae moribus ipse moderareris et ea constitueres, quae
ad perpetuam eius prouinciae quietem essent profutura.

20 ## CXVIII

C. PLINIVS TRAIANO IMPERATORI

Athletae, domine, ea quae pro iselasticis certaminibus **1**
constituisti, deberi sibi putant statim ex eo die, quo sunt
coronati; nihil enim referre, quando sint patriam inuecti,

---

8 ius (istud *add. Postgate*) inuitationis *Scheffer*: iussi inuitationes *Ber. ai*
(iussisti *i*): iussi immutationes *A*   10 dianomes *Casaubon* (ΔΙΑ-
ΝΟΜΗϹ *i²*) *atque idem infra*; diamones *A Ber. ai* (-mories *hic A*)
incidere *Ber. i*: incipere *Aa*   14 inuitatio *Ber. ai*: immutatio *A*
15 excedit *Cat. a*: -dat *A*   18 constitueres *Ernesti*: -uas *Aa*   22 certaminibus *Cat. ai*: cohortaminibus *A*   23 statim *Cat. ai*: statum *A*

sed quando certamine uicerint, ex quo inuehi possint. Ego
contra scribo 'iselastici nomine': itaque †eorum uehementer
addubitem an sit potius id tempus, quo εἰσήλασαν, intuen-
2 dum. Iidem obsonia petunt pro eo agone, qui a te iselasticus
factus est, quamuis uicerint ante quam fieret. Aiunt enim 5
congruens esse, sicut non detur sibi pro iis certaminibus,
quae esse iselastica postquam uicerunt desierunt, ita pro iis
3 dari quae esse coeperunt. Hic quoque non mediocriter haereo,
ne cuiusquam retro habeatur ratio dandumque, quod tunc
cum uincerent non debebatur. Rogo ergo, ut dubitationem 10
meam regere, id est beneficia tua interpretari ipse digneris.

CXIX
TRAIANVS PLINIO

Iselasticum tunc primum mihi uidetur incipere deberi,
cum quis in ciuitatem suam ipse εἰσήλασεν. Obsonia eorum 15
certaminum, quae iselastica esse placuit mihi, si ante iselastica
non fuerunt, retro non debentur. Nec proficere pro desiderio
athletarum potest, quod eorum, quae postea iselastica non
esse constitui, quam uicerunt, accipere desierunt. Mutata
enim condicione certaminum nihilo minus, quae ante per- 20
ceperant, non reuocantur.

CXX
C. PLINIVS TRAIANO IMPERATORI

1   Vsque in hoc tempus, domine, neque cuiquam diplomata
commodaui neque in rem ullam nisi tuam misi. Quam per- 25

2 scribo iselastici (-corum *Cat.*) nomine *Aa*: praescribo isel. nomen
Sherwin-White   itaque eorum *Aa*: ita ut *Ber.*: ita tamen ut *Cat.*
3 ΕΙϹΗΛΑϹΑΝ *Cat.* *i*: iselasan *Ber.*: -sian *a*: -siani *A* (*similia in ep.*
119)   5 fieret *Cat. a*: -rent *A*   6 detur *A*: datur *a*   7 quae
Cat. ai: quid *A*   9 dandumque quod *ai*: dandamque quod *A*:
dandaque quae *Ber.*   10 debebatur *i*: -bantur *Aa*   19 esse *A. Schaefer*:
lege *Aa*   uicerunt *Hardy* (-rant *iam Schaefer*): qui ierant *Aa*: quierant *i*
20 perceperant *ai*: peregerant *A*

petuam seruationem meam quaedam necessitas rupit. Vxori **2**
enim meae audita morte aui uolenti ad amitam suam excurrere usum eorum negare durum putaui, cum talis officii gratia
in celeritate consisteret, sciremque te rationem itineris pro-
5 baturum, cuius causa erat pietas. Haec tibi scripsi, quia mihi
parum gratus fore uidebar, si dissimulassem inter alia beneficia hoc unum quoque me debere indulgentiae tuae, quod
fiducia eius quasi consulto te non dubitaui facere, quem si
consuluissem, sero fecissem.

10

CXXI

TRAIANVS PLINIO

Merito habuisti, Secunde carissime, fiduciam animi mei
nec dubitandum fuisset, si exspectasses donec me consuleres,
an iter uxoris tuae diplomatibus, quae officio tuo dedi, adiu-
15 uandum esset, cum apud amitam suam uxor tua deberet etiam
celeritate gratiam aduentus sui augere.

4 te *Cat. a, om. A* 5 tibi *A, om. a* 6 fore *A*: tibi fore *a*
7 unum *Cat. a*: uno *Ai* quoque *Ber.*: quem *i*: quod *Aa* (sciebam
post debere *add. a*) 8 quasi consulto *ai*: qua inconsulto *A* facere
ai, om. A quem *Aa*: quod *i* 9 sero *a*: sic sero *A* 13 fuisset *ai*:
fuisse *A*: fuit ⟨facere quod sero fecisses⟩ *Hanslik* expectasses *ai*: -set *A*
15 esset *a*: esse et *A*: esset et *Ber. i. Post* esset *add.* usum eorum
intentioni non profuisse *a*

349

INDEX NOMINVM

Printed and bound by CPI Group (UK) Ltd, Croydon, CR0 4YY